★ 新时代新父母教育丛书

现代家庭教育学

本书为河北民族师范学院重大合作项目『以家庭教育个案为导向的学习管理师型师范生人才培养模式研究』（项目编号：20201214）的最终研究成果之一

吴洪成

王雪迪 等 著

MODERN
FAMILY EDUCATION

图书在版编目(CIP)数据

现代家庭教育学／吴洪成等著 . -- 武汉 ：武汉大学出版社，
2024.12. -- 新时代新父母教育丛书 . -- ISBN 978-7-307-24771-0

Ⅰ. G78

中国国家版本馆 CIP 数据核字第 20249JR242 号

责任编辑:郭　静　　　责任校对:汪欣怡　　　版式设计:韩闻锦

出版发行: **武汉大学出版社**　（430072　武昌　珞珈山）

（电子邮箱: cbs22@ whu.edu.cn　网址: www.wdp.com.cn）

印刷:武汉邮科印务有限公司

开本:720×1000　1/16　印张:26.25　字数:375 千字　　插页:1

版次:2024 年 12 月第 1 版　　2024 年 12 月第 1 次印刷

ISBN 978-7-307-24771-0　　定价:99.00 元

河北民族师范学院重大合作项目

以家庭教育个案为导向的学习管理师型,师范生人才
培养模式研究(项目编号:2020.12.14)

项目负责人　河北民族师范学院苏国安
　　　　　　河北大学吴洪成

最终研究成果之一

前　　言

什么是家庭教育？翻开各种版本的教育学著作、教材以及教育词典或其他工具书，它们所给予的解释不尽相同。但作为与学校教育、社会教育并存的独特类型教育，只有三者并存，构成合力，才称得上是完整的教育、有效的教育。即使对家庭教育概念的理解有歧义甚至相去甚远，也不影响问题内容本身的意义价值，但出于探讨对象的连贯性及一致性，有必要对家庭教育做出一致的概念界定。

今天的教育政策法是教育学科群流行的显学，且认为其概念、规程、条例以及原则、方法等文本是以教育科学定理与规律为依据的。依照2022年1月1日正式实施的《中华人民共和国家庭教育促进法》的规定，家庭教育是指父母或者其他监护人为促进未成年人全面健康成长，对其实施的道德品质、身体素质、生活技能、文化修养、行为习惯等方面的培育、引导和影响。

近年来，我国政府对家庭教育十分关注。2014年，中央广播电视总台推出《家风是什么》节目，反映了传统家庭教育在新时代引起的广泛关注。习近平总书记在2018年全国教育大会上提出：家庭是人生的第一所学校，家长是孩子的第一任老师，要给孩子讲好"人生第一课"。2019年3月召开的两会上，人大代表提交了家庭教育立法的议案，并在议案中倡导将家庭教育纳入基本公共服务体系，提出开发系统的家庭教育课程等建议。2022年1月1日，《中华人民共和国家庭教育促进法》正式实施。该法明确规定：《家庭教育促进法》的制定和推行旨在发扬中华民族重视家庭教育的优良传统，引导全社会注重家庭、家教和家风，增进家庭幸福与社会和谐，培养德智体美劳全面发展的社会主义建设者和接班人。在此基础上，该法对家长的教育行为，国家、社会的担当，以及家校合作共育的总体要求做了规范。同时，规定未成年人的父母或者其他监护人负责实施家庭教育，合理安排未成年人学习、休息、娱乐和体育锻炼的时间。避免加重未成年人学习负担，预防未成年人沉迷网络，国家和社会都有责任为家庭教育提供指导、支持和服务，加强监督管理。此举的用意还在于与"双减"相配合，即减轻义务教育阶段学生作业负担和校外培训负担，畅通学校家庭沟通渠道，推进学校教育和家庭教育相互配合。可见，家庭教育在当代的必要性和重要性更为明确，而其中的理论建构与实施要求都更为强烈和积极。

《现代家庭教育学》是一部家庭教育理论与方法的专著。本书在梳理中外家庭教育历史，阐述社会、学校、家庭与家庭教育关系的基础上，对家庭教育的目的、内容、方法等专题进行了深入思考。"科学理论助力高效的家庭教育实践"，本书作者期望以合理的逻辑框架结构、充实的内容，总结并分析家庭教育的原理、方法及艺术，描绘出较为现实和完整的新时代家庭教育理论和实践图卷，从而启发家长的家庭教育理念，为培养身心健康的孩子发挥积极作用与操作性价值。

《现代家庭教育学》的结构框架与内容设计大致可作如下表述。

中国家庭教育的历史经历了古代和近代两个典型发展阶段。中国古代家庭教育基于小农经济和以亲子血缘关系为纽带的"家国同构"社会，强调以道德教育和培养为人处世之道为家庭教育的核心目标。道德教育即培养孩子做一个好人，重视儒家的传统道德，即孝悌仁义的教育。而培养为人处世之道即家庭教育中要重视教孩子学习知识技艺，知识技艺能让人安身立命。

日本将家庭教育视作社会公共事业，家庭教育的价值取向为"他人本位"，日本家长在家庭教育中对"成绩""权力""领导地位"等个人利益相关的功利性因素较为轻视。与之相反，家长在子女社会人格的培养方面十分注重，期待子女具备良好的团队合作能力、富有同情心，成长为能够与他人展开良好合作并且能为他人提供帮助的人。这体现了日本家庭教育明显的"他人本位"价值取向。但日本家庭教育出现了家庭教育权力受到过度干涉和家庭教育效果降低的问题。美国家庭教育围绕个体价值的取向，家庭教育的内容着重培养孩子的财富观、社会化和独立性。家庭教育方法重视营造一种民主的家庭教育氛围，主张给孩子提供开放的环境，基于特定的价值取向、教育内容和方法，美国家庭教育呈现了全社会关注家庭教育的特点。但家庭教育自由过度和贫富差距也引发了家庭教育不平等、种族歧视等家庭教育困境。

家庭教育的实施及影响源主要在三个维度：社会、学校与家庭自身。社区环境及教育资源、社会背景，尤其是学校教育是作用于家庭教育的外在因素；而家庭经济条件、家长、夫妻关系、亲子关系等家庭自身问题则是影响家庭教育的内在本体。

家庭教育的目的是引导儿童身心健康成长，教会儿童做人，把儿童教育成为有益于社会、有益于国家，热爱祖国，懂得社会规范，能够正确处理个人与国家、个人与社会、个人与个人的关系，能够独立自觉学习、劳动、生活，有道德、有理想、有文化、守纪律的社会主义良好公民。从儿童个性发展出发，家庭教育的目的是着重培养儿童的自信心、抗挫折能力、创新精神、合作意识、责任意识等道德品质，习惯、自我认知等认知能力，体育锻炼、心理情感等身心健康，安全健康的亲子关系，以游戏认知社会的社会性养成和自我评价、主动感、自我控制和自我调节，性别意识等自我意识激发。

家庭教育的内容主要包括：培育良好的道德情感、养成优良的道德品质、培养好的道德行为的家庭德育；造就儿童良好的学习心理、养成儿童良好的学习习惯、培育适宜的家庭学习氛围的家庭智育；注重人际交往指导、学习心理引领、兴趣培养的家庭心理健康教育；健康儿童身心、寓教于乐的家庭体育；用美育知识教育儿童、打造家庭美育环境、从自然和生活中寻求美育资源、开展家庭美育游戏、充分利用社会美育资源的家庭美育；增进儿童生活自理能力、培育儿童参与日常家务劳动的兴趣与能力的家庭劳动教育。

家庭教育方法和实施艺术的主要内容包括：习惯养成法、榜样示范法、说服教育法、奖惩法、环境陶冶法、情感陶冶法、兴趣诱导法等，以及家庭教育实践中的实施技巧与艺术。

家庭教育应同样遵循儿童身心发展特点及规律，否则必然是无效的，甚至是失败的。不同年龄阶段儿童的家庭教育的侧重点不同，婴幼儿期重点关注身心发展特征及以幼儿动作发展、建立良好情绪情感、培养幼儿语言思维能力、新生儿的保教策略、德育的实施、幼儿良好生活习惯的养成；儿童期重点关注道德培养、智育学习、安全教育、体育及劳动教育、帮助儿童建立自信心、帮助儿童建立良好同伴关系等内容；青春期重点关注身心特点及三观教育、青春期自我认知教育、青春期安全教育、升学就业教育、青春期性教育。

家庭教育存在着因家庭类型的不同而出现内容及方法的差异。本书对相关的内容做了初步的思考。主要的见解表述如下：祖辈家庭教育的背景、存在的优势与问题，倡导开展祖辈家长学校和设立祖辈教育咨询处的新型祖辈教育的方法；独生子女家庭教育的背景、优势与问题，提出了树立正确的独生子女教育观，优化独生子女家庭教育环境，适当的挫折教育，提倡赏识教育，关注心理健康，注重生活教育，培养孩子自理能力的教育方法；单亲家庭儿童在身心健康、性格形成、智力发育、同伴关系发展、家庭教育投入、亲子关系等方面所存在的问题，提出加强亲子沟通，建立和谐家庭氛围，增强情感疏导，给孩子安全感，多为孩子创设人际交往的环境，让孩子学会承担家庭责任，发展孩子的兴趣爱好，注意子女健全人格培养的家庭教育方法；留守儿童家庭教育在留守儿童三观形成、学习、安全、情感方面所存在的问题及有利于培养儿童独立、拼搏精神的优势，进一步提出了改变父母观念、选择素质较高的监护人、加强与学校的沟通交流、给予孩子更多的时间陪伴的家庭教育方略；随迁儿童家庭教育则依据父母工作调动和父母进城务工的原因所形成的随迁儿童家庭教育对儿童存在的影响，如儿童易产生自卑心理、缺乏应有的归依等诸多问题，总结出定期对随迁儿童进行心理辅导、学校帮助指导家庭教育、加强亲子沟通交流、父母应提高自身素质的家庭教育理念与操作技术。

　　本书作者的共同心愿是向读者奉献一部体系完整、内容富有新意、方法切实可行的家庭教育学，若能如此，则无限欣慰。

　　本书编写过程中，参考了大量国内外有关家庭教育的研究成果，在此不一一列举，谨向学界各位学者致以衷心感谢！

吴洪成

2023 年 10 月 9 日于保定

河北大学悦学楼教育科学研究所

目　　录

第一章　家庭教育的历史回眸

　　家庭教育是教育历史的重要组成部分，只要有人类就有教育，家庭出现以后也就有家庭教育。现代家庭教育与历史传统并不是割裂的，而是彼此联系的。本书重在家庭教育的现实问题探讨，包括理论、实践和操作应用等方面，所以对历史时期的家庭教育只作简略的回顾，但少量的篇幅和字数并不表明它的作用不大。这是需要首先说明的。

第一节　中国家庭教育

　　中国家庭教育历史悠久，可谓源远流长。自古以来，中国就是以小农经济为基础，亲子血缘关系为纽带的"家国同构"的社会，家庭是社会的基本构成单位，家庭教育对家庭、社会、国家的巩固与发展，各类学校的进步，民族文化的进步都产生了深刻而久远的影响。家庭教育既是个体成长和家族存续的需要，更是国家和社会持续前行的前提。如古人所言，"天下之本在家"，良好的家庭教育不仅关乎"齐家"，更关乎"治国""平天下"，因而中国自古就非常注重家庭教育，且强调家庭教育的根本在于修身，把道德教育放在首位，突出遵守以道德和伦理关系为准则的行为训练，重在传授为人处世之道，以求得"家天下"的长治久安。

一、中国古代的家庭教育

　　南北朝时期，著名教育思想家颜之推就写了《颜氏家训》，书中，颜之推以优美的语言、动人的故事，通过讲历史、时事、风俗、掌故、文学、养生、教育、家庭、哲学、道德、宗教等，寓教于乐，阐释了家庭教育的普遍问题，此书被后世称为"家教规范"，被誉为"我国家庭教育理论发展史上的一座丰碑"①，可见其对后世家庭教育的深刻影响。宋朝袁采著有《袁氏世范》一书，被冠之以"《颜氏家训》之亚"。书中深入浅出地阐述了对子孙的教诲和对父母的要求，充分体现了中华民族的传统美德。北宋史学家司马光的《温公家范》，则从《治家》和《治国》的关系上论述了家庭教育的意义，同时阐述了家庭教育的原则、方法。清初朱柏庐所著《治家格言》则是家喻户晓、有口皆碑的家庭教育通俗读本。我国有着悠久的家庭教育历史，优秀的历史基因构成了家庭教育的传统特色，因此，在历史长河中采珠拾贝是现代家庭教育学之所需。

（一）古代家庭教育的目标

自古以来，中国就被誉为礼仪之邦，中国传统文化以善为本，以和为贵，注重人际和谐关系，追求和善的目标和价值取向。所以，传统家庭教育重在培养良好德性。尽管传统家庭教育的目的与性质在今天看来难免存在着时代鸿沟，但几千年传统家庭教育积累的优秀传统对当今的家庭教育仍有着重要的借鉴和参考价值。追溯传统家庭教育的历史，总结和发掘传统家庭教育的优秀传统，继承和发扬优秀传统家庭教育文化对当今家庭教育具有重要价值。

1. 培养良好德性

培养孩子做一个好人是中国传统教育的基本目标，自然也是家庭教育的目标。《诗经·小雅》中的《小宛》的第三章写道："中原有菽，庶民采之。螟蛉有子，蜾蠃负之。教诲尔子，式穀似之。"②诗文以比喻的手法、优美的语言，告诫既然蜾蠃蜂都能抚养螟蛉的幼虫，人更不能独善其身，

---

① 赵忠心. 中国家教之道[M]. 南宁：广西科学技术出版社，1998：22.
② 陈节注译. 诗经[M]. 广州：花城出版社，2002：287.

要努力教育自己的孩子。颜之推在《颜氏家训》中也讲"德艺周厚"。"德",即恢复儒家的传统道德教育,加强孝悌仁义的教育。他说:"孝为百行之首,犹须学以修饰之。"①孝是所有德行中最重要的事情,尚且需要通过学习去培养完善。"为善则预,为恶则去,不欲党人非义之事也。……如有逆乱之行,得罪于君亲者,又不足恤焉。亲友之迫危难也,家财己力,当无所吝。"②强调好事要参与,坏事要避开,不要与别人结伙干不义的事,凡是对人有害的事都不要参加。

2. 学习立身处世之道

立身处世之道在中国古代即为"艺"。《礼记·内则第十二》记载:"子能食食,教以右手;能言,男'唯'女'俞'。男鞶革,女鞶丝。六年,教之数与方名。七年,男女不同席,不共食。八年,出入门户,及即席饮食,必后长者,始教之让。九年,教之数日。十年,出就外傅,居宿于外,学书计。……十有三年,学乐,诵《诗》,舞《勺》。成童,舞《象》,学射御。二十而冠,始学礼,可以衣裘帛,舞《大夏》,惇行孝弟,博学不教,内而不出。"③可见,西周时期不仅非常注重家庭教育,而且已经有了家庭教育和训练的具体内容。孩子可以自己吃饭了,就教他们用右手使用筷子;开始说话了,就教他们好的说话方式,体会男女说话声调、语气的速缓刚柔之别;6岁时教以认识数字与辨认东南西北;7岁时让他们懂得男女有别,不可同席而坐,不可在同一饭桌上用餐。男孩儿使用皮革制的腰带,女孩儿则使用丝质的腰带,以训练他们不同的性格;8岁时教他们出门、饮食要在长辈之后,懂得长幼有序和礼让之节;9岁时教他们掌握朔望和干支记日的知识;10岁时就要出门在外接受教育,学习语文和数学知识;13岁时开始学习诗歌、舞蹈等技艺;15岁时开始学习射箭和驾车的技能;到20岁开始学习周礼。颜之推更是强调,家庭教育中要重视教孩子学习技

① (南北朝)颜之推著,曾德明注译.颜氏家训[M].武汉:崇文书局,2007:82.
② (南北朝)颜之推著,曾德明注译.颜氏家训[M].武汉:崇文书局,2007:134.
③ (元)陈澔注,金晓东点校.礼记[M].上海:上海古籍出版社,2016:333.

艺，知识技艺能让人安身立命："夫明《六经》之指，涉百家之书，纵不能增益德行，敦厉风俗，犹为一艺，得以自资。父兄不可常依，乡国不可常保，一旦流离，无人庇荫，当自求诸身耳。谚曰：'积财千万，不如薄技在身。'"①否则，一旦"求诸身而无所得"则"施之世而无所用"。在颜之推看来，知识技艺的内容十分广泛，包括文章、书法、绘画、射术、卜筮、算术、医方、弹琴、博弈、投壶等，以及农、工、商、贾等各种技艺知识，他认为这些知识在生活中都有实用价值，所以教育孩子广泛涉猎并能在实际生活中灵活运用，"夫学者，贵能博闻也"，反对"不涉群书，经纬之外，义疏而已"②。主张"涉务"，反对脱离社会实际事务，主张增广生活经验，注重经世致用。颜之推的这些"实学"思想，表现了他的独到见解，至今仍具有一定的积极意义。

（二）古代家庭教育的内容

家庭教育目标与家庭教育内容之间有交互的关系，但前者具有导向、指引的地位，而后者则有途径、方式的意味。在古代，两者之间的交集会更明显。但无论如何，内容的知识、技能、思想方法以及行为实践等素材或方案的呈现与操作是十分有益的。

1. 道德教育

中国古代社会是以伦理为本的社会，道德教育自然成为了家庭教育的首要内容。《孝经》提出："夫孝，德之本也，教之所由生也。"③孔子在《论语》中更把"孝悌"当成"仁"之根本。"其为人也孝悌，而好犯上者，鲜矣；不好犯上，而好作乱者，未之有也。君子务本，本立而道生。孝悌也者，其为仁之本与!"④充分体现了德教为先的思想。北宋史学家司马光的《家

①　（南北朝）颜之推著，曾德明注译. 颜氏家训［M］. 武汉：崇文书局，2007：69.
②　（南北朝）颜之推著，曾德明注译. 颜氏家训［M］. 武汉：崇文书局，2007：79.
③　（春秋）孔子著，吕平编. 孝经［M］. 乌鲁木齐：新疆青少年出版社，1996：1.
④　（春秋）孔子，邹蓉等译注. 论语·学而（第一册）［M］. 乌鲁木齐：新疆青少年出版社，2005：1.

范》开篇注："君义、臣行、父慈、子孝、兄爱、弟敬，所谓六顺也。"所以"治家莫如礼"，通过礼的规范达到"父慈而教，子孝而箴，兄爱而友，弟敬而顺，夫和而义，妻柔而正，姑慈而从，妇听而婉，礼之善物也"①。这体现了德育的实施效果和功用。德行修养的根本在于与人为善、谦逊礼让、自我反省等行为规范。从其表现而言，更多集中于邻里关系的协调处理之中。安徽省安庆市的六尺巷源于邻里互让三尺，形成古巷的道德和谐范例。黄梅戏同名剧本真实反映了这一动人真情的故事。明代袁衷等的《庭帏杂录》中有这样一段文字："比邻沈氏世仇予家。吾母初来，吾兄弟尚幼，吾家有桃一株，生出墙外，沈辄锯之。予兄弟见之，奔告吾母，母曰：'是宜然。吾家之桃，岂可僭彼家之地？'沈亦有枣生过予墙，枣初生，母呼吾兄弟戒曰：'邻家之枣，慎勿扑取一枚！'并诫诸仆为守护。及枣熟，请沈女使至家面摘之，以盒送还。吾家有羊走入彼园，彼即扑取。明日，彼有羊窜过墙来，群仆大喜，亦欲扑之以偿昨憾，母曰：'不可！'命送还之。沈某病，吾父往诊之，贻之药。父出，母复遣人告群邻曰：'疾病相恤，邻里之义。沈负病，各出银五分以助之。'得银一两三钱五分，独助米一石，由是沈遂忘仇感义，至今两家姻戚往还。"②这里通过几件生活琐事反映出母亲李氏与人为善的深厚德行，不仅不计较邻里间小的矛盾冲突，还告诫子女要宽厚待人，李氏对子女的教育是基于和谐人际关系的考虑，可以说是古人邻里间和睦相处的经典事例，这种德行是古人立身处世的态度。家庭德育的要求广泛且丰富，汉代马援在写给侄子的信中提到："吾欲汝曹闻人过失，如闻父母之名，耳可得闻，口不可得言也。好论议人长短，妄是非正法，此吾所大恶也，宁死不愿闻子孙有此行也。汝曹知吾恶之甚矣，所以复言者，施衿结褵，申父母之戒，欲使汝曹不忘之耳。"③可见，这些立节、立志、立行、忠信、笃敬的道德规训构成了中国古代家庭道德教育的重要内容。

---

① 张红霞. 家范·童子礼·朱子家训[M]. 西安：太白文艺出版社，2011：1.
② 杨琼等注. 白话二十四孝图说[M]. 北京：中国致公出版社，1994：128.
③ (南朝宋)范晔. 后汉书[M]. 西安：太白文艺出版社，2006：179.

2. 人格培养

中国古代家庭教育形成了人格培养的优良传统，其中的具体表现不乏种类繁多的人物和事例，立意概要难以把控如一，此处大体总结如下三点：

（1）澹泊明志，宁静致远。孟子就提出："居天下之广居，立天下之正位，行天下之大道。得志，与民由之；不得志，独行其道。富贵不能淫，贫贱不能移，威武不能屈。此之谓大丈夫。"①诸葛亮在其《诫子训》中也强调："夫君子之行，静以修身，俭以养德；非澹泊无以明志，非宁静无以致远。"②可见理想人格是家庭家风教育和子女品德教育的重要内容。为官清廉，不可贪赃枉法也是传统家庭教育的要义，北宋著名廉政开封府尹包拯的《包孝肃公家训》教诲子孙称："后世子孙仕宦，有犯赃滥者，不得放归本家；亡殁之后，不得葬于大茔之中。"③元代郑太和的《郑氏规范》也明确写道："子弟出仕，有以赃墨闻者，生则于谱图上削去其名，死则不许入祠堂。如果被诬指者，则不拘此。"④这些家规家训无不表明家庭教育对理想人格教育的设计和追求。

（2）忠正廉洁。晋代陶侃之母湛氏是历史上著名的良母，《晋书·陶侃母湛氏传》记载了其教育儿子奉公诚实，两袖清风的故事："侃少为寻阳县吏，尝监鱼梁，以一坩鲊遗母。湛氏封鲊及书，责侃曰：'尔为吏，以官物遗我，非唯不能益吾，乃以增吾忧矣。'"⑤湛氏不仅教子惜时读书，还教育其应忠正廉洁。陶侃后来成了一身正气、为民造福的朝廷重臣，这应与其所受的家庭教育密切相关。

（3）严于律己，宽以待人。清代林则徐在《与夫人书》中就叮嘱夫人教

---

① （战国）孟轲. 孟子·滕文公章句［M］. 西安：三秦出版社，2018：50.
② 汪福建. 诸葛亮全书［M］. 北京：中国世界语出版社，1998：617.
③ 夏家善. 名臣家训［M］. 天津：天津古籍出版社，2017：41.
④ 郑太和等. 郑氏规范［M］. 北京：中华书局，1985：5.
⑤ （唐）房玄龄. 晋书（卷八二—卷一三〇）［M］. 长春：吉林人民出版社，1995：1519.

育儿子不可恃势凌人："务嘱次儿须千万谨慎，切勿恃有乃父之势，与官府妄相来往，更不可干预地方事务。""大儿在京尚谨慎小心，吾可放怀。次儿在家，实赖夫人教诲。"①汉代杨震为官清廉，教育孩子时不仅言传还注重身教，"大将军邓骘闻其贤而辟之，举茂才，四迁荆州刺史、东莱太守。当之郡，道经昌邑，故所举荆州茂才王密为昌邑令，谒见，至夜怀金十斤以遗震。震曰：'故人知君，君不知故人，何也?'密曰：'暮夜无知者。'震曰：'天知，神知，我知，子知。何谓无知!'密愧而出。后转涿郡太守。性公廉，不受私谒。子孙常蔬食步行，故旧长者或欲令为开产业，震不肯，曰：'使后世称为清白吏子孙，以此遗之，不亦厚乎'"②!

古代家庭教育非常注重教育过程中家长的榜样作用，身教胜过言传，看似无形，却实实在在地通过身体力行影响着下一代。

3. 劝学勉学

古代家庭教育中劝学勉学的格言、传说故事、家书家训不可胜数。如《三字经》的"昔孟母，择邻处，子不学，断机杼""头悬梁，锥刺股，彼不教，自勤苦。如囊萤，如映雪，家虽贫，学不辍""苏老泉，二十七，始发奋，读书籍。彼既老，犹悔迟，尔小生，宜早思"的故事读起来朗朗上口，生动形象，很适合孩子们诵读，其中所蕴涵的观念主张自然也不知不觉地被儿童记住和领会，《三字经》中类似的故事还有很多。古代家训和家规中同样有大量对子女劝学勉学的素材交织其中，如《颜氏家训》中的《勉学》篇就专门阐述勉学论题："伎之易习而可贵者，无过读书也。世人不问愚智，皆欲识人之多，见事之广，而不肯读书，是犹求饱而懒营馔，欲暖而惰裁衣也。夫读书之人，自羲、农已来，宇宙之下，凡识几人，凡见几事，生民之成败好恶，固不足论，天地所不能藏，鬼神所不能隐也。"③颜之推立足乱世，深知子弟不学无术的后果，也深谙"积财千金，不如薄技在身"，所以，他格外重视劝学，甚至提出胎教思想："古者圣王有胎教之法：怀

---

① （清）林则徐. 林则徐家书[M]. 北京：中国长安出版社，2015：3.
② （南朝宋）范晔. 后汉书·杨震列传[M]. 西安：太白文艺出版社，2006，391.
③ （南北朝）颜之推著，曾德明注译. 颜氏家训[M]. 武汉：崇文书局，2007：69.

子三月，出居别宫，目不邪视，耳不妄听，音声滋味，以礼节之。"①又推崇早期教育："人生小幼，精神专利，长成已后，思虑散逸，固须早教，勿失机也。"就像他自己年幼时，"吾七岁时，诵《灵光殿赋》，至于今日，十年一理，犹不遗忘；二十之外，所诵经书，一月废置，便至荒芜矣"。所以他强调："幼而学者，如日出之光，老而学者，如秉烛夜行，犹贤乎瞑目而无见者也。"②终身学习，以学为乐，践行了孔子"朝闻道，夕死可矣"的人生境界。北宋理学家程颢、程颐也极其关注儿童教育，曾讲："勿谓小儿无记性，所历事皆能不忘。故善养子者，当其婴孩，鞠之使得所养，全其和气，乃至长而性美。"③上述可见，劝学勉学，对孩子进行早期教育是古代家庭教育的代表性主张和内容。

（三）古代家庭教育的方法

中国古代家庭教育不仅有丰富的内容，也有与其内容相应且颇具特色的教育方法。

1. 严慈相济

严慈相济是古代家庭教育的有效方法。最早孔子提出"为人父，止于慈"；而《孝经》则强调"严父莫大于配天"。之后，颜之推比较系统地阐述了家庭教育要"慈"与"严"相结合的思想方法："父母威严而有慈，则子女畏慎而生孝矣。""父子之严，不可以狎；骨肉之爱，不可以简。简则慈孝不接，狎则怠慢生焉。"④他进一步提出："凡人不能教子女者，亦非欲陷其罪恶；但重于诃怒，伤其颜色，不忍楚挞，惨其肌肤耳。当以疾病为谕，安得不用汤药针艾救之哉？又宜思勤督训者，可愿苛虐于骨肉乎？诚不得已也。"⑤即强调父母没有教育好子女，因素很多，但方法不得当是其

① （南北朝）颜之推著，曾德明注译. 颜氏家训[M]. 武汉：崇文书局，2007：4.
② （南北朝）颜之推著，曾德明注译. 颜氏家训[M]. 武汉：崇文书局，2007：76.
③ （宋）程颢，程颐撰. 二程遗书 二程外书[M]. 上海：上海古籍出版社，1992：51.
④ （南北朝）颜之推著，曾德明注译. 颜氏家训[M]. 武汉：崇文书局，2007：6.
⑤ （南北朝）颜之推著，曾德明注译. 颜氏家训[M]. 武汉：崇文书局，2007：5.

中的困惑之一。严慈相济，以人文与科学合一的方法教育孩子是父母应尽的职责。

2. 以身示范

在家庭中，父母对于孩子而言是最亲近和敬重的人。在人类的交流及活动中，往往存在这样的情况：同样的话，人们总是相信亲近的人；同样的事，人们总是愿意受有威信的人指导。这就是如颜之推所说："夫同言而信，信其所亲；同命而行，行其所服。"①所以，在家庭中，父母在方方面面可以说都是子女的榜样，父母的一言一行都对子女起着格外深刻的影响，由此，父母对孩子应以身示教："人在年少，神情未定，所与款狎，熏渍陶染，言笑举对，无心于学，潜移默化，自然似之。"②家长的言行对孩子起着"潜移默化"的作用，而儿童大多是无意识地接受父母的熏陶和感染。因此，父母以身垂范，言传身教是一种教育力量，更是一种教育智慧。儒家教人格外要求正人先正己："其身正，不令而行；其身不正，虽令不从。"③孟子提出易子而教的观点，以克服宠溺偏爱或教子无方之弊："公孙丑曰：'君子之不教子，何也？'孟子曰：'势不行也。教者必以正；以正不行，继之以怒。继之以怒，则反夷矣。''夫子教我以正，夫子未出于正也'。则是父子相夷也。父子相夷。则恶矣。'"④也就是说父母要想教育好子女，必先端正自己的言行，否则对子女的教育就会适得其反。正因如此，古代很多家训、家书中多记述先辈自己的经历和感受，借此教育子女及后辈。这种以自己的体验和感悟对子女施教的方法，无形之中发挥了榜样的示范作用。

3. 因材施教

因材施教就是根据不同孩子的不同性格和能力实施不同的教育。孔子十分注重因材施教，《论语·先进》中记载了孔子和学生对话时的一句话：

---

① （南北朝）颜之推著，曾德明注译. 颜氏家训［M］. 武汉：崇文书局，2007：1.
② （南北朝）颜之推著，曾德明注译. 颜氏家训［M］. 武汉：崇文书局，2007：60.
③ （春秋）孔子，杨柳岸注. 论语·子路［M］. 长沙：岳麓书社，2018：161.
④ （战国）孟轲. 孟子·滕文公章句［M］. 西安：三秦出版社，2018：67.

"求也退，故进之；由也兼人，故退之。"①这句话表明了孔子对他两个学生不同的教育方法。冉求生性胆小，做事总是缩手缩脚，而仲由相反，生性胆大，做事喜欢冒进好胜，由此，孔子才提出对冉求应多加激励，鼓励他敢于尝试，做事积极奋进，而对仲由则要时时提醒做事要谨慎，不要冒失行事，可见，孔子非常注重因材施教。宋代袁采也提出在家庭教育中要遵循"性不可以强合"的因材施教思想，"为父兄者通情于子弟，而不责子弟之同于己；为子弟者仰承于父兄，而不望父兄惟己之听，则处事之际必相和协，无乖争之患"②。他认为即便是在家庭中，父子兄弟的个性也各不相同，因此教育不可强求一致，而应求同存异，因材施教。

4. 循序渐进

循序渐进是指根据受教育者不同时期的发展特点进行有针对性的教育。在传统家庭教育中很早就有这方面的内容。如西周《礼记·内则》中就讲："子能食食，教以右手；能言，男'唯'女'俞'。男鞶革，女鞶丝。六年，教之数与方名。七年，男女不同席，不共食。八年，出入门户，及即席饮食，必后长者，始教之让。九年，教之数日。十年，出就外傅，居宿于外，学书计。"③至宋代，司马光在其《居家杂仪》一文中则更详细地阐述了对儿童十年教育内容的安排："凡子始生，若为之求乳母，必择良家妇人稍温谨者。子能食，饲之，教以右手。子能言，教之自名及唱喏万福安置。稍有知，则教之以恭敬尊长。有不识尊卑长幼者，则严诃禁之。六岁，教之数与方名。男子始习书字，女子始习女工之小者。七岁，男女不同席，不共食。始诵《孝经》《论语》，虽女子亦宜诵之。自七岁以下，谓之孺子，早寝宴起食无时。八岁，出入门户及即席饮食，必后长者，始教之以廉让，男子诵《尚书》，女子不出中门。九岁，男子诵《春秋》及诸史，始为之讲解，使晓义理。妇子亦为之讲解《论语》《孝经》及《烈女传》《女戒》

---

① （春秋）孔子，邹蓉等译注. 论语·学而（第一册）[M]. 乌鲁木齐：新疆青少年出版社，2005：80.

② （宋）袁采. 袁氏世范[M]. 上海：上海人民出版社，2017：8.

③ （元）陈澔注. 礼记[M]. 上海：上海古籍出版社，2016：333.

之类，略晓大意。十岁，男子出就外傅，居宿于外，读《诗》《礼》《传》，为之讲解。使知仁、义、礼、智、信。……女子则教以婉娩、听从，及女工之大者。"①《三字经》也有类似的内容："为学者，必有初。《小学》终，至《四书》。《论语》者，二十篇，群弟子，记善言。《孟子》者，七篇止，讲道德，说仁义"；"《孝经》通，《四书》熟，如《六经》，始可读"；"经既明，方读子，撮其要，记其事"；"经子通，读诸史，考世系，知终始"。②可见，传统家庭教育的内容随着儿童年龄的增长而由易至难，从最初的学习基本动作与语言到基本生活礼仪与技能，掌握了基本的语言和生活常识后，儿童从六岁开始学习文化知识。文化知识的学习也是一个循序渐进的过程，初学数数与识字，逐渐由经到子再到史。尽管所学内容未能完全适宜幼儿教育的需要，但根据儿童身心发展规律与特点而实施循序渐进的教育是符合教育规律的。

5. 环境塑造

古代教育家很早就认识到了环境对儿童成长的影响，所以非常注重良好家庭教育环境的营造。不仅有广为传诵的孟母三迁的故事，"（孟子）其舍近墓。孟子之少也，嬉游为墓间之事，踊跃筑埋。孟母曰：'此非吾所以居处子也。'乃去，舍市旁。其嬉游为贾人衒卖之事。孟母又曰：'此非吾所以居处子也。'复去，舍学宫之旁。其嬉游乃设俎豆，揖让进退。孟母曰：'真可以居吾子矣。'遂居之。及孟子长，学《六艺》，卒成大儒之名"③。也有颜之推所论述的："是以与善人居，如入芝兰之室，久而自芳也；与恶人居，如入鲍鱼之肆，久而自臭也。墨子悲于染丝，是之谓矣。"④和司马光在《家范》中所强调的："夫习与正人居之，不能毋正，犹生长于齐，不能不齐言也。习与不正人居之，不能毋不正，犹生长于楚，

---

①　夏家善. 古代家规［M］. 天津：天津古籍出版社，2017：5.

②　吴蒙（标点）. 三字经 百家姓 千字文［M］. 上海：上海古籍出版社，1988：33-49.

③　（汉）刘向原. 列女传选读［M］. 西安：陕西人民出版社，2009：17.

④　余正平，梁明译注. 颜氏家训·慕贤［M］. 广州：广州出版社，2001：77.

不能不楚言也。"①以上故事和教育家的论述都形象地反映了传统家庭教育不仅注重教育的内容和教育方法，也非常关注家庭环境对儿童身心潜在的影响，因而强调通过环境塑造儿童的教育理念与方法。

中国传统家庭教育的发展演变主要是以儒家文化为中心，超稳定的文化特性使得我国传统家庭教育的发展历程显得平缓而缺乏激进，家庭教育的传统自然而然地沉淀于人们的民族心理素质之中，自然而然地流露在人们的日常生活行为里，历经千年成为悠久的文化传统，其中流传至今的各种家规、家戒、家范、家约、家语、家书等数不胜数，其行文大多亲切自然、通俗流畅，其内容可谓博大精深、全面细致，涉及诸如孝悌、立志、修身、睦亲、处世、治家、勉学等各个方面。即使不是像《颜氏家训》《曾国藩家书》这样的鸿篇巨制，哪怕就是长辈们的身体力行、口传心授，也可以看出过去家庭教育的影子。如传统家庭教育中长辈教导子孙"黎明即起洒扫庭除"，并把晚起看作很懒惰、很不好的行为，以此培养儿童勤劳的品性。传统家庭教育在几千年的发展过程中形成了许多优秀传统，比如教导子女仁慈诚厚、公平正义、勤俭淡泊、清廉自守等，都是很可取的，诸葛亮的《诫子书》云："夫君子之行，静以修身，俭以养德。非澹泊无以明志，非宁静无以致远。夫学须静也，才须学也，非学无以广才，非志无以成学。淫慢则不能励精，险躁则不能治性。年与时驰，意与日去，遂成枯落，多不接世，悲守穷庐，将复何及！"②今天读来仍有很强的感染力。但传统家庭教育是在中国传统社会特定的时代背景、家庭结构、价值意识、社会风尚等条件下形成的，随着特别是近代以来社会、家庭教育理念的变化，传统家庭教育不适应社会发展的弊端也逐渐暴露出来，如传统家庭教育也是一种以"官"为本位的教育，从小教导子女"学而优则仕"，于国兼济天下，于家光宗耀祖。启蒙教材《三字经》谓："幼而学，壮而行。上

①　张红霞编著. 家范·童子礼·朱子家训[M]. 西安：太白文艺出版社，2011，15.

②　张天清. 中华好家风[M]. 南昌：百花洲文艺出版社，2018：8.

致君，下泽民。扬名声，显父母。光于前，誉于后。"《神童诗》则云："天子重英豪，文章教尔曹。万般皆下品，唯有读书高。"都对传统家庭教育的价值导向产生了决定性影响。再如传统家庭教育主要以家长为中心，孩子必须顺从父母的教诲，要求孩子听话、循规蹈矩；教育方式多采用灌输式，儿童作为教育客体被动地学习；教育方法上强调家长的权威，父母以管教的方法要求儿童按照父母的意愿去生活与做事，着重纠正孩子的过错，采用处罚的方式让孩子不敢犯错；亲子关系方面以爱捆绑孩子，要求孩子服从、孝敬父母。亲子间的沟通着重要求孩子应该体会父母的苦心，父母的言行教诲都出于关爱，即使方式方法粗糙，也应该接受。

可见，传统家庭教育基于自身的特点和近代社会的变迁而发展变化也是必然。

二、中国近代的家庭教育

近代，中国家庭教育面临前所未有的挑战，也迎来了近代化转型与发展的历史契机。教育内容除传承传统家庭教育的内容外也开始融入西方科技文化知识。如曾国藩，作为清末洋务派的代表人物，他既对子女进行传统伦理道德教育，也积极"教导儿子熟习洋务，学习西方科学技术"①。曾国藩在给其长子的信中，就曾写道："李相创立上海、金陵两机器局，制造船炮，为中国自强之本，厥功甚伟。余思宏其绪而大其观，如添翻译馆，造地球，皆是一串之事。"②可见，曾国藩对子女的教育已吸收了西学的新鲜内容，这体现了其家庭教育与传统家庭教育的不同之处。张之洞则送儿子出国留学，进新式学堂学习军事。教育目的也由传统的光宗耀祖、耕读传家转变为紧紧围绕培养具有爱国忧国的社会意识的新国民而展开。如梁启超本着"人必有爱国心，然后可以用大事。"③"我国民当知爱国之

① 陈汉才. 中国古代幼儿教育史[M]. 广州：广东高等教育出版社，1996：243.
② 张海. 曾国藩家书文白对照全译(上册)[M]. 北京：中国华侨出版社，1994：583.
③ 梁启超. 自由书[M]. 北京：中华书局，1959：40.

理，与爱我同，与爱人异。人者本可以爱可以不爱，不过行吾慈悲以爱之而已。若我之爱我，则一毫不待勉强，一刻不能放松。夫我身固我也，我家亦我也，我乡亦我也，我国亦我也。"①的教育理念，不仅建议梁思成、林徽因放弃清华大学而到环境艰苦、但建筑专业强的东北大学就职，希望他们将来能致力于国家建筑业的发展。而且因为不愿意看到国家的各种文物被巧取豪夺，还建议梁思永选择考古学。至提倡科学和民主的五四新文化运动时期，以鲁迅、陈鹤琴、陶行知、郑晓沧、张雪门、蒋梦麟、张宗麟等为代表的先进知识分子更是大力提倡、传播和亲身实践西方家庭教育思想、内容与方法，对家庭教育理念、内容、方法进行了全面的、革命性的变革。如鲁迅于 1919 年 11 月在《新青年》月刊第六卷第六号上发表《我们现在怎样做父亲》一文，不仅批判了"以为父子关系，只须'父兮生我'一件事，幼者的全部，便应为长者所有"的传统家教思想，还明确强调"父子之间没有什么恩"，因此，应更新家庭中父母子女关系的认识，父母对于子女，"第一，便是理解。……孩子的世界，与成人截然不同；倘不先行理解，一味蛮做，便大碍于孩子的发展。所以一切设施，都应该以孩子为本位。……第二，便是指导。时势既有改变，生活也必须进化；所以后起的人物，一定优异于前，决不能用同一模型，无理嵌定。长者须是指导者协商者，却不该是命令者。不但不该责幼者供奉自己，而且还须用全副精神，专为他们自己，养成他们有耐劳作的体力，纯洁高尚的道德，广博自由能容纳新潮流的精神，也就是能在世界新潮流中游泳，不被淹没的力量。第三，便是解放。子女是即我非我的人，但既已分立，便也是人类中的人。因为即我，所以更应该尽教育的义务，教给他们自立的能力；因为非我，所以也应同时解放，全部为他们自己所有，成一个独立的人。这样，便是父母对于子女，应该健全的产生，尽力的教育，完全的解放"②。可见，鲁迅明确主张在家庭中建立新型父母与子女关系，从而实施新型家

---

① 梁启超著、王德峰编. 国性与民德：梁启超文选［M］. 上海：上海远东出版社，1995：185.

② 鲁迅. 孤独者［M］. 南京：江苏凤凰文艺出版社，2019：312-316.

庭教育。陈鹤琴更是在其《家庭教育》一书中，对于家庭教育的内容作了与传统家庭教育完全不同的全新的阐述。它根据儿童的心理发展特点，提出儿童教育应着重于做人、身体、智力、情绪等方面的内容的教育。《家庭教育》一书成为了中国近代家庭教育的代表作，也是我国家庭教育近代转型基本完成的重要标志。正是这一批先进知识分子对家庭教育的不懈努力，使近代中国家庭教育从教育目标、原则、内容、方法上都发生了近代化变革并逐渐形成了与传统家庭教育不同的近代特征。

（一）中国近代家庭教育的目标

培养具有爱国忧国社会意识的新国民是近代家庭教育的首要目标。

中国古代家庭教育将儿童视为"小大人"，家庭教育的目的主要是教育儿童光宗耀祖、耕读传家。近代，基于西学东渐的影响，家庭教育在目的和价值取向上都发生了很大的变化，梁启超、严复等思想家从塑造新国民的教育目标出发阐释家庭教育的目标、方法与内容及对国家和民族的意义。蔡元培更是强调家庭教育的使命在于培养儿童具有共和国国民的健全人格。近代家庭教育的目的逐渐转变为将儿童培养为社会和国家的"新民"，家庭教育注重儿童国民人格的培养。特别是五四新文化运动以后，以鲁迅、陈鹤琴、陶行知、郑晓沧、东岑等为代表的先进知识分子们受儿童本位观及民族国家危难国情的影响，纷纷呼吁、倡导家庭教育要重在培养服务于国家、民族的身心健全的新国民，由此，培养身心健全的国民成为了家庭教育的首要目标，这些教育家、教育学者同时对身心健全的新国民进行了进一步的界定和说明。如民国教育家郑晓沧将身心健全解读为儿童教育要确保儿童身心健康，即培养儿童的求知欲和养成合格的性格与习惯，同时注意养成儿童的经验，重点强调儿童身心能力的协调发展。而鲁迅先生则提出培养身心健全的儿童就是"让他做一个独立的、有着健全人格的人"①。陈鹤琴在其《家庭教育》一书中更明确地强调健全人格的培养

---

① 鲁迅. 鲁迅论教育[M]. 北京：教育科学出版社，1986：13.

就是从小培养儿童良好的习惯、语言、思想、态度等，对儿童进行各方面良好的基础教育："我们做父母的难道会因小孩子难以教养就不去教养他吗？我们知道幼稚期（自生至七岁）是人生最重要的一个时期，什么习惯、言语、技能、思想、态度、情绪都要在此时期打好基础。若基础打得不稳固，那健全的人格就不容易建造了。"①可见，陈鹤琴认为家庭教育的目的在于健全人格的建造，若要建造健全人格，就必须从幼儿期的基础教育做起。同时，陈鹤琴先生进一步强调这种健全人格是需要培养儿童身心的协调发展，更为重要的是培养儿童成为"具有世界眼光，具备 20 世纪科学和民主精神，又能体察民族危难、具备各种真实本领的弄潮儿"②。民国学者东岑也提出了类似的观点："负家庭教育责任者，训练儿童时却不再被卑狭的宗族观念所麻醉，应抱只有国家的观念，使儿童明了'国家即四万万同胞的家庭'，教儿童立誓为国争荣。"③陶行知先生则用生动的比喻对自己的孩子阐述了类似的思想观点："不可做树少爷，不可做树小姐，不可给折腰的大树把你们笼罩住，与害虫奋斗，伸出头来，向水分、肥料、空气、阳光进取，这样你们才能把自己造成中国之栋梁之才，才可算是国家命根的青年。"④在此，陶行知先生以树喻人，希望父母要教育孩子们懂得学习、受教育的目的是使自己成为社会、国家的栋梁之材，从而才能更好地服务于国家、民族和社会。

综上，中国近代家庭教育的首要目标就是培养具有国家观念和民族意识且身心健全的国民。这种家庭教育目的的形成不是偶然的，也不是一蹴而就的，是近代先进教育家结合近代中国的社会现实，对传统家庭教育进行反思，对近代西方教育理论进行吸收和中国化改造下提出和凝练的，正是教育目标的变革与确立开启了近代家庭教育变革的进程。

---

① 陈鹤琴. 家庭教育·自序[M]. 上海：商务印书馆，1928.

② 黄书光. 试论陈鹤琴在中国现代教育史上的地位[J]. 华东师范大学学报（教育科学版），1997(4)：81-87.

③ 陆传籍. 大时代的家庭教育[J]. 东方杂志，1939(9)：76.

④ 陶行知. 陶行知教育文选[M]. 北京：教育科学出版社，1981：133.

(二) 中国近代家庭教育的内容

在培养身心健全国民的教育目标指导下，中国近代家庭教育的内容相对传统教育发生了很大的变革。

1. 促进儿童身心健全

中国近代儿童教育家陈鹤琴先生指出儿童教育的第一个根本问题就是培育儿童健康发育，健康发育一是身体的健康，二是心理的健康。

(1) 儿童健康的身体

陈鹤琴先生强调儿童身体健康不仅关乎小孩子个人安康，也关乎家庭的幸福和国家的强盛："强健的身体是小孩子幸福的根源，若身体不健全，小孩子固然终身受其累，而做父母的也要受无穷的痛苦。我们中国人的体质可算屡弱极了，年未壮就有暮气，年未老就有死气。形容枯槁，精神萎靡。欲求精神活泼，身体健全的少年十个中得不到二三人，以如此衰弱的人民，国家哪里能强盛呢？"①由此，从小孩子的日常生活出发，陈先生详细阐述了家庭教育培育儿童健康体魄的几个方面。首先，卫生习惯的养成。陈先生认为中国父母通常在日常生活中忽视儿童卫生习惯的培养，所以，应在日常生活中培养孩子良好的卫生习惯，如小孩子应当独自使用一条洗脸的手巾；洗脸时需同时洗净耳鼻和眼睛；早上穿衣及洗面和刷牙前不宜吃东西；小孩子吃东西前应先洗手等。② 其次，科学饮食。陈先生讲到父母通常因为爱小孩子，所以常常给孩子吃各种零食，孩子想什么时候吃就什么时候吃，想吃多少就吃多少，以致到了后来，孩子"常常害便闭的病，慢慢出现瘦弱的样子"③。其三，在游戏中强健身体。陈先生强调："小孩子生来好动，以游戏为生命，要多运动多强健身体；多游戏，多快乐，多经验，多学识，多思想。"④游戏是小孩子的天性，游戏是儿童最正

---

① 陈鹤琴. 家庭教育[M]. 上海：商务印书馆，1928：70.
② 陈鹤琴. 家庭教育[M]. 上海：商务印书馆，1928：69.
③ 陈鹤琴. 家庭教育[M]. 上海：商务印书馆，1928：69.
④ 陈鹤琴. 家庭教育[M]. 上海：商务印书馆，1928：2.

当的行为。小孩子通过玩一些玩具：皮球、积木、溜板、毽子、风筝、洋娃娃、黏土等，不仅促进大脑发育，也使肢体越来越协调。鲁迅先生也非常注重孩子在游戏活动中的成长，他在儿子海婴儿时就经常给他买陀螺、兔子灯、火车、汽车等玩具。近代教育家们还强调野外活动对小孩子的身心健康也同等重要，孩子们一起在室外玩耍、游戏，既能感受大自然，愉悦身心，又能在玩耍中体验到群体协作的快乐。陈鹤琴先生提出："大多数小孩子都喜欢野外生活的。……但是我们中国有许多做父母的总不放心他们的小孩子到外面去，将他们关在屋里，好像囚犯一样，所以这种儿童长大起来往往身体孱弱，知识缺乏。"所以，陈先生特别强调父母应经常鼓励孩子运动，"小孩子平时宜穿运动套衣。……美国良好家庭的小孩子大概是有运动套衣的。他们夏天有夏天的运动衣，冬天有冬天的运动衣，他们有时候穿着运动衣，到野外去拍球，到江河上去跑冰。有了这种运动衣，他们可以常常去运动，而且衣服不会弄龌龊……小孩子生来大概是喜欢动的，因为他常常运动，所以他的肌肉就慢慢发展了"①。

（2）儿童健康的心理

近代教育家在注重培育儿童身体健康的同时也格外注重儿童心理健康的培养。陈鹤琴先生曾讲："家庭教育必须根据儿童的心理始能行之得当。若不明儿童的心理而妄施以教育，那教育必定没有成效可言的。"②由此，在《家庭教育》一书中，陈先生阐述了培育儿童健康心理的诸方面：

①让孩子远离恐惧心理。"儿童的脑筋，原是纯洁无瑕的。我们教导纯洁无瑕的儿童，就是要教他们吸收一切有益的印象，发展合理的思想和思考的能力，摒除一切不好的印象，避免差误的思想和无谓的恐惧，所以在积极方面，要利用他们的好奇心，引导他们去研究他们的环境，教导他们自己去探索各种事物的原理，借此获得正常的经验，组织准确的想象。"③比如：本来有的小孩子生来怕雷电，有的小孩子却喜欢电闪雷鸣，

---

① 陈鹤琴. 家庭教育［M］. 上海：商务印书馆，1928：74.
② 陈鹤琴. 家庭教育［M］. 上海：商务印书馆，1928：1.
③ 陈鹤琴. 陈鹤琴全集(第二卷)［M］. 南京：江苏教育出版社，2008：645.

但中国的小孩子却大多怕雷电，究其原因，是因为中国的父母自己怕雷电而影响了孩子。就此，陈先生举例说："有一日，黑云密布，猛风骤起。雷电交作的时候，某小孩子的母亲见之遂关闭窗户，惊慌失措并且呵斥她的小孩儿说，不可作声，雷公要来了，快躲到这里来。"①小孩子感受到妈妈如此害怕雷电，不由自主地也对雷电异常惊恐。就此情形，陈先生记述了自己教育孩子的方法："有一天，乌云聚集，雷电交作的时候，我的妻子抱了一鸣（此时他有 84 星期大了）到露台上，用手指着闪电对他说，你看你看，他就看闪电，也用手指着，显出很快乐的样子，毫不惧怕。到了他两岁多点儿的时候，凡一动雷，我就带他出去，站在屋檐之下，看着天上庄严的云彩，美丽的闪电，并指着云对他说，这里像一座山，那里像一只狗，这是狗的尾巴，那是狗的耳朵。又指着闪电对他说，这闪电像一条带，多么好看。因我这么对他说，他也就很快乐地看电看云。"②可见，如果能像陈先生一样教育和引导孩子，雷电在孩子的心中一定不但不可怕还非常的可爱，小孩子自然也就不会对电闪雷鸣产生恐惧心理。类似的，陈鹤琴先生还讲道："我同一鸣（一岁零 10 个月）在草地上游玩的时候，他看见一只大蟾蜍就举起手来向后退，并且喊叫着：'咬！咬！'我走过去，在地上拾了一根棒头轻轻地去刺着那只蟾蜍说：'蟾蜍你好吗？'后来他拿了我的棒头也去刺刺看，但是一触就缩回，仍显出怕的样子，但比当初好得多了。"③这样的讲述使"可怕的"动物在孩子的眼里也可爱起来，自然也不会恐惧它们。

②珍视儿童好奇心。好奇心是孩子与生俱来的，中国近代教育家认为，小孩子生来好奇，若小孩子不好奇，那就不去与事物相接触了，不与事物相接触，那他就不能明了事物的性质和状况了。所以，他们强调作为家长，在平时教育孩子的过程中，要保护孩子的好奇心，使孩子保有一颗好奇心从而去感知和认识这个世界，否则，"倘使他看见了冰，不好奇，

---

① 陈鹤琴. 家庭教育[M]. 上海：商务印书馆，1928：94.
② 陈鹤琴. 家庭教育[M]. 上海：商务印书馆，1928：94.
③ 陈鹤琴. 家庭教育[M]. 上海：商务印书馆，1928：95.

不去玩弄，那他恐不会知道冰是冷的。倘使他听见了外面路上的汽车，不跑出去看看，那他恐不会晓得汽车是什么东西"。所以，"好奇心是小孩子得知知识一个最紧要的门径"。① 保持好奇心也是孩子心理健康的重要体现。

③满足儿童对成功的渴望。近代教育家和家庭教育学者都注意到"小孩子很喜欢做事情的，而且很喜欢其成功的"，他们认为，小孩子喜欢成功是"因为事情成功一方面固然自己很有趣的，但是还有一方面，可以得父母或教师的赞许"，他们也强调小孩子的"这种心理是很好的"②，所以，他们提出在家庭教育中，父母应适当满足孩子这种追求成功的心理需求，以鼓励孩子做事的兴趣和热情。

④保护儿童的乐群心理。人是群居动物，孩子从小就能从与人相处中体会到别人的关照与爱护，因此，家庭教育中父母应鼓励儿童与人、各种玩物甚至小动物快乐相处。"小孩子拥有与动物玩耍的机会，……可以养成小孩子不怕动物的胆量，养成爱护动物的习惯，使他知道动物的性质与动物的生理，与动物做伴侣……种种动物是儿童很好的玩物，也是儿童很好的伴侣。儿童有了这种伴侣，一方面可以发展他的同情心，一方面可以学得动物的性情，并且可以使他不致寂寞。"陈鹤琴先生也由此细心观察了自己的孩子和其他的孩子，并阐述了孩子喜欢合群的心理表现："我的小孩子一鸣在47天的时候就发生乐群的心理了。在这一天，我抚抚他的下颌，他就对我说'a—ke'，这'a—ke'究做何解？我虽不得而知，但是我们推想他的意思是一种快乐的表示，也是一种对于我扶他下颌的反应，也是一种承认他人存在的符号。到了三个月的时候，一鸣喜欢别人同他玩。若你接近他，他就笑逐颜开，牙牙学语了。邻居的小孩子到了五六个月的时候，一定要别人站在他的旁边，倘使别人离开他，他就哭，一看见有人来就不哭了。我的友人有一个五岁的女儿，因为孤独的缘故，就常常想象有

---

① 陈鹤琴. 家庭教育[M]. 上海：商务印书馆，1928：4.
② 陈鹤琴. 家庭教育[M]. 上海：商务印书馆，1928：4.

一个伴侣同她游玩。后来进了幼稚园之后，这个想象的伴侣就慢慢的消失了。"①正是基于儿童乐群的心理，陈先生特别提醒家长应好好爱护和利用儿童的这一心理，从小培养儿童与人良好相处的方法与习惯，将儿童培养成社会人："做父母的正可以利用这种好群的心理以教育小孩子：第一，我们要使他得着良好的小朋友。第二，我们应给他驯良的动物，如猫、狗、兔子等做他的伴侣。第三，我们再给他小娃娃之类，以聊解他的寂寞。"②

⑤爱惜儿童审美心理。小孩子都有审美心理，喜欢通过图画、音乐、舞蹈等表达自己对美的感受和情感。所以，在家庭教育中，父母应培养儿童的审美和美感，给予小孩子表达美感的机会。如陈鹤琴先生所讲："小孩子应有看图画的机会，看画这件事儿实在包含着许多有利于小孩子发展的益处：一则可以提高鉴赏美术的能力；二者可以陶养优美的情绪；三则可以养成独自消遣的习惯。各幼稚园及家庭中，教师及家长对小孩子看画的动作是不可忽视的。"③不仅是图画，类似的如剪纸，陈先生也特别提道："小孩子应有剪纸的机会。教以儿童剪纸的游戏，一可以使他模仿各式各样的人物，表现他的意思；二可以利用剪纸的动作在无形中练习精细、忍耐、敏捷、沉静诸美德。所以这虽也是一种游戏，但与教育也是很有关系的。"④如以上陈先生所讲，类似看图画、剪纸等这样的活动无形中都涵养了儿童的审美能力与心理。

2. 陶冶高尚的情操

以培育健康新国民为目标的近代家庭教育在注重儿童身心健康的同时，也将陶冶儿童良好情操视为家庭教育的重要内容。如陈鹤琴先生所讲："小孩子在未受教育前，好比是一索素丝，受了教育以后，这一索素丝好像已经着了颜色，学的好就好，学的不好就不好。等到学的不好以

---

① 陈鹤琴. 家庭教育[M]. 上海：商务印书馆，1928：13.
② 陈鹤琴. 家庭教育[M]. 上海：商务印书馆，1928：7.
③ 陈鹤琴. 家庭教育[M]. 上海：商务印书馆，1928：88.
④ 陈鹤琴. 家庭教育[M]. 上海：商务印书馆，1928：89.

后，做父母的即使要去教他好，也是很不容易的。"①因此，家长应教育儿童从小养成一些良好的道德习惯，陶冶其高尚的情操。

（1）与人同乐。人都有自私心理，但人又必须生存于人与人的社会关系之中，所以人应从小懂得独乐乐不如众乐乐，克服自私心理。如陈先生所讲："今日之孩童即他年之成人，今日这孩童不能顾虑他人的安宁，则他年之成人即将侵犯他人的幸福。"②因此，陈鹤琴先生在家庭日常中非常注重涵养孩子关照他人的良好情操。看到孩子一鸣早晨醒来就吹洋号，陈先生就低声地告诉孩子："不要吹！妈妈，妹妹还睡着呢。"③孩子一听就不再吹了。同时陈先生还强调："你要叫他不要吹洋号，你自己须先要低着声同他说话，所谓己正而后能正人，倘使你亢喉高声同他说话，那么他也不肯听你的话而不吹洋号的。"④通过这样的教育，小孩子慢慢懂得了关照别人。如陈先生所记述："十二年六月二十三日。我吃过中饭后，在客厅里打盹。他(孩子一鸣)进来对他母亲说话，一见我正在睡觉，他低着声对他母亲说：'爹爹睡了'，就不做声了。这种顾虑别人安宁的动作是逐渐养成的。"⑤

（2）关爱他人。人与人之间相互关爱是社会良性存在与发展的重要体现。但人不是生来就富有同情心的，因此，父母在家庭教育中应尤其注重涵养儿童同情、关心、关爱他人的良好情操。"同情行为在家庭里、在社会里都是一种非常重要的美德。若家庭里没有同情行为，那父不父、母不母、子不子，家庭就不成为家庭；若社会里没有同情行为，尔虞我诈，人人自利，社会也不成社会了。但是同情行为不是生来有的，要在后天慢慢儿发展的。"⑥如陈鹤琴先生对自己孩子的教育："秀琴今年三岁半了，对

---

① 陈鹤琴. 家庭教育[M]. 上海：商务印书馆，1928：89.
② 陈鹤琴. 家庭教育[M]. 上海：商务印书馆，1928：119.
③ 陈鹤琴. 家庭教育[M]. 上海：商务印书馆，1928：118-119.
④ 陈鹤琴. 家庭教育[M]. 上海：商务印书馆，1928：118-119.
⑤ 陈鹤琴. 家庭教育[M]. 上海：商务印书馆，1928：118-119.
⑥ 陈鹤琴. 家庭教育[M]. 上海：商务印书馆，1928：120-121.

于人事稍稍能领会了，但对于病人不知道表点儿同情。一日她的哥哥病了而且病得很重，她母亲就对她说：秀琴，哥哥今天不舒服了，饭也不要吃了，玩儿也不要玩儿了，他现在卧在床上觉得很难过，你要进去看看他吗？秀琴说：要的。她母亲再对她说：你看见了他，你问声哥哥说：你好吗？"经过这样的引导，孩子明白了应关爱和怎样关爱他人，孩子自然就会试着去表达自己对他人的关爱之情，"进了卧室，看见她的哥哥卧在床上，就走进去问他哥哥说：你好吗"。随着家长的不断启发、引导，孩子进一步地领会了在更多的方面，可以以更多的方式关爱别人："她母亲又领她出去笑嘻嘻地对她说：秀琴，我们到外边去采一点儿好的花儿来摆在哥哥的旁边给哥哥看看闻闻好不好？她说：好的。她母亲遂同她到她们自己的小花园里采了许多好花。采了回到房里，她母亲替她把花儿装在一个好看的瓶里，叫她慢慢地拿进哥哥的房间去，放在桌子的上边。"①就是通过这样家庭日常生活中的熏陶，逐渐使儿童懂得了人与人的关爱，使儿童慢慢地具有了关爱、同情他人的良好情操。

（3）帮助他人。涵养儿童良好情操不仅应熏陶儿童从小为他人着想、与人同乐、关心爱护他人，还应引导儿童帮助他人，这也是中国近代家庭情操教育的重要内容。陈鹤琴先生在其《家庭教育》一书中就点点滴滴地记录了他在家庭生活中教育孩子们，陶冶孩子们情操的日常。"宽仁六岁大的时候，常常很喜欢帮他母亲的忙。每天早晨起来，他总替他母亲扫地，虽然扫的不大好，总还可以的。一鸣也很高兴在家里做一点事情，他有一天把一根摇灰用的铁棒拿起来插在火炉盖上，而且要把火炉盖拿到火炉的上面去。他用了许多力气还拿不上去，我就在旁边帮助他，并说几句称赞话给他听。"陈先生就是通过这些日常生活中看似很小，很平常的事儿让孩子体会帮助别人的成就感和幸福感，从而涵养孩子喜欢帮助他人，主动帮助他人的意识和行为。同时陈先生还强调："小孩子去做一件事的时候，切不要希望他所做的成效好，因为小孩子力气薄弱，思考简单，所做的事

---

①　陈鹤琴. 家庭教育［M］. 上海：商务印书馆，1928：120.

大概是不能得到好结果的。而所以任他去做的缘故，因为一方面可以发展他的筋骨，一方面可以引起他自动的兴趣，并不是一定要得到好结果的。"他还谈了自己在教育孩子中的体会："一鸣一岁零十个月的时候，就要拿起扫帚在地板上扫碎纸木屑等物，它虽扫得不好，我们也不去叫他不要扫。不到两岁的小孩子本是不能扫地的，我们之所以让他去扫着，是因为要他的肌肉发达，而且也要使他得到扫地的经验。"陈先生还特别提醒父母们不要因为小孩子做不好事情就不要他们做，应鼓励小孩子积极尝试，以积累做事情的经验。"我们常看见有许多做父母的，一看见小孩子做一件事情，恐怕他做不好，而且费时，就叫他不要做，或者替他代做。在我们成人看来，小孩子做事固然不如我们自己做的好而且快，但从小孩子的角度来看，他不去做就不能得到做事的经验了。"①无独有偶，陶行知先生在近代时期也曾撰文强调对儿童进行帮助他人、服务社会的情操教育的重要意义。"人生以服务为目的"，"最重要的教育是'给的教育'，教小孩拿出小小的力量来为社会服务"。陶行知先生不仅强调从小陶冶儿童良好情操的重要性，而且在自己日常家庭教育的具体实践中也身体力行，积极践行。1923年间，他提倡平民教育时，陶行知先生特地在自己家中设平民读书处，让六岁的儿子晓光教五十七岁的祖母读书识字，通过此，让小孩子在具体行为中体会关爱、帮助他人的重要意义，进而通过日常所作所为涵养儿童的美好情操。

（4）遵守秩序。遵守社会秩序自近代就被视为一个健康新国民应该具有的基本社会公德。因而近代教育家多在论及家庭教育时强调父母应从小对儿童进行社会公德的教育、陶冶和熏陶，使儿童形成遵守社会秩序等各方面的公德意识和行为习惯。陈鹤琴先生就记录诸如在平时生活中，孩子一鸣每次玩完玩具后，大人都会告诉他自己整理好玩具并放回原处，让孩子在这些具体事情中体会不乱放东西妨碍他人的规则，进而养成凡事讲究秩序，不影响他人的习惯意识。

---

① 陈鹤琴. 家庭教育[M]. 上海：商务印书馆，1928：129.

3. 培养儿童的自主意识

近代先进知识分子们如梁启超、陶行知、鲁迅、陈鹤琴等人深刻认识到具有自主意识是一个国民应有的素质。但传统家庭教育却存在束缚甚至泯灭儿童天性的弊端。儿童天生具有强烈的好奇心，他们眼中的世界丰富多彩，因此，家长应正视孩子感知和认识世界的自主意识，理解他们的内心世界和认识事物的视角，基于孩子的特点，选择科学合理的教育方法，激发他们感知和认知世界的积极性和主动性，逐渐养成孩子的自主意识。陶行知先生在《敲碎儿童的地狱，创造儿童的乐园》一文中就曾提出："我们要培养新父母和新教师，以培养更有福的后一代。旧父母和旧教师，凭主观以责儿童之服从；新父母和新教师，客观地根据他们的需要以宣导他们的欲望而启发他们的自觉的活动。"[①]他在对自己孩子的教育实践中也践行了自己的教育理念，如他的孩子在《回忆父亲给我教育》一文中所记述的："他忙于事业，和我们孩子相处时间不多，但对我们世界观的形成都很重视，要求我们逐渐树立独立自主的信念。"[②]可见陶行知先生对从小培养儿童自主意识的重视。鲁迅先生也强调在家庭教育中，父母理解孩子的精神世界才能做到真正地爱孩子。他认为小孩子爱玩，恰恰是在玩的过程中感知世界从而形成了自己的自主意识，所以，鲁迅先生在培养自己孩子时非常重视孩子"玩"的事儿。如鲁迅先生的儿子海婴小时候对留声机的构造很好奇，拆了装、装了拆，鲁迅先生为此专门买了一个更大的留声机给孩子鼓捣。正是在这个过程中，孩子的好奇逐渐成为了兴趣和自主意识，长大后的海婴学习无线电专业应该与儿时这种自主意识的养成不无关系。蔡元培先生在教育子女时也很注重培养孩子的自主性。他曾在家里亲自设计了一种"国际联盟讲坛"的活动，让每个孩子自主选择一个国家，而后代表这个国家在"国际联盟讲坛"上做模拟发言，简要阐述所代表国家的政治立场。如小女儿蔡睟盎就曾代表瑞士阐述了保持永久中立和爱好世界和平

---

① 陶行知. 创造宣言[M]. 南京：江苏凤凰出版社，2018：21.

② 江苏陶行知教育思想研究会. 纪念陶行知[M]. 长沙：湖南教育出版社，1984：359.

的政治主张。通过此活动，潜移默化地涵养了孩子分析问题和解决问题的自主意识和能力。

4. 尊重儿童的独立人格

近代先进的知识分子们逐渐认识到独立人格是新国民的重要标志，而独立人格的培养应从儿童教育开始，近代儿童教育观由此发生转变。先进的知识分子们纷纷提倡并践行以平等方式教育儿童，强调在家庭教育中，父母和子女是平等的，在教育儿童的过程中，父母应当和孩子平等相处，尊重和培养其独立人格。陶行知先生就提出："婴孩期就必须奠定民主教育的基础。"①教育孩子"在民主生活中学民主"②。创造平等的家庭环境，进而培养孩子独立的人格。丰子恺先生也是如此。丰子恺先生曾记述，有一次他请一位朋友吃饭，孩子们吃完饭就闹着回家。面对这个情况，丰子恺先生不仅没有当着客人的面训斥孩子，还悄悄地将孩子们领到角落，告诉他们要安静。回家后他对孩子们解释道："我们家请客，我们全家都是主人，你们几个小孩子也是主人。主人比客人先走，那是对客人不尊敬。就好像嫌人家客人吃得多，这很不好。"③由此可见，丰子恺先生在教育孩子的过程中非常注意尊重和培养孩子的独立人格。

(三)近代家庭教育的方法

中国传统家庭教育多遵从严慈相济、以身示范、因材施教、循序渐进和环境塑造等教育方法，这些方法多是站在家长的立场思考如何教育儿童，在特定的历史时期对儿童教育也曾起到了良好作用。但近代以来，随着社会的发展，家庭伦理和家庭关系发生了变化，加之西方儿童教育学和心理学的传播与影响，传统家庭教育方法的时代局限性越来越凸显。先进知识分子和教育家反思并开启了对新式家庭教育方法的探究，逐渐形成了一系列以儿童为中心，从儿童的视角审视，符合儿童的心理和兴趣爱好的

---

① 陶行知. 陶行知全集(第3卷)[M]. 长沙：湖南教育出版社，1984：554.
② 陶行知. 陶行知全集(第3卷)[M]. 长沙：湖南教育出版社，1984：529.
③ 方建新. 中国家风[M]. 北京：中国电影出版社，2017：145.

家庭教育方法。

1. 启发教育法

在家庭教育中，启发教育就是家长依据孩子的兴趣进行启蒙与指引，潜移默化地使孩子的兴趣逐渐转化为对感兴趣事物的自发性与自主性的学习与探究，即在家庭生活中家长根据孩子的兴趣，利用合适的机会启迪儿童。"在教育方法的运用上，应当抛弃陈旧的命令式或注入式的教法，而宜采用启发式的鼓励教育法。换句话说，就是随时随地先引起儿童对于某事物的研究兴趣，激发他们的疑问，燃烧其求知欲，并让他们主动地思索，自主地发表意见，然后就事物的本身加以详尽的解释，以满足他们的欲望。"①可见，启发式教育就是激发儿童对事物的兴趣，从而引发他们的好奇，进而引导和培养他们对各种事物和知识的探究。家庭教育的环境随意且有无限的教育机会，随时都可以找到适宜的机会启发、引导孩子，"启发子女的智能思想"②。家庭教育的启发式教育"常使子女对一切人物环境都有尝试的机会，俾经验丰富认识充足对一切会'不陌生'、'不羡慕'！"③由此，儿童无形中不再像传统家庭教育一样只是被动接受教育的客体，反而成为了教育主体，可以凭借对未知事物的兴趣而主动探究、学习，教育因此成为了儿童心目中一件非常有意思的事情。

正是基于启发教育法的这一理念，近代先进知识分子、教育家颇为提倡这一教育方法的改革。以家庭德育为例，在传统家庭教育中，多是父母对子女进行道德说教。而近代，很多知识分子尝试通过故事启发儿童的道德观念，倡导在家庭德育的过程中，选取与儿童年龄与心智发展水平相适宜的故事，并注意"道德标准之高低与文字结构之美恶"④的择取，讲授给儿童听，对其进行道德熏陶。"惟在一切德性训练法中，求其最有感动力，

① 柳泽民. 家庭教育之理论与学校教育之联系[J]. 广西教育研究(第1卷)，1941(6)：52-62.

② 汪贤淑. 社会风气与家庭教育[J]. 女青年(第2卷)，1945(2)：17-19.

③ 康丹. 家庭教育与青年[J]. 现代周报(第1卷)，1944(11)：16-19.

④ 徐松石. 家庭教育与儿童[M]. 北京：中华书局，1926：73.

最易实行，及最适宜于家庭采用者，实当首推故事之演讲及故事之看阅。"①通过生动故事的讲授，故事中的情景与人物会随着生动的故事而印在儿童的脑海中形成长久的记忆，"喜怒哀乐，常随故事而发现，好善恨恶之观念，亦多顺乎故事而生"②，因为"在少年时期，儿童有崇拜英雄之特质"③。所以，这样一种以英雄故事启发儿童道德观念的方法，一方面能激发儿童发挥想象力，另一方面，也能让他们在虚设的情境中生动、直观地体会故事中的人物经历及情景，通过这样的方法，引导和教育儿童设身处地地体会和感知优秀人物的思想、情感，从而让孩子在这种感知和体会中潜移默化地接受道德熏陶。

在家庭教育中，家长既然承认子女在成长中的主体地位和独立人格，就要注意调动他们的积极性、主动性和创造性，引导他们自觉努力地形成和发展良好的个性品质，对孩子启发诱导，调动他们的积极性，主要是运用精神鼓励、物质奖励、信息诱导等激励因素，激发孩子的行为动机和为实现教育目标的意志行为。从我国家庭教育的现状来看，家长们大多采用了各种激励手段向孩子进行教育，但有的偏重于物质激励，有的偏重于精神激励，有的注重孩子学习成绩的激励，有的注重行为品德的激励。在激励过程中，有的家长期望值过高，施以高压强制性教育；有的激励无度，情绪无常；有的则激励手段与发展意向相悖、使子女无所适从。这些有违启发诱导的做法，往往会导致一些教育的不良后果。家长对孩子的启发诱导、应注意教育的适度、有序④。这意味着家长运用的激励手段要适当，要考虑孩子的年龄特征，如他们的认知能力、兴趣、需要、情绪、性格等因素，掌握好分寸尺度，这样才能收到较好的启发诱导效果。家长对孩子的启发诱导在教育内容和要求上要前后有序，否则不利于帮助孩子维持稳定而持久的积极性、主动性；家长启发诱导的激励方式和程度，应充分考

---

① 徐松石. 家庭教育与儿童[M]. 北京：中华书局，1926：69.
② 徐松石. 家庭教育与儿童[M]. 北京：中华书局，1926：70.
③ 徐松石. 家庭教育与儿童[M]. 北京：中华书局，1926：72.
④ 吴伯义. 独生子女家庭教育[M]. 北京：中国人口出版社，2003：100.

虑孩子身心发育成长的动态过程，使家庭教育的影响与子女自身发育成长同步，这样才能促进独生子女身心健康。①

2. 民主教育法

中国传统家庭是家长制结构，家长拥有绝对的权威，家长与孩子的亲子关系不平等，儿童的权利和义务得不到应有的尊重，家庭教育的形式或方法自然是命令或说教，"以责罚为施行家庭德性训练之工具，亦属异常普通，然多用责罚，尤为无益而有害"②，即便孩子有着作为孩子的属性与需求，家长也都会主观地将孩子看作"小大人"，以成人标准进行衡量与要求。假使"儿童不接受，父母就认为他们不肯受教，就要强制执行，甚至于'骂'、'打'，'棒头上出孝子'、'不打不成人'等被认为金科玉律之格言"③。如鲁迅先生所总结的："一种是任其践踏，一点也不管，骂人固可，打人也无妨，在家里是霸主，出了门却像失了网的蜘蛛，毫无能力；另一种是终日给予冷漠的待遇或呵斥，甚至打到孩子畏缩，仿佛是奴才、傀儡，而父母却美其名是'听话'，自以为教育成功。英国的儿童沉着，德国粗豪，俄国雄厚，法国漂亮，日本聪明，都没有一点中国似的衰惫气象。"④这些深深地伤害了儿童的身心，"皆足以激起儿童反抗之心"⑤，但父母却一直没有觉察，一如既往地居高临下地管教孩子。

受西方科学、民主、平等的文化思潮影响与熏染，中国近代传统家庭结构发生了变革，家庭成员间的关系向平等与民主方向转化，家庭教育理念随之发生变化，民主的儿童观、儿童教育观与教育方法开始渗入家庭场域。近代儿童教育观倡导儿童教育应充分了解并尊重儿童的意志与个性，因为"他现在本身就是一个人"，所以教育儿童的目的"不在于使其将来成为一个人"⑥，而是儿童本来就是一个独立的人，因此，儿童是家庭教育活

---

① 吴伯义. 独生子女家庭教育[M]. 北京：中国人口出版社，2003：101.
② 徐松石. 家庭教育与儿童[M]. 北京：中华书局，1926：78.
③ 杨卫玉. 民族复兴与家庭教育之改造[J]. 教育杂志(第26卷)，1936(12)：1-4.
④ 金隐铭选编. 鲁迅杂文精编[M]. 桂林：漓江出版社，2005：432-433.
⑤ 徐松石. 家庭教育与儿童[M]. 北京：中华书局，1926：78.
⑥ B. Liber. 家庭教育中底几个基本错误[J]. 教育杂志(第21卷)，1929(7)：45-55.

动的参与主体，在家庭教育过程中父母与儿童相互平等，互相尊重，因为儿童本身就作为"一个人""一个生命"而独立地存在着，具有足够的合法性。所以，"儿童要被认为是人，他实际确实是一个人；像一个和他一起生活着的成人一般的人"①。如近代先进知识分子所指出的：对子女的尊重并不代表一味地顺从与满足其要求，"爱"与"尊重"是存在本质区别的。"父母总是爱子女的，但不尊重他们，不从儿童的立足点上去观察他们，不把他们伦理的或生理的人，看成和成人一般的重要"，父母就不能真正地对孩子进行家庭教育。② 当然民主式家庭教育并不是主张放任式家庭教育，放任式家庭教育是悖离民主教育的本质的，"不得骄纵与溺爱，防止生成意志萎靡、懒惰成性、不求上进、不孝父母的品性"③。中国传统家庭中父亲严厉的斥责、母亲无限制的溺爱，这种所谓的严父慈母式教育都有悖民主式家庭教育理念，民主式家庭教育讲究民主和平等，父母应施以爱的教育但不能溺爱，不能无端地斥责儿童。但不能无端地斥责儿童并非意味着父母不可以管教甚至责罚儿童，在某些教育情境下，责罚也并非违背民主教育，"首则在其他方法无效之时，吾人可用责罚以示警戒，惟此种责罚，宜轻而不宜重，在施行时又宜使儿童知此乃公理之责罚，而非父母之独断独行。此外则父母施行责罚，更宜表示不得已之苦心，以及极深浓之慈爱"④。这样的适当、科学的责罚，既有利于儿童的人格成长，也不会伤及亲子感情，更不会违背民主精神。

3. 鼓励教育法

儿童在成长过程中经常会犯各种各样的错误，对待孩子的错误行为，父母大多"都是在事后用消极的方式加以干涉，例如：'不准吵''不准

---

① B. Liber. 家庭教育中底几个基本错误[J]. 教育杂志(第21卷)，1929(7)：45-55.

② B. Liber. 家庭教育中底几个基本错误[J]. 教育杂志(第21卷)，1929(7)：45-55.

③ 张维屏. 公教良母的美德—看重家庭教育[J]. 圣心报(第59卷)，1945(3)：70-71.

④ 徐松石. 家庭教育与儿童[M]. 北京：中华书局，1926：80.

问'，这种干涉的结果在一时的效率上看来似乎很好，但就品格的陶冶和心理卫生的观点来看，完全是一种压抑"①。这种教育方法，很容易造成儿童人格的懦弱或叛逆。时至社会、经济、政治、文化跌宕转型的近代，先进知识分子们越来越意识到儿童将来要成长为新国民，就必须有自信、勇敢、向上的精神，而这种新精神的养成必须在家庭教育中受到积极的滋养，所以，家庭教育应"积极的指导，与消极的制裁相对。积极的指导，是重在循循善诱，以培养儿童的正当的习惯和品性"②。这样的教育方法才能够造就自信、勇敢的孩子，也才能养成自信与成功的习惯。所以，家庭教育中父母应多积极地鼓励孩子，树立他们的自信心，而不能一味地否定甚至斥责，否则很容易使孩子产生自卑自弃的心理，如近代学者所言："消极的制裁，则重在暂时的服从，以禁止不良的行为。儿童的不良行为，恐不是消极禁止得了的，也许你愈禁止，他愈要乱为。"③由此，近代很多知识分子都强调在家庭教育中父母应积极地肯定孩子的探究行为，如陈鹤琴先生所讲："小孩子是喜欢奖励，不喜欢抑阻的。"④家长应鼓励儿童积极努力探究，即使是孩子暂时做错了，父母也尽量不要直接指出孩子的错误，甚至批评孩子，而是用暗示的方式让孩子明白错误之处，并帮助孩子及时纠正错误，从而最大可能让孩子保持做事的兴趣。基于此，陈鹤琴先生曾详细记录了他日常鼓励教育孩子的心得："一天，我看见一鸣拿了一块破旧的棉絮裹着身体当毡毯玩。那时候，在我脑筋里就起了许多感想：我还是立刻把他的破棉絮夺去呢，是让他玩弄得着一种经验；是叫他把棉絮丢掉，还是用别的东西去替代。仔细一想，用积极的暗示去指导他好。我就对他说：'这是很脏的有气味的，我想你一定不要的，你要一块干净的，你跑到房里去问妈妈拿一块干净的。'他听了，就跑到房里去换了一块

---

① 吕方. 家庭教育的建设[J]. 教育建设(第3卷)，1941(3)：11-16.
② 周希俦. 家庭教育与儿童训练[J]. 国民教育(第2卷)，1941(1-2)：8-14.
③ 周希儒. 家庭教育与儿童训练[J]. 国民教育(第2卷)，1941(1-2)：8-14.
④ 陈鹤琴. 家庭教育[M]. 上海：商务印书馆，1928：20.

清洁的毯子。"①在日常家庭教育法中，陈先生不失时机地肯定孩子的行为，这保护与激发了孩子的自尊心，之后再指出孩子的过错，并进一步说明纠错的方法，孩子自然而然地接受并纠正错误而不会逆反。正如当时的学者所讲："不要忽视积极的良好教导，每日每时不断地做积极的循循善诱，作为子女身心的改进。"②此外，陈鹤琴先生还特别强调鼓励教育方法也要用之有度，不要盲目鼓励，也要随时随地注意引导儿童发展的方向，切不可以成人的标准鼓励要求孩子，不然适得其反。

4. 榜样教育法

中国传统家庭教育注重知识的传授及道德规范与生活习惯的养成，但教育方法重视言传却往往忽视身教，以致很多儿童在和父母亲长期相处的过程中，由模仿父母不经意的行为受到误导或不正确的影响，所以，近代知识分子就特别强调："对待儿童的一举一动，应当时时考虑他所发生的影响；应时时心里存着自己对儿女是负有教师的任务的。"③因此，作为父母应时时刻刻注意自己的言行举止，做好孩子的榜样，避免自己不合适或不正确的言行影响孩子。"一个儿童的好歹，可以说完全是由父母造成的，儿童既受先天的禀赋，且后天的基础教育又得之于父母，所以做父母的遇事都得以身作则，对于自己的一言、一语、一行、一动都得特别检点，予儿童以好的榜样，要是这样，才算尽了做父母的应尽的责任。"④可见，近代知识分子们对于家庭教育中父母以身作则的榜样教育是积极提倡的，使传统家庭教育的重言传轻身教的教育方法在一定程度上得到了纠正，使榜样教育得到新的发展。

模仿也是儿童的天性，儿童对新鲜事物都有强烈的好奇心，因而，大自然的一切及人的言行举止都会引起儿童的好奇并积极地去模仿，看什

① 陈鹤琴. 家庭教育[M]. 上海：商务印书馆，1928：17-18.
② 康丹. 家庭教育与青年[J]. 现代周报（第 1 卷），1944(11)：16-19.
③ 孙钰. 家庭教育与儿童不良习惯的养成[J]. 教育杂志（第 26 卷），1936(12)：51-55.
④ 释痴. 谈谈家庭教育[J]. 醴师学生，1948(1)：27-30.

么、听什么就模仿什么。看到大人读书，小孩子就会拿起书像模像样地学着看，看到大人做家务，小孩子说不定也会拿起扫帚在后面跟着扫起地来，听到大人大声吵吵，尽管小孩子听不懂大人们吵什么，但他也会学着使劲地扯着嗓门嚷嚷，"由是观之，注意儿童教育的父母，不可不自己先示之以模范。世上有教育之责的人，失败者十之八九，非必其教育方法失败，实其本人的模范，有以助成的。……而此活动的模型，其效力，更没有加乎他之上的，因为小孩子对于他父母的举动，专门模仿的原故"①。所以，如近代家庭教育学者所言："儿童知识浅薄，凡事都好模仿，父母日常的举动，即为儿童模仿的目标"。②"儿童是一片天真的，一切外来的影响，都能决定他的前途，因为儿童时期，只是生活历程——即整个性格——的开端，逐渐受外来的理论相继的侵迫，才形成终局。"③由此，许多近代先进知识分子愈发认识到父母在日常家庭活动中的言行举止对孩子的影响，也认识到父母人格感召力在家庭教育中的重要作用，因此，在家庭教育中父母"至其施教的方针，约有感化与指导二端"④。朝夕相处的父母，一定要在家庭教育中发挥自身榜样教育的作用，从而使孩子能向真、善、美的方向成长。如王鸿俊先生所言，父母如能对孩子实施好的家庭教育，就应努力做到："甲、彻底抛弃宗法传统观念；乙、养成良性之习惯与行为；丙、学习儿童教育必需知识；丁、能正确控制自己之态度。"⑤

近代知识分子们阐述了家庭教育目标、原则，也进一步总结了现代家庭教育方法，强调："家庭教育，没有学校中这样有一定的课程，也没有一定的设计单元活动，在家庭的环境中，生活即是教育。所以它的教育方法，也没有一定的成规，全在于教育者的临机应变，所谓'运用

① 张子和. 家庭教育的原理与方法[M]. 上海：大东书局，1933：16.
② 吴云高. 家庭教育[M]. 北京：中华书局，1948：4-5.
③ 吕方. 家庭教育的建设[J]. 教育建设（第3卷），1941(3)11-16.
④ 吴云高. 家庭教育[M]. 北京：中华书局，1948：2.
⑤ 王鸿俊. 家庭教育[M]. 南京：正中书局，1942：7-8.

之妙存乎一心'。"①家庭教育与家庭情境密切相关且具有很强的随机性，近代教育家、教育学者们所阐述的家庭教育方法一方面是选择性继承与革新了传统家庭教育方法，另一方面也选择性汲取与改造了西方现代家庭教育思想，既具有传统性也具有近代性，对现代家庭教育有一定的借鉴意义。

回顾近代家庭教育的变革与发展，可以发现近代教育家和先进知识分子对家庭教育理论与实践的探索与改革并非是在凭空搭建空中楼阁，而是始终在社会转型、文化变革的大情境中进行。近代社会革命推崇西方近代科学与民主，近代家庭教育的转型与变迁对主体间的独立、平等、尊重等民主理念特别地着力；近代国家政权，新国民的诉求，新国民的塑造也逐渐成为了近代家庭教育的目标；近代先进知识分子在对西方家庭教育理论进行解读及本土化改造的基础上，逐步构建了近代家庭教育理论框架，儿童本位的教育理念，教育科学化、心理学化成为了近代家庭教育理论的重要特征。可以说随着近代社会在浴火中的重生与发展，近代家庭教育也在各种推力下进行了近代化变革，尽管近代中国民众对于先进知识分子所倡导和实践的家庭教育未必能够深入理解和接受，但是符合历史近代化潮流的新型家庭教育理论始终在不断影响并指引着近代中国家庭教育实践深层次的不断发展，这种不断深化的实践也逐步促进了家庭教育理论的深化发展。

第二节　西方家庭教育

一、日本的家庭教育

日本在"二战"之后实现了经济神话般的腾飞，成功跻身于世界发达国

---

① 柳泽民. 家庭教育之理论与学校教育之联系[J]. 广西教育研究（第 1 卷），1941(6)：52-62.

家之列。发展成就的背后离不开日本成功的教育保障，而作为教育之源的家庭教育在日本振兴中发挥的作用更是不言而喻。无论是国际民调主流对日本国民素质的认同，还是日本国内井然的社会秩序，都充分印证了日本家庭教育的成功。而日本家庭教育之所以可以发挥如此巨大的作用，很大程度上要归因于日本将其视作社会公共事业而非家庭领域的私人事务，可以说公共意识对日本家庭教育产生了重要的影响。

公共意识是指人们对社会公共领域内的道德标准和行为准则等规范的主观认可和客观遵守。公共意识是孕育于日本国民思想之中的一种关心公共事业、改善公共生活、维持公共秩序、塑造以民众利益和社会需求为依归的价值取向和社会制度的深层意识，从某种意义上讲它就是人们遵守公共领域规范、规则的自觉性。那为什么日本人如此看重公共意识呢？一方面，中国儒家思想当中"以和为贵"的思想奠定了日本文化中"和"的意义，因此在整个国家机器的运转中，政治经济状态波动较小，这也让生产关系稳定在社会阶级分层的结构之中，从贵族阶级到城市底层阶级都像沙丁鱼群一般，在天皇意志的统筹下一起游动。另一方面，文化本质的长期封闭使得民众普遍产生了强烈的孤单感。这种情感强化了日本国民的依赖思想，日本心理学家土居健郎从语言与无意识和心理活动的关系出发，指出日本人彼此之间的依赖是"所谓内与外、罪恶与耻辱、义理与人情等种种人际关系的直接诱因"，认为依赖心理是日本义理和人情的基础，它包含着包容、平等的思想价值。在这种依赖思想的影响下，日本人不断地向内部追求一种人与人之间相互尊重、相互帮助、相互包容的人文氛围，也就是人们常说的公共意识。

日语当中意指"我"的"わたし"写作汉字的"私"，可见在日本的语系中"我"在表意上强调的不是某一个体，而是和"公"相对的一方。在日本人看来，社会公共领域是"我"之外的"他者"共同生活的区域。因此，淡化"我"的特殊性，遵守公共意识认同的道德标准和行为规范，并在"公共意识"面前规范和约制个体的行为习惯才合乎公共生活的本意。因此日本人在处于公共领域时，习惯于遵从的不是永恒精神所制定的个人内在的绝对道德标准，而是由公共意识所决定的外在的规范，这正是本尼迪克特在评价日本社会时提到的"耻辱感文化"。但是本尼迪克特的评价带有过于强烈的主观价值判断，她从一种完全消极的角度将遵从外在的公共意识视作一个民族缺乏自我反省能力的表现，这样的观点显然对日本人遵从公共意识的高度自觉性缺乏解释力。事实上，如果我们仔细观察日本国内的社会生活实景就可以发现。在车站、医院、餐厅、商场以及公园等人流密集的公共场所，即便没有工作人员在场，也很少见到人们大声喧哗及乱插队、多占座的情景，随处吐痰、乱扔杂物的行为也十分少见。日本的交通路况繁忙拥挤，但即使没有摄像探头或交警管制的道路，人们也能够做到自觉遵守交通规则。在繁忙的地铁站，人们乘坐滚动电梯时总是自觉地站在左侧，把右侧让给应急赶路的他人。种种现实境况虽然无法完全证实全部日本民众对待公共意识都能泰然接纳，但在很大程度上可以说明在日本，个人与公共意识不是二元对立而是二位一体的关系，与其说人们是受到公共意识的制约，不如说是人们需要这样的公共意识。因为在日本普通民众的认识中，公共生活并非不得不与他人共事，而是可以使自身获得归属感从而缓解孤独感的生活方式，所以日本民众形成了遵从公共意识的自觉性。

儿童作为社会共同体中的一员，将来要在社会中独立生存，势必也要领会并自觉遵守公共意识。而儿童社会化的伊始正是来自其所受的家庭教育。因此为了让子女成长为一个能够自觉遵从公共意识的人，日本父母往往极其重视子女的社会化陪养，这种重视社会性的特点也映照在日本家庭教育的价值取向、内容和方法中。

（一）"他人本位"价值取向

2005 年日本女性学习财团受日本文部科学省委托，采用访谈法对日本国内 1000 名 0～12 岁儿童的家长进行了家庭教育现状调查。该调查包含"家庭状况与儿童个性"、"儿童日常生活"、"管教方式与对子女的期望"、"工作与家庭间的平衡"、"子女养育环境"等五个方面共 26 个调查项目。在分析和归纳调查数据后，我们发现在"你希望你的孩子在 15 岁时成为一个怎样的人"这个问题中，有 67.9% 的家长选择了"能与别人协调合作"的选项，"能帮助穷苦者"的选择率也高达 67.3%。与此相反，强烈期待自己的孩子"具有领导才能""取得优异学业成绩""具有较强的竞争力"的日本家长比例仅为 21.4%、11.9% 和 11.5%，排在 9 个选项中的最后三名。相似的调查还有 2001 年日本青少年研究所针对日本东京都、爱知县等五个地区的 1371 名中小学学生家长展开的家庭教育问题问卷调查。研究人员在问卷中设计了诸如"您想把您的孩子培养成喜欢学习的孩子吗""您想把所有的精力都花在对孩子的教育上吗"等 20 个问题，并将这 20 个问题的指标归纳为"成就获得"型因子、"尊重个性"型因子、"重视人格"型因子、"学历至上"型因子等四个因子。通过因子分析研究者发现，日本家长在"成就获得"和"学历至上"型因子的得分均值分别趋近 -0.7 与 -0.4，而"尊重个性"和"重视人格"型因子得分均值则分别趋近 0.19 和 0.15。

由上面的调查可以看出，日本家长在家庭教育中对"成绩""权力""领导地位"等个人利益相关的功利性因素较为轻视。与之相反，家长在子女社会人格的培养方面十分注重，期待子女具备良好的团队合作能力，富有同情心，成长为能够与他人展开良好的合作并且能为他人提供帮助的人。这也体现了日本家庭教育明显的"他人本位"价值取向。

(二)社会性的造就

家庭成员之间本身就存在支配与被支配的关系，而家庭的组成结构实际上就是社会的微缩模型，所以家庭教育就具备了向儿童传达社会公共意识的机能。儿童的社会性发展自其出生便在与父母的关系中开始了，但来自社会的要求对于心智尚未成熟的儿童未免过于生硬，但是这些社会规范通过父母便可以在日常生活中以一种自然流露的形式柔和地传达给子女，使子女懂得如何才能使自身的言辞举止合乎自身的性别、地位和角色等社会属性，因此，培养子女的社会性人格和社会生活能力就成为了日本家庭教育的重要内容。

日语当中"迷惑"是公共场合使用频率极高的一个词，其中文表意是指

"麻烦他人"，日本人认为在公共生活中给他人增添麻烦是一种违背公共意识的可耻行为，所以日本父母在日常生活中就会着手培养子女的独立生活能力。比如他们会要求孩子进屋时将鞋整齐地摆放在玄关，因为这是家庭内的公共区域，需要家庭成员的共同爱护才能保持干净整洁。家长还会在子女幼时便给他们分配一些力所能及的家务去完成，例如吃饭前为家人分分筷子，整理自己的房间，帮助家人购买日常物品，对家中产生的垃圾进行分类等。正是这种见于生活细微之处的教育细节，潜移默化地培养了子女的自立精神以及处理问题的能力，让其在关心他人的同时养成不依赖他人的习惯，为其进入社会后独立生存和人际交往筑牢了根基。

日本人对公共意识的重视还体现在礼节之中，即一个人身处社会中不同的场合时，其礼节规范、语气言辞、行动举止都要合乎自身性别、地位和角色的要求。这种观念也在家庭教育中得到了体现，遵从礼仪并使用敬语几乎是所有日本父母对子女的要求。例如，每天清晨子女要向长辈问候"早上好"，吃饭前必须要在同桌家人面前双手合十，说完"我开动了"才能动筷，饭后还要说"我吃好了"，借以表达对农民以及制作饭菜之人辛苦劳作的感谢之情。子女在出门前，要和家人说"我走了"，回家时要主动说"我回来了"。如果接受来自其他家人的帮助，就算是自己的父母也要说"谢谢"，而如果自己给家人造成不便就要说"对不起"。当长辈呼叫自己时要以"哈伊（HaYi）"来回答，睡觉之前要向家人致以"晚安"等。通过家庭当中的礼仪教育，能让孩子从小就认识到生活中除了"我"以外，还有"他人"的存在，而自己的生活能够顺利维持，离不开社会中"他人"的工作和付出。这能够培养子女尊敬他人、感恩他人的品性，也能使子女今后在社会中的人际交往更加顺利和圆满。

总体而言，日本家庭教育重点在子女的社会化培养方面。家庭教育的内容大致可以归纳为三个方面。一是培养子女的生活能力；二是教授子女如何正确处理人际关系；三是培养子女作为集体和社会的一员所应有的觉悟。这些都与社会化培养密切相关。这种社会化机能培养突出的家庭教育不仅实现了公共意识的代际传递，还在日本全社会营造了一种自觉遵守公共意识的氛围。同时社会遵守公共意识的自觉性，又进一步强化了家长对子女进行社会化教育的意识。在这种双向促进的作用下，家庭对于反映公共意识的法律条令以及政府采取的促进家庭教育的措施的接纳程度也得到提升，既然家庭教育要让子女适应社会，那么接受法律和社会的干预也就理所应当，这极大减轻了家庭教育向社会事业转变的阻力。

（三）教育方法的以身垂范

日本家庭极其重视子女的社会化，但子女的人格、品性以及观念等方面的培养不是依靠"教"能够实现的，孩子不会因为父母言语的教导就变得富有同情心，也不会因为父母的禁止就免于暴戾，因此，日本家庭教育提倡和重视的是一种父母以身垂范的潜移默化式教育，反对和摒弃填鸭式、强迫式和注入式的教育。特别是在物质条件富足的现代社会，日本少子化趋势加重，全家的中心集中在孩子身上，极容易使子女滋生不良习性，这使越来越多的家长意识到以身垂范的重要性。例如，东京大学东洋教授曾以日本4岁孩子的母亲作为研究对象，设定"你的孩子不吃蔬菜或者在墙壁上乱涂乱画"的情境，让母亲们当场演示管教子女的方法。结果大部分妈妈都没采取直接命令的方式，要求自己的孩子吃蔬菜或制止孩子在墙上涂画。她们几乎无一例外告诉孩子"不吃蔬菜会生病哟""对不起种菜的农民伯伯哟""墙壁在哭哟"等，之后会亲自吃下蔬菜或将墙壁清洁干净，通过为孩子做出正确行为示范，让子女感受受害者的心情，用一种共情、以心比心的方式进行教育。同样的示例也存在于日常生活中，父母要求子女遵从礼仪的同时，自身也会遵守同样的规范，比如丈夫出门上班时要说"我去上班了"，而妻子要叮嘱"路上小心"，丈夫下班回家要说"我回来了"，妻子则会说"辛苦了"。社区中如果有人需要帮助，家长会经常主动地叫上子女前往帮忙，雨雪天气各个家庭的大人也会主动参与积雪扫除等公共活动。除此之外，这种以身作则的教育方式还常见于子女的技能教授中，我们经常可以看到冬天时父亲带着浑身颤抖的孩子坚持游泳，母亲在孩子冒犯他人时自己会先向他人道歉等现象。正是这种以身垂范、以身作则的教育方式，才能够让子女真正地认同父母的价值传递，并将公共意识内化于心，起到润物无声的效果。

（四）全社会的关注

在日本，家庭教育可谓是社会公共事业，日本当局不仅在立法层面对家庭教育予以明文规定，还最大程度地调动全社会的力量支持、参与家庭教育事业。日本家庭教育支援体系呈现出明显的由上至下的特点，先由国家确立家庭教育支援的基本理念，并对家庭教育支援的内容和政府责任做出总体性规定。各地方政府根据政府精神，结合当地的实际社会状况，制定具有地方特色的家庭教育援助政策。经过多年的发展，日本已经形成了完备的家庭教育支援体系，这也为作为公共事业而存在的家庭教育提供了保障。

1. 规定将家庭教育纳入法律

日本《教育基本法》中明确指出国家及地方公共团体，在尊重家庭教育自主性的基础上，还要积极与学校和家庭展开合作，努力为监护人自身教育能力的提高提供学习的机会。同时还要求学校、家庭、地域居民以及其他相关人员，在自觉履行各自教育义务的同时，彼此之间还要努力携手合作。该法明确规定了国家及地方政府和团体在推进家庭教育事业中所承担的职能和义务，也对行使家庭教育权的监护人提出了更高的要求。其根本目标在于提高社会对于家庭教育的重视程度，全面增强国民的家庭教育能力，利用各种机会及场所为家庭教育的开展提供便利。《社会教育法》中也提出社会教育、学校教育以及家庭教育之间具有密切关联性，国家及地方公共团体在努力确保与学校教育携手合作的同时，还需要提供有关家庭教育的学习机会，促使家庭教育的提高。除此之外，该法还为地方各级政府的家庭教育支援工作做出了明确的要求，规定了各级教育委员会的事务和职能，即挑选对家庭教育质量提升有帮助的人员组成公民馆，通过开设讲座、出版指导手册等形式为当地父母提供家庭教育的学习机会。日本将家庭教育支援事业视为一个系统工程，除专门的家庭教育法，还有一系列间接支持家庭教育的法律，从育儿支持、工作与生活的平衡等方面对家庭育儿进行支援。例如，1992年日本开始实施《育儿休假法》，确立了"促进工作与家庭平衡"的原则。2003颁布了《次世代育成支援对策推进法》，指出为应对社会少子化趋势以及家庭育儿能力低下的问题，全社会应当支援家庭教育事业，共同承担下一代儿童的培养责任。2008年发布了《家庭教育支援制度》，旨在为处于经济危机冲击下的家庭提供教育援助，以便让所有父母能够放心地进行家庭教育，并成立"家庭教育支援小组"来为单亲监护人、工作忙碌的监护人或因其他原因无法参与学习活动的监护人开发支援的必要手段。2012年颁布的《儿童和育儿支援法》规定要给予儿童和监护人育儿补助金和其他必要的帮助。这些法律相互支撑配合、共同发挥作用，为父母实施家庭教育提供了全方位的保障。

日本文部科学省每年都会发布《家庭教育支援计划》，在文部科学省的引领下，地方各级政府也相继颁布支援家庭教育事业的政策条例。例如熊本县出台了《熊本家庭教育支援条例》，该条例提出了支援家庭教育的基本原则，阐明了家庭教育支援政策的基本理念。明确指出熊本县政府及各市町村教育委员会要尊重家庭教育的自主性，并在此基础上加强彼此之间的合作，充分调动各领域人才和全体社会成员支援家庭教育的积极性，共同完成家庭教育工作。茨城县在《茨城县家庭教育支援条例》中规定了学前教育的相关内容，如政府要通过改善学习环境、提供学习机会等必要措施加强学前教育，幼儿园要与家长合作，努力完善学前家庭教育等。埼玉县综合教育中心发表了《关于地域、PTA支援家庭教育能力的现状调查研究》的报告，要求各市町村教育委员会，以PTA联合会、育成会、青少年活动团体等为单位，通过组织亲子交流会、读书会、自然探险等活动从实践的层面开展多样的家庭教育支援。截至2020年10月，日本共有9个县和6个市进行了家庭教育的专项立法。这些政策都对家庭教育支援做出了详细的责任划定。具体而言，学校的责任包括：与家庭和当地居民合作，积极开展各类有益的社区活动，促进儿童养成日常生活所需的习惯、培养其自立精神和社会交际能力等素养，并配合县或市对困难家庭实施家庭教育支援措施。区域居民和当地社团组织的责任包括：根据法律规定，与家长、学校保持密切合作，发掘并有选择地传承本地区的历史、民俗以及传统文化，努力为当地家庭教育营造和谐安定且具有地方特色的区域环境。同时鉴于父母在家庭教育中所起到的决定性作用，企业经营者应努力为身为父母的员工行使家庭教育权力提供必要的便利，尽可能改善其工作条件，平衡其工作与家庭生活，使他们做到工作和家庭兼顾。

从以上的政策可以看出，日本家庭教育支援体系不仅从责任和义务的层面对参与家庭教育的各主体做出了硬性规定，还十分重视深化各主体对于家庭教育重要意义的认识，并使其能够在参与家庭教育的过程中体会到儿童育成的喜悦。同时在这样三位一体的支援体系下，家庭教育的支援可以依据政策和社会变化问题进行灵活的调整，减轻了支援的随意性和盲目性，便于支援政策更加精准地针对家庭教育存在的困境对症下药。这说明日本政府在家庭教育支援的立法路径开始从对各主体行为的规范转向关注其感情反馈，也标志着日本家庭教育向着更为人性化、合理化和精确化的方向迈进。

2. 家庭教育法

日本家庭教育之所以能够成为全社会的事业，很大程度要归功于日本完备的家庭教育法律体系。"二战"后，日本政府基于父母对家庭教育的意愿、政府对未来家庭教育的期望以及对社会转型时期教育问题的判断，开始从立法层面着手对家庭教育进行干预和引导。日本政府采用由上至下的立法路径，逐步建立起多层次的家庭教育法律体系，确立了家庭教育的法律地位，明晰了家庭教育、学校教育与社会教育之间的范畴，构建起"三位一体"的教育体系。由此，家庭教育便不再是单独家庭的"私事"，而成为了具有开放性，为全社会共同参与的公共事业。

（1）家庭教育法案缘起

①家庭教育功能下降。

"二战"后日本的出生率呈现逐渐下降的态势且夫妻与子女两代人同居逐渐成为社会常态，这便导致日本家庭的平均人口数不断下降，小家庭模式普及。据《日本儿童资料年鉴》显示，在 1950 年至 1970 年仅仅 20 年间，日本家庭的平均人口数就由 4.97 人下降至 3.14 人。在这样的趋势下，核心家庭的小家庭结构逐渐取代了祖孙三代共同生活的传统大家庭结构。家庭结构的变化让以往由两代人共同参与的家庭教育成为了父母的责任，随着祖父母一代在家庭教育中的淡出，年轻的父母失去了父辈的帮助以及可供依循的家庭教育经验。除此之外，夫妻双方对于工作的投入也导致其生育意愿的下降，夫妻双方皆不愿因照顾子女而阻碍自身事业，因此晚婚晚育甚至不婚不育的现象在社会愈发普遍，使得日本呈现出明显的少子化趋势。据《日本儿童资料年鉴》显示，20 世纪 70 年代以来日本出生率便不断下降，1970 年至 1991 年的 20 年间，出生率由 18.8% 下降至 9.9%。这就造成了日本儿童群体的萎缩，儿童失去了同辈之间的交际和陪伴，其社会性成长不可避免地受到了不利影响，日本家庭已经越来越难以独自承担社会转型给家庭教育造成的压力。

战后日本经济实现了快速增长，尤其是进入 20 世纪 70 年代后，日本经济更是迎来了发展的黄金时期。伴随着经济的快速发展，日本家庭生活方式也迅速转变。以往的日本家庭在社会中很大程度是生产者的角色，保持着自给自足的生产和消费模式。在城市家庭中，除了米、面、肉等基本主副食品外，诸如酱油、咸菜等食品都要由主妇自行进行精细加工获得，生活在农村的家庭甚至连米、鱼、肉等基本的主副食都是家庭自行生产的。而诸如房屋修缮、衣物修补甚至生病养护都是在家庭中进行的。但这种生活模式随着社会物质水平的提高而迅速改变。以家庭电气化为例，1960 年拥有电视机的日本家庭仅占 40%，而仅仅 3 年后日本家庭的电视机占有率便高达 90%。除此之外，电烤箱、电饭煲、传真机、家庭电脑等新式电器也纷纷问世并且在家庭中倍受青睐，几乎成为每个家庭的必备物品。日本家庭在 70 年代纷纷迈入了以彩色电视、空调和轿车为标志的 3C 生活时代。不仅如此，随着经济的发展，日本社会分工不断细化，大量新职业应运而生，教育在学校进行，疾病治疗前往医院，甚至连垃圾回收、牛奶订购、家具修理等日常事务都衍生出专职上门服务人员，以往需要家庭自行生产才能够获得的生活资料如今只需要购买服务即可得到满足。生活资料的高度丰富，极大地减轻了家庭的生活负担，贫困、不便等问题也得到了有效缓解，但另一方面却削弱了日本家庭在自主生产、互相帮衬、共同建设的历史中沉淀而成的责任意识、团结意识、互助精神以及对自然的敬畏之心，儿童通过家庭继承这些优秀品质也变得愈发困难。以往生活在同一区域的家庭，在工作和生活上往往是相互协作和紧密联系的。因此，各个家庭对于未来社区一员的儿童倾注的关心也更多。在庆祝子女升学、生日等重要集会中，家长往往会邀请邻居前来祝贺。生活在其中的儿童自然受到熏陶而学会正确处理人际关系，并形成社会责任感。而在城市新兴的住宅区域，家庭生活逐渐趋于封闭，邻里间的交流来往日益减少，儿童只能在家庭中生活和活动，这就导致儿童人际交往以及参与社会公共活动的机会大量减少，进而造成其间接经验增加而直接经验减少，实际生活的体验与学校教育脱节，难以在家庭生活中形成自制力、同理心、感恩意识等品质，这也是家庭教育机能下降的突出表现。

②双职工家庭增多。

日本政府为催动经济发展不断地增加政府支出，20世纪70年代政府的公共事业投资高达18838亿日元，是1952年的30倍。日本政府还通过国营的"复兴金融金库""开发银行""进出口银行"对确定为重点产业部门的大企业发放巨额贷款。除此之外，日本还以低息贷款为企业筹措资金。在国家的统制下，国家机器开足马力运作，经济增长的洪流迅速蔓延，席卷着每一个日本家庭。在这样的时代背景下，日本的就业率不断上升，同时家务的减轻使得以往专事家务的妻子能够拥有精力和时间走上工作岗位，据《日本儿童资料年鉴》显示，婚后女性参加工作的比率已高达49.5%。夫妻双方全部投身工作的双职工家庭数量快速增多，这就导致父母忙于工作而无暇照顾子女，以至于当时的社会将核心家庭的父母称为"夜间的寓客"。内阁府针对在职父母开展的调查中有近54%的日本母亲以及大约85%的日本父亲表示自己在工作日与子女相处的时间不足1小时，在家庭教育中扮演重要角色的父母却只能在夜间短暂地陪伴子女，家长与子女之间的成长联系被切断，这就不可避免地弱化了父母的家庭教育能力。据日本文部科学省统计，2008 年近 80% 的父母都认为自身的教育能力乏力，这就导致父母在面对家庭教育中出现的问题时会感到孤立且无法得到有效帮助，许多家庭出现了"隔离育儿""封闭式育儿"的问题。

③家庭教育意愿增加

日本军国主义分子挑起的战端最终使得日本付出了咎由自取的惨痛代价。在此期间日本曾组织儿童进行集中疏散，大批儿童都因失去了家长的看护而受到了严重的不良影响。战争的残酷洗礼还激发了日本社会对于和平的强烈渴望，让下一代拥有美好的生活环境成为日本家庭的广泛诉求，但战后的日本学校受到冲击大量荒废，社会对于家庭教育的重视不断高涨。正因如此，在 50 年代，日本便兴起了"妇女回归家庭"的热潮，人们普遍提倡"丈夫在外工作，妻子持家育儿"的模式。尽管在日本年轻一代中，婚后夫妻全部参加工作的比例不断上升，但是对于家庭教育的强调却始终是日本社会的重点议题。而日本历来保持着重视家庭教育的传统，将家庭教育视作所有教育的起点。日本学界认为源于亲子之爱的家庭教育通过父母与子女的成长联系而发挥作用，在培养儿童的认知能力，促进儿童行为习惯养成，提高儿童生活能力，建立儿童的基本道德规范以及培养儿童价值判断能力等方面有着不可替代的重要作用。因此进入 21 世纪的前夕，在全球化浪潮席卷世界和科技快速发展的时代背景下，日本出于未来应当培养何种人才的考虑对本国教育进行了深刻思考。1996 年日本中央教育审议会上出台了《21 世纪的日本教育报告》，该报告提出新世纪将给日本社会带来前所未有的冲击和挑战，日本儿童只有提高自身生活能力、学会与群体合作、做到对自己负责，才能在充满不确定性的未来社会中独立生存，而这些要求的达成就需要家庭教育发挥效用。该报告同时还指出日本校园欺凌、青少年犯罪、青少年厌学等问题的发生率长期居高不下，已经成为日本教育的顽疾，这些问题凸显了青少年缺乏社会交往经验、缺少同情心和同理心以及对生命和人权的蔑视，这与家庭教育的缺失有着密不可分的关系。此外在经济的催动下新自由主义、享乐主义、利己主义在物欲横流的现代社会快速兴起，不断对青少年群体产生不良影响。在这样的社会环境中，日本越发需要事关年轻一代未来的家庭教育在培养有公德心的下一代方面发挥更大作用。日本社会对于加强家庭教育的强烈意愿直接促进了政府对家庭教育立法的进行。

（2）家庭教育的法律法规

①家庭教育责任主体。

法律作为体现国家意志和社会公共意识的规范体系，是协调社会内部不同背景、不同目的、不同阶层的利益集团关系的一种能动反映。日本针对家庭教育出台的一系列法案权衡了社会、学校、家庭三主体间的利益诉求，清晰地划定了不同主体在家庭教育活动中承担的责任，让不同主体在家庭教育活动中能够各尽其责，这为家庭教育成为社会公共事业奠定了坚实的法律基础。

日本家庭教育的责任主体并不是由传统观念或舆论导向决定的，而是在法律层面进行确立的。早在 1898 年颁布的《日本民法典》中便基于公民基本权利的视角，在维护社会稳定及保证父母与子女权利与义务平等的基础上对家庭教育的责任主体进行了质的规定。在其第 818 条（亲权者）中规定，"未成年的子女或养子皆要服从父母的亲权，亲权主体即为父母"；第820 条（监护和教育的权利义务）又规定，父母有权并且有义务对子女进行监护和教育。2011 年《民法》的修订中又添加了"子女的利益"部分，并进一步明确了家长的监护权及教育指导权。除了《民法》的质性规定，日本其他的教育相关法案也对家庭教育的责任主体做出了比较人性化与个性化的规定。如《儿童福祉法》就强调了儿童教育的重要性，同时对儿童教育的社会责任作出确认。其第一条中规定"所有国民都应努力使儿童身心健康地出生、成长。一切儿童都必须得到一定的生活保障和爱护"；第二条规定"国家和地方公共团体与儿童的监护人一起负责使儿童身心健康成长"。《儿童福祉法》将儿童教育从家庭这一狭小的范畴扩展到了更为宽泛的学校、社区乃至整个社会的公共领域，表征了儿童的教育并非是独属于家庭的责任，而是全体国民都要参与其中的重要社会事业。这一具有法律效力的规定也提高了民众对于家庭教育的重视程度，使得家庭教育的观念逐渐为全体社会成员所接受。日本在 1947 年 5 月颁布的《教育基本法》则是在明确提出家庭教育概念的同时，明确规定了其归属于社会教育范畴，此外，还对国家和地方公共团体在家庭教育方面应该承担的责任和义务进行了阐述。2006 年日本新《教育基本法》第 10 条规定"父母和其他养育者都对孩子的教育及相关内容负有第一位的责任。在让其学会生活所必要的技能的同时，要为培养其自立心及身心协调地发展而努力"。至此，日本家庭教育便具有了清晰的公共事业标识，即父母对子女应当承担主要责任，并且在父母之外，国家和整个社会都应予以关怀。

②家庭教育的法定地位。

日本家庭教育法定地位的确立过程最早可追溯到 1947 年 3 月，当时依据《日本国宪法》的精神，日本颁布了被称作"教育母法"的《教育基本法》，正是在这部具有准宪法性质的教育母法中，明确提出了家庭教育的概念，并将其归属于社会教育的范畴。该法还明确了国家和地方公共团体在家庭教育活动中所拥有的责任和义务。家庭教育的法律地位在这部法律中初步确立。1949 年 6 月，日本国会又根据《教育基本法》的精神颁布了《社会教育法》，将未成年人的校外教育活动归属为社会教育和家庭教育的范畴，"三位一体"的教育体系初步形成。至 2006 年 12 月 22 日，经过修订的《教育基本法》在日本第 165 届国会上经过审议并通过。日本新《教育基本法》第 11 条规定"幼儿时期的教育是整个人生人格形成的重要培育阶段。在这一时期，国家以及地方公共团体要为幼儿的健康发展和成长提供良好的环境及其他适当的方法，并为其振兴而努力"。至此，"家庭教育"作为国民教育体系中不可或缺的重要组成部分被载入日本教育的根本大法之中。这表征了家庭教育不是学校或社会的附庸，使家庭教育无论在法律还是实践层面都与社会教育、学校教育一样具备了不可撼动的重要的法律地位，其立法条款也必须被广义社会范围内的所有成员接受并共同遵守。

家庭教育的法律地位在日本确立，极大地提高了社会对于家庭教育的重视程度，让"清官难断家务事""家家有本难念的经""法不入家门"等文化语系在日本失去了效用，家庭教育不再是一种"隐晦"的私人事务，而是受到法律保护和公众监督的社会公共事业。伴随这种改变，家长在家庭教育中的角色也随之开始由"权力主体"向"责任主体"转变，以往那种视家庭教育为家长的权力，何时使用、怎样使用、是否使用这项权利全由家长定夺的局面得到了彻底的改观，家长如果不能为子女提供良好的家庭教育或存在虐待、家暴等行为时便会被有关部门和机构认定为失职，政府就会依法剥夺其抚养权。同时，家庭教育的法定地位也让家庭在国家教育领域获得了更多的话语权，可以让社会其他各领域更明晰地听取家庭教育意见、了解家庭教育需求，使社会的教育导向更具公信力。这也让公众对家庭教育的看法产生了根本性的改变，民众不再将家庭教育视作一家一户的事务，而是将其看作一项事关全社会福祉的重要事业。

3. 家庭教育支持的举措

日本政府对家庭教育的支援主要由中央政府引导，由地方政府推进，由社会各领域配合落实。其中有一些日本地方政府及行政机构通过内部改革，设立了家庭教育支援的专项负责部门，培养专业的家庭教育人才，同时采用了多种渠道对家庭教育予以积极推进。

（1）拓宽家庭教育援助渠道

①家庭教育门户网站。

2006年，日本吴市建立了第一个公私融合的儿童保育支援综合门户网站——"要好好养育孩子啊"（http://www.kure-kosodate.com）。网站由20名成员共同维护，他们共同承担了规划、采访、内容输出和校对等工作，并且每天更新。网站的主要板块包括儿童保育资料、相关家庭教育讲座的公告和活动宣传的资料等。

②家庭教育咨询组织

2003年，京都府鹤舞市为贯彻落实《儿童相关政策》，由该市教育委员会组织设立了"育儿支援科"，遂以"育儿支援"和"儿童身心健康"为主旨/主题。其不限于国家部门的框架，以协助家庭开展家庭教育为宗旨，促使基层社区承担起为孩子创造良好生活及学习环境的重任。"育儿支援科"还新设了儿童综合咨询中心、儿童抚养支持协会、地区儿童抚养支持委员会、家庭支持中心、儿童保育支持中心以及儿童课后照管群等组织，从而组建起一个系统性的、对当地家庭提供教育帮助和信息咨询的综合系统。

③家庭教育书籍

为了向家庭提供便捷易得的家庭教育援助，日本文部科学省组织专家编撰、出版了三册关于家庭教育的资料：《现代家庭教育——乳儿编》《现代家庭教育——小学低、中年级编》和《现代家庭教育——小学高年级与初中编》。这些资料均由日本国内各领域的著名专家编撰，并经"家庭教育资料作成恳谈会"认真研讨通过，详细分析了儿童心智发展各阶段的基本特征、阐明了家庭教育的基本原理，从家庭概念、生活模式、儿童素养、安全和健康、娱乐游戏、性教育、个性培养和儿童梦想等细节入手，为现代家庭提供了全面具体的指导方法。除文部省主导发行的资料外，地方政府也纷纷依据当地实际状况推行家庭教育读本。例如，京都府鹤舞市为推进建设儿童友好城市，由市政府的福利科主管设立了"育儿支援联络协议会"，该协会在2003年确立了政策推进、宣传路径及推进机构一体化的家庭教育支援工作方案，其主要的内容之一就是编写了《儿童保育口袋书》并向社区内有儿童保育需要的家庭发放。自成立至今"育儿支援联络协议会"每年都会对目标家庭进行探视和回访，在收集信息和反馈意见的同时，他们还根据家庭的具体情况进一步为其提供更为合适的专家意见，并根据回馈情况不断更新《儿童保育口袋书》的内容，使有关家庭教育的知识更契合当代的儿童教育。

日本政府在落实家庭援助时采用了政府和家庭双向对接的援助策略。利用互联网和咨询会等形式进行家庭教育援助，扩大了家庭教育援助的覆盖范围，极大地降低了家庭获取教育支持的难度，让有关部门能够更加高效地收集反馈信息，从而把握家庭最为重要的教育需求，进而调整援助措施并优化教育资源配置，同时这种主动求助的方式也极大地降低了援助成本，减轻了政府单方面援助的盲目性。除家庭端，政府通过家庭教育教材的推广，让家庭拥有了更为科学和便捷的家庭教育求助手段，促进了日本家庭教育水平的全面提升。

（2）培养家庭教育专业人才

为了使家庭教育支援工作拥有充足的人才储备，日本地方各级政府纷纷响应国家政策指示，着手培养精通家庭教育知识与技能的专业人才，其特点是以政府为主导，利用大学、社会教育机构、网络平台等多种平台向全体公民提供免费教材、公开课程、专家讲座、教育咨询等服务，增加让市民拥有接受家庭教育专业培训的机会。

金泽市政府在 2005 年 7 月开办了"金泽市妈妈大学"。该大学旨在通过基础讲座和进阶讲座两种手段，向正在养育孩子的父母或即将生育的年轻夫妻以及有意愿学习家庭教育知识的家庭传授科学的育儿知识和经验，以及家庭教育过程中所必需的生活技能等。基础讲座由大学主办，内容包括孩子的玩乐、身心发展、疾病及预防、亲子间的交流以及育儿烦恼等。进阶讲座则通过事先向当地家长公开征集问题的方式，挑选关注度高、反响强烈的热点问题组织讲座，以确保讲座内容切合社会实际状况，让家长都能够获得最为需要的学习内容。青森县通过本县社会教育中心，对其所辖范围的 17 所家庭支援机构的工作人员进行了专业培训，在提升人员业务能力的同时，还促进了区域内家庭教育支援网络的形成。自 2001 年起，青森县社会教育中心每年都会于 7~11 月为从事家庭教育支援的人员开设培训讲座，并邀请知名教授以及各领域专家作为主讲嘉宾，每年预计开设 18 次，讲座内容涵盖了性教育、虐待预防、儿童游戏等多个方面的内容。除此之外，山梨县也制定了"山梨育儿支援计划"，而培养家庭教育支援人员就是计划中最为重要的部分之一。从 2007 年开始，山梨县地方政府就与山梨县立女子短期大学和县教育委员会开展合作，在大学的区域研究交流中心开设课程，聘请该校人类发展专业的讲师对从事家庭教育支援的相关人员进行培训。在开课之前，交流中心还对培训内容、教材等因素进行了反复研讨。第一期参加培训的学员包括市町村基层从事家庭教育或儿童保育支援工作的人员、市町村的教育主任以及社区儿童支援中心的领导等，课程开设受到了很大的欢迎，听讲率达到了 94%。

总体来说，日本对从事家庭教育的人才培养有以下几个特点：一是连贯性强。日本对家庭教育的人才培养持续进行了二十余年从未中断，且时至今日依然具有强大的后劲，有效保障了家庭教育人力资源的输送。二是专业性强。日本家庭教育人才培训不论是课程、讲座，还是咨询都由知名专家学者或在教育行业富有从业经验的人士承担，培训领域涉及社会学、儿童心理学、教育学、生理学等多种学科，体现了高水平的专业水准。三是培训内容的丰富性。培训课程涵盖了儿童侵害预防、性教育、游戏行为及品德修养等多个方面，兼顾了不同年龄阶段和发展水平的儿童，很好地满足了不同家庭的个性化需求。

（五）日本家庭教育存在的问题

日本将家庭教育纳入社会公共事业的做法得到了大多数民众的支持，也获得了显著的成效。但是在实际的实行过程中，依然产生了许多现实问题。探明这些问题才能够在借鉴日本家庭教育形式时更好地进行取舍。

1. 家庭教育的权利受到过度干涉

联合国 1948 年通过的《世界人权宣言》中提出，"父母对子女应受何种教育，有优先选择的权利"。父母家庭教育的权力和责任是由生育行为派生而来的，父母在决定子女的发展方向上有优先权，在教育子女方面的自由不应受到其他个人、社会团体或者国家的不当干涉。因此，国家对家庭教育的自主权应当予以充分的尊重，如果国家要干预父母的家庭教育权，就必须有适当的理由。这也是日本对家庭教育进行法律规制引发部分学者讨论和担忧的原因。日本将家庭教育视作公共事业就意味着多方主体参与家庭教育活动，多主体的参与就必然导致多方利益、多种意识和权力的交错。国家教育权作为一种公权力，其来源是家庭教育权汇聚而成的社会委托，国家利用教育权开办各类学校、成立各种机构来满足社会和家庭的教育需求。可以说，国家教育权、家庭教育权和社会教育权之间是相互连携、相互制约的关系。但是在权力系统实际运作的过程中，各主体的权力层级不同，代表的利益不同，难免会出现各方权力失衡的问题。家庭教育权作为基层权力，往往会因为教育权的失衡而遭受影响，这种影响主要表现为外界对家庭教育的过度干预。

家永三郎教科书案就是家庭教育权受到过度干涉的典型案例。"二战"后日本付出了咎由自取的惨痛代价，和平成为了无数日本家庭的诉求。1952 年，日本历史学家永三郎编写了《新日本史》，书中对日本"二战"时期对其他国家发动侵略战争的历史进行了客观、公正的记述，符合大多数普通家庭希望培养子女热爱和平品性的教育期望，于是自 1953 年起该书开始发行并为日本高中广泛用作历史教科书。但是在政界中活动的右翼分子却对军国主义的错误观念不加反省，甚至企图利用国家教育权篡改历史教科书，通过歪曲历史的形式掩盖过去所犯的滔天罪行。从 1955 年起，日本文部省开始对他编写的教材进行审查，当年就将书中 216 处的内容审定为不合格，之后更是直接要求家永三郎篡改书中对于"二战"日本罪行的表述。家永三郎认为这种做法违背了宪法和教育基本法中有关受教育权和学术自由的规定，因此他先后向法院发起了三次诉讼。这条漫长的诉讼之路几经曲折，在持续了长达 32 年的时间后，终于在 1997 年落下帷幕，结果是家永三郎第一次诉讼三审全败，第二次诉讼先胜后败，第三次诉讼部分胜诉。他败诉的理由正是法院基于国家教育权的立场，认定国家可以在相当程度上干预教育内容，而家永三郎编写的教材专注于对过去历史的反省，与教科书的目标相去甚远，因此文部省对该书的审定并不构成违宪，然而，家永三郎胜诉的判决书却指出："负责儿童教育的是以双亲为中心的全体国民，家庭教育权和儿童学习权应得到保障，国家不应干预教育内容。"这种自相矛盾的审判说明日本教育权力的分配和平衡存在着难以调和的问题。

家永三郎案表面上是国家对教科书内容进行审定的问题，但其本质却是国家教育权对家庭教育权的强硬干涉。日本文部省披着培养青年民族自豪感的外衣，兜售的却是右翼势力的军国主义思想。这种教科书的"改恶"不仅违背真相、违背历史，还违背了日本普通家庭的真实教育期盼，使家长希望子女能够正视历史、热爱和平的教育愿望在国家公权力的干涉下全部落空，尽管在当时日本民间也兴起了反对篡改教科书的运动，但这种来自基层的呼声在国家教育权面前却是微不足道，最终随着时间的推移也逐渐被淹没。现如今的日本年轻一代大多对日本的战争罪行缺乏正确的认识，甚至很大一部分的青少年不知道"南京大屠杀""731 部队"等罪行的存在，这种思想势必会随着家庭教育传递给一代又一代的日本后辈，成为日本家庭教育不可忽视的缺憾。

家永三郎案也仅仅是日本家庭教育权受到过度干涉的众多案例之一。日本各界有关法律不应干涉公民的自由，每个父母的价值观以及教育子女的方式都应受到尊重的言论一直没有中断，由于法律或社会组织干预家庭教育引发的争议也有很多。例如，日本曾于 2017 年 2 月对《家庭教育支援法案》进行了修订，修订后的法案将基本原则中"尊重家庭教育独立"的表述删除，引发了社会的极大争论。有学者认为该法案会导致家庭这一私人领域受到公权力的干预，侵入私人领域违反了日本宪法中"思想及意志的自由不受侵犯"的规定，即便是以支援家庭教育需要公权力介入的理由也难以令民众信服。事实上，家庭具有的私人领域属性决定了家庭教育不可能被完全的立法化，同时家庭作为社会当中的一个基本单元，家庭教育行为也不能完全道德化而不加法律约束，因此日本"三位一体"的教育体系在实际运行中很难取得理想状态下的预期效果，如何调和三主体之间的内在矛盾性和统一性，让学校和社会参与家庭教育的同时保证家庭教育权不受过度干涉，这还需要日本政府做出更深入的思考。

2. 家庭教育效果降低

尊重和保护未成年儿童的权益是家庭教育的前提，也是家庭教育功能和内容的集中体现。为最大限度保护儿童权利，日本政府出台了大量的法律和文件。例如，1947 年颁布的《儿童福利法》将"儿童"定义为 18 周岁以下的未成年人，规定了儿童应得到特殊保护和享受特殊待遇。1951 年颁布的《儿童宪章》的总则第二条提出"所有的儿童在家庭中应该得到关爱、知识和技术培养，对得不到家庭恩惠的儿童，给予相应的环境"，第十条提出"所有儿童不受虐待、驱使、放任和其他不正当待遇，应切实保护指导犯错误的儿童"。2000年日本针对社会中的儿童虐待问题又专门制定了《儿童虐待防止法》，该法界定了儿童虐待的定义，进一步完善了儿童保护的相关措施，并规定要为受虐待儿童的父母提供育儿指导和心理治疗。除此之外，日本几乎每个都道府县都设有儿童指导中心来对儿童及其家庭进行评估，提供必要的教育、心理、医疗支持。同时地方企业和社会组织也被要求参与儿童权益的维护。由此可见，日本对于儿童权利的维护可谓是"由上至下，环环相扣"。

但是对于儿童权益保护的同时也出现了用力过猛的副作用。例如轰动一时的"绫濑水泥案"，在这起案件中，四名未成年人将古田顺子绑架囚禁41天折磨致死，其残忍程度令人发指。但更令人震惊的是，在这起案件中，受害人被囚禁的地点正是其中一名犯罪者的家，而犯罪者的父母全程知情却在长达41天的时间里无动于衷甚至没有报警，案后的采访中犯罪者父母表示自己平时一旦对其进行说教就会招致打骂，有一次还因为关禁闭被当地儿童保护协会警告，因此在这名未成年犯罪者的施暴过程中不敢对其犯罪行为进行阻止。但是在案件的最终审理中，四名犯罪者都因自身少年犯的身份逃避了死刑，最高量刑20年而最少量刑仅仅2年。这起案件只是日本众多未成年犯罪的冰山一角，未成年人犯罪率居高不下已经成为日本久治不愈的一项顽疾。据日本文部省发表的《在学生指导上的诸问题现状》，仅1994年一年，发生在未成年学生群体中的欺侮行为便多达21598件，其中有6390件都发生在小学当中。虽然这些行为并不全构成犯罪，但足以证明日本犯罪低龄化的趋向。这些案例的施害者大多也都因自身的未成年"儿童"身份避免了过重的量刑。

为什么在日本这样高度发达的国家存在着上述令人寒心的问题呢？这与被称之为"儿童畸形保护"的社会病态有关。日本作为一个"少子老龄"化严重的国家，极其重视儿童的成长，但是日本对儿童权益的保护却过犹不及。尤其是对于儿童年龄的定义过高，而法律对于未成年人在家庭和社会中的错误行为过于宽容，却对于家长在教育子女时应采取的手段却施加了诸多限制。这就导致许多心智已然成熟的未成年"儿童"自恃有法律和来自社会各界的保护肆意妄为，而他们的父母往往碍于法律中的诸多规定，无法对这些叛逆子女进行及时有效的教育，只能看着子女不思悔改甚至走上违法犯罪的道路。最终这种"矫枉过正"的儿童权益保护产生了过犹不及的效果，儿童对于法律尚且缺乏畏惧，又怎会信服来自父母的教育，这直接降低了父母在家庭中的权威，也使得家庭教育的效果大打折扣。

二、美国的家庭教育

美国经过两百余年的发展成为了当今世界的头号强国，其在经济、政治、文化、科技等多个领域取得了开拓性成就。在辉煌成就的背后离不开美国文化对人的影响，而这种文化影响很大一部分又是通过美国家庭教育实现的。分析美国家庭教育的价值追求、教育方式以及教育内容对于理解美国家庭教育的影响力具有重要作用。

(一)个体本位价值取向

美国家庭教育个体本位价值体系的形成有着深厚的历史渊源与稳固的现实基础。美国的国家属性和社会形态决定了在美国主流价值体系中，个体价值处于首位，国家和社会必须为个体价值的实现提供相应的保障，个体也将实现自身的价值作为首要的奋斗目标。这种以个体价值为内核的主流价值体系既合乎资本主义制度的发展逻辑，又顺应了美国多元文化社会的客观事实。而任何国家的家庭教育价值本位必然与其所处国家的主流价值体系相匹配，家庭作为社会的基本组成单位，其生活和生产活动必然依循社会主流价值体系来开展，同时为了让子女在脱离家庭后能够适应社会，家庭又必须通过家庭教育的方式实现社会主流价值观念的代际传递，因此，美国家庭教育价值观念的根基便是对个体价值的肯定。

1. 多元文化主义下的美国家庭教育

美国从根本上讲是一个移民国家，美利坚民族是一个"多民族的民族"。来自不同地域、拥有不同文化背景的移民在不断涌入美国并组建各自家庭的同时，也带来了各自母国的语言文字、历史文化、宗教信仰、传统习俗以及生活方式，不同民族和族裔的价值观念、思想意识以及行为模式在这片土地上共存并不断发生碰撞，创造出美国绚烂多彩的多元文化。但美国各族群所组成的家庭之间又表现出明显的独立性，跨族群家庭的交互联系往往建立在经济活动的基础之上，这种功能性的互联难以从根本上促使各族群的文化内核实现交融，因此美国各民族之间始终缺乏一种统一的价值规范。正如美国犹太籍哲学教授霍勒斯·卡伦所言："人们能够或多或少地改变他们(少数民族)的服装、他们的政治观念、重娶他们的妻子、改变他们的哲学，但无法改变他们的祖父。"正是这种文化本源的异质性使得美国各民族的文化并没有同"文化熔炉"理论所预期的一般被炼化，美国文化的形成也并非是简单意义上地将各民族文化"美国化"，美国各个民族之间的差异难以根除，他们的文化也无法彻底融合，无论人们愿意与否，多元文化都构成了美国家庭生活的客观事实，想要统筹美国家庭的多元文化关系，就必然不能以某一个民族或族群的价值标准作为准绳，因此，多元文化主义作为一种文化理念在美国社会得到了广泛认可。

多元文化主义明确承认美国民族多样性以及文化多元性的客观事实，认为美国社会中不同的民族都有其独特的历史贡献，强调对不同种族和族裔的文化及传统的尊重与包容。但多元文化主义争取的不仅仅是美国社会中不同文化集团的平等地位，而是要对美国的社会基础进行全面检讨和重新审视，将不同种族之间的文化关系与政治、经济这些决定社会发展方向的因素相联系，铺设所有种族都能够参与美国公共事务管理的通路，让国家机器的运作由全体国民而非个别团体来操持，实际上，多元文化主义已经跳脱出文化的范畴，成为了一种明确的政治诉求，并在美国社会的各个领域发挥作用，例如，在宗教领域，美国政府一般不会干涉公民的宗教信仰，因此美国呈现出多宗教、多教派、多教义共存的局面，并且美国公民中也有大量的无神论者存在。在政治体制方面，美国在实行两党制的同时也允许其他势力的党派在野，最为突出的表现便是共产主义虽然受到大多数美国人的敌视，但美国共产党却可以在美国长期合法且安全地存在。在日常生活领域，具有不同文化背景的移民都或多或少地保留了自身的生活习惯和文化传统，最具代表性的便是华人聚居的唐人街，华人的饮食文化、建筑文化、民俗文化都在唐人街得到了较为完整的保留，唐人街也成为了极受美国人喜爱的休闲娱乐场所。而在教育领域，所有民族家庭的孩子都平等地享有美国法律所规定的受教育的相关权力。以上所列举的社会现实意味着美国家庭的子女在成长的过程中不可避免地要与不同于自身信仰、肤色、政治立场以及价值理念的社会成员产生交际，而能够平等地尊重自身与他人的个体价值也成为了子女求学、交友、工作等一切社会活动的先决条件。因此美国父母在家庭教育中十分重视端正和深化子女对于个体价值的认识，一方面家长要让子女肯定自身的价值，培养子女对自身原生家庭文化的归属感，对自身理想信念的坚持，以及对自身有能力实现自我价值的信心。另一方面则是要子女肯定其他社会成员的价值，要让子女明白人与人之间存在的差异性正是每个人独特个人价值的体现，一切种族和肤色的人所拥有的个体价值都应受到尊重，只有在承认他人价值的基础之上个人价值才具有现实意义。

　　总之，尽管美国资本主义的本质属性决定了不可能实现个人价值真正的自由和平等，但是作为理想化的价值目标，个人价值是美国社会的主流价值观，并从中衍生出勤劳、创新、独立、自信等价值观念。同时必须要指明的是，正因为个人价值是美国最核心的价值理念，个人价值本身要求它必须平等尊重其他人的价值观念，所以美国也是一个价值观极其多元的社会，不同种族、不同宗教、不同阶层都有自己独特的文化属性，也形成了自己圈层的价值体系，但无论怎样，这些价值观都不能和主流价值相冲突，否则便不为美国社会所认可。

　　2. 市场经济体制对美国家庭教育的影响

　　马克思认为社会经济形态的发展是一种自然历史的过程，而家庭作为社会的基本组成单位，其关系模式、生产模式以及生活模式很大程度上是由一个国家的经济基础决定的，家庭教育的价值本位也必然同一个国家的生产力发展水平及生产关系相适应，它与社会经济的形态是同一历史进程中密切联系的两个方面。因此，我们在分析美国家庭教育的价值本位时只有将其置于具体的历史进程中进行考察，才能揭示美国家庭教育的个人价值本位与美国社会经济形态运动的内在统一性。马克思指出："只有当雇佣劳动成为商品生产的基础时，商品生产才能发挥它全部的潜力。说雇佣劳动的介入使商品生产变得不纯，那就等于说，商品生产要保持纯粹，它就不该发展。"马克思的这一论述实际上表明了商品经济是人类社会经济形态发展中不可逾越的历史阶段，商品经济对于个人价值实现的历史作用正是通过劳动力商品的自由交换促成了个人价值实现的动力机制，可以说商品经济的发展丰富了人的社会关系内容，并且促进了人个性的自由发展，进而为人价值的实现创造了必要的条件。

　　美国是一个典型的资本主义国家，在两百余年的发展历程中形成了成熟完善的资本主义市场经济体制。市场经济是商品经济发展的高级阶段，它以生产要素在生产中的贡献大小作为收入分配原则，是一种以市场为中心组织和调节社会经济活动，以市场机制为基础来进行社会资源配置的经济运作方式，其基本特征与个人价值实现的需求具有明显的一致性。首先，市场经济奉行自由、平等的经济原则。市场经济体制将劳动者从人身依附关系的束缚中解放出来，让劳动者能够自由地选择和让渡自身劳动力使用权的方式，并按市场经济的价值规律获得相应的薪资报酬。从事社会工作是个人社会价值得以实现的最主要途径，人身自由的获得是个体价值实现的起点和先决条件，在这方面，市场经济给予人们空前的自由，为个体价值的实现创造了条件。其次，市场经济是一种开放的经济形态。在市场经济开放的经济环境中，劳动力作为商品得以自由地流动，这打破了自给自足的闭环经济形式下血缘、地域、种族、国别等因素对人的种种限制，彻底改变了"鸡犬互闻，互不往来"的社会写照，极大地拓展和丰富了人的社会关系，从而使人与人之间的交往由封闭走向开放。也是在这个过程中，个体价值的重要性越发凸显，成为了人在社会活动中保持独立自主的凭依。最后，市场经济的运作方式自然的具有竞争性。经济活动的主体之间在价格贵贱、品质高低、服务优劣等方面都存在竞争，而竞争关系也成为了个人价值提升的助推器，劳动者在个人发展的内在需求和商品竞争的外在驱动下，必然会自觉自愿地提高自己的社交水平、行事能力、创新意识等方面的素质，尽可能地利用一切机遇和条件提升自身价值，从而在市场经济的竞争中胜出。可以说，市场经济体制既对个人价值提出了更高标准的要求，也为个人价值的提升开辟了广阔的空间，在细化社会分工的同时造就出适应时代变化的个人，为个人价值更加全面的发挥提供了机遇。

从本质上看，个体本位的家庭教育价值体系反映了资本主义市场经济的价值需求。在资本主义社会，国家和社会最主要的价值目标是保证社会中的每个人拥有平等的参与社会竞争的机会并且保障个人一切的合法所得，而个体价值最根本的体现是财富的持有以及社会地位的获得。正如理查德·休伯在《美国人的成功意识》中所说："什么是成功？在美国，成功意味着赚钱，并把钱变成社会地位，或一举成名。"在美国衡量家庭教育成功与否的一项重要标准便是子女个人价值的实现程度。

（二）美国家庭教育的内容

1. 财富观

美国人有着典型的资本主义财富观，著名公共教育家詹姆斯·洛温曾在美国佛蒙特州做过一个社会实验，实验者分别开着一辆豪华轿车和一辆破旧汽车，在路口绿灯亮后一直不走，直到后面车辆按喇叭，结果发现，开破车时后车驾驶员开始按喇叭的时间平均小于 7 秒钟，而开豪华轿车时则为 13.2 秒。这个实验反映了美国人对财富的敬畏。但美国人对财富的推崇也是基于一定的法理和伦理前提的，国家要为所有公民提供平等的获得财富的机会并赋予个体拥有合法财富的权利，而只有基于平等、合法前提下通过个人的勤勉努力获取的财富才是值得尊敬的。正是基于这样的一种价值判断，美国人会自然地将财富与勤奋、正直、诚实、具有创造力等品质相联系。同时，正确地支配财富也反映了一个人的自我管理能力和社会责任感。因此，美国家庭教育十分重视培养子女正确的财富观。

美国父母通常会教育子女，只有通过勤奋、努力工作才能提高自己的生活水平，并且言传身教地给子女树立榜样。很多成功的父母在子女心目中都是努力的形象,如美国原总统小布什在回忆父亲时就将其形容为:"一个优秀的学生、一个体育明星、一个有着一大群朋友的人以及一个尽心尽责的丈夫和父亲。妈妈以其惯有的直率说:'他很努力'。"也有很多美国家庭为了树立孩子劳动与财富的关系意识,在孩子完成家务后给予其一定的报酬,也会让孩子为社区或邻居提供一些有偿的劳动。除此之外,鼓励子女利用课余时间寻找一些兼职工作也是美国家庭常见的做法,以培养孩子的经济能力。根据《大西洋月刊》的数据显示,1978年60%的美国青少年都参与了暑期兼职,即便是近年来受到了新冠肺炎疫情影响,2020年仍有30.2%的学生参与其中,这一数字足以证明美国家庭教育对青少年财富观的影响。

尽管美国是世界上经济最发达国家,但很多美国家庭仍然感到经济上的巨大压力。美国心理协会2014年的调查显示,"金钱一直是美国人压力的主要来源之一,并且有18岁以下孩子的父母更有可能面临更高的经济压力",同时有95%的受访者都认为"父母应该和孩子谈谈钱的问题"。所以专家建议家长对子女进行积极、健康的理财教育,引导孩子形成健康的消费观念,培养其理财能力和社会责任意识。例如,当家庭面临工作调整、投资、旅行、购置贵重物品等重要家庭财务问题时,父母要主动与子女进行财务讨论,从而决定要为这项事务增加家庭预算还是缩减家庭开支,在得出结论后父母便会和孩子共同储蓄或一起消费,以此来让孩子参与家庭财务决策。通过这种公开对话的形式,家长可以将抽象的经济符号简化为与孩子生活切实相关的要素,使孩子更易于理解财富的复杂含义。另外,美国家庭教育专家还建议,家长可以将零用钱作为一种教育工具来培养子女的理财能力。父母可以让孩子将零用钱分为支出、储蓄、捐赠、投资四部分,"支出"可以让孩子感受财富消失的过程;"储蓄"是让孩子懂得为消费目标而积攒;"捐款"可以让孩子了解慈善的价值;"投资"教会孩子为未来作计划,当确定投资目标后父母可以帮助孩子开设一个投资账户。在孩子10岁以后,父母还可以给孩子开设一张信用卡,让孩子学会记录财务流水,懂得如何管理电子货币。这四个部分,涵盖了对孩子独立能力、规划能力、信用观念、投资意识的培养，充分体现了美国家庭教育的个体价值本位。

2. 重视子女的社会化

鼓励子女为实现个人价值而努力会不会让子女成为一个自私的利己主义者？这是提到美国家庭教育时几乎所有人都会产生的疑虑。这种疑虑往往是出于人们对美国家庭教育只重子女"自我"而忽视其"社会性"培养的误解。美国家庭教育所注重的子女的个人价值实际上包含了两方面的含义，一方面，指子女通过满足社会需要，在从事有利于社会进步的实践活动中体现出的个人的社会价值。另一方面，就是指子女先天具备的潜质以及通过不断接受教育而获得的属于其个人的本质力量，也就是所谓的个人的自我价值。可以说，在美国社会的主流价值体系中，个人价值的实现就是指自我价值与社会价值的有机统一，一个人的自我价值只有为社会所承认时，他的个体价值才算真正意义上实现，正因如此，美国家长在培养子女自我价值的同时还十分重视其社会化的问题。

美国的家长在教育子女时很重视让孩子明白什么是公共道德，该如何遵守社会公德。例如，家长经常告诉子女在餐厅就餐要自觉排队，课堂上要遵守纪律，公共场所不能够大声喧哗，在乘坐公共交通时不争抢座位，与同伴玩游戏时要讲"take term"的规则，接受了他人的帮助要道谢等。孩子一旦接受了他人的帮助，即便这个帮助来自其父母或其他亲人，他们也会主动道谢。当一个孩子忘记说谢谢时，他的父母便会提醒："那个magicai（神奇）的词是什么？"这时孩子就会向帮助自己的人说"thanks"。美国家庭晚饭后一个很习惯的结束词是对做饭的人表示感谢。我们在美国的商场、餐厅、超市等公共场所也经常可以看见一些年龄很小的孩子站在门边为其他人把着门，而他们的父母则会耐心地等在旁边，让孩子亲身体验一下为他人服务的"乐趣"。

美国是全世界慈善捐款最多的国家，据美国施惠基金会发布的《2020美国慈善捐赠报告》显示，2019 年美国慈善机构收到各类捐赠总额达到了4496.4 亿美元。正如卡内基在《财富的福音》里所说："拥巨富而死者耻辱。"在美国人的深层认识中，社会的发展必然基于良好的道德秩序，因此美国人在衡量一个人的品性时往往非常看重他的慈善意识，这种深厚的慈善文化也极大地影响了美国的家庭教育。小布什回忆他的祖父教育自己："拥有财富必然伴随着服务社会并尽可能使国家繁荣的责任。"美国家庭教育往往将慈善精神视为需要培养的重要品质，洛克菲勒将"尽其所能获得，尽其所有给予"作为家训来教育子女，比尔·盖茨夫妇也曾表示："我们不会把财产分给我们的子女。我们希望以最能够产生正面影响的方法回馈社会。"他们还将全部家庭财产 580 亿美元投入"比尔和梅琳达盖茨基金会"。实际上，不仅仅是上层阶级的富人家庭才热衷慈善教育，据统计，"2009年美国年收入低于 10 万美元的平民家庭，有 65% 的家庭向慈善事业捐款"。美国普通家庭的家长也会时常鼓励孩子参加一些力所能及的慈善活动，去帮助社会中的弱势群体。例如，美国父母常常鼓励子女参加一些力所能及的慈善活动，如自己制作点心，义卖捐款；报名社区义工，帮助社区居民洗车或者修剪草坪；到收容所去当志愿者，等等。这种重视慈善的家庭教育，目的是为了让子女在从事慈善活动的过程中切身体会财富积累的过程以及社会底层阶级的不易，增强子女的自尊和慈善精神，使其形成正确的价值观念，让子女在追求个人价值的同时免于沦为懒惰自私、奢靡放荡之流。同时，这样的家庭教育也有利于缓解社会矛盾，推动社会在教育、医疗、艺术等领域展现出更高格局，让年轻一代能够享受到更好的社会文明的福利、幸福和文化。

3. 培养子女的独立性

美国父母对子女独立性的培养，几乎从孩子呱呱坠地的一刻便开始了。美国家庭几乎都会有孩子专属的睡房，新生儿从出生开始就要与父母分室而居，因为美国认为婴儿尚不具备自我选择能力，因此就需要为其创设一个有利于培养独立意识的环境。美国家庭教育指导机构给出的抚养建议，一般都会让 8~12 个月的幼儿学会自己使用杯子喝水，8~14 个月大的幼儿能够自主进食，2~3 周岁的孩子能够自己穿衣，而在这一过程中父母除了必要的抚养往往不会提供另外的帮助，这种"袖手旁观"的教育方式已经成为了大部分美国家长的育儿传统，有的家长甚至还会因为过分溺爱子女遭到起诉。例如，美国《太阳报》就曾报道过一位俄亥俄州的母亲因为坚持给自己 2 岁和 4 岁的两个女儿喂食母乳，被当地政府指控为性虐待。美国的孩子几乎都是在这种"不会走，先学跑"的家庭教育模式下成长的。这种看似"不近人情"的教育模式，实际上蕴含了美国家长"心理断奶"的教育原则。在美国家长眼中，孩子拥有独立完成事情的能力并不能算作真正意义的独立，只有从心理上切断子女对于家庭的依赖才能让子女离开家庭独自生活后适应社会。

培养孩子的独立性，还需要给孩子足够的空间来学会自我管理，感受父母的尊重和信任。在美国，人们通常将那些对子女的言行进行密切监控，严格控制孩子的各类社交活动，经常与老师谈论子女成绩的父母称为"直升机父母"（helicopter parenting），形容他们整天像直升机一样在子女头上盘旋，这一类父母往往被视为"异类"，而那些缺乏主见，凡事都要听从父母安排的孩子在学校也很难受到欢迎。美国犹他新闻刊登的一项针对家庭态度的调查显示，比起强制让孩子在家中完成作业，美国父母更倾向于让子女与朋友外出或参加学校的社团活动。虽然研究者指出，调查会受到家庭经济、社会安全以及教育体系等因素的影响，但这一结果还是说明，在条件允许的情况下，大多数美国家庭更倾向于给孩子足够的信任和自由，让这些"小大人"自主安排和管理自己的生活。例如，美国许多社区都会定期组织各类体育比赛，而比赛的裁判员通常不设年龄限制，因此即便是还在上小学的孩子，在经受专业训练并通过考核后也可以担任裁判员一职。这些稚气未脱的孩子在场下还一脸天真，但"挂哨上阵"后便一脸认真地"公事公办"，他们在场上要处理冲突，也要面对观众的嘘声，在比赛结束后也会和比赛双方以及教练握手致意，一切流程都和成人无异。除此之外，设置闹钟、收拾书包、整理房间等生活事务都要由孩子自己完成，而一切由自我管理的疏漏而导致的后果，也都要由子女自己承担并弥补。

（三）家庭教育的民主方法

美国父母在家庭教育方式的选择上非常重视营造一种民主的家庭教育

氛围。大部分美国家长都认为，在面对求学、择业、婚姻等决定人生轨迹的重大选择时，家长不能将自身意志强加于子女，他们要做的只是在子女人生的关键时刻给出自己的建议，为子女独立意志的成长创设有利的环境，用园艺修剪的方法来教育孩子，只会使孩子丧失人生的多样选择。因此美式家庭教育主张给孩子提供开放的环境，孩子只有为自己的意志努力，才能拥有长成参天栋梁的持续动力。大部分家长允许孩子在了解并遵守家庭规则制定的基础上，享有自己的自由，当孩子的意志与家长发生冲突时，家长会郑重地表明自己的立场和观点，但还是会将最终的选择权交给孩子，只有自己才能决定自己的价值，这也正是美国社会主流价值观在家庭教育中的映射。

在美国，当孩子在学业、工作、求偶等方面的的意志与父母不一致或发生冲突时，父母往往是做出让步的一方。《素质教育在美国》一书中作者就曾提到自己在美国的朋友古瑞克，这位经济学硕士出身并且在证券交易所任高级主管的父亲，为了给孩子的足球训练提供帮助，四十岁时坚持考取了足球教练证，每天都会带领孩子的球队训练。最令人惊讶的是，古瑞克所做的一切仅仅只是为了培养孩子的兴趣，当被问起是否要将孩子培养为职业球员时，他只是说"那是他自己的事情"。该书还记述了迈阿密大学的塔克曼教授和他的夫人，在面对儿子杰夫的婚姻时的态度。杰夫是一名收入颇丰的儿科医生，而他的未婚妻不但收入一般，还是一名残疾人，经历过两次肾脏手术，并且身体状态也一直不好。这段"门不当户不对"的婚姻并不为旁人所看好，但塔克曼夫妇最终还是尊重了杰夫的感情、意志和选择。虽然南希在成为母亲不久后便不幸离世，但在作者的回忆中"从来没有见到塔克曼夫妇流露过哪怕半丝对儿媳的轻视，言语和眼神流露的皆是珍视和爱惜。"希拉里·克林顿在《亲历历史——希拉里回忆录》中记录了女儿切尔西选择大学时的前后经过。就和所有的母亲一样，希拉里希望切尔西选择一所离家近的大学，方便自己日后前去探望或女儿能够方便回家，但切尔西最终还是选择了距家 3000 英里的斯坦福大学。纵使心中万般不舍，希拉里最终还是尊重了女儿的选择，她在书中写道："我想这就是我让切尔西独立自主必须付出的代价。"这些社会上层家庭的父母对孩子的选择表现出的尊重也许是源于其拥有的人脉和资源提供的"底气",即一旦孩子的选择出现了失误,父母也有能力帮助其挽回失败的人生,但这并不意味着民主的家庭教育方式只是美国上流社会家庭的特权。亚伯拉罕·林肯这位为美国作出巨大贡献的美国总统就成长于贫民窟,石油大亨洛克菲勒的父母是纽约州清贫的小商贩,篮球巨星迈克尔·乔丹出生在美国一个普通的工人家庭。在美国,像这样出身贫寒却最终取得成功的人物不胜枚举,而在这些人分析自身成功的原因时几乎都会提到父母对于自己的支持和肯定,这也说明许多美国社会底层的家庭在教育孩子时也会尽可能地尊重孩子的独立意志,支持子女为自己的理想而奋斗,而不是为了改善家庭状况便要求子女放弃自身的人生规划,迫使其选择可以快速补贴家用的行业。

实际上,美国民主的家庭教育方式强调的是一种无目的教育,这里的无目的并非指家长对孩子一味的放任和纵容,而是指家长应当尊重孩子的独立意志,不能以自身的期望为由对孩子进行"改造",孩子只有按照自己的意志规划人生,才能真正实现自己的价值。因此,大部分美国式家长在对孩子进行教育的过程中,"态度是温和的、立场是坚定的",他们允许孩子为自己的人生作出选择,也允许孩子在自己选择的人生中失败,但无论孩子的人生走向如何,家长爱自己孩子的立场是始终不会改变的。

(四)全社会关注家庭教育

美国社会对家庭教育普遍比较重视,2015 年美国学者 Christopher F. Karpowitz 与 Jeremy C. Pope 开展的一项关于家庭态度的社会调查中,受访者在被问及"你认为当今家庭面临的最重要的问题是什么"时,在经济条件、生活压力、犯罪、性行为、父母婚姻破裂等一系列选项中,超过 50% 的受访者认为"家庭教育的缺失"是最重要的问题。事实上,大多数美国家庭都将子女的教育摆在家庭生活中的核心位置,也将其视作最难以应对的问题。同时,美国社会多元的价值体系也极大地增加了美国家庭教育的难度，这也让许多父母对家庭教育感到力不从心，为此，美国政府不仅从立法层面为家庭教育提供援助，还充分调动了社会各界力量为家庭教育提供全方位的支持。

1. 家庭教育的政策性教育援助

美国向来十分重视家庭教育的重要性，为提高美国家庭教育的整体质量，美国政府出面采取了一系列举措为家庭教育提供支持和帮助，这些援助主要分为两类。

其一，由国家和社会机构资助设立育儿项目，为低收入家庭提供"弱势补偿"。该项目的主要资金来源于儿童保育与发展基金（Child Care and Development Fund）、对贫困家庭的临时援助（Temporary assistance to Needy Families）和社会服务拨款（social Services Block Grant）等款项。1996 年联邦政府授权成立的儿童保育与发展基金，是联邦政府为改善低收入家庭儿童保育教育质量的重要经费保障。对贫困家庭的临时援助和社会服务拨款等资金也都指向处境不利儿童，这些处境不利的儿童可以得到免费服务或只需他们的家长支付小额的教育费用即可，其支付额度根据家庭收入和家庭人口折算，以此确保实际意义上的公平合理。通过经济方面的援助，有效地缓解了低收入家庭的教育压力，促进了美国家庭教育的均衡发展。

其二，重视婴幼儿的早期家庭教育。婴幼儿时期是个体极具可塑性的时期，这一时期的家庭教育对于个体生理机能和心智水平的发展具有极其重要的作用。美国早在 1965 年便出台了《启蒙法》（Head Start Act），该法明确规定政府要向低收入家庭 3~5 岁的儿童提供综合性教育援助。而随着心理学、解剖学以及脑神经学等科学研究的深入，人们愈发认识到家庭教育对 0~3 岁儿童成长的重要意义，因此，美国于 1995 年起开始实施"提前开始"（Early Head Start）计划，将家庭教育援助的对象扩展至孕妇及 0~3 岁的儿童。与此同时，美国政府还启动了"家庭平等起步扫盲"方案（Even Start Family Literacy Program）将父母教育与幼儿早期家庭教育进行了整合，通过为文化程度较低的父母提供家庭教育援助，帮助其掌握必要的家庭教育知识以及育儿知识，以此来促进全社会婴幼儿家庭教育水平的提升。由此足见美国学前教育政策对于提升婴幼儿家庭教育质量的敏感性及行动力。

2. 学术机构功能的发挥

利用学术机构的研究成果指导家庭教育实践是美国促进家庭教育发展的重要手段。希拉里·克林顿，这位曾经的美国第一夫人就曾经公开表示："从耶鲁儿童研究中心学到的经验在教育女儿时产生了积极影响。"不只是希拉里所提的耶鲁大学，美国还有很多大学都开设了与家庭教育相关的院系和专业，例如，亚利桑那大学从本科到研究生阶段都开设了家庭研究与人类发展专业，并具有学士、硕士、博士学位的授予权。这些专业主要从事儿童教育、家庭结构、家庭关系等问题的研究，学术背景涉及心理学、教育学、社会学、人类学等诸多学科。还有诸多其他领域的专家和学者从各自的研究领域出发，以社会中的现实问题为切入点对美国家庭教育进行了跨学科研究。例如，克莱尔大学的尤魏尔·布朗芬布瑞勒专门研究了社会同龄群体对家庭教育带来的影响；布鲁诺·比特利海姆从心理学角度分析了孩子对父母的尊重认同和恐惧认同对家庭教育的影响；林肯大学的学者尼克·斯蒂尼特专门研究了拥有良好家庭关系的紧密型家庭所具备的特征；人类发展学学者凯斯·魏斯顿就母亲与初生婴儿的关系对婴儿成长造成的影响进行了研究；精神病理学家威廉·哥德法勃对生活在社会福利机构的儿童和被人领养的儿童进行了对比研究；加州大学心理学家斯坦雷·寇珀史密斯对两组前青春期孩子自尊心强弱与家庭背景关系的研究；加利福尼亚大学伯克利分校诺曼汉对学生的道德推理水平与他们对长辈的理解之间的联系研究；得克萨斯大学的罗伯特·佩克和芝加哥大学的罗伯特·哈维赫斯特对具有"合理利他型"性格的儿童的家庭类型进行了研究；斯坦福大学的戴维德·罗斯汉研究了青年人参加民权运动热情与其父母道德理想的关系，等等。

美国的各种学术机构对家庭教育与社会基础和文化背景进行了系统科学的统合研究，从现实问题的层面剖析了家庭教育与社会发展的密切联系，广泛提高了美国民众对于家庭教育的重视程度，在为美国家庭教育政策的制定提供强有力的理论支撑的同时，也为家庭教育事业输送了源源不断的专业人才。这既有利于提高美国家庭教育的有效性和科学性，也有助于促进学术机构的研究成果转化为一般家庭受用的现实红利。

　　3. 社会服务机构的作用发挥

　　美国社会服务机构作为一种专职性机构已有一百余年的历史，发展至今已经形成了较完善的社会服务体系。家庭援助是美国社会服务机构的重要工作内容，对家庭教育的援助除了经济方面的援助外，还提供心理咨询、家庭关系调节、亲子活动等服务，满足家庭成员物质和心理层面的需求。

　　美国家庭服务采取政府和私人机构相结合的模式，主要分为四类：一是政府机构提供家庭服务。例如，美国联邦政府有卫生与民众服务部，内设儿童与家庭管理委员会，通过与州、县、市政府进行项目合作，让家庭教育享受到社会福利。二是联邦政府对一般性的民营家庭服务机构进行资质认定并向其提供资金，再由这些私人机构向社会提供家庭服务。1953 年成立的美国家庭服务协会（FSA）就是其中典型的民营家庭服务机构代表，该机构的主要工作之一便是协助家长进行家庭教育，从而促进儿童在心智、情感、身体和认知领域的发展。每年都会有大约 1000 名儿童接受 FSA 的帮助，这些儿童的家庭大部分都需要长期依赖 FSA 所提供的免费服务才能够确保正常的家庭教育。实际上，美国各州的家庭教育协会或家庭教育中心要设置严格的家庭教育指导师考核认定程序，申请者只有通过笔试、面试、论文和实践四个环节的考核才可取得进入家庭服务机构工作的资格。同时家庭教育协会还会采用机构自评、民众评议和专家评审相结合的方法对家庭教育服务机构的工作进行定期评估，并通过报刊、社区通报、网络媒体等形式向社会公开这些机构的财务状况。三是慈善机构从事家庭服务。例如，美国妇女、儿童和家庭服务慈善机构（Women, Children and Family Service Charities of America）就致力于为家庭教育援助者与受援助者搭建互联平台，从而提高家庭教育服务的信息开放程度，以此来解决这些家庭中儿童和妇女的教育、医疗保健和家庭暴力等问题，确保家庭教育存在困难的家庭能够有更多的机会接受援助。第四类则是专门为特殊家庭提供家庭教育服务。美国的家庭服务发展至今已经细化出专门为教徒家庭、难民家庭、残障人士家庭、单亲家庭等提供家庭教育援助的机构，这些机构会依据特殊家庭的具体情况来制订服务计划，满足这些家庭的特殊教育需求。例如，美国家庭协会(American Family Association)，就是一位牧师创建于1977年的非营利性机构，美国有相当一部分的家庭都有基督教信仰背景，因此该机构便希望通过基督教价值观帮助教徒家庭的家长教育子女，以此增强美国文化的道德基础，这对于基督教徒众多的美国十分受用。除了基督教以外，美国还有专门为家庭服务的机构。另外，在种族方面，有专门针对印第安人、非裔、亚裔、拉丁裔等家庭的服务机构，家庭教育指导师会根据这些家庭的家庭文化特点来展开工作，减轻跨文化冲突给家庭教育带来的难度，帮助这些家庭的孩子适应美国的价值体系和社会环境。总之，美国社会机构的家庭服务内容丰富、形式多样、服务范围广泛、职业化水平高，对缓解家庭教育压力、提高父母家庭教育能力、促进青少年身心健康发展、传播社会主流价值观念和缓和社会矛盾都发挥了重要作用。

家庭教育的社会性关注是美国在多元价值观文化背景下，主流价值观能够在大多数家庭得到成功培育的关键。政策性的援助推动了学术研究的开展以及家庭服务的普及，广泛而深入的学术研究为美国家庭教育提供了深厚的理论基础，成熟的家庭服务体系既为家庭教育提供了具体指导，也为学术研究提供了大量的一手资料，而很多学术研究成果也是通过服务机构进得到推广，由此美国家庭教育就在全社会形成的推动力下取得了长足发展。

(五)美国家庭教育的困境

1. 自由度过高

美国家庭教育建立在个人价值的基础之上，而孩子的自由意志作为其个人价值的重要体现，自然就被置于家庭教育的重要位置。但在长期的实践中这种价值指向往往偏重家长和孩子追求个人价值的自由权力，却淡化了家庭成员对家庭和社会应负的责任和义务，这就不可避免地导致了个人自由与责任之间的失衡，进而引发一系列严重的社会问题。从美国家庭教育的长期影响来看，自由的泛滥对家长和子女都造成了不可忽视的不良影响。家庭作为社会的基本组成单元，其价值体系实际上就是社会主流价值的缩影。因此，大部分美国人组建家庭时都会以尊重彼此的个人价值为前提，这样的家庭理念虽然最大程度地保证了家庭成员的自由，但是相应的也削弱了人们为了维系亲情需要做出妥协、让步和包容的意识，当父母双方就家庭教育的内容、方式等问题产生分歧时往往难以达成一致，无法形成家庭教育的合力，甚至还可能激化家庭矛盾，破坏家庭成员之间的情感，影响家庭教育的输出效果。

（1）家庭教育实施无序

美国人对个人自由的重视深刻地体现在对待婚姻的态度中，他们通常认为婚姻关系会成为个人自由的限制，因此选择同居关系来替代结婚在美国是司空见惯的做法，但这也造成了美国大量女性未婚生育的问题，据美国 2010 年的人口普查数据显示，美国约有 36% 的美国新生儿是由没有结婚的女人生的。同时，对自由的向往还会造成夫妻双方欲望无节制的膨胀，进而诱发婚外性行为、婚外情等背叛婚姻的行为，最终导致婚姻的失败。美国的离婚率长期排在世界首位，有学者指出，在性自由主义盛行的美国，婚姻对于家庭而言已经不是最重要的社会概念了，据美国人口普查局的统计数据显示，2019 年美国的离婚率高达 7.6%，而这已经是近 50 年来的低点，根据重组家庭辅导网站"The Bonded Family"统计，如今在美国平均每天就有 2100 个重组家庭诞生。"Smart Stepfamilies"网站则指出，如今大约有 2900 万美国家长是配偶子女的继父或继母，这个人数占全美家长总数的 13%，如今每年大约有 100 多万名儿童经历父母离婚，非营利组织 Help Guide 指出，这些儿童当中约有 65% 最后将会随着父母再婚而进入重组家庭。在美国社会存在的大量单亲家庭中，家庭教育的责任往往只能由父母一方承担，缺少了父母的关心和陪伴，家庭教育的效用也会随之大打折扣，而在那些父母都不履行抚养义务的家庭以及重组家庭中，孩子的处境则更加艰难，他们不仅只能由社会福利机构收养，还面临着遭受家庭暴力的风险，完全丧失了接受良好家庭教育的可能。可以说，家庭教育中广泛存在的自由意识泛滥问题直接松动了美国家庭教育事业的根基，不仅给家庭教育在社会层面的实施增加了极大的难度，还在美国孩子追求个人价值的道路上埋下了巨大隐患，极易使其成为自私的反社会主义者。

（2）家长权威下降

美国非常注重对儿童权益的保护，强调家庭生活条件要符合儿童的最大利益，因此在法律层面对未成年人的权益进行了详尽的规定。在美国的社会主流价值观念以及法律制度的双重作用下，美国家庭教育对于孩子的训诫和管束作用受到了极大的限制，在这种宽松有加但约束有限的家庭教育环境下，心智尚未成熟的未成年人就容易做出冒险行为，严重时还可能演变成违法犯罪行为，这也是美国青少年犯罪率居高不下的重要原因之一。

美国国会早在 1974 年就通过了《预防虐待儿童法》，要求各州制定相关法律，对虐待儿童、遗弃儿童、不尽抚养义务等情况进行举报，以便于儿童保护部门能够对处于危险境遇的儿童提供及时有效的救助，1980 年国会又通过了《收养援助及儿童福利法》，明确规定了儿童保护的实施做法及取向。截至今日，美国在未成年人保护方面已经形成了严密的法律体系，针对家庭问题有《家庭保护法案》《家庭暴力保护法案》，针对儿童健康问题有《儿童安全保护法案》《儿童健康法案》《儿童虐待受害者权利法案》等，还有专门防止未成年人遭受性侵犯的《儿童性暴力及色情法案》《儿童保护及猥亵执行法案》等。随着有关家庭教育的法案不断完善，社会民众对于未成年人在家庭中的权益也愈发重视，在美国大多数州，民众一旦怀疑某个家庭存在侵害儿童权益的情况，就可以向警察或当地未成年保护部门举报。当受到举报后，接线员首先会判定举报情况是否在法律上构成侵害未成年人权益的事实。如果举报情况可能构成的话，有关部门便会着手调查。在大多数情况下，未成年人保护部门的个案调研员可以不经过法院批准直接开始调查。在紧急情况下，警察也可以在不经过父母同意的情况下进入家中，查看儿童情况，必要时还可以直接将孩子带离，并拘捕家长。各州还会专门建立此类案件的档案，以便于帮助相关部门迅速查询某个家庭是否被举报过、以前调查和处理的结果是怎样的。在这种系统严密，并且由全民参与的未成年人权益保护之下，父母一旦做出禁足子女、翻看子女日记、登录子女社交账号以及亲密身体接触等行为，就极易因邻居或子女老师的合理怀疑而招致相关人员的问询，甚至还有可能被剥夺抚养权。例如，2001 年 5 月，美国密歇根州的曹显庆夫妇因替身患尿道炎的 8 岁女儿更换衣物和涂抹药品而遭到邻居举报，并被当局指控为对儿童实施性侵犯，当社区工作人员强行带走家中的 4 名子女时，曹显庆与警察发生了冲突，结果被警察射杀，其妻子也因被控"忽视和未尽责任"，而被剥夺了对 8 岁女儿和 12 岁女儿的监护权。事实上，如今的美国对于未成年人权益的保护呈现了一种"过分敏感"的状态，家长稍有不慎就可能被举报。因此出于法律、社会舆论以及家庭教育本身对子女信任的考虑，美国家长在进行家庭教育时难免会"束手束脚"，在面对子女的叛逆和出格行为时，往往缺乏有力的管束手段，长此以往父母在孩子心中的权威地位便会下降，家庭教育在预防未成年人违法犯罪方面就显得更加力不从心。

（3）司法保护过度

美国的司法系统也给予了未成年人近乎于溺爱的保护。例如，2005 年，联邦最高法院明令禁止判处未成年罪犯死刑，2010 年，联邦最高法院废除了对非凶杀案青少年终身监禁并不得监外执行的判决，2012 年，联邦最高法院又裁定判处青少年终身监禁并且不允许监外执行的规定违背了美国第八修正案。不只是联邦法律，美国各州的立法也对未成年犯罪问题也表现出极大的宽容。2010 年，密西西比州通过的新法律允许那些犯有抢劫、贩毒及纵火的未成年犯人在青少年法庭接受审理而不必转到成人法庭受审。从 2007 年至 2011 年，美国十余个州都加强了对青少年罪犯信息的保护措施。犯罪控制学的原理表明，一个社会的"危险性因素"与"保护性因素"趋于平衡时，社会犯罪态势才能保持稳定或下降，当"危险性因素"

超过"保护性因素"时，社会犯罪便会呈现出上升趋势。由此可见，美国法律体系针对未成年人犯罪的审判程序、量刑标准以及假释条件都进行了显而易见的司法松绑，然而这一做法也伴随巨大的副作用。据《美国刑事司法史》一书记录的数据显示，有40%以上的美国人认为青少年犯罪是他们社区中最严重的问题。美国民众的担心并非没有来由，美国国立审理青少年犯罪学院的报告中，仅2013年，美国青少年犯罪案件就高达1058500件，平均每天就有2900件，美国少年司法与少年犯罪预防局的资料显示，在1984年至1994年的10年间，由少年单独实施的谋杀犯罪增长了近150%。而全美国的重罪中有近30%是少年所为，仅以枪支暴力类犯罪为例，2012年至2014年6月，不足两年的时间里，美国就发生74起枪击事件，并且其中绝大多数犯案者是未成年人，从这一令人惊愕的数据中足见美国未成年人犯罪的恶性程度之高。另外，数项针对美国各类未成年人矫正机构的调查均发现，未成年犯人获释后的重复犯罪率十分惊人，近60%的未成年犯在获释后一至两年内再次犯罪而被逮捕。以2008年至2012年这4年的统计为例，未成年犯罪者占全美犯罪总人数的比例约为22%，但是，他们所实施的犯罪案件的数量却占到了案件总数的近47%。从以上所列出的数据中充分证明了美国青少年犯罪问题的严重性，虽然美国针对未成年所做的司法改革的初衷是为了更好地保护未成年人权益，但同时也极大地降低了未成年人的犯罪成本，使得未成年人失去了对法律应有的敬畏，不仅削弱了法律体系的运作效果，也给家庭教育事业造成了严重的负面影响，当法律的审判尚且不能对未成年人犯罪造成震慑，家庭教育在遏制未成年人犯罪中发挥的作用便显得愈发的微不足道。

2. 等级差距突出

（1）贫富差距引起的不平等

美国社会对个人价值的推崇自然伴随着平等的主张，但平等在这里所指的并不是平均主义，而是指机会平等，即社会为民众提供实现个人价值的机会并通过制定合理的制度体系，在确保公平的前提下，让所有社会成员都能通过自己的努力来积累财富和提升社会地位，并由此获得其他社会成员的尊重。在理想的状态下，美国应如《成功伦理、教育与美国梦》一书中所描绘的那样"是一个机会之地，蕴藏着巨大的未知资源和个人进步的无限可能，即使身处社会底层的人在那里也有希望提升他的社会经济水平"。但现实却并非美国所吹嘘的那般美好，所谓"人人平等"的粉饰，难掩社会存在的种种不公。美国社会学家詹姆斯·洛温在《老师的谎言——美国历史教科书中的错误》中指出，美国社会的阶级流动存在着巨大的障碍，而家庭经济水平和社会地位的差异造成的家庭教育质量的差异便是障碍之一。

美国对平等的宣传，使得人们都相信成功仰仗个人的能力和勤奋，而贫困则意味着能力低下或懒惰，因此人们总是将自身失败的原因归咎于个体，而不会去考虑社会制度的不公，一方面抱有只要努力就能进入上层社会的期望；另一方面又尽量弱化或掩饰很多底层家庭的孩子依靠努力仍无法实现阶层跨越的现实。美国学者杰伊·麦克劳德在通过长期对两个贫困家庭的跟踪调查后发现，积极努力的生活态度难以改变他们贫困的现状。他在《不是没有成功》一书中提出"位于上层阶级的家庭能够用他们的优势地位和掌握的丰富资源来保持其在社会中的位置，而其他家庭则缺乏选择，挣扎在社会底层。我们都是出生在一个社会阶级，绝大部分人也会在这个阶级中死去"。这种家庭社会地位的差距也会随着家庭教育从一代人复制到下一代人，底层家庭拥有的包含人脉网络、社区安全、兴趣培养等因素在内的教育资源都要逊于上层家庭，因此底层家庭的孩子取得成功的机会比上层家庭的孩子要小得多，与生俱来的不利家庭环境为他们将来的不平等待遇设定了个人的努力很难逾越的鸿沟，而家庭教育在这些社会因素面前就显得更加无能为力。虽然美国的社会福利制度针对底层家庭进行了倾斜，但社会福利却无法从根源解决底层家庭子女的问题。这种因社会本身引起的不公并非通过立法或民众运动就可以得到解决，只要资本主义的社会性质没变，美国家庭教育就不可能实现真正意义上的平等，而没有平等的保障，个人价值的实现便步履维艰。

（2）种族歧视导致的困境

美国悬殊的贫富差距、根深蒂固的种族意识、宗教歧视以及腐败盛行等问题，使得许多特殊家庭背景的孩子生来就要接受社会的成见。当一个家庭处于社会边缘时，这个家庭的孩子也往往处于被社会排斥的地位，美国政府却不断地通过将一些与主流价值不符的群体推向社会边缘，通过对少数族裔的针对性打击来达成排除异己的目的。以美国穆斯林群体为例，在美国大约生活着约 500 万到 800 万的穆斯林，他们作为美国社会中一个完整的文化集团，尊重传统，对教育、宗教信仰、家庭和自由职业承担着应有的各种义务和道德责任，在美国社会的各个领域内都为各自从事的行业作出了贡献。但美国却用一种极不公正的指向将这一信仰群体程式化地再现为一群恐怖分子、宗教极端主义者、无视人权的肖像，伊斯兰文化也成为了圣战和仇恨、狂热和暴力、偏激和女性压迫的代名词。比如在美国的各类文艺作品中，阿拉伯人总是被描绘成蓬头垢面、阴险狡诈、主要从事破坏活动的恐怖分子形象。美国作家萨姆·凯恩在其作品《大敌当前》中将阿拉伯人贬低为："在你不能够如此对待犹太人和黑人的地方，你可以用这种方式攻击任何一个阿拉伯人，因为他们是自由的敌人，完全的恶棍。"阿拉伯人的形象在银幕上同样的不堪，他们在 1981 年的《颠覆》中是破坏世界经济的恶棍，在 1983 年的《尼罗河的珠宝》中是绑架白人妇女的暴徒，在 1988 年的《疯狂》中是在美国走私核武器的恐怖分子，在 1991 年的《美国间谍之四：歼灭》中是一群操控政治的阴谋家。而绝大多数美国人都难以区分那些被讨厌的极少数个人和他们来自的种族群体，因此在美国政府各种形式的妖魔化宣传下，穆斯林逐渐被社会边缘化，《洛杉矶时报》约翰·达特引证的一项美国民意调查显示，30% 多的人认为穆斯林对美国社会产生着负面影响。在这种社会成见的影响下，穆斯林家庭在社区中较难与邻居相处，孩子也可能被贴上"恐怖分子"的标签而在社交、学习等领域受到歧视，他们的家长一方面要教育子女适应美国文化，而他们自身却还要承受因歧视而带来的一系列困扰，家庭教育的难度也极大地增加。

　　美国排除异己的做法同样也施加到了其他少数族裔身上，在美国人对少数族裔的描绘中，亚洲人是"心机狡诈的"、黑人是"帮派成员"、意大利人是"黑手党"、爱尔兰人是"酒鬼"、犹太人是"吝啬鬼"、印度人是"粗鲁的人"、西班牙人是"油污的人"。如此傲慢地对其他民族进行这种贴标签式的分类时至今日也在美国向世界的文化传播和蔓延中大行其道，受到这一做法的影响，美国针对黑人、亚裔等少数群体的歧视情绪也不断高涨。美国伊利诺伊州橡树公园和河流高中在 2022 年 5 月 26 日做出的课程调整就决定提高非裔美国学生的成绩，并降低"成绩更好的亚裔和西班牙裔"学生的分数，对此教育咨询委员会的玛格丽特·沙利文表示："这是美国，在这个国家，我们是共享的。我不会为这名亚裔学生流泪。如果他们不喜欢这样，他们可以回家。"类似的事件还有 2020 年 5 月 25 日发生的"弗洛伊德案"以及 2022 年 5 月 25 日发生的"德州校园枪击案"等，这些骇人听闻的事件背后无不带有种族歧视的色彩。层出不穷的歧视事件彻底撕开了美国的伪装，让人们看到，在美国"平等"的糖衣之下，掩盖的还是西方霸权主义对其他文化集团的摧残。在这种做法的长期持续下，少数族裔家庭的社会阶层进一步固化，美国少数族裔家庭所能用于子女教育的资源便更加匮乏，因此他们的子女更容易卷入帮派纠纷或沾染恶习，这也导致了社会对这些家庭成见的加深，这种恶性循环的怪圈也成为美国家庭教育需要解决的巨大难题。

第二章　社会、学校、家庭与家庭教育

教育与社会，教育与人，教育促进人的全面发展，这三个方面的关系是教育学的核心价值论题。当然，这反映在家庭教育上则有其特殊性，此处不拟过多赘述。本章从教育种类及相互关系，揭示家庭教育的地位和作用，并在此基础上，按节目设计顺序探讨社会、学校和家庭与家庭教育的多方面或发散性联系。

人的教育是一项系统的社会实践工程，其中涵盖着家庭教育、社会教育、学校教育，三者相互关联且有机地结合在一起，是相互影响、相互作用、相互制约的关系。在这项系统工程之中，家庭教育是一切教育的基础。

家庭教育、学校教育和社会教育三者都是相对独立的实体，各自承担着不可替代的教育责任。家庭教育主要是以挖掘和展示子女的天赋潜能，培养孩子的性格、行为习惯、发展其智能和健康心理，实施个性化培育为目标；学校教育主要是以把学生培养成德智体美劳全面发展的社会人而进行的全体化培育为目标；社会教育主要是以培养与时俱进、积极向上的合格公民和技术人才的综合化培育为目标。学校是培养未来社会所需人才的场所，学校教育是教育的主体，是为社会发展服务的。家庭是社会的细胞，家庭教育是受社会发展制约和影响的。社会教育是由社会发展所决定的，学校教育、家庭教育、社会教育除了相互之间具有影响作用，它们也能对社会发展起到推动作用。因此，学校教育、家庭教育、社会教育在方向性、目的性理论上的思辨是合流一致的。

家庭教育、学校教育和社会教育的密切关系，如果能够像枝叶衬托花朵那样和谐优美，应该是最理想最美好的了。三种教育协调一致，互相配合，有利于实现整个教育在时空上的紧密衔接。无论哪一方面出现空白，都将使孩子在一定时间、空间范围内放任自流，使得一些不健康的东西有机可乘。三者统一的教育理念，树立正确的道德观和价值观，有利于实现各种教育作用的互补，从而加强对孩子教育的有效性。

家庭教育是最具基础性与广泛性的教育。家长时常陷入教养子女的矛盾与焦虑之中。提升家庭教育的质量水平，仅依靠单个家庭的力量是很难取得效果的，须借助家庭外部的条件与资源来弥补。社会、学校、家庭密切配合，协同动作，形成全方位的教育机制。我们既要注重大环境的营造，创造积极向上的精神环境、健康文明的文化环境、和谐融合的人际环境，在全社会树立一种正确的舆论导向；又要努力营造小环境，注重发挥家庭、学校、邻里、社区等微观环境的作用。使诸多影响或相关因素相互协调，形成合力，共同促进青少年的社会化和自我的健康成长。以下分别从社会、学校及家庭三个维度依次探讨影响家庭教育实施成效的主要因素及相关内容。

第一节　社会与家庭教育

一、社会环境对家庭教育的作用

家庭教育是一种活的教育，它的深刻性、丰富性、独立性、形象性远非学校教育可比。协调家庭教育力量可培养学生积极参加社会活动的能力，能将分散的、自发的社会影响纳入正轨。家庭教育的好坏在较大程度上依赖于社会环境的正向力量引领，以及对负面影响的消除或应对。这需要全社会较长时间的努力。

(一)社会变革下的家庭教育

我国从社会主义计划经济向社会主义市场经济的转轨过程中，人们的思想意识由一个极端走向另一个极端，即由只注重政治面貌、阶级成分、蔑视金钱和物质享受，陡然转变为追求经济效益最大化，以致很多人滋生了一切向钱看的思想。至今，社会主义市场经济不断深化，社会机制不健全，很多人的物质占有欲望、享乐欲望迅速增强，其金钱意识也越来越浓厚，以致见利忘义者人数大增。这些都是社会主义市场经济过程中必然出现的现象。这对家庭教育提出了新的挑战，而面对新时代家庭教育的困惑，应持积极心态予以应对。

1. 具有正确的金钱观。在我国实行社会主义市场经济的背景下，金钱万能和金钱无用都是错误的。常言说："钱不是万能的，但没钱是万万不能的。"在遵纪守法、道德规范的前提下，凭自己的劳动或管理能力，服务他人，贡献社会，换回自己的收入；在消费时量入而出地进行，不享受骄奢淫逸的生活，以节俭养廉，以素朴修身。

2. 重构是非荣辱观。儿童青少年的是非观应正本清源，个体的荣辱观必须以胡锦涛提出的"八荣八耻"作为衡量标准。以有利于国家事业、有利于党的领导、有利于集体壮大、有利于人民大众利益的言行和思想作为"是"，以违背上述要求的言行和思想作为"否"。

3. 培养"四有"新人。在共产党领导的社会主义中国，把青少年培养成有理想、有道德、有文化、有纪律的"四有"新人的育人目标永远不会改变。有理想就是成为有坚定正确的政治方向、有高度的社会主义政治觉悟、有很强的政治鉴别力的社会主义建设者和共产主义接班人。有文化就是要学会并熟练掌握为祖国社会主义建设的本领，这样才能为祖国社会主义建设事业贡献自己的力量，有道德就是要严格遵守社会主义社会公道、职业道德、家庭道德规范，成为全心全意、任劳任怨、刻苦努力地为人民、为祖国、为党的事业工作的社会主义建设者；有纪律就是要成为遵纪守法的、以国家利益为重、以人民利益为重、以党的事业利益为重的社会主义新人。

(二)社会多元文化冲击下的家庭教育

所谓人的社会化,实际上是人在社会环境中的行为规范化,是人适应社会要求,不断提高、完善自身素质的过程。在这个过程中,社会环境给人提供经验、知识、才能,确定人的身份、地位、角色,并造就和改变人的心理、人格和人性。因此,优化社会环境对少年儿童的社会化十分重要。而在社会环境中,除了必要的物质要素之外,主要应该落实或表现为社会文化环境,而其核心内容应为社会文化。其主要的因素表述如下:(1)获取信息快。网络的迅猛发展促成了学生在获取信息时的速度非常快。现在早已超出了通过书本获取信息的范畴了,而且新闻在电视中的报道都滞后于网络。(2)各种诱惑多。网络是其中最大的诱惑之一。现在的中学生很少有不会上网的,就连一部分小学生都熟悉得很。网络游戏成了绝大部分上网孩子的喜好,甚至有一部分孩子还因沉迷于上网而荒废学业。除此以外,还有电视剧的诱惑,连载小说的诱惑,穿着打扮的诱惑,甚至网络赌博的诱惑等。(3)就业压力大。虽然就业是孩子在成人以后的事,但就业的压力早已延伸到中小学生身上,父母、教师往往在教育孩子时会涉及孩子长大后的就业压力问题。

在多元文化的影响之下,社会教育乱象丛生的局面客观存在,暴力、色情、恐怖等信息广泛存在于各类现实的社会生活和传媒之中。这些信息尚没有在儿童的教育中被屏蔽。整个社会逐渐步入文明、民主和法制的新时代,会对学生产生积极的影响。但另一方面,社会中存在的腐败现象,尤其是学生家长自身存在的腐败现象,会直接造成学生的心理困惑,使其产生心理疾患。学生每天都接受社会文化,电影、电视、广播、报刊、书籍、网络等媒体在传播优秀文化的同时,一些色情、暴力等糟粕内容也渗透其中,给学生造成极大的负面影响,甚至导致青少年犯罪。在家庭教育中,家长或有作为,则容易与社会教育不一致,使儿童的认识产生扭曲和非同一性;或不作为,则任凭社会中的负面信息侵蚀儿童,对儿童更为不利。社会教育中儿童视角的缺乏，正确教育文化的缺乏是产生这些问题的根源。

面对社会多元化意识形态的影响，家长的应对能力严重不足。如应对社会多元资讯对孩子的负面影响，方法不多，效果不明显；亲子冲突加剧，过分隔膜的现象普遍存在；早恋、网瘾、学业困难等问题成为难题；离家出走甚至自杀、团伙犯罪等极端事件时有发生，这些问题的存在减弱了家庭教育应有的促进作用，也给新时期家庭教育功能的实现带来了负面影响。一些家庭在这种不良文化环境的影响下，价值观念发生了很大变化，不能正确教育和指导孩子的行为，反而促使孩子走向犯罪的道路。有关资料表明，近年青少年犯罪率占全社会犯罪率的 2/3 以上。少年犯罪是一种社会"综合症"，有着复杂的主客观原因，其中家庭教育的失败是一个不能忽视的重要因素。

优化社会文化是实施家庭教育的保证。文化建设不只是文化部门、教育部门、宣传部门的事，而是全社会的大事。因此，需要国民形成共识，在优化社会文化上下大工夫。

第一，要以高度的战略眼光建设社会文化。面对现实问题，社会管理部门应在继承传统美德的基础上，加强社会主义精神文明建设。在培育社会主义市场经济的同时，真正做到物质文明、精神文明两手一起抓，两手都要硬，及时解决社会文化环境中出现的问题和矛盾，培育社会主义国家的民族精神和时代精神。

第二，坚持爱国主义、集体主义、社会主义的主旋律。目前，摆在国民面前的文化建设重心在于保持三个清醒，即始终保持对社会主义意识形态占主导地位的清醒认识，始终保持对集体主义道德教育的清醒认识，始终保持对东西方文化的清醒认识。引导和教育人民树立正确的价值观念，抵制来自各方面不健康文化的侵袭。

第三，加强党风廉政建设和社会主义道德教育。社会文化的建设应与社会政治及其他领域治理相协调与统一。其主要内容包括加强民主法治建设，加大打击污染社会文化的力度，提高全民素质。把治理、整顿、优化社会环境工作真正落到实处。为实现科教兴国的宏伟目标，要加大对教育的投入。同时，学校作为承担教育和培养青少年的重要场所，更要加大防范力度，增强防范意识，净化学校周边文化环境和校园环境，减少侵害青少年健康成长的污染源。

（三）社会风气

社会风气是影响家庭教育的一种因素，既与社会文化相连，有交错之处，又有相对独立性。许多家长把社会上的不正之风带入自己的家庭。父母自身素质差、行为不检点等也会给子女带来阴影。据一些媒体近期披露：一个小学四年级的班长竟学会"利用职务之便'，收受同学送的礼品；一些大城市的幼儿园竟刮起了印名片之风，名片上印上爷爷、奶奶、爸爸、妈妈的职务来比谁的家长权力大；还有些小朋友以互相攀比谁的妈妈打扮得更漂亮为荣；在一些大学、中学校园中也出现追求名牌、讲究高消费的发展趋势；在城市学生考上重点高中或大学设"状元宴"已成为风气；许多大学生在校的月平均消费水平已远远超过父母的月工资收入。但许多家长仍然觉得自己苦了几十年，所以再苦也不能苦孩子。

孩子就是一张白纸，从出生开始，就是通过看、听得到各种信息，再通过自己的思考而成长。孩子的正确判断力是随着年龄增长而增加的。社会风气和家庭教育肯定存在一定的关系，好的社会风气会对家庭教育起到正向作用，坏的社会风气则会起破坏作用。孟母择邻而居就是选择社会风气的正负不同熏陶洗染的举措；与此相应，家长择校就是在选择校风、教风和学风的优良拙劣与否。

作为家长，我们虽然无力直接地改变社会风气，但是可以通过自己的主动参与和行为表现，为优良的社会风气建设贡献绵薄之力，更可以通过自己的家庭教育，减少不好的社会风气对孩子世界观、人生观及价值观"三观"产生的后果。家长自身首先要有正确的三观，才能正确地教育孩子。当孩子遇到不好的社会风气侵袭困扰时，家长要即时告诉孩子、纠正孩子的"三观"偏差。具体表现在家校合作上，要让孩子知道社会的本质，知道什么是对的，什么是不对的。要教会孩子正确看待同学，正确与同学交往，净化同学圈，多与阳光、上进、努力学习的同学交往。

二、社区对家庭教育的力量支持

社会的政治、经济、文化制约教育，教育又反作用于社会的不同领域，这是教育的基本规律，自然适用于家庭教育。但社会与家庭教育，尤其是在制约和影响方面是具有特殊性或个别针对性的。

（一）社区与家庭教育的关系

大多数家庭生活于社区之中，与社区有着密切的联系。社区作为地域社会共同体，政府权力运行的触角，具有政治、经济与文化的折射反映，是微型社会，社区蕴藏着丰富的教育资源，这使它成为左右家庭教育的重要平台。

社区面积广，内部情况复杂，部门组织基本配备齐全，资源较丰富，可发展空间较大。因此，为社区中出现的家庭教育问题以及家庭的多种需求提供有效的指导和帮助是非常必要的。社区支持家庭教育的内容较为复杂、支持形式较多。这样在解决社区家庭教育问题的同时，也能树立良好的社区形象。

社区资源是指可以被社区运用并为社区居民服务的一切人力、物力、财力、文化和组织资源，通过发现、挖掘、整合和管理社区资源来解决社区问题，满足社区需求、对于社区中存在的资源，很多居民并不知晓也很少会去主动利用，社会工作者的任务就是挖掘社区中的各种资源，并且加以整合和利用，开展相应的家庭教育服务活动。社区发展的主要资源来自政府部门及社区的创收，资金的不足极大制约了社区的建设发展，远远不能满足社区日益增长的包括教育在内的多样需求。

家庭是社会的细胞，社区是社会的缩影。社区文化是居民人生观和价值观的体现，同时社区文化也是居民精神面貌的体现。社区工作是以社区及其成员整体为对象的社会工作，通过组织成员有计划地参与集体行动，解决社区问题，满足社区需要。在参与过程中，让成员建立对社区的归属感，培养自助、互助和自决的精神。目前，我国的城市社区发展建设处于初级阶段，社区设施建设方面仍然存在很大的缺陷，社区文化活动的设施状况，直接影响着家庭教育的内容和形式。

社区具有强大的人力资源、物力资源、财力资源等，社区应可以为少年儿童提供图书馆、文化馆、俱乐部和体育馆等业余活动场所，社区的街道、建筑物、花草树木有助于提高孩子的观察、适应能力；公园、广场、运动器材、体育馆等能提高孩子的运动能力；图书室、书店等可提高孩子的阅读能力。社区各行业组织适宜孩子参与的文化交流活动，可以培养孩子参加社会活动的经验，如通过各节日相关活动，了解中华文化；到社区敬老院献爱心，让孩子懂得关爱老人，关爱父母。举行丰富的社区文化活动，如风筝节、游园、歌咏、绘画、书法、拔河等活动，丰富儿童的社区文化生活，还能陶冶情操，开阔视野，培养兴趣爱好。

人不是孤立地生活在自身的家庭小环境中，家庭总是与一定的社区相联系，社会是由若干个社区组成的，社区在体现一定的社会时代特征的同时，其自身的文明程度、人文环境、精神面貌等，都对生活在其中的社会成员产生影响。和谐融洽的社区环境，相敬如宾的邻里关系，积极向上的精神气氛，必然培养出一代有教养、讲文明、懂礼貌的孩子。浓郁的社区文化氛围和良好的社区精神风貌能够帮助儿童养成热情、自信、主动的良好性格，家长在这里可以利用这些直观的、家庭不可能拥有的文化载体，对孩子进行道德教育、审美教育和知识教育，良好的社区文化就为最大限度地发挥家庭教育功能提供了有力支持。相反，如果社区人文环境恶劣，打架斗殴时常发生，赌博之风盛行，邻里之间关系紧张，黄色污染泛滥，这必然对孩子产生潜移默化的影响，以致受其毒害而误入歧途。

家庭作为少年儿童社会化的第一场所，在一定程度上也受其所在的社区环境的影响。比如在社区文化建设方面，人的社会化最外围的具体环境设置是社区，社区文化是整个社会文化的具体化。家庭对个人社会化的影响，与社区文化紧密相连。一般来说，文化建设既包括文化场所和设施，也包括文化活动的消费者。广义的文化建设，是一种大众的教育过程，是把社会所公认的生活方式、行为规范、人生观等逐渐地从生活中表现出来，并通过文化活动渗透到文化活动的消费者身上，从而形成一种良好的社区文化氛围。社区正是以此为出发点，注重文化活动消费者的培养、塑造，帮助社区成员提高道德水准，建立文明、健康、科学的生活方式，积极创造人际交往的和谐空间，并有目的地抵制低级趣味的文化因素渗入社区，使少年儿童的社会化环境得以净化、优化。

在经济发达的社区，配套齐全的各类设施，为少年儿童提供了业余活动场所。家长可以不囿于家庭的小天地，利用这些家庭内部不可能拥有的文化载体，以及直观的、少年儿童喜闻乐见的方式，对孩子进行道德教育，知识教育，开阔孩子的视野，陶冶孩子的审美情趣，培养孩子的兴趣爱好等。良好的社区文化氛围，为家庭教育功能得到最大限度的发挥提供了可能性。

(二)社区教育的家庭教育意义

家庭是人社会化的摇篮，在少年儿童社会化过程中，社区教育是发挥个人潜能，充分利用社会条件促进人的社会化的手段，在家庭对儿童的社会教化中，有特殊的功能：一是统筹社会化诸因素的功能。在少年儿童社会化过程中，有来自家庭、学校、社会诸因素的影响，而社区则是这诸多因素的综合。作为不同的实施社会教化的载体，家庭、学校、社会具有教化目标的一致性、内容的交叉性、形式的互补性，共同承担着对个体实施教化的使命。

然而，随着现代社会经济文化的发展，家庭的教育功能扩大、学校教育多元化、社会教育提前的趋势越来越明显，这使不同的教育载体之间的联系越来越紧密，所发挥的作用相互交错、相互制约。在这种情况下，社区教育通过其功能的发挥，使各类教育有了一个统一协调的组织实体，起到了统筹社会化诸因素的作用，在实践中形成了学校、家庭、社会一体化教育的新格局。这种统筹作用，使得本来具有分散性、不规范性、广泛性特点的家庭教育，在整个教育体系中的地位得到强化，并无可争议地成为其中重要的组成部分。

如何不断调整社区教育的内容和形式，更新和深化社区教育的方式方法，提高社区居民的整体素质，是增强社区教育工作实效性的关键，我们要积极寻找家庭教育工作的着力点和切入点，开拓创新，做好社区教育工作。

社区教育在个体社会化过程中培养社会角色的作用是不言而喻的。这里尤其需要强调的是，社区教育在教育施化者方面，更有其独特的功能。个体社会化始自家庭，父母是人最初的施化者。但父母作为开发者、施化者，不可避免地存在着角色行为与社会角色期待之间的差距。许多问题的出现与父母角色认知偏差、角色训练不足密切相关。但靠其自身难以解决，其所在的职业群体也由于单位性质和职工的异质性，无力承担起教育父母的责任。社区教育可以把多种教育资源、教育内容和教育形式融为有机整体，实现了教育资源的互补和共享，社区教育应以为居民提供便捷服务为根本目标，盘活社区内各部门、各机构拥有的教育资源，发挥资源的最大效益，构建开放共享的教育体系，形成一个愉快的生活和学习环境，让生活在其中的居民能够随时随地获得多种学习和受教育的场所。

未成年人是祖国的未来，家庭的希望，重视和开展家庭教育是加强未成年人思想道德建设的重要环节和系统工作。如何做好家庭教育工作？单靠家长的努力，远远不够。因为家长的教育理念和方式存在一定的经验性和情感性，加之现在的家长一般双方都有工作，大部分家长的下班时间比孩子的放学时间晚，造成孩子在下午放学后存在短时间的教育空缺。而社区教育中的家庭教育弥补了家长教育的不足之处，社区支持有助于弥补家庭教育时间成本的投入。现代社会中，很多家庭是"双职工家庭"，幼儿父母工作繁忙，很少能够对幼儿教育投入大量时间。社区开设社区托管机构、社区幼儿服务中心、社区早教中心与幼儿教育咨询中心，能够部分解决家庭教育时间投入不足的问题。开展"四点钟学校""家长学校""道德讲堂"等，把家庭教育工作与社区活动相结合，因地制宜，发挥优势，使家庭教育与学校教育、社会教育紧密配合，形成合力，打造出未成年人思想道德建设的坚强阵地。

儿童、青少年都有自己的兴趣和爱好，这些兴趣和爱好若能及早得到培养，就能形成特长，表现出某一方面的才能，这无疑会加速他们的和谐发展。学校的教育，很难适应同一班级中不同兴趣爱好和发展水平学生的个别需要，家庭教育可以弥补这些方面的不足。家长根据孩子们的爱好，有意识地引导他们参加社区组织的专门活动，如电脑维修、琴棋书画，使学生在自己爱好的活动中施展才华、发展特长、增长聪明才智，进而独立运用自己的知识和智慧去发现问题、分析问题、解决问题。许多学生在接受更多社区教育后，成为了运动员、演员、电脑高手，这为学生全方位发展提供了一条新路。

(三)利用社区资源服务家庭教育

完善社区教育学习基地应该充分利用本社区的自然条件、社会环境和教育资源，建立各种类型的活动基地、教育基地及实践基地，比如成立儿童活动室、校外德育基地、亲子学堂等多项社区教育服务，这些社区教育服务不仅能够丰富儿童教育活动的内容，还能让家长学会一些实用的家庭教育方式方法，弥补家庭教育的不足。

1. 家庭应依据该社区的实际，选择适合的服务方式

社区应多举办不同形式的家庭教育相关活动，丰富活动内容。针对社区居民文化水平不高的情况，举办简单的家庭教育影片放映，开展家庭教育座谈会，邀请学校老师、志愿者等教授相关知识，开展教育知识宣传活动，利用节假日举办社区亲子联欢活动。工作人员邀请家长和孩子参加各种简单的手工艺品制作，在青少年图书室举行亲子阅读活动。不断创新活动内容和形式，不仅可以满足社区居民精神文化需求，而且还可以扩大活动影响力，推动社区有需要的居民积极参与，有利于开创家庭教育新局面。

社区工作人员办家庭教育宣传栏，利用社区内现有的宣传展板，收集家庭教育的相关知识，在宣传板上展出。工作人员定期对宣传栏进行更新、维护。同时也要跟上时代的步伐，更新文化宣传阵地，丰富宣传途径，通过网站、QQ群、微博、微信等，广泛宣传、普及家庭教育知识的重要性，向社区家长宣传正确的家庭教育观念，传播成功的教子方法和经验，从而提高家长自身的道德素养和水平。

2. 家庭依托社区开展丰富的实践活动，在活动中进行道德教育

社区以社区服务中心为主导，利用公办资源，结合民办机制，开展科普推广、社会实践、法治宣传、寓教于乐等多种形式的儿童活动，为孩子们提供展示自己、锻炼自己的平台，开展形式多样、内容深刻的社区活动。这不但有利于丰富儿童业余生活，还强化了对儿童的思想教育，增加了与父母一起的互动环节，为亲子的良性沟通搭建平台。结合重要节假日，开展形式多样的社区活动，如春节联欢晚会、清明节扫墓、暑期夏令营、中秋"博博乐"等活动，寓教于乐，在营造文化氛围的同时，进行爱国主义、集体主义、社会主义和社会公德、职业道德、家庭美德教育，使广大家长和孩子们在活动中增长知识，提高学习认知能力和文化、道德修养。

3. 家庭合理利用社区活动场所。如利用少儿心理咨询室，倾听社区青少年的心声，为社区青少年的心理健康提供贴心的帮助；设立"法律服务站"，对青少年进行法治宣传教育，维护青少年合法权益，预防和减少社区青少年犯罪，营造未成年人健康成长的和谐环境。

第二节　学校教育与家庭教育

学校教育从某种意义上讲决定着个人社会化的水平和性质，是个体社会化的重要基地。知识经济时代要求社会尊师重教，学校教育越来越受重视，在社会中起到举足轻重的作用。

一、学校教育的主要特征

学校教育是具有固定的场所、专门的教师和一定数量的学生，有一定的培养目标、管理制度和规定的教学内容的学校组织中实施的育人实践活动。学校教育具有更强的计划性、统一性和系统性等特点，它有利于孩子较为系统地掌握科学知识，形成良好的道德品质。学校教育是个人一生中所受教育最重要的组成部分，个人在学校里系统地学习文化知识、社会规范、道德准则和价值观念。学校教育的特点概括起来主要有如下几个方面：

(一)职能的专门性

学校教育职能是专门培养人，为了培养合格的人才学校教育需配备专门的教师。通过严格选拔并经过专门训练出学识广博、品德高尚，懂得教育规律，掌握有效教育方法的教师在学校任教。学校具有从事教育的完备的教育设施和专门的教学设备，如声像影视等直观教具、实验实习基地等，这都是学校教育的有效手段，也是保证教学顺利进行的不可缺少的物质条件，这是社会教育和家庭教育无法全面提供的。

(二)组织的严密性

学校教育是制度化的教育，学校的教育活动具有明确的目的性与计划性。学校教育具有严密的组织结构和制度。学校有初级、中级、高级不同级别，还具有职业、师范、普通等多种多样的体系结构。学校内专设领导岗位和教育教学组织，有专门思想政治教育、教学科研工作、后勤、文体活动等专门组织机构，还有一系列严格的考试、升学、教育教学制度等，这是社会教育和家庭教育形态所不具备的。

(三)作用的全面性

学校教育对人的发展作用是全面的，这是社会教育与家庭教育难以做到的。学校教育全面培养人，不仅关心教育对象的知识和智力的增长，还注重学生思想品德的教育，照顾受教育者的身体健康、体能素质。

(四) 内容的系统性

社会教育和家庭教育在教育内容上一般是阶段性、片断性的。而学校教育是培养造就全面完整的社会人，教育内容注重内在连续性和系统性。学校教育既注重知识体系，又符合认识规律，所以，学校教育是系统的、完整的。

二、学校教育与家庭教育的关系

学校教育与家庭教育虽然具有不同的教育内容和功能特征，但更存在不可割裂的内在关联。

(一) 学校教育是家庭教育的重要基础

学校通过对孩子进行学科教育及思想品德教育，从而为家庭教育提供了知识背景和智力基础。学校教育的成果也可以成为家庭教育的基础，同样可以支持家庭教育的进一步发展。学校教育会影响孩子的学习团队意识，以及与人相处的方式。

学校教育在整个教育体系当中处于主导地位。学校教育具有明确的培养目标、教学计划及周密的课程安排，教学进度快慢适宜，保证了教学的科学性，使学生的智力发展按照从感性到理性、从形象到抽象的轨迹向前运动。学校教育的另一个优势还在于系统性强。这不仅仅是指教学内容，更大程度是教育程度的逐渐提高。

(二) 家庭教育也是学校教育的必要准备

家庭教育通过对孩子进行课外生活能力培养、情感培育、心理教育和课程知识巩固等教育内容，也为学校教育做了准备。学校教育起作用是在良好的家庭教育的前提下实现的，家庭教育是学生良好习惯的养成中非常重要的一环。

　　家庭教育是学校教育的先行保障。人从降生开始，父母就是其第一任老师，作为孩子直接的学习对象，父母所肩负的责任非常重大。而且随着孩子的成长，父母作为孩子表率的使命远远没有结束，而是随着孩子年岁的不断增长这种使命更加艰巨。可以说，父母不仅仅是孩子的长辈，还应该是孩子终身的引路人，可以教给孩子正确的"三观"，培养孩子的自理能力，为人处世的方式，真正的学识，发展孩子的创造力。除了认知领域外，还会触及孩子的性格、毅力、情商等非认知的情意心理。

　　家庭教育是一种养成教育，主要是依靠日常生活的耳濡目染、潜移默化的影响，更是父母细雨润无声般地渗透子女的心田，实施的先是一种爱的教育和生活的教育。其课程的首位是帮孩子养成各种良好的习惯。这些习惯养成后，可以再自然迁移到学校的学习之中。父母为孩子树立榜样，注意自己的言行，让孩子在看待人、事、物的时候，能够保持一种公平、公正的态度，引导孩子学会有礼有节地对待自己所认识的每个人。父母要从小培养孩子良好的意志品质，例如，真诚、热情、正直、知情达理、乐于助人、与人为善等优良品质，这些品质能够让孩子成为受欢迎的人，帮助他在学校交到更多的朋友，能够在学校欢快地与同学老师相处，收获友谊与尊重。

　　总之，家庭教育和学校教育都是不可或缺的，都对一个人的成长起到重要作用，两者无法割裂，也不具有简单的孰高孰低、优劣良莠的单一取向。我们追求的是一个公平竞争的法治社会，学生要适应社会发展的需要，不仅要学习科学文化知识，而且要有一个和谐的充满爱的空间。为了达到我们的育人目的，必须充分认识到教育过程中的一致性与不一致性的矛盾，在不断调整的过程中力求和谐统一，在育人过程中既矛盾又统一的状态下，完成我们的教育任务。换言之，只有家庭教育必须与学校教育相结合，形成合力，才能实现教育效能最大化，实现真正意义上的成功教育。如果不能结合，不但影响教育效能，还会适得其反，教育的理想和目标不仅不能变成现实，甚至还有可能不利于下一代的健康成长。

家庭教育与学校教育相比，最大的特点就在于它的长期性。家长在教育子女的过程中，一方面要受到来自外界的各种因素的影响；另一方面，作为教育对象的孩子在成长过程中可塑性很强，他们的思想、目标和兴趣都不稳定。因此，家长不仅要有科学的教子思想，还应该自觉克服教子过程中遇到的困难，拥有坚定的教育意志。同时，教育不仅是科学的和专业的行为，更是艺术和智慧的审美与创造。

三、家校沟通互动

基于家庭教育与学校教育之间的互动协调的关系，加强家庭教育与学校教育之间的合作，有利于整合二者的教育资源及其功能互补，从而不断增强家庭教育自身的活动效应。正如苏联教育家苏霍姆林斯基所说："教育的效果取决于学校和家庭教育影响的一致性"①，"儿童只有在这样的条件下才能实现和谐的全面的发展，就是两个'教育者'——学校和家庭"②。在构建家校合作模式的问题上，首先要对家庭教育与学校教育各自的功能定位有科学认识，不能将二者简单等同，以家代校或以校代家，也不能将之简单对立起来，学校成为教育 VS 家庭教育的二选一。其次善于组织各种家校合作的具体活动，不断增强家校合作关系，克服学校教育、家庭教育彼此独立、相互隔阂的封闭性。

在传统观念中，家长将教育责任推给学校，忽略了家庭教育中家长对子女身心、品德发展的潜移默化影响，未能认识到家庭教育的影响具有渗透性与长期性。家长要争取自己的话语权，而不是被动接纳客体的话语，要意识到家长参与的责任，而不是理所应当地把学生的问题推向学校、推向教师，自己置之度外。无论是学校、教师的话语权，还是家长的话语权，核心不是在"争夺"上，而是以平等对话的姿态关注二者共同需要面对和解决的核心问题，即学生的综合、协调发展。唯有如此，二者之间的沟

---

① 叶延武. 我即教育　众胥人才[M]. 北京：人民教育出版社，2019：103.
② 张建卫. 家长参与：家校协同的心理学研究[M]. 北京：首都师范大学出版社，2012：219.

通对话才有意义。

在家校沟通过程中，学校及教师不能凭借如学生学业成绩低等因素，冷漠甚至剥夺家长教育对话的话语权，要让出部分的教育话语权，而不是让家长教育的话语权困于学校、教师权威的禁锢之中。

(一)家庭教育主动配合学校教育

家庭教育是学校教育的有力助手和必要补充，家长应积极配合学校教育。家长和教师是共同教育，而不是把子女放到学校就是教育。家长和老师应该多加沟通，及时了解学生的学习和生活动态，成为孩子学习的坚强后备军。

1. 家长配合学校促进孩子的学习

由于家长与子女之间固有的血缘亲情、感情和伦理上的内在关联，家长的言行对学校教育的效果是起间接和持续作用的。一个好的家长应该对子女成长承担相应的教育责任。从每天孩子学习时间的分配上来看，孩子在学校 7~8 小时，在校学习时间在国家落实"双减"政策后，恐怕会更少，孩子其余的时间都是在家中度过的。加之学校上课的班级人数众多，老师针对个别学生的精力和时间分配是无法和父母在家中与子女伴随的时间相比的。因此，父母要负起教育孩子的责任，积极、主动地与学校配合，抓好孩子的学习，为教育好自己的孩子做出应该做的一切。只有这样孩子的学习效率才能得到最大程度的保障。

2. 家长架构家校沟通的桥梁

家长要有家校合作的意识，主动到学校去拜访老师，建议家长最好两个月到学校去一次，与老师主动沟通，若没有时间也可以电话联系。只有家长转变消极被动的观念，主动配合，才能保证学校教育出效果。

家长与学校配合，应该落地生根，理解学校教育的相关要求，虚心向老师请教，和老师一起探究孩子成长过程中出现的各种问题，虚心听取老师对家长需要配合的教育问题的看法和观点，并掌握科学的教育方法。家庭借用学校的力量教育孩子，统一教育理念，从而形成一个合力。

家长对孩子在家里出现的一些和孩子成长不吻合的情况，要及时和老师取得联系，相互沟通，交流看法，选用最佳方案对孩子及时施教。只有家庭教育和学校教育统一结合，家长和学校、老师紧密联系，互通声气，才能切实地为孩子创设更好的成长环境，让孩子快乐地成长与成才。

（二）学校指导家庭教育

学校可以利用自身计划性、系统性强及教育资源丰富等优势，指导家庭教育。学校作为系统教育的主要场所，担负起重要的教育责任。首先，教师应真正平等地去看待每位学生，关心爱护他们，发现其独特之处与闪光点，不以分数高低论成败。尤其是对那些处于弱势的学生，多进行心理疏导与差异性或弹性化的目标教育，塑造健全人格，助其提升自我教育期望，养成良好学习习惯，运用科学与艺术贯通的教学方法，进而提高学业成绩，促进个人成长。同时教师群体还要注重发挥先锋模范作用，身正为范，深入贯彻党和国家育人为本的号召，以良好品德、精湛的专业学识、满腔的教育热情和灵活生动的教学艺术，提升教师威信与魅力。

1. 开办家长学校或家庭教育讲座。学校通过举办家教讲座、函授家长学校、广播家长学校、网络家长学校和短信家长学校等多样化模式，全方位、立体化、全天候、超时空、即时化为家长培训提供途径和便利。有计划、有组织地向家长普及科学教育观念和知识，提高其科学家教的自觉性。向家长宣讲有关家庭教育的理论和经验，是指导家庭教育的有效手段。对家长进行系统的家教指导，使其树立正确的家庭教育观念，掌握科学的家庭教育方法，提高科学教育子女的能力。

学校引导家长重视非智力因素发展尤其是思想品德、健全的人格对孩子自身发展及社会进步的重要性。如果对此忽视，不但会给家庭教育带来困难，更会对孩子的健康成长产生极为不利的影响。只有家长与学校教师的认识统一起来，才能互相取长补短，行动一致，达到家庭与学校的有效配合，为青少年思想道德的发展营造积极健康的氛围。

2. 加强家校沟通。学校还要积极提供学校家长进行互动沟通的机会，联系交流，对话磋商绝不是单向的，而应是双向，甚至是多向的。学校主动联络家庭的方式和手段可以多样化。如采取家庭访问、家长会、家长委员会、家长开放日、家校联系册等形式，此外还可以通过建立家庭教育指导委员会、聘请家庭教育讲师团来校讲课、书面指导，定期举办家长开放日、家教咨询活动、建立网上家庭教育指导站等，都是具有意义之举。实现对家庭教育针对性指导，畅通家长与学校的沟通渠道，方便家长及时了解子女在学校的表现，形成家校共育的局面。

在这些形式举措中，家长委员会、家访与家长会更为常用。形成并完善家长委员会制度，积极发挥家长委员会的作用。家长委员会通过优秀案例为家长与子女的良好沟通提供建议，关注青少年优秀品质与价值观的形成，树立远大目标。同时广泛收集家长的需求与意愿，以此为媒介，推动学校与家庭间的有效沟通，实现家校合作的落实与有效推进。

家访、家长会等是我国比较传统的促进家校联系、共同探讨教育方法的互动形式。青少年在家庭里生活的时间比较长，家长对子女的思想、品德、兴趣、爱好、行为习惯、个性特征、优缺点等都了解得很清楚，而教师则对学生在校的各种表现掌握得比较详细。通过家长会或家访等形式，教师与家长可以互通信息，能较全面、客观地了解孩子的身心发展情况，提高教育行为的针对性。但遗憾的是，在实际工作中由于各种因素的影响，家长会往往变成了学生学习成绩的通报会，家访的教育形式也为大多数教师所放弃，这就弱化了学校对家庭的指导功能，难以形成学校与家庭的有效互动，也就不能真正调动家长与学校教师共同加强青少年思想道德建设的积极性。

因此，学校及教师应深入研究家长会、家访等活动的内容、形式；研究如何通过这些途径最大限度地调动家长关心学校、协助学校教育孩子的积极性；研究如何互相取长补短，保证学校与家长都能准确地把握青少年思想品德发展状况，以达到相互支持、默契配合。因为，学校教育时期是人一生成长当中最关键、最重要的阶段，人的很多种品格都形成于此，而品格发展之于青少年而言又是何等重要的地位！

第三节 家庭与家庭教育

　　家庭对孩子的成长至关重要。家庭作为个体成长的重要场所，具有早期、广泛、奠基、持久、潜移渗透、情感性，以及针对性强和实效性显著等特点，其在个体自然性社会化的发展过程中发挥着不可替代的作用。

　　经统计分析，家庭之于家庭教育关系要素分析中，出现频次较高的项目为：家长素质、家庭生活条件、家庭人际关系、家庭教育态度、家庭教育方法、家庭教育内容，上述项目中的许多要素一一加以论述，并不可能，也无必要，以下选择性地加以呈现。

一、家庭经济与家庭教育

　　家庭经济收入的多少，直接与子女的物质生活、学习环境、营养健康等多方相连，而这些都是与孩子的教育与成长相关的。家庭经济条件对孩子认知能力的提高具有显著作用。但是，只重视物质而轻视情感投入不利于孩子成长，物质过于膨胀对家庭教育也有消极面。因此，要辩证看待经济能力对家庭教育及儿童发展的多重关系。

　　良好的物质环境可以为儿童接受高质量教育提供保障。首先，物质环境好的家庭可以给孩子提供良好的生活和成长环境。其次，物质条件好的家庭可以为孩子提供丰富的学习资源。家庭经济条件优越的父母无需考虑经济压力，能更好地投入对孩子的教育。物质环境匮乏不利于家庭教育的进行及儿童的身心健康发展。在物质条件较差的家庭，孩子很少有自己独立的生活空间，这非常不利于孩子的学习和独立思考；家庭物质环境贫乏，不能为儿童提供丰富的感性经验，也极容易限制和阻碍儿童的智力发展；在经济条件较差的家庭，父母为了生活，无暇顾及子女，造成与子女之间的隔阂与代沟。

(一)家庭经济对家庭教育的正向作用

家庭经济对教育有着重要的影响，家庭物质条件好、经济条件优越的家庭可以为孩子的成长提供良好的生活和成长环境。

居住条件好的家庭为儿童配有自己学习和活动的空间，甚至为孩子设计放置学具、图书和玩具的场地，有写字、读书用的桌椅，孩子的房间干净整洁，采光充足，空气新鲜，以保护他们的视力和身体健康。

家庭物质环境对家庭教育来说，对孩子的审美情趣和修养的熏陶，对孩子的感知能力有着积极影响。风格优雅、整洁美观、舒适宜人的雅居能够使家庭成员心境舒适、陶冶情操，并为子女养成良好的生活习惯推波助力，其教育作用不能低估。高尔基曾说：照天性来说，人都是艺术家，他无论在什么地方，总是希望把美带到他的生活中去。家庭成员适体的服装，穿着整洁、朴素、雅致，具有优雅的个人形象，也能培养幼儿的审美和品位。

(二)家庭经济对家庭教育的负向作用

教育社会学的研究成果告诉我们：家庭极端贫困，经济水准在温饱以下，就不能为其子女提供正常或必要的学习条件；超过满足其子女正常学习需求的家庭经济条件，在任何程度上的增长额，对于子女的学习和教育而言，就不再产生有意义的影响和积极的作用；过于优裕的家庭条件，可能反而容易养成子女养尊处优的品性，成为影响他们学习的不利因素。可见，在一定条件下，"家贫"和"家富"，对孩子的成长都有两方面的影响，家庭教育就是要充分发挥有利的影响，克服不利的影响。

物质条件过于优越，容易使孩子养成养尊处优，遇事不努力、不独立，总爱依赖父母，想要什么，父母就必须满足等不良的行为习惯；一些经济条件好的家庭往往对子女的期望更高，以此造成"专制型"或是"溺爱型"的家庭教育类型；经济条件好的家庭父母可能会由于工作非常忙，对子女的关心也不够，由此形成"放任型"或"冷淡型"的家庭教育方式。那些经济条件不好的家庭，如果家长非常重视教育，能抽出时间照顺孩子，乐意接受科学的教育理念，积极引导孩子自立、自强，努力奋斗，克服经济条件不利等因素，最终也能将孩子引向成功的道路。

有的家庭物质生活虽然富有，陈设讲究，应有尽有，然而，由于家庭成员不和睦，经常吵架、赌气，每个家庭成员处于苦闷、忧虑的气氛中。这种家庭的心理环境就很不好，对孩子的成长就很不利。相反，有的家庭物质生活虽然匮乏，但是家庭和睦，互相尊重，彼此理解、包容，对孩子给予真诚和理智的爱。家庭成员之间感情融洽、志趣相投、态度和善、为人谦虚、心理相融，反映出互助互爱的高尚情操和积极向上的风貌。

因此，有必要辩证地看待家庭物质环境条件对孩子发展的影响，认识到凡事都要有"度"。物质条件好只是孩子成长的必要条件，但绝不是充分条件，或决定性因素，更多还要通过家庭环境当中的"软件"，即通过家长的适当引导和教育，才能真正有效地促进孩子人生的健康成长。

二、家长与家庭教育

苏联教育家、列宁夫人克鲁普斯卡娅曾说过："家庭教育对父母来说，首先是自我教育。"父母是孩子的第一任教师，家庭是儿童学习的第一场所。在家庭长大的孩子，最初都是通过家庭去了解社会和认识社会，在家庭培养习惯、性格及道德情操。家长既是教育者，又是抚养者，这一双重身份有利于赢得孩子的信任和接受，便于开展教育，也可以增强家庭教育的成效。

在教育子女的过程中，家长应树立学习与品德并重的观念。家长对学业成绩予以关注的同时，也要注重思想品德及其他方面的综合发展，进而促进子女身心协调。家长参与作为家庭教育活动的又一重要因素，对孩子的成长有着重要地位。家长积极引导并规范其学习行为习惯，能够提高子女的学习成绩。家长对教育越重视，家庭经济地位越高，就越能促进子女的发展。以下从家长的"三观"、文化素养以及家教类型三个维度探讨家长与家庭教育作用力的相关问题。

（一）家长的"三观"

1. 父母"三观"的教育意义

"三观"，就是指世界观、价值观和人生观，它们分别是人对世界、价值和人生的总的看法和根本观点。父母的三观对孩子的三观及成长有重要影响。孩子三观形成的决定性因素即个性和心理素质，很大部分来自父母的先天生理性遗传。例如个性，就是我们常说的性格与气质，它们70%遗传自父母，其中气质比较稳定，受外部影响变化较小；性格则不稳定，受外部影响变化较大，而且这个影响主要来自父母。由于学习能力卓越，孩子开始学习父母的生活方式和行为。如果他们想要他们的孩子做到，他们必须改变自己，后天的养成也是非常重要的影响因素。在家庭教育上，父母首先要"三观"正确，给孩子树立好榜样！

父母的"三观"里藏着孩子的未来，许多家长都忽视了。有句俗语说有其母必有其女，的确这样，母亲和父亲是我们从小接触最多的人，我们无形间将父母的行为成了我们自身行为的影子，有人说："推动摇篮的手也是推动世界的手。"因而，一个母亲的"三观"，的的确确陶染着家庭及子女。喜欢读史的人可能会察觉，每一位拥有卓越成就的人身后，几乎都有一位聪慧、有见地、三观正确的母亲。

有些父母尤其是妈妈，却常常叫嚷"女孩读书无用，嫁人嫁的好才是真本事""男孩是建设银行，女孩是招商银行"，这是多么可怕的三观传承。身为人母，就当有责任和义务引导子女拥抱真理和选择正确的价值观。而前提条件就是妈妈的三观要正。三观正的母亲懂得发展自我，妈妈本身要变成一个完善的人，不仅要有能力培养，还要引导孩子。从小到大在读书环境中长大的人，再坏也坏不到哪里去，所以读书很重要。我们在道德上的瑕疵和言行的不端，从表面上看无碍家庭生活；但是，孩子往往是大人的影子。如果母亲为人善良温和，懂得持家理财，乐于助人，乐观开朗，能吃小亏，勇于承担，那么她的这种思维方式和好习惯就会潜移默化地传给子女。优秀的妈妈会培养孩子的抗压力，使他们懂得正确对待困难和挫折。三观正的妈妈情商高，儿女们耳濡目染，更能继承妈妈的高贵品格。

如果一个家庭的父母三观不正，那么孩子长大以后，也将会是一个三观不正的人。父母是非不分、遇事先责怪别人，养育出来的只能是冷酷无情、缺乏良知的孩子。孩子犯了错，做父母的却视而不见，反而错上加错，这会助长孩子犯错的嚣张气焰。这样的结果，就是养出一个没有底线的孩子。而一个失去底线的孩子，迟早会闯出父母无法承担的大祸。

一个孩子的素质是能直接体现父母的素质的，家庭教育一直都很重要，父母在孩子的成长过程中扮演着很重要的角色。三观都不是一时形成和树立的，所以一旦形成，想要纠正也不是短期之内就能改变的，家长一定要好好地引导孩子走在正确的大道之上。教育家苏霍姆林斯基曾说："只有父母端正自己的观念，培养出来的孩子才能鹤立于人群之中。"因此，要想拥有一个品性出色的孩子，父母首先就得以身作则，自正三观。

2. 家风对孩子成长的影响

家风是一种综合的教育力量，它是思想、生活习惯、情感、态度、精神、情趣及其他因素等多种成分的综合体。家风通过日常生活影响孩子的心灵，塑造孩子的人格，是一种无言的教育、无字的典籍、无声的力量，是最基本、最直接、最经常的教育，它对孩子的影响是全方位的，孩子的世界观、人生观、价值观会体现或反映在家风中。

良好的家风是孩子健康成长的营养液，滋润孩子的心灵，点亮孩子的人生。但不良的家风，如家庭消费畸形、挥金如土、漠视法律，在为人处世中表现得极为高傲、玩世不恭。受此影响，这些家庭中的子女也会受到耳濡目染、潜移默化的影响，逐渐形成挥霍浪费、目无法规，自恃清高等不良习惯。还有一些领导干部家庭，父母自身修养不高，不能率先垂范，以身作则，给孩子做出好榜样，而是利用职权，以权谋私，行贿受贿，满足一己私利。子女受其影响，备感"优越"，目空一切，不学无术，很容易在思想上滑坡，有的甚至被一些行为不端的人拉下水，成为"问题少年"。还有一些父母自私、任性、思想偏执，是非观念不强，缺乏起码的做人准则，处世态度卑劣，对孩子的成长造成极为恶劣的影响。还有的家长平时不注重自身形象对孩子的影响，整天赌博、酗酒、打牌……给孩子造成了消极影响，且很难挽回。

育儿先育己。教育最大的意义，便是和孩子一起成为更好的人。因而为人父母者，必须要严谨持家，勤奋上进，努力全方位提高自身综合素养，只有树立正确的"三观"，积极营造温馨和睦的家庭风气，才能给孩子更好的家庭教育资源和正确导向，使孩子健康成长，把孩子培养成为对社会有用的人。

(二) 家长的文化素养

家长的文化素养最直接的表现是家长的文化程度和文化涵养。文化程度的突出代表就是学历、知识水平，而文化涵养则包括文化观念、文化实践和文化态度等。家长强烈的求知欲，勤奋好学的精神，尊重知识、崇尚真理的作风，对孩子来说是成才的阳光之路，是生活的明灯。常言道：师者，给学生一杯水，自己必须有一桶水。家长亦是如此，家长文化素养的高低直接影响孩子的学习兴趣、学习能力和学习结果。

国内外大量研究表明，父母受过高等教育的学生，其成绩普遍比父母受教育水平较低的学生要好，同时，前者的品德也较后者更佳，学习志向也更高。

由于父母文化修养层次的不同，导致了家庭教育的效果存在差异，如家庭文化生活、学习指导，还有前面讲到的父母对教育的态度以及教养方式等都是发生作用的。文化修养高的父母注重家庭的民主和谐气氛，倾向于使用赞许、表扬、温情、引导、鼓励、探索等为特点的教育方式对待子女，这就有助于培养孩子的自信及其在同伴中的适当行为，并促进他们形成高学业动机。文化修养高的父母能更好地理解子女的需要，对子女的期望水平也比较适宜，平时更注重与子女的沟通，因而对子女的学业评价更客观、准确，很少给子女的精神造成伤害；反之，文化修养低的父母在家庭教育方面做得差一些，也就容易产生消极影响。当然，现在通过媒体、网络和报刊上的学习，很多家长在慢慢改变自己的教育方式，寻求一种更为适合的方式，以不断提高自身的素质修养，给子女制造一个适合的家庭环境。

家长的受教育程度越高，意味着拥有正确的教育价值观、丰富的教育科学理论知识和对教育规律的运用能力的可能性更大。这些在家庭教育中的行为强化方面，表现为对强化物、强化频率与强化时间的选择会越趋于科学，即越有可能选择恰当的奖惩物、使用灵活多样的教育策略和把握适宜的教育时机，对子女的行为进行调适。

通常来说，家长的文化高，会注意科学的教育方法，追求知识，关心社会，积极参与社会文化活动，更懂得，也更有能力营造有利于子女健康成长的家庭心理气氛。这并非说，家长都得是高学历、专家学者，而是说家长要有与时俱进的学习理念，不断充实自己，即使大学毕业的才华较高的家长也要不断提升自己，时代在前进，知识在迅速增长，只凭原来学的知识显然是不够的；家长不断丰富补充自己的知识，才能适应孩子对知识的需要。热爱学习、善于学习，这就可以给孩子树立学习的榜样，潜移默化地熏陶和影响孩子，还可以更好地解答孩子在探索和学习过程中遇到的各种疑惑和问题，满足孩子的好奇心和求知欲。不学无术的人，不管他们（名义上）受过哪一级教育，对于社会来说都是危险的。不学无术的人，其本人不可能是幸福的人，还会给别人带来危害。可见，父母不学无术，会给自己的子女带来危害。

家长拥有良好的性情、意志与修养，则意味着这类家长一般拥有良好的行为举止，这将为子女的观察学习提供良好的榜样示范。

家长的文化素质低会阻碍家庭教育的正常进行。首先，家长文化素质低比较容易忽视对孩子的早期教育，而采取放任自流、听之任之的方式；同时，在教育内容的选择上、教育方式方法的运用上也会有所欠缺，从而弱化了家长在家庭早期教育中的主导作用，影响家庭教育的良好效果。

有的家长虽然文化程度不高，但有追求新知和探索真理的精神，重视文化知识的作用，关心自己的智力开发和文化学习，有正确的教育思想和方法，会高效辅导孩子学习，启发孩子的学习兴趣，能够给孩子创造一个良好的学习环境，同样对孩子的学习成绩和道德教育有正向促进作用。

父母的素质就像火山底下的岩浆，积累得越厚实、越丰满，孩子成才的爆发力越强烈。孩子从小到大，家长的一举一动、一言一行都对其知识才情、性格、品德心境高洁、健康发展形成起着潜移默化的作用。

当然，家庭教育有赖于家长的素质，不限于文化素养，而应指综合素质。提高父母的素质，也是家庭教育的重要前提。这在本章节其他论题中从不同程度有所涉猎分析。举例来说，当前，父母要自觉遵守法律，切实承担起法定义务，并加强自身的学习，掌握教育学和心理学知识，不断提高自身素质和道德修养，同时根据孩子成长过程中的特点和社会因素，开展有针对性的教育。近年来青少年违法犯罪呈上升趋势，原因既有主观的，也包括社会消极现象对青少年的影响。但从家庭教育的角度看，家庭教育不当也是一个重要因素。一些家长采取简单粗暴的教育方法，致使孩子失去对家庭的信任感，最后流落社会，造成失足。因此，父母应把孩子视为朋友、当作学生，在家庭生活中注意保持良好的言行举止，形成好的家风。因为健康的家庭氛围将潜移默化地影响孩子，对孩子优良品质的培养、良好生活习惯的形成和健全人格的塑造有着积极而深刻的影响。

(三)家长的家庭教育类型

家长的教育是指父母在抚养、教育子女的活动中通常使用的方法和形式，是父母各种教育行为的特征概括，是一种具有相对稳定性的行为风格。家长家教类型通常可以划分为专制型、溺爱型、放任型、矛盾型、民主型几种。其中，专制型、溺爱型、放任型、矛盾型的教育方式对家庭教育可能产生负面影响，而民主型的教育方式则是公认的较为有效、合理的教育类型，对孩子的教育影响具有显著的积极意义。

当代亲职教育的缺失和危机问题，诸如唯智化倾向、父母定向目标、教养角色上的父亲淡出现象等均与家教类型存在着链接关系。

1. 专制教育型

中国传统家长制的治家方式和家长的权威，以显现或潜隐的方式延续至今。不少家庭仍将孩子看作自己的私有财产和附属物，把孩子的成长和自己的命运紧紧联系在一起。其教养动机往往是为了光宗耀祖、传宗接代，实现自己没有实现的理想。在教育孩子时，往往会让孩子一切都听自己的，按照自己的意愿行事。这种教养方式导致孩子过于顺从、缺乏独立性和自主能力。在这种"集体无意识"的文化传习中，总是以"都是为了孩子好"为招牌，以"我"为主地实施猵狭的教育：要么奉行棍棒教育，要么溺爱孩子，要么灌输庸俗的为人处世之道，而对孩子人格的健全发展则不置可否，抑或听之任之。

我国传统的家庭教育蕴涵了深厚的家长权威制的观念，并从家庭教育行为上表现出来。当今我国一些家庭中，一些家长在对孩子的教育中暴露出潜在的家长意识，"父权"色彩依然很重。他们自以为是、刚愎自用、独断专行、主观片面。在家中以权威主导的身份强调孩子"听话"，孩子则在乖孩子中放弃自己的真实感受与表达。作为受教个体的孩子在教育者的家长那里成为被改造、控制、规训的"他"，而身为家长则以教育"舵手"的姿态，或显或隐地支配着孩子的品德学习及其他行动。

偏向专制型的家长常常会采取独断专行的方式，否认孩子的"自我""主体"以及相关一切。他们在家里的地位要高于孩子，扮演支配者的身份。如果孩子不能按照父母的要求去做，就会招致父母的责骂，甚至被惩罚。孩子选择的权利有限，孩子发表意见的机会更小，甚至有些父母不允许孩子有隐私或故事。

用这种方式教育出来的孩子会有几种截然不同的性格：一种是过于敏感，易受暗示，经常服从，不能很好地表现自己，缺乏主动性：二是反抗性强，行为粗暴，言语过激，喜怒无常：再有就是自私自利，对别人的意见不予理睬，麻木不仁，难以协作，往往会沦为家长和老师眼中的"问题儿童"。

专制型教育模式已远远不适应青少年社会化的需求了，这就要求父母变权威为民主，轻强制，重交流，在家庭里形成开放式的民主交流环境。父母既要满足青少年的正当要求，又在某种程度上予以限制，既保护青少年的自由活动，又给以社会法律和纪律训练，这样才能共同实现青少年的社会化。

过于严厉式的教育是专制型教育类型的表现。很多家长认为只有严厉地教育孩子，孩子才会听自己的话。殊不知，这样的孩子一旦脱离父母的管教就会放纵得无法无天，也最容易有叛逆心理。他们表面上看起来"很乖"，但他们很难有担当，也最容易遇到一点问题就退缩。

2. 溺爱教育型

父母的关爱对于青少年的心理成长是非常重要的。但是，现在通常的情况是孩子都是由祖父母抚养，祖父母会更加容易溺爱孩子。

隔代教育问题一直困扰着很多家庭，如何解决好年轻父母与老人的关系，如何解决老人与儿女和谐相处问题，是妥善解决隔代教育的关键。可以说，这是一个时代课题，需要家庭教育理念和方法的推广和普及，只有让两代人都掌握了现代家庭教育的内涵，相互尊重和包容，才会让家庭和谐完美。

溺爱的家庭教育方式导致孩子依赖父母不能独立生活。孩子们很少遇到困难，因为他们的父母已经在他们遇到困难之前把问题给解决了。这种坏境中成长的孩子，很难和别人相处融洽，他们往往认为考虑自己是最重要的。甚至，他们没有足够的能力在没有父母的帮助下独立生活在社会中。骄纵溺爱的教育方式还容易使孩子形成一些不良的行为习惯和性格特征。

苏联教育家马卡连柯曾发出这样的告诫："过分的溺爱，虽然是一种伟大的感情，却使子女遭到毁灭。"对孩子过分的关心、呵护，使孩子没有经历过任何的挫折和困难，实际上不利于孩子的健康成长，甚至会导致严重的人格障碍。父母过多地参与子女问题的解决，表现为过度关心，过度照顾，过多干涉，有的父母本着"防患于未然"的原则，对孩子的许多行为都严格限制，横加干涉，这实际上剥夺了孩子学习独立做人、独立解决问题和锻炼意志的机会。

3. 放任教育型

放任型的教育是一种冷漠型的教育。孩子由于缺乏正确的引导，身心发展的各方面都存在自我随意、闲适颓伤的状态。同时，由于父母和子女接触的机会较少，容易与子女产生分歧，造成孩子出现一些反社会行为倾向。有的家长在处理自己与孩子之间的关系时，态度比较漠然，因而在教育孩子时，忽视了对孩子的积极干预、主动引导与有效教育。

一些家长在儿童发展观上强调"树大自然直"的观点，对子女教育采取放任自流，不闻不问的态度，对待孩子的家庭作业，往往让其自己做，然后检查敷衍，甚至应付了事。有些年轻父母借口忙于工作挣钱，没有时间和自己的孩子相处，关心孩子，他们认为给孩子提供好的生活条件，孩子就能成才。这种家庭教育是很危险的。自由放任型的家庭教育容易造成孩子不守规矩、行为散漫、缺乏责任心等问题。

从学理分析，这类家长一般认为儿童的发展完全是遗传因素决定的，是自然成熟的过程，家长在儿童发展的过程中起不了什么作用。这种家长在实际实施教育时，往往显得过于消极、冷漠，忽视自身的教育以及儿童的发展特点和要求，缺乏及时有效的引导和启发，其结果致使儿童的学习与发展遭受忽视，心智能力得不到有效提升。

尽管我们崇尚儿童的自由和独立，尊重其个性和兴趣需要，但这并不意味着可以忽视教育引导和教育训练。一些家长认为我不是老师，不懂得教，所以我们只管生孩子、养孩子，至于教孩子，那是学校做的事。这是一种"只养不教"的消极观念，有违父母的职责，是一种极为不负责任、推卸责任的做法。由此，一些家庭里，打麻将、酗酒等嘈杂声不绝于耳。在这种烟雾缭绕，嬉闹声不断的环境下，孩子根本无法安心学习。甚至有家长成天痴迷于游戏、麻将等"精神鸦片"，不仅干扰了孩子正常的学习和休息，而且还直接给孩子提供了无所事事、不思进取的样板，埋下了形成恶习的隐患。

家长对儿童发展的教育引导作用重大，使命宏伟，并不能以"儿孙自有儿孙福"来敷衍搪塞。

4. 矛盾教育型

矛盾教育型是一种比较特殊的教育类型，父母对孩子的教育往往反复无常，或者父母双方不能坚持一致的原则。如父母中一个严格，一个骄纵。或者同一个行为今天允许，明天又被禁止。这种教育类型，往往容易使孩子过分依赖父母当中的某一方，做事没有责任心，遇到问题常选择逃避责任，平时行事缺乏安全感，不知所措。

夫妻双方有一方懂教育，但常常被另一方的负面教育所抵消，如下面这个案例：八岁的阿敏，妈妈是一位中学老师，作为老师，阿敏妈妈还在阿敏很小时便采取积极主动的教育。然而，问题随着时间的推移就逐渐显现出来，比如阿敏爸爸经常在家里说脏话，经常带朋友回家打麻将，经常早晨睡懒觉，对阿敏的学习不管不问，甚至认为学习没啥用处。当父亲的负面作用被女儿模仿后，阿敏明显感觉自己对女儿的教育和好习惯的培养越来越吃力了，阿敏妈很是焦虑。

矛盾型教育带给孩子的负面影响，不仅体现在学习、生活、健康等方面，更严重的是对孩子的情感、个性、品德等方面造成恶劣后果。一些家庭，由于长辈教育观念的不一致，家庭教育冲突不断，将丰富或利好的教育资源白白浪费，实在可惜。在这些经常发生观念碰撞的家庭里，孩子得不到良好教育，一方严格教育，一方备加袒护；一方溺爱，一方严管，无法达成教育共识，形成教育合力，孩子的教育就在这样的拉锯式的冲突中被耽搁了。

5. 民主教育型

民主教育类型是一种最合理的教育类型，家长建立了与子女平等的亲子关系，给予孩子发言、参与和选择的权利，孩子可以充满自信地参加家庭中的事务，积极表达自己的意见。一方面，这种宽松和舒适的场景能够激发儿童的创造力。而专制型教育造成子女处在高压氛围中，儿童的创意会受到限制。另一方面，它又有助于孩子形成健康人格。孩子会与他们的父母分享自己的秘密，同时，家长可以了解孩子的想法。这样便能促进孩子形成健全的人格。

民主教育尊重孩子的人格独立和正当权益，以民主、平等的心态和对话、交流、商量的方式教育孩子，创造民主平等的家庭氛围。这种教育类型的家长破除了单纯以学生成绩作为评价孩子的唯一标准的观念，树立了"人人有才，人无全才，扬长避短，人人成才"的新人才观，尊重个性差异，促进个性发展和人格社会化；注重情感、态度、价值观培养，破除"智育第一""分数至上"的狭隘教育观，以人的发展为本，强化人文关怀，促进德智体美劳和谐发展、可持续发展；破除了单纯以家长的意志塑造和要求孩子的观念，尊重孩子学习和选择的自主权，尊重孩子的兴趣爱好，促进孩子身心的自由成长；破除了以说教为主要方式的家教方法；破除了以书本知识为中心的学习观，注重实践能力和创造精神培养，教育孩子学会做人、学会求知、学会办事、学会合作、学会创造。

民主教育类型的家庭教育能够保持合理、平等、独立、宽容的态度方法和教育艺术，它倡导多引导，少干预；多冷静，少急躁；多自然，少功利，堪称家庭教育中科学、艺术相结合的教育模式。

三、夫妻关系与家庭教育

在家庭中，父亲、母亲、孩子构成了"爱的三角"，其中夫妻关系是基础，最为重要，其次才是亲子关系。这是自然的次序，也是家庭稳固的保障，对孩子经营自己的安全感和自信心也大有好处。如果这个关系弄错了，会衍生出许多问题。

我们常说夫妻关系大于亲子关系，好的婚姻关系能够滋养亲子关系，孩子能够在健康平衡的家庭中成长，更能延续到孩子未来成立的家庭中，不可谓影响不深远。但在现实生活中，夫妻往往处理不好二者的关系，特别当孩子的诞生剧烈地冲击到夫妻关系时，往往导致婚姻关系的"天平"失衡，进而影响到孩子的心理健康。我们在生活中要时时提醒自己注重对婚姻关系的经营，绝不能顾此"亲子关系"失彼"婚姻关系"。

夫妻关系是家庭教育的基础，夫妻关系严重影响着子女教育的效果。家庭教育的最终成败反映了夫妻关系是否正常良好、家庭是否和谐幸福。众所周知，孩子能够得以健康快乐地成长，源于有一个良好的环境。而家庭环境是孩子拥有健康成长的基础环境和影响其健康成长最为重要的环境，而主导家庭环境优劣的主因，均来自父母关系的融洽、协同、和睦、亲密的程度。只有父母之间的长期和睦，才能使之融洽和亲密。才能有共同的语言和思想的共鸣，才能在教育与培养孩子的日日夜夜中默契和协同，才能给予孩子更多的关爱、体贴、照顾和帮助。亲密的夫妻关系是送给孩子最好的礼物，而这些都是孩子赖以健康成长的基础。

（一）良好夫妻关系的家庭教育具有积极作用

良好的夫妻关系是懂得互相欣赏、互相支持、互相包容，而良好的家庭教育源于默契的夫妻关系。

家庭教育中必定伴随不断的学习和成长。对于父母，他们需要为自己的孩子保驾护航。夫妻之间的关系在家庭教育中扮演着非常重要的角色，其影响也贯穿孩子的一生。

夫妻恩爱是家庭教育的基石。在家庭中，夫妻恩爱对孩子成长非常重要。在夫妻恩爱的家庭中，孩子不用每天诚惶诚恐地去担心、去乞求被爱，不用去不断修正自己的价值观。性格更加自信、平和，能够朝着健康的方向发展，专注于内心的成长。

心理学家认为，在一个健康的家庭关系中，应该是夫妻关系高于亲子关系，相亲相爱的夫妻对孩子付出全身心的爱，这样的夫妻关系会对亲子关系形成正面影响。现实生活更是印证了这一点，拥有和谐亲密婚姻关系的家庭，夫妻双方都会非常关注孩子的成长，孩子无论在心理性格，还是生活中的各种表现，都会比较常态，或者优秀。在夫妻关系和睦的家庭中，孩子通过耳濡目染就知道，什么是正确的男女相处之道，孩子跟父母的距离也能"亲而不密"，这些对孩子成年后的婚姻关系及社会关系都会产生良好的影响。

孩子生活在一个相对宽松、宽容的家庭环境中。不怕做错事，不怕犯错误，做错事后可以得到宽容体谅，得到更多鼓励和支持。这有利于孩子想象力、创造力的培养，在孩子的感情世界里不存在情感冲突的问题。沐浴在父爱和母爱的温暖之中的孩子往往会成就大业，有着良好和谐的人格。

父母单方对孩子的爱始终无法替代父母间爱的互动对孩子的熏陶。当孩子稳定地感受到父母之间的彼此恩爱与和睦，他的安全感才会建立得更加稳固。而不是一天天看父母状态和脸色行事，小心翼翼，充当父母感情的"和事佬"。这样他才能将自己的精力聚焦在学习和探索中，更有益于发展个人的能力和素质。

有很多家庭，爸爸妈妈经常在表达双方的意见时出现分歧，总是喜欢在孩子面前吵架，并且当面指责对方的错误。如果出现不一致的想法，更好的解决方式是关起房门两人好好沟通，好好商量下一步该怎么做，而不是在孩子面前争得耳红面赤。在孩子面前，父母应该以平和的态度去对待彼此，互相表示支持和接纳对方的想法和做法，尊重彼此，共同讨论采用最合适的意见。

一段好的婚姻里，夫妻是能互相体谅和包容的。或许不再有年轻时那么多的激情与浪漫，只是平淡无奇、波澜不惊地过着日子，但是当一方出现危难或者需要另一方担当和牺牲时，总是能互相无条件地支持、理解，不离不弃，同甘共苦。若夫妻不能和睦相处，孩子必然会成为牺牲品。

(二)不良夫妻关系的家庭教育具有负向作用

如果夫妻由于家庭教育理念方法的不同经常吵架、冲突、冷暴力，导致孩子无所适从，没有清晰的价值判断，那么这样的孩子长期生活在不安定的环境中，就难以形成稳定的良好的集中的注意力，没有专注的精神，就不能形成良好的学习品质，自然也就不会有满意的成绩，也就更难有良好的发展。

客观而言，现实家庭中夫妻双方发生摩擦是难免的，对于成年人来说，这也是再正常不过了。然而，在孩子的世界里，这些争吵、家庭暴力对于他们来说犹如末日般可怖。当夫妻双方发生肢体摩擦或暴力相向时，孩子的安全感会遭受很大冲击。长此以往，孩子会养成崇尚暴力、脾气暴躁、遇事大吼大叫的性格。

父母之间不要冷暴力，冷暴力是忽视孩子的表现，是自私的反映。所以，夫妻之间如果有了矛盾，要就事论事，协商解决，如果是人的问题就要商量好如何改变，双方做出妥协，不要让冷暴力伤害到孩子。

夫妻双方出现矛盾时，喜欢相互指责或相互推卸责任，这样的夫妻关系会让孩子养成执拗敏感的性格。特别是当父母双方发生争执时，他们会强烈要求孩子认同自己的观点或否定对方的观点。这对孩子是非观与价值观的养成有着消极影响。与此同时，孩子在父母的耳濡目染之下，会愈发对父母，或是对其他人变得不尊重。更有甚者，孩子在长大，或是结婚之后，会延续其父母的相处模式，带来一生的感情生活伤害。

夫妻感情淡薄，孩子性格会变得自私任性。没有女儿会认为打她妈妈的男人是个好父亲。在家庭暴力中长大的孩子内心很容易笼罩上"婚姻可能是不幸的、可能是坟墓"的阴影，从而惧怕婚姻，还有可能错误地认为"打是亲骂是爱"才是真正的爱，从而在择偶的时候重蹈覆辙，或成为"强者"或成为"受害者"。

父母之间经常吵架，甚至有些家庭存在家庭暴力，这会让孩子每天生活在恐惧之下，很难让孩子拥有安全感。当孩子失去依恋的对象时，就会经历一段痛苦的成长，不利于孩子身心的健康。除此之外，孩子还容易产生不信任的心理；在与人交往中不自信，产生自卑心理。因为孩子把父母当作榜样，夫妻之间的争吵、互相指责，会导致孩子把原因归结到自己身上，从而产生自卑心理。

有些家庭夫妻关系完全依靠孩子维系。其实，这类夫妻在感情上已经出现了裂痕，考虑到孩子还小，不希望伤害孩子，所以仍然勉强维持着婚姻。他们经常采取冷战或者吵闹的方式过日子，但涉及孩子的问题时，能心平气和地坐下来，讨论孩子的教育和成长。这类夫妻关系，让孩子错误地认为婚姻原来是这么糟糕的，长大后可能会抗拒婚姻，还可能认为自己是让父母不幸福的"罪魁祸首"，连累了父母不能离婚开始新生活，从而产生心理问题。

许多夫妻为了孩子有时候会装出很"和谐"的样子。但孩子是很敏感的，其情感也是脆弱的。爸爸妈妈的关系好不好，他们是很快能察觉到的。夫妻为了孩子的成长勉强维系家庭氛围，导致孩子在成长过程中形成自私孤僻的性格，特别是在"以孩子为中心"的家庭，往往对孩子施加过多的压力，孩子自我的心理被禁锢，得不到释放和张扬，长期下去就会导致孩子性格的畸形或扭曲。

正常的夫妻相处模式应该是平等、互相尊重的。然而，当父母双方其中一者过于强势或过于软弱时，就会对孩子的性格有着相当消极的影响。强妈弱爸，会使男孩子性格懦弱自卑，有个强势妈妈的家庭也往往有着一个懦弱、没有担当的儿子。同样，这种夫妻关系模式教育出来的女孩子，她的性格往往与她强势的母亲类似，彪悍、强势、不温柔。

近年来，随着家庭离婚率的上升，带来了离异家庭子女的社会问题。父母的离异，不只是破坏了和谐的家庭气氛，还进一步使完整、独立的家庭离散，分崩离析。由此导致家中子女失去已有的安全幸福感，产生强烈的遗弃恐惧感。尤其是对幼小的儿童，由于他们对突发事件的自我调节能力较差，心灵更容易受到伤害。

夫妻过早离异，完满的家庭走向破裂，直接导致孩子性格冷漠、不完整。父亲与母亲这两者在孩子的成长过程中扮演着不同的角色，二者缺一不可。孩子健全人格的养成也离不开任何一方。缺少父爱的孩子，往往显得懦弱且没有安全感；而缺少母爱的孩子，在成长过程中又常表现出冷漠、缺乏爱心与同情心。很多时候，夫妻双方为了从一段不幸福的婚姻中解脱出来而选择离异，但他们忘了，孩子却是受到伤害最大的人。

一个家庭结构是否稳定，夫妻之间是否相爱，直接影响到孩子的身心发展，就算孩子可能从父亲或母亲那得到各种的关爱，可在扭曲的夫妻关系下，孩子几乎不会认可这种单边的"爱"。所以，夫妻关系不和或已离异，其孩子会由于安全感不足，未来有较高比例的心理不健康，其情商、修养、行为也多少会有问题。在当代中国社会，这不能不说是一个严肃，而且急需解决的问题。

所以，夫妻关系对家庭教育的影响至关重要，希望每一位为人父母者，都要树立良好的榜样，以身作则，处理好家庭中夫妻之间的关系，给孩子一个和谐温馨的家庭，让孩子在健康的家庭环境中快乐成长！

（三）如何建立良好的夫妻关系

中国传统文化认为夫妻之间应当是相互敬重的伦理和情感关系。儒家"五伦"中有"夫妇有别"，相敬如宾的命题，倡导夫妻应当分别履行各自的家庭责任和道德规范，丈夫负责外出赚钱养家，妻子负责相夫教子，夫妻分工不同但地位平等，并无尊卑之分。由此可知，春秋时代人们对夫妻关系的期待是各自谦恭、彼此珍惜、爱护对方、同甘共苦，这样的要求是人道、合理的。但是自汉唐以后，出于政治统治的需要，家长权威逐渐凌驾于夫妻伦理之上，原来的"夫义妇顺"的理性平等互动模式演变成为绝对不平等的"夫为妻纲"，妻子对丈夫要无条件地服从，道德霸权使得妇女在家庭中地位低落，丧失了应有的人格尊重，更遑论对社会公共事务的关心与参与。

在民智大开的今天，我们要倡导合情合理的配偶之爱，这种爱既不是"青藤缠树""小鸟依人"的人身依附，也不是"夫贵妻荣"的攀援炫耀，更不是"痴男怨女"的自我虐待，而是独立自重的真诚互爱，佛教经典中也这样定义"家"："何故名家？其善男子处于居家，乐则同乐，苦则同苦，在所为作，皆相顺从，故名为家。"①正如舒婷《致橡树》中所描述的女主人公，"我必须是你近旁的一株木棉，做为树的形象和你站在一起。根，紧握在地下，叶，相触在云里"。在核心家庭占主流的现代社会，夫妻之爱成为家庭伦理的核心，两情相悦的夫妻关系为孩子做出"忠贞"与"爱"的示范，保证了家庭的稳定和谐。

当代我国家庭教育以儒家伦理价值为基本精神，同时吸取平等博爱等其他民族的核心价值，倡导通过有益于他人和社会来实现自我价值，增益并收获家庭幸福，从而将个体、家庭、他人、社会、国家乃至全体人类的

---

① 惟明法师. 法海点滴[M]. 上海：上海市佛教协会，1990(11)：56.

命运紧密结合在一起。

儒学道德核心的"仁爱"学说是一种关系性的范畴，其起点在于修身。修身不仅是一种回归，更是未来人类个体和群体自我完善和健全的必由之路。

中华民族的悠久文化传统历来重视内圣外王、内外兼修之道，通过内明之学达到外用之效，《大学》有言："自天子以至于庶人，一是皆以修身为本。"①修身是为了健全自我，只有自我健全，才能对家庭、朋友、社会有所益处。反思是自我健全的重要途径，《孟子》有言："爱人不亲，反其仁；治人不治，反其智；礼人不答，反其敬。行有不得者皆反求诸己，其身正而天下归之。"②当孩子成绩不理想时，为人父母者不能责怪孩子不努力，而要反思自己是不是要求不合理或是自身没能以身作则；当家庭出现不稳定因素时，为人妻或为人夫者不能一味怪罪对方，而是要反问自己的恩爱和仁爱之心够不够；当孩子看到父母和教师发"罪己之心"，并做出"改过迁善"的行为表率，"上所施下所效"，自然会从中受到感动并效仿，真正达到自我教育的目的。

夫妻相敬、父慈子孝，这是中华民族，也是整个人类都必须遵奉的美德。现代家庭伦理更应遵守与发扬慈、爱、孝并重的家庭关系，建立夫妻之间、亲子之间"双向交往"与"互惠互利"的心理、感情、生命和伦理关系。

一个爸爸对孩子最好的爱，就是好好疼爱孩子的妈妈；一个妈妈对孩子最好的爱，就是欣赏并推崇孩子的爸爸！妈妈常说爸爸不好、不认同爸爸，孩子为了能和爸爸连接，会采取强烈的方式，也就是和爸爸做相同的事或发生相同的事。但因为这不被妈妈允许，所以孩子表面上会听从妈妈，然而私底下会像爸爸，甚至在潜意识里跟随着爸爸的命运而不自知。

当父母互相否定对方，会给孩子传达什么样的信息呢？

---

①　廖建平. 君子人格论[M]. 北京：中国文联出版社，2001(12)：210.

②　(战国)孟子. 中华国学经典读本——孟子[M]. 哈尔滨：北方文艺出版社，2018(02)：92.

"你爸爸是懒惰、不负责的人，你以后不要像他一样！""你妈妈死爱钱，你以后不要像她一样！""你妈妈爱唠叨，你以后不要像她一样唠叨！""你妈妈都不顾家，你以后千万不可以像她一样！"

这样的孩子长大后肯定会出现这些行为：懒惰、不负责、死爱钱、爱唠叨、不顾家。为什么？因为他心里强烈需要和他的父母连接，但有关他爸爸/妈妈的信息却全是负面信息，他当然只能跟这些信息连接，做出相同的行为来满足与父母连接的归属感。

那我们该怎么办呢？既然与父母连接是孩子天生的心理需求，那就应该提供更多正面的信息来满足孩子与父母连接的需求。

"孩子你真了不起，你和你爸爸一样真聪明！你和你爸爸一样讲义气！你和你爸爸一样人缘很好！你和你爸爸一样很孝顺！""你跟你妈妈一样很善良！你跟你妈妈一样很有爱心！你跟你妈妈一样喜欢学习！你跟你妈妈一样做事很认真！"

这不只是称赞孩子，重点是称赞孩子"像爸爸"/"像妈妈"的地方，通过这种方式，孩子会朝好的信息方向与父母连接，心中对归属感的渴望也会得到满足。要尊重另一半是孩子的爸爸/妈妈，并允许孩子和他/她连接："如果你像你爸爸，我会很高兴。""如果你像你妈妈，我会很高兴。"当孩子连接的渴望被允许了，就不会那么强烈地在暗地里连接那些被否认的缺点。

处理好夫妻关系，不仅仅是指夫妻感情问题，更重要的是指夫妻的各自角色定位问题，双方都应同时担负起各自的职责，孩子的教育才会有理想的效果。在家庭教育问题上，夫妻关系确实重于亲子关系；反过来也可以说，孩子的问题大多是家长的问题。

四、亲子关系与家庭教育

亲子关系是否亲厚、融洽，在一定程度上影响了孩子的教育方向。假如亲子关系恶劣，父母对孩子的教育就无法起作用，孩子并不想听父母的教育；但是如果亲子关系良好，孩子就会好好配合父母，还会听从家长的教导，在不知不觉中学到很多，比如关爱他人、平等。父母的言传身教，会对孩子产生潜移默化的影响，让孩子学会公平待人，富有责任感，将来孩子走上社会，就会成为受人欢迎的人。

（一）亲子关系概述

亲子关系是家庭中最基本、最重要的关系之一，是人的社会联系中出现最早和持续最久的人际关系，是子女心理健康的重要条件。亲子关系是儿童最早建立的最亲密的人际关系。

亲子关系作为家庭中最基本、最重要的一种关系，具有强烈的情感亲密性，它直接影响儿童的身心发展，并将影响他们以后形成的各层次人际关系。在心理学中亲子关系是指父母与子女之间的交往关系，具体包括父亲与子女之间的交往，母亲与子女之间的交往，是以血缘和共同生活为基础，以抚养、教养、赡养为基础内容的自然关系和生活关系的统一体。

从法律上来说，亲子关系即爸爸妈妈与亲生子女之间存在的权利与义务的关系。父母与孩子属于直系血亲，是一个家庭关系中的核心部分。自然血亲的父母子女关系是基于子女出生的法律事实而发生的，其中包括生父母和婚生子女的关系、生父母和非婚生子女的关系。其特点为：自然血亲的父母子女关系，只能因依法送养子女或父母子女一方死亡的原因而终止。

拟制血亲的父母子女关系是基于收养或再婚的法律行为以及事实上抚养关系的形成，由法律认可而人为设定的。包括养父母和养子女的关系，继父母和受其抚养教育的继子女的关系。其特点为：拟制血亲的父母子女关系，可因收养的解除或继父（母）与生母（父）离婚及相互抚养关系的变化而终止。

亲子关系从婴幼儿时期就开始影响着孩子各方面的发展，比如性格、毅力、人际交往等，对孩子的成长有着不可忽视的作用。亲子关系对孩子性格的形成、品质的培养、意志的磨炼、人际交往模式的建立都起到了决定性的作用。良好的亲子关系和有效的亲子沟通能够促进未成年人道德人格的良性发展，而不良的亲子关系则会削弱家庭教育在培养子女良好道德人格上的效果。

(二)亲子关系的发展

亲子关系对于孩子的成长是非常重要的，如果不能在正面型亲子关系下成长，孩子身上就不可避免会出现许多缺陷，其中一些可能还不成问题，或等他长大之后能够逐渐化解。但也有一些将伴随他一生，甚至在他日后的生活和事业中转化为极大的阻碍。

亲子之间的互动从孩子的婴幼儿时期就起着潜移默化的作用，这基本决定了孩子以后的行为模式、性格养成等。随着少年期、青春期等转折时期的到来，孩子就会慢慢发展变化为成熟的、个性化人格。小到身心健康，大到价值观、人生观的建立。

然而，有些家长喜欢一厢情愿地用自己的价值观约束和教育孩子，而不去了解孩子的心理需求。父母对孩子的心理变化缺少关注，亲子之间共同语言缺乏，都会造成亲子双方心理距离拉大。在一些孩子心目中，家庭已经不再是可以得到心灵慰藉的港湾。这种状况不仅会造成双方情感沟通的困难，严重的话还会发展到亲子冲突。亲子关系的不和谐，也可能会加剧孩子的对抗情绪和叛逆行为，最终导致家庭教育的失败。

1. 亲子关系与儿童心理成长

亲子关系是在家庭生活中逐渐形成并发展起来的，它本身也是一种人际关系。心理学家霍妮说过："儿童的反常活动开始于儿童期那种制造焦虑的环境，特别是不正常的亲子关系。"①如果我们可以营造出一种更加积极、健康、温馨、和谐的亲子关系，同时在亲情的传导中帮助孩子成长，那么孩子的心理健康水平也会获得提升；反之，如果亲子关系冷漠、疏远

---

① 高万红.多维度下的抑郁青少年的亲子关系研究[M].北京：光明日报出版社，2013：29.

甚至是暴力，在教育中缺失亲情，那么孩子的心理自然也不能健康发展。

心理学家鲍比尔（John Bowlby）认为："儿童心理健康的关键是婴幼儿与母亲（或稳定的母亲）之间建立一种温暖、亲密、稳定的关系，在这种关系中婴幼儿既获得了满足，也感到愉悦。"①相反，早期主要亲子关系的破坏会导致儿童情感上的危机，并将在其后的生活中以突然的抑郁或焦虑的形式表现出来，而这些抑郁焦虑似乎与当前的生活压力无关，因此儿童早期生活中亲子关系的形成与否会影响整个人生的顺利发展。

亲子关系与心理健康之间的联系不仅表现在婴幼儿期，也会在成人期表现出来。那些回忆其早期亲子关系稳定、安全的大学生，同伴反映他们焦虑水平和攻击性低，他们自己也报告了较低水平的孤独和压抑。与母亲形成安全依恋，有良好亲子关系的小学五年级儿童报告了较低的孤独感。父母婚姻质量对儿童社会化有重要的影响。有关离异家庭的研究提供了充分的证据，比如抑郁、焦虑、孤独、孤僻等一些内部行为问题，是父母离异儿童的常见症状。这主要是因为父母婚姻质量差，互相争吵，对儿童关注较少或经常指责儿童，缺乏沟通，亲子关系差，儿童没有安全感，进而通过影响儿童的情感影响其社会性的形成。研究表明，①母亲在与子女交往中，给予最多的是抚育、照料和丰富的情感反应以及言语教导、具体示范、行为榜样、鼓励与错误纠正等。其中，母亲对婴幼儿丰富而又积极的情感交流，对子女未来一生形成良好的人际关系和健康的情感具有奠基性的影响。②父亲与子女的交往具有母亲不可代替的特殊作用。父亲与子女的交往内容偏重于游戏、游玩和学习指导活动，具有更多的认知性和活动性交往内容。方式上偏重于身体运动、户外活动和科技工艺性活动等，它具有更大的活动量和更强的刺激性。父亲在与子女交往的过程中，常常成为子女游戏的伙伴、学习的指导者和品行的榜样。孩子在与父母的亲密交往中获得安全感，学会独立和与人合作，并在未来的生活中为发展其完美

---

① 吕梦，尹海兰，孙欣. 家庭教育：给孩子成长的力量（0～3 岁阶段）[M]. 青岛：青岛出版社，2019：83.

的人格和建立和谐的人际关系奠定基础。①

孩子在不同的年龄阶段有其特定的心理发展规律，又有其独特的个性心理特征。如果违背了这个规律必然会碰钉子，不仅造成亲子关系的紧张状态，而且还会造成孩子身心发展方面的障碍，影响孩子的人格健全。因此，父母应该解除自己的封闭状态，多听孩子说话，每天全家人最好有一段轻松坦诚的交谈时间，也可以与孩子一起游戏、听音乐、散步等。如果孩子感到家里是一个宽松的环境，父母是可亲近的，可信任的，就会坦率地畅所欲言，同样父母也可以把自己遇到的问题，工作与生活中的苦恼说给孩子听，并请孩子帮你出出主意。尽管孩子的想法也许很幼稚，但却可通过这样的心理沟通使孩子了解社会，也理解父母事业和生活的艰辛。事实说明，只要你能创造这种两代人无话不谈的心理气氛就是在家庭教育方面最大的成功，就可以为亲子关系的协调架起一座畅通的"心桥"。

2. 亲子关系与儿童语言获得

家庭教育在孩子的语言发展中发挥着不可替代的作用，孩子的认知能力弱，对事物形成认知的过程主要是聆听与模仿。孩子从牙牙学语到开口说话，基本都是在父母引导下完成的。例如，在狼群中长大的"狼孩"由于没有父母的引导而不会使用人类的语言；再如一些被遗弃的孤儿的语言发展也比较迟缓。而生活在父母素质较高、亲子关系较好家庭中的孩子，由于不断受到父母长辈的积极影响和持续鼓励，在潜移默化中语言能力飞速发展，语言往往具有清晰性、逻辑性和层次感。父母多与孩子进行交流和沟通，不仅能使孩子的情感需求得到满足，还能促进亲子关系和谐发展，为孩子提供更多的语言表达机会，促进其语言运用意识的提高，对孩子日后的智力发展、性格形成以及人际交往能力的提高都具有积极的意义。

3. 亲子关系与儿童性格的形成

每一个儿童都是有着主动性的个体，他们有着自己的权利和选择，成

---

① 于海琴. 亲子依恋对儿童社会性发展影响的研究进展[J]. 华中科技大学学报（人文社会科学版），2002(1)：80-83.

年人意识不到这一点，往往站在自己的主观立场独断专行，一厢情愿。其实，尊重孩子，容忍他们自己的成长甚至犯错，才能更好地激发他们的潜力。父母的行为是孩子最好的榜样，教育孩子的过程其实也是父母成长的过程。对子女的爱是父母无可指责的天性，但是爱要明智，要有恰当方式。

儿童性格的形成，除了外界的环境，还与儿时家庭中的亲子关系类型有关。亲子关系内化到孩子的心里成为内在的关系模式，这一整套内在关系模式就形成了孩子的性格。比如一些被遗弃的孤儿，由于没有父母的照顾，导致情绪的反应不丰富，甚至会变得孤僻，这就形成了孩子的性格；如果家庭中父母的情绪不稳定，缺乏温馨和谐的气氛，就会导致孩子易怒，情绪波动大。如果家庭关系良好、亲子关系和睦，父母对孩子的态度开明，遇事能积极并坦然地对待，那么对孩子来说，孩子的性格也会变得开朗以及勇敢。所以，一个好的家庭氛围和一个好的教育方式以及和睦的亲子关系、夫妻关系，对子女性格都有非常重要的影响。

良好的亲子关系是个体发展的根本力量，对孩子日后的人格塑造和社会适应都有着重要的作用。反之，亲子关系不好或缺失，则会使孩子从小就陷于发展的劣势，这些孩子长大后更容易出现心理问题。

4. 亲子关系与儿童人际关系的建立

家庭关系融洽、亲子关系亲厚，让孩子在爱的环境中，有被关爱、被需要的感觉，那么孩子多数会有良好的人际关系；假如孩子一直在不和谐的亲子关系中成长，那么孩子多数会不信任他人，没有令自己满意的朋友关系。

在人际关系中，亲子关系居于首位。亲子关系属于亲密关系，孩子长大后和好朋友的关系、和爱人的关系、和孩子的关系都属于亲密关系，一个人亲子关系产生问题，会引发一系列连锁反应，导致别的亲密关系也极易产生问题。所以亲子关系发展良好，将成为孩子一生中一连串和他人良好关系的基础。一个人如果在与父母的相处中感受到被爱、被欣赏、被接受、被需要，在与他人的交往中就学会了沟通、理解、欣赏、接受。

　　正如奥地利心理学家弗洛伊德（Sigmund Freud）所说："一个人6岁以后就没有什么新鲜的了，总是在重复着6岁以前的生活！"这句话其实主要强调"重复"的是一种人际关系——亲子关系。也就是说，我们成人后的人际关系模式其实一直在重复着早期亲子关系模式。在人际关系中，我们往往从两个方面在重复着早期亲子关系：一个是重复着早期亲子关系中的父母（或保育员），我们称之为"父母我"；一个是重复着早期亲子关系中的自己，我们称之为"孩子我"。换句话说，我们要么像小时候父母对待我们那样去对待别人，要么像小时候我们对待父母那样去对待别人。

　　如果父母与子女形成和谐的亲子关系，儿童会获得安全感、信任感，这对他们的社会性和情感性模式发展有很大的影响，这反映在他们的同伴交往中。如形成安全型依恋的儿童，老师反映他们的朋友多，自尊同情、积极性情感较高，更多地以积极性情感来发动、响应、维持与他人的相互作用。同时他们攻击性低，对新鲜活动表现出较少的消极反应，更具社会竞争能力和社会技能。同伴也反映他们比不安全依恋的儿童更容易接近。安全型依恋的2~3岁儿童，在玩伴中有更强的人际吸引力，积极、利他行为比较多，而焦虑反抗型依恋的儿童常对同伴做出消极、攻击的行为，因此人际吸引力差。对4岁儿童配对游戏的研究发现，虽然冲突在所有儿童之间都是普遍存在的，所不同的是，安全-安全型组队的儿童能够很好地解决分歧，慎重地对待朋友的不同意见，协商出公平的解决办法；而安全——不安全型组队的儿童更倾向于相互挑战，靠武力解决冲突，往往最终以生气或赌气而结束游戏，显示出两组儿童友谊质量的差别，安全型依恋的儿童之间更协调，更善于合作。①

---

　　①　于海琴.亲子依恋对儿童社会性发展影响的研究进展[J].华中科技大学学报（人文社会科学版），2002（1）：80-83.

第三章　家庭教育的目的

教育目的是一切教育活动的出发点和依据，而培养人是一切教育活动的本质及其最终目的。家庭教育的目的是家庭教育活动的出发点和依据，也是家庭教育实践活动的最终目标，家庭教育的目的制约着家庭教育的活动内容、家庭教育的任务、家庭教育的方法与手段。

第一节　家庭教育目的概述

教育要实现的结果或是要达成的目标是教育目的的体现。人们的教育活动不是无意识的、盲目的开展，而是有意识、有目的进行的。父母或长辈都往往以个人的思想、信念和行为对子女言传身教，从而发挥一定的教育影响，最终使其达到预期设想的要求。由于家长或长辈的思想观念、情感行为、工作性质、学历层次等方面各不相同，因此对家庭教育目的的理解和诉求迥然不同。尽管家庭教育的具体目的有所差异，但是从宏观方面来说，父母在开展家庭教育活动时，对于要把孩子培养成什么样的人已经有了设想和要求。父母教育孩子的目的就是引导孩子身心健康成长，成为有益于社会、国家的人。

一、家庭教育目的确立的依据

家庭教育目的是社会政治、经济、文化制度的反映，也是社会统治阶级意志的体现。伴随社会政治、经济、文化制度的变革，家庭教育目的也会随之发生变革。由此可以看出，家庭教育目的必须与社会政治、经济、文化相适应。除了政治、经济、文化的制约之外，家庭教育目的也受其他因素的复杂影响。

（一）社会政治、经济、文化的制约

家庭教育以家庭为实施单位，实施者一般是父母，但是家庭教育目的并非由父母自主决定，而是深受社会政治、经济、文化制度的制约，中国封建社会的传统观念是："不孝有三，无后为大""养儿守业""养儿防老""光宗耀祖"等各类主张。因此，家庭教育目的就是为了传宗接代、生儿育女，而且"忠""孝""伦理"也与自给自足、以农为主的经济制度相适应。古希腊斯巴达奴隶制国家一般家庭教育目的是为培养英勇强悍的军人。西欧封建社会，宗教神学盛行，因此家庭教育会围绕宗教神学开展。资本主义社会由于资产阶级往往热衷于从政、经商等，于是将促成子女成为政府官员、企业家等人才作为家庭教育的取向，而劳动人民的子女则被驱使从事低等职工或技术员的方向。1978 年，我国社会主义建设道路发生重大调整。改革开放是当代中国命运的关键抉择，是发展中国特色社会主义和中华民族伟大复兴的必经之路，其实质是解放和发展生产力。面对社会转型这一关键时期，思想、文化水平高的家长根据当时的形势，预知未来社会人才竞争会相当激烈，要想使后代立足于社会，就必须要提高自身文化素养，因此在对子女的教育中注重科学文化知识以及各种品质能力的培养，训练子女的社会适应能力。

家庭教育的实施者是家长，但家长对于子女的教育并不是凭空想象出来的，而是与一定社会生产力表征的科技水平有很大的关系。回顾历史，封建社会以农业、手工业为主要的生产方式，科学技术与生产力水平过于低下，因此培养有文化的统治者以及朴实肯干的劳动者就是家庭教育的时代标志。在西欧进入工业化社会化的大机器生产时期，西欧科技水平有了突飞猛进的进步，人民逐渐有了民主平等的意识，家长认识到了科学技术

的力量，相应地对子女普遍实施基础教育和职业技术教育。面对当代科学技术迅速提升的信息化时代，家长不但会让孩子掌握科学技术，同时会加强孩子的智力开发，培养孩子德、智、体、美、劳各个方面的和谐发展。因此，生产力所直接贯穿融合的科技水平也是影响家庭教育目的确立的重要因素。

(二)受教育者身心发展规律的引导

家庭教育的实施者一般为家长，而受教育者即为自己的子女。随着子女日渐长大，身心特征也会发生变化，因此家庭教育目的应随着子女身心发展规律以及成长需求加以调整。如3岁之前是婴儿动作协调的关键期，也是建立安全感和依恋关系的重要时期，家庭教育目的中的一部分是对婴儿动作能力的指导，同时帮助其建立安全感。3~6岁是幼儿期，孩子往往好奇探索，惊讶于世界的万事万物，个性初步形成，因此，这一阶段家庭教育目的应促使他们获取与自身有关的初步知识与基本技能，保护其探索欲，并不断创造出各种有特色的探索环境。随后家长还会面临子女进入7~12岁的童年期、12~18岁的青春期等不同阶段，由于年龄阶段的身心发展水平有所不同，因此，家庭教育目的也会有所差异。

(三)家长素质能力的条件保障

家长作为子女的教育者、第一任教师、子女人生道路的引领者，他们的素质能力是实现家庭教育目的的条件供给。否则，理想目标只会是沙滩建房、竹篮子打水，毫无实效。

1. 家长的思想、文化水平

家长的思想、文化水平与他们对社会及个体认知的深刻程度成协调互动关系。思想、文化水平高的家长对社会规律与趋势认识清晰，能够正确辨别复杂社会现象，分析推测社会前景，顺应时代潮流，富有远见卓识，因此往往会根据时代发展的步伐，培养子女的道德品质、各项能力，以及谋划子女未来的人生方向。而反观那些思想、文化水平低的家长对上述情形及问题认识则比较浅显，表现在教育子女的目的方面非常的模糊、盲目，甚至是任其自由、随意迁就的放养状态。

思想、文化水平高的家长，对子女的教育要求更高，同时也更切合实际。他们往往会以人生的事业成就为基本标准，去要求、评价子女，并且会按照先进人物的形象，或是更高于自己形象的标准去期待自己的子女；而思想、文化水平较低的家长对子女的要求却走向极端，有的要求极低，甚至听之任之，让孩子得过且过；而有的又定位过高，脱离现实，让孩子在高压之下惶惶不安无所适从。此外，家长所能达到的思想、文化水平，所能给予子女的物质支持及心理帮助，同时也会影响子女的成长过程。

2. 家长的社会职业

社会职业是指个人所从事的服务于社会并作为主要生活来源的工作。家长从事某种职业，并且能从中体会到乐趣、实现自己的人生价值，往往就会希望子女从事和自己相关的职业。反之，如果家长从事某种职业，并且对自己所从事的职业不满意，那么家长往往不希望子女从事与自己相关的职业。

不同的职业类型往往会有不同的职业心理、职业道德、职业习惯。从事不同职业的人也会拥有不同的价值观念，造成关于社会问题的认识以及对客观现实状态的判断也会迥异。因此，由于家长职业差别所导致家庭教育目的出现取向选择的多样化更是自然的事。

3. 家长的社会经历和个体经验

教育子女的最终目标与家长过往经历及个体经验有很大关系，家长在教育子女时往往会把自己无论是成功的经验还是失败的教训都结合到自己对子女的教育中，从而达到自己选择或认同的教育目的。孔子通过自己一生中"不学诗，无从言。不学礼，无从立"的经验中，得出"诗、礼"课程及教学的价值。因此，他要求儿子孔鲤一定要学习"诗、礼"，把"诗、礼"训练作为家庭教育的一方面。汉高祖刘邦是"读书无用论"的鼻祖，但是在他领导农民起义的过程中，深切体会到了知识的重要性，因此他在临终前告诫太子刘盈好好读书。从上面两个例子，我们可以看出家庭教育目的的确立与家长经历及人生经验的关系密切。

(四)社会环境的影响

家庭所处的社会环境也是影响家庭教育目的的因素。"孟母三迁"的故事就恰恰体现了社会环境对子女成长的重要性,家庭在知识分子聚居区域,家庭教育目的就会偏向让孩子读书,以后从事脑力工作。家庭在农村地区,家长在教育子女时会苦口婆心告诉子女通过读书升学改变自己的命运,将来不要做农民。对于高技术区域的家长往往会希望自己的子女掌握一定专业技术,将来有一技之长。因此,家庭所处的社会环境不同,那么家庭教育的目的也会存在差别。

二、我国的家庭教育目的

家庭是社会的细胞,是孩子的第一所学校,家庭教育是整个教育体系中不可或缺的组成部分。孩子是娇嫩的花朵,是祖国未来建设的栋梁。中国式社会主义现代化事业离不开人才,而人才的培养离不开家庭教育。因此,家庭教育的重要性是不言而喻的。要搞好家庭教育,首先就要明确我国现阶段家庭教育的目的。

(一)我国家庭教育的总体目的

我国家庭教育的总目的是立德树人,培育和践行社会主义核心价值观,弘扬中华优秀传统文化、革命文化、社会主义先进文化,促进未成年人健康成长。我国正在实施"科教兴国"和"人才强国"的国家战略,包括家庭教育在内的各类教育承担着为全面建设小康社会奠定坚实人才基础的神圣任务。我国急需高新技术人才、信息技术人才、机电一体化人才、农业科技人才、环境保护技术人才、生物工程研究与其他领域开发人才等科技创新人才;同时还需要有理想、有道德、有文化、有纪律的"四有"青年,他们是社会各门类、不同层次的宝贵人才,都是社会所需要的、不可须臾忽视或是边缘化的建设者和人力资源。因此,我国的家庭教育会根据国家需要制定及调整其教育目的。

（二）我国家庭教育的具体目标

按照教育学的教育目的理论，教育目的的具体化就是教育目标。我国家庭教育的具体目标是教会子女做人，培养子女成为有益于社会和国家的社会主义建设者和接班人，同时帮助子女实现自我价值。我国家庭教育的具体目标如下：

1. 父母按照国家的育人方针，结合自己家庭的实际情况，制定出符合本家庭的教育目的。同时培养子女适应社会的能力以及独立生活能力，教会子女处理个人与国家、个人与社会、个人与集体的关系。

2. 父母为子女提供和谐良好的家庭生活环境和学习环境，开发子女的智力与非智力潜能，并注重协调两者平衡，促进子女身心健康发展。

3. 学龄前期，父母需要陪伴子女，爱护子女，保障子女身心健康发展，同时培养子女上学需要的各种能力；孩子进入学龄时期，家长密切配合学校教育和社会教育，使孩子在德、智、体、美、劳各方面全面发展；孩子结束学业进入工作岗位之后，家庭教育目的的重点就转移到了教育子女努力工作、艰苦奋斗，积极为社会服务，为社会做贡献，做一名有益于社会，有益于国家，实现自我价值的合格公民与优秀人才。

4. 家庭是子女受益终身的场所，家庭教育应为每一位子女服务。保证子女身心健康成长，能够做到不断完善、充实和提升自我。

第二节　儿童个体的发展

家庭教育目的是社会利益与个体需求的统一。前述家庭教育目的内涵及外延的素材，虽然是以社会功能指向为重心的，但并未偏废个体的设计及成长诉求。从当代素质教育理论以及教育主体论的观念上，教育的起点、过程及归宿，无疑都主张落实以个体为中心，既指子女，也指学生，这反映了重视个体个性发展这一主题。教育对象中的儿童是泛指名词，其个性发展无疑是个性教育的依托和导向。家庭教育中强调个体成长目标的达成，以及教育培养活力中的自我力量，当然，还应考虑教育的社会依据及作用，不应完全抛弃。

一、个性心理品质的培养

（一）道德品质

儿童的个性心理品质的构成十分复杂，既有道德性因素，也有心理认知与非认知的多重影响。需要说明的是道德品质维度在后续家庭德育中将作详述，此处只作简略呈现。

儿童的道德感大约2岁以后开始逐渐出现，进入小学以后，在学校教育的影响下，儿童的道德感得到进一步发展。我国心理学家对学生的道德感进行了系统的研究，得出以下结论：（1）学生的道德情感处于不断发展的过程中，道德判断采取的依据不尽相同。低年级的学生以社会反应作为自己情感体验的依据；中年级的学生能够以一定的道德行为规范作为情感体验的依据；而高年级的学生则开始以内化的抽象道德作为依据。（2）学生道德情感的发展具有不平衡性，对不同道德范畴的情感体验也不尽相同。例如，义务感、良心相关的情感发展较早，发展得也较好，而爱国主义相关的情感则发展得较晚。（3）学生的道德情感具有明显的个体差异。（4）由客观现实引起的情感体验，以及具有高度概括性并带有激励作用的道德观，对学生的道德情感具有促进作用。①

儿童时期正处于一生中的敏感期，道德品质的培养与形成是一个长期、复杂、曲折的过程，是一项连续性、系统性的工程。家庭教育在儿童道德品质的培养方面具有举足轻重的作用。在家庭教育中，父母要从家

---

① 韩燕. 生命是创作——积极心理学与家庭教育［M］. 北京：新华出版社，2015：131.

庭、子女的实际情况出发，根据孩子的身心特点和道德发展规律，制定道德品质培养的具体目标。

（二）自信心

自信心是指个体对自己的品格、信念、能力和综合表现的自我认识与充分评估，是能够实现自身愿望或达成预期目标的一种心理状态。学习自信心则是特指学生在面对自己的相关课业学习时所具备的自信心，表现为相信自己具备较好的学习能力，能够胜任相关的学习活动，认为自己可以达成预期的学习目标，并且乐于制定并完成自己的学习计划等。[①] 学习自信心是保证学生顺利学习的基础和前提。在学习遇到挫折时，有自信心的孩子通常善于自我鼓励，可以很快地振作起来；相反，缺乏学习自信心的孩子遇到学习困难往往容易沮丧，丧失积极进取的精神，进而不再努力，放弃学习。良好的学习自信心可以促进学生的学习效率，进而取得良好的学习成绩；良好的学习成绩又会加深学生对于学习的自信，两者互相促进，形成良性循环。

1. 自信心的重要意义

自信心是人自我意识成熟的一种表现，自信心来源于对自己综合能力的客观评价，表现为化险为夷，纾困解危。对自身优点和长处深信不疑；而对自身的缺点和不足，能够正视对待，既不自大又不自卑，相信自己有能力。

自信心是健康的心理状态，儿童自信心的建立是儿童成长路上最大的动力。美国教育家戴尔·卡顿尔在对很多名人调查之后指出："一个人事业上成功的因素，其中学识和专业技术只占15%，而良好的心理素质要占85%。"

自信心对孩子人生的发展究竟有什么样的价值和作用呢？自信心跟人的行为有什么关系呢？据学者研究，两者的关系表现差异，由下表说明：[②]

---

①　方鹏. 家庭教育那些事［M］. 天津：天津科学技术出版社，2016：107.

②　方鹏. 家庭教育那些事［M］. 天津：天津科学技术出版社，2016：108-109.

目标 选择	高度 自信	选择陌生的、难度高，回报也高的目标。喜欢尝试，敢为天下先。喜欢通过拼搏追求巨大的成功。如优等生喜欢做附加题
	低度 自信	选择熟悉的、回报低，难度也低的目标。行为循规蹈矩，害怕出头，害怕失败。如基础差的学生讨厌、回避有难度的题目
努力 程度 及坚 韧性	高度 自信	敢于全力以赴追求成功，遇到挫折和困难不退缩，不轻易求助，追求"痛并快乐着"的感觉。如面对数学难题，他们会一直坚持下去，直到自己终于解出来
	低度 自信	因为自我怀疑而不能全力以赴，遇到挫折很快退缩，消极地对待现状。如面对数学难题，认为自己做不出来而轻易放弃，或者很快向别人求助
自我 调控	高度 自信	因为相信自己能够做到，所以能很好地调节自己和控制自己。如，临场发挥时能够顶住压力发挥出自己的水平，敢于冒险
	低度 自信	因为怀疑自己，所以经常处于自我混乱和失控状态。如临场发挥时因为过分担心失败而精神紧张、发挥失常。如戒烟过程中认为自己不能成功，从而更早地放弃
能力 生成 人生 发展	高度 自信	因为广泛探索、喜欢挑战而获得更多的经验和教训，从而使自己的能力得到发展。同时因为果敢而能够抓住机遇，实现更好的发展。如选择自己创业而不是去单位上班等
	低度 自信	因为缺乏探索、回避挑战而能力发展缓慢，因为害怕冒险和失败而一味追求稳定，从而错失良机。如追求一种稳定的工作
自我 概念 人生 幸福	高度 自信	在众多的成功中，体验到更多的自我肯定和成就感，从而形成乐观积极的自我概念，同时对追求自己的幸福充满信心，从而更容易获得幸福。如追求更出色的异性，如在事业的成功上具有较高的人生满意度等
	低度 自信	在众多的失败或者平庸的发展中形成较低的自我期望，认为巨大的成功对自己而言是奢望，从而在生活中处于缓慢的发展和较低的生活层次。如在异性面前缺乏信心，如在成功人士面前充满羡慕和自卑

儿童的自信心在很大程度上受家长、教师以及同学等人的直接影响，他人的负面评价是导致儿童自信心受挫的主要原因。家长和教师对孩子的威信相对较高，因此影响也最大。从家长入手，及时让孩子获得自信心的提升，这就成为家庭教育的具体目标内容之一。以下几点是家庭教育培养孩子自信心的做法。

（1）营造民主型的家庭教育方式

相对于专制型的教育方式而言，民主型的教育方式更有利于培养孩子独立、自信、乐观等良好的个性品质。所以，家长要有意识地学习先进的教育理念和方法。在日常教育中，要从信任、尊重、关心和帮助孩子的立场出发，把孩子视为一个平等的人来看待，与孩子心无芥蒂地积极沟通，维护孩子的自尊心，激发孩子的学习动力，善于帮助他们通过自己的努力去收获更多的成功。在教育过程中，父母要发挥榜样作用，特别是当遇到困难和挫折时，不应在孩子面前流露出畏难的情绪，而是以自身自信的状态感染孩子，使其在积极上进的氛围中快乐成长。

（2）肯定和鼓励孩子的努力

过多的批评和否定很容易打击孩子的自信心，孩子都是希望得到赏识的，多给予孩子积极的肯定和鼓励可以有效增强孩子的自信心，促使他们走向成功。家长要对孩子的每一点进步都给予及时、积极的肯定，使其不断发现自己具备各种出色的能力；如果孩子做事情失败了，心情肯定是沮丧的，自信心也容易受到打击。这时家长要注意肯定孩子努力的过程，同时与孩子一同找出需要改进的地方，要允许孩子犯错，允许孩子有不完美的地方，但也要注意帮助孩子汲取教训，避免下次犯错。

（3）表达对孩子适度的期望

"皮格马利翁效应"表明，积极的期望能够放大人的心理效应，推动人以积极进取的姿态，付出更大的努力。家长的期望之于孩子的心理发展及其成长所发挥的正能量是不言而喻的，对增强他们的自信心能起到至关重要的作用。父母要让孩子感受到父母内心怀有的各种殷切期望，领悟到自身努力和进步是父母最大的幸福；告诉孩子自己的信任，通过暗示让孩子意识到只要努力就一定能够做得更好，父母是他们坚强的后盾，无论挫折还是困难，父母都会坚定地支持他。

（4）促进孩子学习能力的发展

学龄期儿童自信心受挫的很大一部分原因是因为学习，无论是在学校，还是在家庭，均是如此。如果在学习上经常体验到失败，他们会逐渐怀疑自己的学习能力，认为自己不能很好地胜任当前的课业学习。而这种对自我能力的怀疑往往会放大学习的难度，学龄儿童一旦重复失败很可能会心生绝望，以至万念俱灰，谈学色变，最后发展为辍学、逃学。所以，家长应当不断创造机会让他们感受到在学习上的成功体验与自己的进步。在这个过程中，家长不是过多强调战胜困难，而是尽量淡化困难，鼓励他们先做些简单的事情，等获得成功后再加大难度，为此，应首先了解孩子的能力现状，调整不合理的要求或超出孩子能力水平的项目要求，让孩子在轻松愉悦中获得成功。这是教学法则，不止适用于知识学习、学校教学，也对家庭教育和能力培养十分有效。家长可以有意识地训练和提高孩子的基础学习能力，把大目标分解为容易达成的小目标，让孩子不断从小目标的成功中增强学习自信心，排除学习障碍。与孩子一起总结期间的成绩或经验，并把阻碍当作下次需要解决的难题，从而与孩子一起达成目标，对孩子进行激励。

（5）与学校教师有效沟通

家庭教育同学校教育一起构成儿童成长的两翼，相对于社会教育而言，其价值更为突出。因为，后者作用的靶心在于社会民众或社区居民。从学校教育的视角而言，学校教师有更多的条件和便利机会培育学生，他们面对班级课堂，能够有效利用群体的力量，给予孩子足够的肯定和鼓励。家长与教师保持良好的家校协作关系能让家长获得教师的支持，这种支持能够利用学校教育、班集体舆论的教育资源培养孩子在班集体中的人际交往能力，以避免孩子因为人际因素导致的负面影响。孩子融洽同学关系是十分重要的，如果孩子在班级里人缘不佳，常常遭到同学们的讽刺或排斥，他们往往就会产生严重的自卑心理，同学之间的相互鼓励、帮助，对于提升孩子的学习自信心是十分有效的。

教学工作是学校的中心，学校办学目标的实现，质量的提升均有赖于教学。有经验的教师对学生学习的优势和劣势、各科成绩的详细情况、课堂学习状态等比较熟悉，也知道如何采取有效措施帮助学生改进，提高孩子的学习效率。所以，家长要经常与教师进行沟通帮助孩子制订更合理的学习目标和学习计划，并在家、校两个环境中共同帮助和鼓励孩子努力完成，及时给予肯定和表彰。当孩子的学习效率提升、学习成绩提高时，学习自信心也会相应提高。

（三）抗挫折能力

中国古代教育家孟子说："天将降大任于斯人也，必先苦其心志，劳其筋骨，饿其体肤，空乏其身，行弗乱其所为，所以动心忍性，增益其所不能。"即是说，要想使人将来能承担重任，成就大业，必须从小对孩子的身体和心理进行艰苦的磨炼，让他们忍受一些痛苦。由于现在家庭物质条件普遍较好，父母能够给予孩子更多的关爱，使他们普遍没有吃苦的机会，在生活中遇到的困难少，因而意志品质相对薄弱。然而无论社会如何发展，每个人在成长过程中总会遇到各种各样的困难，如果孩子心理脆弱，没有能力应对挫折，那么自然就难以成功。因此，家长要注重对孩子意志品格的锻炼，让孩子经历一些成长必要经历的挫折，让孩子学会正确面对挫折，解决问题，不断提高抗挫折能力。这种思想主张就是当代法国教育家路易·迪蒙所倡导的挫折教育，风行各国，我国教育界深受其影响。

当孩子面对挫折时，家长要做好正确的引导，帮助孩子正确地面对挫折，从而提升孩子的心理承受能力，树立坚强的精神意志力，培养孩子的逆向思维。孩子面对困难，家长要耐心地给予疏导和讲解，不要将挫折扩大化，当孩子无法正确面对困难，选择退缩时，也不要打骂、责备孩子，不要让孩子感觉自己无能，不要让孩子感觉挫折是一种羞耻。

在此基础之上，进一步分析造成行动或操作受阻，发生错误、未能达成目标的缘由，合理归因，将经历作为一种有益资源，汲取教训，寻求针对性补救之术，以免重蹈覆辙。如此，方能有针对性地提升后续活动效率及成功率。

父母要适度地设置一些困难和逆境，让子女受到磨炼，增强他们克服困难的勇气和能力。一方面体现在学习中，教育孩子要多动脑筋，不要畏惧学习难关，让他们感受艰苦脑力劳动之后的成功乐趣，激发他们克服学习上困难的勇气和不断探索、创新的精神。另一方面，让孩子参加必要的家务劳动、社区劳动、社会公益活动，这是磨炼意志、培养能力的良好途径。让他们在劳动中变得勤劳、能干，能够体验别人的艰辛，培养自我服务的能力。还可以多带孩子参加一些有一定难度的体育运动，如长跑、爬山等，从而锻炼孩子的韧性和意志力，树立孩子坚强的精神和意志力，让孩子从内心认识到坚持就是胜利。

（四）创新精神

创新精神是指能够独立思考、灵活和综合运用所掌握的知识技能、手段方法和思想观念，并能创造性地提出问题，分析和解决问题。依据认知心理学理论，培养儿童创新精神的核心在于创造性思维的水平及应用。创造性思维指摆脱旧的思路，采用非习惯性的方法，并产生新颖独特活动效果的心理能力。美国心理学家卡尔·罗杰斯（Carl Ransom Rogers）说过："在每个人身上，都有创造潜能。"诸多实践证明，每个人都可以在自己的活动领域内有所创造，都可以创造性地学习、劳动和生活。

思维能力是智力的核心，而创造性思维则是思维的高层次阶段，是人类思维发展的高级活动表征。家长培养孩子的创造性思维，应注意以下几点：

1. 提供良好的家庭环境

良好的家庭环境氛围是儿童进行创造的前提条件。家庭成员之间以及家长与孩子之间感情融洽，相互之间相处轻松愉快，家长尊重孩子的意愿，民主平等地对待孩子。在这种自如、活泼，充满生机活力的情境场域下，孩子可以自由地去思想、去行动、去体验，去做他内心真正想做的事。家长要让孩子感受到他们的爱与尊重，引导孩子在民主和谐的氛围中自主发挥创造性潜能，并不断鼓励孩子尝试创新，尊重孩子的执着努力和实验精神。比如，在平日生活中，家长可以让孩子自编故事、自制玩具、自编舞蹈等，这些都能促进儿童创造性思维的发展。创造性思维与创造性想象，尤其与幻想分不开。家长要有意识地对孩子"追根问底"的提问以及"天马行空"的幻想表示赞赏，不对孩子作否定和怀疑，善于有意、甚至竭力保护其创造性思维的幼芽。

2. 开展各种创造性活动

思维是在活动中体现和提高的，创造性思维的培养离不开特定情境下的活动支撑。家长有意识地给孩子提供能够引起观察和探求事物变化的情境，能有效地激发他们对某一事物或现象的想象与推论。对于儿童来说，游戏是主导活动，家长平时要多给孩子提供游戏的机会，让孩子在游戏中自由发挥，给孩子稚嫩的心中播下创造性能力的种子。家长通过观察探究活动来培养孩子细心和深入思考的习惯。例如，设计孩子种植植物的主题单元，从播种开始，到种子发芽、长出叶茎、开花结实。在对相关活动加以讨论总结的基础上，让孩子初步了解植物生长发育的基本规律，培养孩子对科学奥秘的探究兴趣。创造性思维是在儿童操作及独立解决问题中逐步发展形成的，因此，家长要引导和启发孩子多看、多听、多做、多想，放手让孩子自己动手做力所能及的事，创造性思维是在幼儿努力克服困难完成活动的过程中逐渐提高的。因此，家长可经常向孩子提出一定难度的任务，使他们既能运用已有的知识经验，又须付出努力进行思考、操作才能完成。比如，当孩子用某种方法完成一件事后，不妨问问他："你还能想出别的方法吗？"让孩子开动脑筋思考，使孩子习惯于经常换角度去自由想象，从而培养其创造性。当孩子遇到困难与障碍时，家长要鼓励孩子不怕困难，让孩子自己尝试想方设法的去解决难题。在探究过程中，引导孩子自己去寻找事物的答案，而一旦有所收获，他们就会兴奋无比，收获很强的成就感，表现出愉快的模样，对发现奥秘产生极大的兴趣。这就是创造性思维范式的形成。

3. 扩大儿童的知识范围和深度

思维是在感知的基础上产生和发展的。人们对客观世界正确、概括的认识，是通过感知觉获得大量具体、生动的材料后，经过大脑的分析、综合、比较、抽象、概括等思维过程才达到的。因此，感性知识、经验丰富与否，决定着思维的发展。由于知识丰富，对事物的观察就比较敏锐和深刻，更富有想象，因而对事物的判断与推理会更为正确。因此，科学的、规律的知识积累是开拓性思维发展的基石。①

创造性思维是思维的高层次形态，对知识经验的来源尤其不囿于书本束缚，而更多走向自然、社会，依赖于儿童的经验和自我建构。儿童在与周边环境的积极互动中，发展自身的创造性思维。丰富的生活经验和经验是创造力发展的基本条件。家长可以利用闲暇时间带孩子到博物馆、美术馆、展览馆去参观；可以带孩子到公园、郊外的大自然中去观察；引导孩子收看《动物世界》《科技博览》等电视节目，阅读科普读物，做科学小实验，饲养小动物等来开阔孩子的眼界，丰富其知识经验。鼓励孩子与周围世界多接触交往，让孩子养成善于观察、发现的习惯，在与环境的互动中，培养孩子的创造性思维。

知识拓展与能力提高的动力机制或影响因素很多，其中好奇心是一个典型。好奇心是人类的天性之一，是对外界事物感到新奇并有兴趣进行探究的一种心理倾向。它是推动人们主动求异，进行创造性思维的内部动因。人类正是由于好奇才对自然界、对宇宙进行研究，从而推动人类自身向前进化。好奇心表现在孩子身上尤甚，于是他们在年幼之时便不断地提问"是什么""为什么"，这段时期可称之为"提问期"。对孩子的提问，我们大多数的家长并不能做到"有问必答"，但我们要保护孩子的好奇心，因为它是智慧的火花，探索、创新的活力。这种知识是深度理解与高质量学

---

① 韩燕.生命是创作——积极心理学与家庭教育［M］.北京：新华出版社，2015：113.

习的动力因素，它既需要家长的利用和呵护，更需要家长的竭力培养与助力。

（五）合作精神

合作是一种群体互相帮扶、取长补短、优化项目或提高任务完成质量，或达成目标的有效方式。协作是其同义语，配合、互通或融合的程度稍弱，而个人自我力量的独立性加强。合作精神是充满激烈竞争年代的稀缺物，需要以之弥补过度竞争的压力焦虑，甚至恶性竞争的内耗。作为一种群体性行为道德素养，合作是不可或缺的。因此，在现今学生核心素养的培育中，合作被列为重要内容项目之一，受到格外垂青。家庭教育自当以此为重。只有懂得合作的人才能获得生存空间，只有善于合作的人才能赢得发展机会。因此，合作精神应该从小培养，家长应从小教育孩子学会与人交流、合作、相处，从而树立孩子的合作意识，让孩子参加团队、小组合作、同伴合作以及亲子合作等方式，在合作过程中增强自信，展现个人素质和能力。只有从小树立合作意识的孩子，长大之后才能快速适应社会，为社会贡献社会价值、发挥个人价值，不懂得合作的孩子，很难在社会中站住脚跟。

在家庭教育中父母应该从孩子小时候就强化孩子的合作意识，渗透孩子的团队攻关思想，促进孩子长大后更好地融入社会，而合作精神不仅包括分工合作，还体现了虚心、尊重、团结友爱的品德。当今社会中，人脉是一种有效资源。如何建立良好的人际关系，让他人欣赏你、喜欢你、信任你，这都与合作精神有着密切联系。

（六）责任感

责任感与合作精神同属于社会道德心理的范畴，是思想道德素质的重要内容。责任感从本质上讲要求既要利己、又要利他人、利国家、利社会，而且当自己的利益与国家利益、社会利益相冲突时，应以国家利益、社会利益为重。社会越是向前发展，对人的责任感提出的要求就越高。很难想象，一个缺乏责任感或责任感不强的人能胜任自己的工作，适应社会的挑战。因此，为了孩子的未来，父母培养孩子的责任感是何其急迫。

在家庭教育中，父母培养孩子的责任感是必不可少的。总体来说，其操作方法应该从大处着眼，小处着手，尤其应重视自身的实践体验。在家庭中，父母应有意识地交给孩子一些任务，锻炼他们独立做事的能力，同时鼓励孩子做事要踏实细心，充满恒心毅力，有始有终。在孩子做事的过程中，父母要起到督促指导作用，对做事的结果正确评价，培养孩子认真负责的好习惯。父母让孩子参与家事的一些讨论，了解父母的忧虑和难处，引导孩子独立思考，发表自己的见解，让孩子感受到家庭的和谐建设是需要靠家庭成员的共同努力，进而增强孩子对家庭的责任感。家国相依，由此及彼。责任感由自我到国家，甚至人类，离不开家庭责任这一津梁。

二、身心健康的发展

拥有健康的身体是孩子最大的财富，但是健康不仅仅是身体方面，还包括心理方面。身体健康是指身体没有任何疾病，身体内部的各个组织器官都是比较完整的，组织器官间也会也会正常协调运作，保证身体健康的最基本做法是强身健体、合理饮食。心理健康是指具备完整的人格，自我感觉良好，情绪稳定，积极情绪多于消极情绪，有较好的自我控制能力，能保持心理上的平衡，有自尊、自爱、自信心以及自知之明。这些不仅是家庭教育的目标内容，而且是儿童全面发展与素质教育的有机组成部分。

(一)体育锻炼

体育锻炼并不只是为了强身健体，体育锻炼还可以有效提高孩子的意志力，助益德育、智育、美育等各育的协调均衡。家长在家庭中应注重孩子的体育锻炼，父母应该多陪伴、引导孩子运动，父母应发挥榜样的力量，克服单纯说教的枯燥乏力。

据医学研究表明，父母每天带孩子进行12分钟的运动锻炼能够改进孩子的观察力、记忆力、理解力、认知力；多带孩子进行足球、篮球、游泳等运动，会培养出勇敢、坚韧、富有冒险精神的孩子。在家庭教育中，父母多观察孩子的运动爱好倾向，并对孩子进行积极引导，有针对性地支持孩子的运动项目兴趣，在该运动中加强培养，能使该项目成为孩子的特长发展，或优势强项。

（二）心理情感

情绪是指人活动时产生兴奋的心理状态，是较原始简单的感情，是一种外显的表现形式。情感则指是否满足需要所产生的内心体验，持续时间较长且不外显。

儿童心理情感一般包含五大方面：第一，被别人爱的需要，家长应该经常对孩子进行鼓励和赞扬，从而提升孩子的自信心；第二，成就感的需要，孩子在日常生活中如果总是遇挫，总是有失败的感受，孩子就会变得灰心丧气，极度不自信，这容易给孩子造成心理上的自卑感，因此家长应该多引导孩子，同时让孩子有成就感，增强孩子的自信心；第三，有集体归属感，孩子在集体中和同龄人一起玩耍、一起学习，从而在集体中体验乐趣，拥有被集体接纳的归属感。如果孩子长时间独处，孩子便会产生压抑的情绪，集体归属感对于孩子非常重要；第四，自尊与克服胆怯的需要，在家庭教育中家长应该与孩子平等相处，同时要保护孩子幼小的心灵，当孩子面临陌生环境或是陌生人时，会有胆怯的心理，当孩子面对陌生环境不想说话或不愿参加活动时，家长一定不要逼着或是吓唬着孩子去做，而是应该安慰孩子，消除孩子的胆怯情绪与顾虑。

以下就对儿童常见的心理情感问题加以剖析，并从家庭教育角度略作阐释。

1. 自大任性

在儿童成长过程中，有个闹独立期，这是孩子们生长过程中的必然阶段。在此期间，孩子们在与父母的交往中常表现出疏远和冲突。其实，这是孩子试图发展自我的表现。一般出现在 3~6 岁，是孩子人生的转折期。孩子的独立性与个性开始萌芽，凡事力图摆脱大人的约束，但孩子的智力发展水平却限制了其对自我意愿合理性的判断，体现为思维具有自我中心性，以自己的需要和兴趣为中心，倾向于从自己的立场与观点去认识事物，不考虑客观的环境条件与他人的处境；从而会提出一些不合理要求，并固执己见。① 突出表现在执拗、违抗、独尊、盲动诸多危险期举止行为。实际上，这并非幼儿个性的表现，而是从婴儿期向幼儿期过渡所特有的行为特征，父母要以正确的态度清晰认识，以科学的方法引导这些行为，对孩子施以恰切的说理教育，培养孩子良好的个性特征，促进其健康成长。

这种闹独立的现象，在发展心理学上又称其为"心理断乳"，如果引导不当就会演变为阻碍孩子成长的消极因素，甚至导致不良后果。作为家长，要因势利导，积极帮助幼儿克服不良情绪和行为举止，防止危险后果的发生，但又要切忌事事包办和过分保护。具体操作约略可分为如下几点：

（1）保护孩子的自尊心和自信心。在仔细分析孩子行为问题及原因的基础上，父母以平等的态度和孩子沟通，因势利导；孩子能做的事就允许他做，并鼓励他做，以免孩子出现逆反心理。

（2）采取合适的教育方式。父母不能听任孩子使性子，对于合理要求尽量给予满足，但是如果要求不合理则不应有求必应，而应加以禁止和限制，如果完全迁就、溺爱孩子，对孩子百依百顺，就会害了孩子。

（3）父母提高教育的策略及其艺术性。孩子在与父母的对抗中，往往是很紧张的，父母可以对孩子偶尔做一些非原则性的让步，使孩子感受到自身的价值；父母对孩子的哭、闹、任性、要挟适时利用"不理睬"和"冷处理"的方法，等他冷静下来后再进行规范和引导，孩子争强好胜的心理特点，利用"激将法"刺激孩子，缓解矛盾；当然，更需要从孩子的言行中多发现其闪光点，作为因材施教的依据，并培养孩子好奇、好问、爱动脑筋等个性。

2. 依恋

依恋是婴幼儿对成人比较稳定的情感关系，是孩子对家长的爱的雏

---

① 蔡岳建. 家庭教育引论［M］. 合肥：安徽教育出版社，2010：176.

形，与婴幼儿和亲人的交往相联系。孩子在大约 6 个月时，出现第一次"社会性微笑"，从此便开始运用非正式的语言与亲人(主要是母亲)交往。这种前语言交往方式的出现，是儿童开始社会化的表现。在这种交往中，孩子和母亲之间有了相互的了解、亲子依恋关系也日益发展。正常的依恋关系能促进孩子心理发展和社会性发展，反之，过于依恋则有碍孩子健康心理和社会性的发展。

家长给予孩子适当的爱，让孩子获得情感满足和安全感，但是要掌握分寸，理智地控制情绪。如果孩子的依恋感程度过高，父母不能溺爱和放任，不能感情用事、迁就孩子的无理要求，在此基础之上，家长应进一步为婴幼儿从单纯的亲子依恋关系，逐渐扩大到产生与其他小伙伴及成人交往的人际关系准备条件。

3. 任性

在孩子成长的不同阶段，很可能会不同程度地表现出任性的性格。任性的孩子通常表现为随心所欲，情绪控制差，反抗规范和章法，一旦需求没有被满足就会发脾气。孩子的任性如不及时纠正，就会形成自私、霸道、唯我独尊、乖戾倔强等不良的心理性格，影响将来人际关系和自身才能的发挥，给家庭和事业带来诸多困惑和不幸。

对于任性的孩子，家长要冷静分析孩子会任性的原因，当孩子的任性出现或爆发时，家长要因势利导，不能简单以"武力"方式解决，否则很容易激起孩子的逆反心理，起到副作用；对于任性，平时就要注意关心和教育，对于孩子的正当要求，家长要予以满足，即使一时办不到也要向孩子解释清楚。对于孩子提出的不合理要求，要坚决拒绝，但要耐心讲清道理；当孩子处于努力改正任性缺点的转变中，家长应及时给予表扬和鼓励。当孩子犯错时，家长不要当着许多人的面责罚批评，要注意方法，讲究心平气和的劝说和态度。

4. 烦恼

在 13~18 岁青春期转变过程中，由于内外环境的改变，孩子容易呈现众多的不适应，导致许多焦虑和烦恼。心理学家常把青春期称为"大动荡时期""骤风暴雨",说明了人生历程中的独特性。

父母促成孩子顺利地完成从儿童向成人的过渡,能够为他们未来的发展奠定良好的基础。一般而论,适度的压力和焦虑对青少年的成长有一定的积极意义,它能促使个人的自我体验、自我认识,通过自身的内在调节机制加以调整,以适应各种变化,不断成熟起来。但是,如果烦恼的积累超过了心理的承受能力,它将会成为个人健康的障碍,甚至导致精神的紊乱。①

第二次"心理断乳期"是孩子从少年到青年期出现的一种心理困境。由于这时成人感产生,独立意识增强,要求从心理上脱离对父母的依赖,出现了"心理断乳",表现出对父母的"反抗",又称为"第二次闹独立"。他们会以挑剔的眼光、批判性来重新审视父母、评价父母,父母在他们眼里的伟大时代已经过去。他们对事物开始持有自己的观点,有时为了显示自己的"个性"而固执己见,对父母的观点表示轻视,跟父母顶嘴,责难父母的事常有发生;有的在家里沉闷不言,不愿跟父母待在一块,甚至以离家出走来威胁父母。然而,对少年来说,要打破长期保持的家庭关系无论在情感上还是在行为上都是痛苦的,孩子未取得完全的经济独立,思维未得到充分的发展,个性正在形成之中,他们仍然会依赖父母,需要父母为他们提供物质生活条件、情感支持和行为指导,家庭仍然是青春期孩子的港湾和提供物质和情感的基地。因此,孩子一方面强烈地要求打破这种依附关系,走向独立;另一方面又依赖父母,离不开父母,这便势必使孩子陷入紧张和烦恼之中,产生反抗和冷漠。②

面对青春期的种种困惑和矛盾挑战,父母要认识到孩子长大了,家庭长辈与子辈"角色定位"需作出相应调整,构建合作指导型亲子关系,促使子女顺利实现人生阶段转型。(1)父母与子女间相互理解。孩子青春期的变化常常使父母感到突然,无所适从。其实,父母们也同样经历过青春期

---

① 李天燕. 家庭教育学[M]. 上海:复旦大学出版, 2007:185-186.

② 李天燕. 家庭教育学[M]. 上海:复旦大学出版社, 2007:186.

的系列变化，体验过青春期复杂的情绪，回忆青春期的体验和感受对于引导青春期孩子，对他们进行教育是有帮助的；另外，父母的教育方式应适当调整，放下架子，做子女的朋友，采取商讨的形式，用缓和的语气，同他们谈论有关问题，引导他们进行独立思考和判断，培养他们的独立性和创造性。(2)注重情感支持。情感因素是人际关系的催化剂，父母要重视情感的力量，通过情感感染子女、关怀子女。父母多和孩子一起聊天、闲谈、散步、上街，共享欢乐，创造一种民主、轻松而愉快的家庭气氛，让孩子感受到家庭的温暖。孩子要求不合理时，家长可以表现出生气、伤心的情感，让他们直接感受到家长的心理感受，从而意识到自己过分的要求令家长难过等。(3)对孩子的行为加以指导。由于青春期少年的知识经验不足，认识问题的能力较低，他们对某些问题无从把握，也无法从同龄人那里找到答案。因此在他们心目中，父母依然是有威信的指路人，渴望得到父母的指导。①

三、社会性的养成

按照马克思主义人的本性学说：人有自然性和社会性两个方面，是一个统一体。人出生带有先天的遗传性，这是自然性本体；但随着个体成长，自然性比例降低，社会性比例提升，而且自然性中也融有社会性，以别于生物、动物的自然性本能习得特征。人的本质是社会性的，是社会产物。人的教育历程及其目标导向的重要方面是从自然人变为社会人。家庭教育也是其中一种重要的社会化人性转变力量。家庭或学校教育促使学生社会化角色及行为转变主要在学龄前至学龄初期。

(一)形成安全愉悦的亲子关系

亲子关系是家庭中最基本、最重要的关系，亲子关系对儿童个性与社会性发展具有极其重要的影响。最理想的亲子关系是有分寸、有距离感

①　李天燕.家庭教育学[M].上海：复旦大学出版社，2007：186-187.

的，是亲而不密、孝而不顺，是看似随意却又彼此在意，是各自独立而心在一起，是我理解你的不容易、你也成全我的自由任性。

儿童最早认识的是母亲，最初和母亲的交往是通过眼睛看进行的。每次喂奶时，婴儿就会和母亲对视，由于母亲不断满足儿童的食物需要、安全需要，儿童对母亲的表情、动作和语言会做出积极愉快的微笑，发出相应的声音以及手足的活泼动作，这是最初人际交往的开始，是人类特有的交往需要的最早表现。①

家庭教育建立温馨密切的亲子关系是教育之基，需要为之付出努力。(1)父母拥有亲情教育观念，建立父母与子女相互平等的关系，而且父母应该给予孩子无私的爱、理性的爱。这种爱不是溺爱孩子，更不是毫无限度的满足和包容；(2)家庭成员之间进行高效沟通。良好的亲子关系是在家庭生活中家庭成员之间相互沟通，相互理解的产物。高效沟通是一门艺术，父母应具备沟通技巧。孩子是一个独立的个体，期望得到尊重，因此，作为父母，尊重孩子，观察孩子的反应，俯身倾听孩子的声音，并作出有效的反馈或调整；(3)多给予陪伴子女的时间。陪伴孩子就能让孩子有安全感和被关注、被珍视的感觉。父母的陪伴是赠予孩子最好的礼物。

(二)建立良好的同伴关系

同伴交往是儿童成长中的重要一环。良好的同伴交往有利于孩子学习社会交往的技能和策略，通过建立友谊，增加孩子的安全感和归属感，有利于情绪的社会化，增强信心，勇于探索，从而促进其自我人格的健全。同伴关系协调使儿童更快地适应高一层阶的学习环境。

家长多为孩子提供与同伴交往的机会和条件，让孩子与伙伴保持联系；针对目前儿童与同伴交往能力弱化的状况，家长们应该增强孩子与同伴交往的意识，利用邻里、同事之间的往来，鼓励孩子结识新同伴，让他

---

① 彭建兰，胡小萍.学前儿童家庭教育[M].南昌：江西高校出版社，2009：40-41.

们与同伴共同玩耍、活动，并在交往策略与技能方面提供必要的指导，如站在对方角度思考问题，与同伴协商、分享等。当孩子与同伴之间发生冲突，家长应帮助、引导他们去寻找积极、公正、合理的解决办法。切忌单纯从自己孩子的得失出发，令他们与同伴对立，以免使同伴产生压力，回避交往，或是让自己的孩子产生依赖、仗势心理。

（三）游戏认知社会

孩子是游戏的主体，通过游戏的方式让孩子认识社会是学前教育的主要内容和方式，在学龄期仍有作用和价值。角色游戏是指儿童通过扮演角色，运用想象，创造性地反映个人生活印象的一种游戏，通常角色游戏都是通过主题进行的，比如娃娃家、商店、医院等主题角色的游戏。游戏对于儿童的社会性作用显著，正因为如此，受到教育家、心理学家的高度肯定。

幼儿期儿童的社会性情感开始发生和发展。他们有了初步的社会交往意识，但还不会合作游戏。如果把相同年龄的孩子放在一起，他们只会自顾自地玩耍。之后，随着与同伴交往次数增多，儿童逐渐认识了他人和他人的要求，开始不自觉地与同伴进行合作性游戏，儿童的社会性在这一时期得到发展。当幼儿能够自己调节情感的时候，社会性情感就逐渐形成。道德感、美感、理智感都属于社会性情感。3~6岁儿童与同伴活动在生活中所占的比例不断增长。他们大部分都不甘寂寞，喜欢与同伴一起玩。游戏已从平行性游戏转向联合性游戏和合作性游戏，玩伴关系也由比较疏松的撮合到比较协调的、有规则约束的结合，社会化程度大大提高。

著名儿童心理学家皮亚杰就认为儿童游戏中的规则和成人社会的法律条文具有同等效力。游戏是有规则的，规则是保证游戏顺利进行的前提条件。对孩子来说，游戏规则具有非凡的意义，它可以对幼儿的游戏行为具有约束作用，而且幼儿是在愉快的心情下接受这些约束的。所以家长可利用游戏对孩子进行社会规则的训练，形成孩子在每个游戏中遵守规则的习惯，这样不仅可愉快、顺利地进行游戏，还可以培养孩子的自制力，训练他的纪律性。

四、自我意识的培养

人的意识内容可以分为两个方面：一是对客观世界的意识，如意识到自然界中的日月星辰、花草树木，以及社会生产中的种种感受和生活中的种种现象等；二是对本身，即自己是一个什么样的人的意识，如意识到自己的身材、容貌如何，能力和才干如何，气质与性格特点有哪些，在人群中是否有地位和威望，能对社会起什么作用等。后者就是人们常称的自我意识。

自我意识是个体对自我以及自己与周围事物关系的认识和态度。自我意识即心理学上的"自我"，它是人格心理的主体，也是调节与控制个人心理健康的重要力量。

(一) 自我意识的阶段变化

人的自我意识不是生来就有的，而是在出生以后，在同他人接触的社会化过程中逐渐形成的。刚出生的新生儿只有简单的感觉，1 岁的婴儿，尚不会说"我"，但能对呼叫自己的名字做出反应；2 岁时会说"我"，并能对镜子里的自我影像做出积极的自我认知的反应。说明这个时期的孩子已能把自己与他人区分开来，有了自我意识的萌芽；到了 3 岁时，幼儿有了自尊心和荣誉感，夸奖的词句或赞许的表情会使之感到高兴，而对于责备时的严厉声色就表现出伤心悲情，这个时期的孩子能分别自己行为好与不好的表现，表明儿童的自我意识在形成之中。①

初中以前，孩子的关注点主要指向外部世界，很少意识到自己的与众不同。从初中开始，学生开始对自身给予关注、打量，乃至检省，表现为常问自己："我是个大人吗？""我长得漂亮吗？""我聪明能干吗？"等。通过

---

① 刘启珍. 中学儿童家庭教育指导［M］. 武汉：华中科技大学出版社，2014：104-105.

一系列自我反观，初中生就从不同方面发现了自我，对自己的认识逐步由表及里，由现象进入内里。孩子开始意识到自己已不是小孩子了，已经长大了，依稀出现了成人感。他们往往过高估计自我成熟，以长辈自居，模仿成人，要求得到周边人的正视和尊重，不再希望被视为小孩而受到特殊照顾，更想摆脱家长让他们"听话"的要求，摆脱在活动中处于被使唤的处境。

初中以后进入青春期，自我意识的觉醒使孩子格外关注自己的长相。对自己的长相状况十分敏感，脸蛋是否漂亮、英俊，身段是否得体、好看，高矮是否适度，皮肤是否白皙等问题常常引起他们强烈的情绪反应，与"理想模式"的标准少男少女相比，总显逊色，未免犯愁、苦恼。父母要帮助孩子正确对待自己的先天长相，对孩子的长相不要苛求，不要在孩子面前评论孩子长相、身段等的不足，以免伤害孩子的自尊心。

与此结伴而来的是自我意识中学习的烦恼，这种烦恼始终牵绕，难以排遣。孩子进入青春期，正值在中学学习阶段。中学课程种类增多，内容加深，学习进度加快，老师的教学方法发生变化，这些都需要孩子作出必要的调整以适应中学的学习。他们往往没有足够的思想准备，出现学习上的适应性困难，产生忧愁和苦恼。父母除了给孩子提供必要的生活条件、学习用品外，还应积极配合老师，随时了解子女在学校的学习情况，在力所能及的范围内给予更多的关心和指导。

（二）自我调控

所谓自我调控，是孩子根据道德的要求进行自我控制的过程，它是孩子运用意志力自觉掌握和支配自己行为与感情的能力。为培养这种能力，家长可以为孩子创设一些有利于其锻炼意志力的环境或实践活动，在特定的环境或实践中，诱导、帮助孩子自我约束、自我克制、自我监督，使孩子在有利于自身发展的环境中逐渐成熟起来。如通过带孩子爬山旅游、做家务劳动等，磨炼意志。再如带孩子看禁毒禁赌的展览或通过媒体宣传，使孩子明辨是非善恶，增强自控能力。

　　自我调控能力强的儿童有较高的成就动机，家庭教育中引导儿童自我调控能力的发展有一定的法门：首先，家长引导儿童把自己看作独立自主的个体，这是调控的基础；其次，儿童具有一定的表象和记忆能力，这样才能使父母的指导和要求内化为自己的行为；最后，儿童自我调控强度应保留或维持适当的度，无论是太强还是太弱都不利于孩子成长。当孩子自制力太弱时，孩子做事往往会心不在焉，容易冲动产生攻击性；当自制力太强时，孩子会表现出强烈的"抑制"情绪，从而不能正常表达个人的需求和情绪。

　　人的自我调控属于主体性重要内容，人的主体性发展，不仅包括理性因素，还包括各种非理性因素。人主体地位的确立和主体性的发展，来源于包括人的理性因素和非理性因素在内的人的全部自然与社会的属性。在孩子对社会和自然的认识与实践活动中，理性因素制约着认识和实践的广度和深度，并决定其方式和效果。但对认识和实践活动起调节作用的则是人的非理性因素，它能使人的心理活动处于积极状态，激发人积极向上的热情追求。因此，在家庭教育中，应把非理性因素的发展作为孩子自我调控能力的重要内容，如没有非理性因素的介入，子女调控力的发展就会不全面。家庭教育不仅要造就掌握现代科学文化知识和智力高度发达的社会新人，而且还应关注子女情感、意志、灵感、信念、直觉等非理性因素的存在。

　　学前期幼儿对人、对己、对事、对物开始形成一定的态度，显现出不同个体的性格特点。通过正确的教育，幼儿逐渐学会行为评价及控制行为的能力。3、4岁幼儿的行为评价带有较大的具体形象性和受暗示性，成人说好的和幼儿本身感兴趣的就评价为好的。6岁左右，开始能够独立地评价行为(评价自己和评价别人)，学会从社会意义上分析好或坏。幼儿晚期能够自觉地调节自己的行为。

　　(三)性别意识的引导

　　美国现代教育家劳伦斯·科尔伯格(Lawrence Kohlberg)将儿童性别发

展分为三个阶段。第一阶段就是孩子 3 岁左右，此阶段儿童最先发展的是性别认同，性别认同是儿童对于自己还有别人性别的正确辨别，能够区分男孩与女孩；第二阶段就是孩子 4 岁左右，儿童性别稳定性逐渐建立，儿童对人在一生中的性别辨别保持不变，性别不会随年龄的增长而改变，性别是一成不变的；第三个阶段就是孩子 7 岁左右，孩子获得了性别恒常性的认识，也就是科尔伯格性别恒常性定义，即基于生物特性来辨别性别，也就是对生殖器官的永恒特征的认识。

男性与女性在生理上的性别差异是与生俱来的，但是孩子们从出生时是没有性别意识的，因此，家庭教育中父母应从小就培养孩子的性别意识，这样孩子长大后才不容易受到伤害。父母对孩子进行性别教育应秉持"正面地回答孩子的每一个问题"的原则，当孩子问父母"我从哪里来？""为什么我有小鸡鸡，她没有？""为什么我站着尿尿，她坐着尿尿？"等关于性别问题时，无论父母多么尴尬，都应该直面且表情自然地回答孩子的问题，即便是不能回答孩子的问题，也要放下做父母的姿态和孩子一起查阅资料进行探讨。孩子在 3 岁之前没有性别意识，3 岁之后才逐渐有了"男、女"性别意识，而且也开始选择和自己性别相关的服装、配饰。

1. 性意识的形成

性意识随着精神发育与性发育而完善，个体最早的性意识表现在识别两性标志上，这需要个体辨别男女不同体态、服饰、角色，再联系自己的性别归属。一般认为，在 3 岁左右，婴幼儿通过对父母性别角色差别的认知，形成了最早的性意识，随后又通过父母的行为和语言，即完成性别认同。在这一阶段，通过排尿、洗澡等活动，对自己和异性儿童外生殖器的观察，意识到不同性别儿童性器官的差异，从而认识自己性别的生物特性，这种性身份意识对性心理的正常发育是重要的。3 岁后性意识向全面认识男女性征的方面发展，伴有相当大的性好奇，直到青春发育期，这种性好奇都是十分强烈的。学龄前儿童通过同性与异性儿童间的性游戏，形成了自己的性别角色意识。

从青春期开始，青少年除了身体外形和机体内部的剧烈变化，第二性

征的出现，性心理和性生理器官的发育变化以及性冲动的出现，使青少年
性心理逐渐成熟起来，他们比以往更加关注性方面的问题。青春期性意识
的觉醒，导致了他们对性知识的渴求，集中表现在注意异性，关注性，关
注生殖方面的问题，对异性感兴趣，产生愿意接触异性并有与异性交往的
强烈渴求。如果父母在教育方面简单、粗暴、无理以及对这一阶段少男少
女之间的相互关系采取指责、猜疑、嘲笑的态度，都有可能产生不良的社
会心理后果。同时，也由于月经与遗精的发生，产生了生理与心理的变
化，也感受到了性的兴奋和性的冲动，并由此产生性要求和求偶的意识。

2. 儿童的性别教育

性知识不仅仅取决于人们的身体和情感，还取决于一个人的文化背
景、家族历史、教育状况、人生经历以及宗教信仰，通过性可以看透一个
男人的本质，同样也适用于女人。当孩子问及"我是怎么来的?""我从哪里
来的?"时，很多家长此时会选择撒谎，或者支支吾吾，不能给予正面的
回答。

父母对于孩子性别角色、人际关系、价值观念、自尊和关爱意识等进
行正确的引导是第一位的。

当孩子开始蹒跚学步，父母以何种方式与孩子互动、怎样说话、怎样
应对身体接触、怎样和孩子一起玩耍，这些都是对孩子性教育的起步和认
识发端的常用知识。为此，父母容许孩子的性好奇，顺其自然地进行教
育。对幼小的孩子来说，无论是摸耳朵、吮脚趾、玩性器官，都是出于好
奇的动机，因势利导地帮助孩子认识身体各部位的名称，使孩子懂得身体
各个器官都是自身必不可少的一部分。儿童对性的问题也会产生好奇，家
长应当把它看作对儿童进行性教育的好机会，有问必答、不说谎，根据孩
子的理解能力简略真实地回答。① 美国性信息和性教育委员会(SIECUS)认
为，性教育包括个人的性常识、性观念、性态度、性价值取向和性行为。

---

① 韩燕.生命是创作——积极心理学与家庭教育[M].北京:新华出版社,
2015:124.

对孩子来说，最好的性知识和性态度等的来源应该是自己的父母，因为那是自己最亲近、最信任、最可以依靠、被支持的人，

从理论上讲，性教育要相对超前一些，但不能脱离孩子的理解能力。对于男女第一性征的差异，最好在 5 岁之前解答。每个年龄段孩子的性教育内容应该有所侧重。5 岁前的性别知识教育，青春发育前性生理的教育，青春发育期的性心理和性道德教育各有顺序和实施重点。

家长为幼儿作正确的性别角色导向在家庭性教育中十分关键。3 岁以后，幼儿的性别角色意识得到发展，感受到了男女有别，并且开始学习性别角色的不同职能。在这一过程中，父母的教养方式对幼儿性别角色的发展起着导向的作用。首先父母要教会孩子区分性别：男女性器官的不同，属第一性征；以性激素促发的比较外显的两性生理差异，属第二性征；男女在发式、语言、衣着、性格、气质、风度等方面的差异，属第三性征。性别角色的认同，既是一个人对自己生理性别的自然认知，也是一个人对他人及环境的认识。如果孩子不能及时完成性别认同，日后就有可能会出现不同程度的性别偏差行为，即男孩子可能带有"娘娘腔"，女孩子就会出现"假小子"现象，从而影响孩子各方面的发展，甚至影响孩子的身心健康。因此，通过性别角色教育，孩子会知道自己要成为一个怎样的人，承担什么样的责任，如何建立自我的观念，如何尊重异性以及如何与别人交往合作。①

父母要注重对孩子第三性征的引导和教育，使他们能以正常的心态成长和参与社会生活。第三性征是后天逐渐形成的，具有很大的可塑性，人的行为符合社会性别角色，才能适应社会生活。在现实生活中，一些父母总喜欢给年幼的孩子作异性装扮，也就是将男孩装扮成女孩，将女孩装扮成男孩。这种异性装扮，对孩子的心理发育是有害的，往往造成孩子成人后性别角色的错乱，形成"同性恋""异装癖""恋物癖"等心理，难以适应

---

① 金卫东，曹明."独二代"家庭教育指导手册[M]. 上海：同济大学出版社，2015：23.

社会生活。心理研究认为，幼年异性装扮会使人第三性征发展出现偏离，使孩子在潜移默化中形成异性化的心理，第三性征就会向异性化方向发展，直到成年后，并且往往导致他们产生有悖于社会风俗道德、甚至触犯法律的行为。因此，幼年时期，父母应该给孩子正确的性别角色教育，对孩子性别角色的发展予以正确的导向。

（四）自我评价的发展

自我评价是自我意识的一种形式，是评价主体对自己思想、愿望、行为和个性特点的判断与评价，自我评价的结果会直接影响孩子的情绪，以及与他人交往活动的积极性。评价主体只有正确的自我评价，才能正确克服自己的缺点，发扬自己的优点，实现自我的社会价值。

自我评价产生于幼儿早期，在与成人的交往中，儿童早期的自我评价是从成人的评价中获得的，从成人的评价中获得肯定或是否定的情绪体验，进而模仿成人对自我进行评价。儿童的自我评价大多停留在对自己外部行为的评价上，但是随着儿童年龄的不断增长，儿童自我评价逐渐从对自己外部行为的评价上转移到对内心品质的评价，而且对自我的评价会越来越细致，也会逐渐从依从性评价过渡到对自己局部评价，进而转向全面评价。

3~6岁幼儿在与成人和同伴的交往过程中自我意识有所提高，对自我形成某种看法。在家长、老师、同伴的评价下，他们开始知道自己是聪慧的还是愚笨的，是勤快的还是懒惰的，是美丽的还是丑陋的，是讨人喜欢的还是惹人讨厌的。受到周围肯定、积极评价的往往会产生一种满足、自信感；而经常受到否定的、消极评价的幼儿容易产生一种自卑、孤独感。

自我评价能力的提高是青春期孩子自我意识发展的主要标志。无论是评价他人，还是评价自己，初中生都开始有了独立的标准，能透过现象看本质。在评价某种行为时注重个体的主观动机，而不像小学生那样过分注重行为的客观效果。在评价他人时，初中生能够分清主次，从实际出发，灵活运用道德标准进行分析，有时甚至能一分为二地评价别人。研究表明，初中生评价他人的能力高于自我评价能力，对自我的评价能力落后于评价他人的能力。多数情况下，对自己的评价偏高，有"明于知人，暗于知己"的现象，而且自我评价有时不够稳定，顺利时会过分夸大自己的能力，遇到挫折时会出现低估自己的倾向。初中生的自尊心表现为自信自强，喜欢在集体活动中表现自己的才能和成就，以获得集体成员的尊重和承认。同时，初中生注重自我评价和他人评价，对自己的身体和仪表特征非常敏感，希望得到他人较高的评价，希望在平等的基础上与成人建立新型关系。

第四章　家庭教育的内容

在家庭教育的目的导向下，家庭教育的活动范围及教育设计依据都是不可少的。否则，家庭教育目的的实施便缺少了保障和依靠。家庭教育的内容固然与教育的主体部分学校教育谋求的方向、性质一致，但不会重复雷同，而是表现出家庭教育的特殊性。

第一节　家庭德育

家庭德育与学校德育所处的位置一样，都是首要和关键的，有培养塑造国民、优秀人才的核心灵魂作用。但家庭德育与学校德育相比，在具体内容、方式方法等方面还是存在着较大差异。两者力量保持教育的一致性，但家庭教育在宏观拓宽和深化细致方面是有独到之处的。

一、家庭德育的目标

蔡元培先生曾提出："一生之品性，所谓百变不离其宗者，大抵胚胎于家庭中。"以此可以看出家庭德育的重要性。众所周知，家庭德育、学校德育、社会德育是德育大系统中的三个子系统。家庭德育在德育系统中处于基础与起始地位，不仅是家庭教育中的重要部分，更属于其核心和灵魂。正如习近平总书记指出的，家庭教育涉及很多方面，但最重要的是品德教育，是如何做人的教育。

新时代家庭德育的目标坚持立德树人，牢记为党育人，为国育才的使命，遵循《全国家庭教育指导大纲》的要求，从养成良好习惯入手，培养孩子正确的世界观、人生观、价值观，引导孩子热爱祖国、明礼诚信、友善助人、尊老爱幼等良好思想品德。在家庭教育中，家庭德育是指由父母有意识或无意识，对子女实施一定的道德规范、思想意识、政治观念的教育。

从家庭德育与学校、社会德育的关系来看，家庭教育有其特殊的地位和作用。家庭是社会的细胞，家庭德育是社会德育的基本成分，虽然学校德育起主导作用，但德育影响的广泛性特点，决定了它对家庭、社会德育的依赖性。学校德育需要家庭德育的密切配合，家庭德育应成为学校德育的必要补充和延伸，才能收到良好的教育效果。子女离开学校的大部分时间仍生活在家庭，父母与子女之间骨肉相连的亲情关系，决定了其对子女的影响是无法替代的。凡是家庭德育能同学校德育保持同向、同质的，则相互促进，形成合力；反之，凡是两者异向的、异质的，则必然形成离心力，乃至抗拒力，相互干扰，其效果也差，而直接受害者是自己的子女。家庭与社会息息相关，家齐而国治，故家庭教育好，子女品行端正，这不仅是一家一户的私事，而且关系到社会主义精神文明的建设，整个社会风气。先秦文献《礼记》《中庸》篇所总括的"修身、齐家、治国、平天下"的思想，就是指明通过家庭德育，提高子女道德修养，促进家庭文明循礼、温馨和谐，才能保证国家稳定，天下太平。家庭德育的道德地位由此可见一斑。

人的社会属性决定了孩子终将从家庭走入社会，要想让孩子在走进社会后继续奋发向上，成为一个对己、对家、对社会都有益的人，必须在孩子小时候就让他朝着正确的方向发展：学会爱父母、爱集体、爱环境，学会负责，学会诚信，学会文明礼貌。家长对孩子的教育，本意是让孩子一生幸福快乐，如果因为方向错了，会害了孩子的一生。

"厚德载物"意味着一个孩子的发展基础是"德"，"厚德"的孩子，发展潜力巨大。品德优良的孩子，心胸开朗，他不会为鸡毛蒜皮的小事患得患失，学习时就容易静下心来；品德优良的孩子，人际关系轻松、友好、愉快，孩子精神饱满，这有利于孩子战胜生活和学习中的困难；品德优良的孩子关心的事情多于"以自我为中心"的孩子，这有利于孩子记忆力、想象力、思维能力及情感的发展。

二、家庭德育的内容

家庭德育的内容包括两个方面，道德教育过程的阶段环节，即构成内容，以及道德教育项目范围的要求，即道德图谱呈现。以下分述之。

（一）家庭德育的构成内容

一个人的道德，就其构成来说，包括道德知识、道德情感、道德意志和道德行为，即知、情、意、行等要素。这四个层次缺一不可，相互联系，相互渗透，互相促进。道德教育过程，简称德育过程，具体包括提高道德认识，培养道德情感，锻炼道德意志，养成良好的道德行为习惯，因此，家庭德育必须晓之以理，动之以情，炼之以意，导之以行。

1. 道德认识

道德认识主要是指人对事物的是非、行为的善恶的评价。孩子的道德认识是从无到有，由浅入深，由近及远，由简单到复杂，由感性到理性逐渐发展起来的。孩子入学前，在幼儿园和家庭教育的影响下，已初步懂得一些道德观念，如什么样的行为是"乖"，怎样的行为"不乖"，什么样的人是"好人"，什么样的人是"坏人"等。但这些观念，往往离不开具体的事物和人物。因此，对儿童的教育要多通过生活中的具体事例或故事，把道理寓于这些故事和事实中，千万不能空洞说教。孩子的道德评价能力，最初是在大人影响下形成的。他们常常是在重复父母或老师的看法之后，才慢慢地学会了独立分析。所以，家长对周围现象的评价，应有原则性，而且态度要鲜明，对于那些"是"和"善"的事物，要热情地肯定和赞扬；对那些"非"与"恶"的东西，要痛切地否定和贬斥，以便给孩子打下是非分明的烙印。

2. 道德情感

道德情感是指人依照一定的道德认识去评定自己或别人的行为时，产生的一种内心情绪体验，是人对事物爱憎褒贬的态度。如人们做了好事感到愉快，做了错事感到羞愧等。孩子的道德情感，是伴随着道德认识产生和发展起来的，它可以促进道德认识见之于行动，而不是把这种认识仅停留在口头上。

情感是受认识制约，推动人们有所追求和奋斗的心理驱力，是道德观念转化道德行为的中介，使知、情、意、行达到统一的心理动因。道德情感渗透在人的道德认识和道德行为之中，在儿童成长过程中具有举足轻重的作用，它影响着儿童道德行为的决策与判断。儿童形成良好道德情感的决定性因素在于父母与家庭，家庭是儿童的第一所学校，也是终身制学校，家长是儿童的第一任教师，是儿童情感道德启蒙的引路人。儿童道德情感产生在与他人相处、交流的过程中，而家长是最先与儿童发生交流的，因此，家长一定要以自己崇高的品质去影响孩子，孩子是父母的缩影，孩子的表现通常能反映出其背后的家庭，反映出其所接受的家庭教育。

儿童重感情，但他们的感情易变化、冲动，容易受感染。根据这些特点，首先，家长要以道德情感来打动和感染孩子。在教育孩子中，家长应努力将道德观念与各种情感体验联系起来。如给孩子们讲爱护公物的行动时，应该使用赞赏、颂扬的词句，使儿童意识到这种行动给集体、个人带来的荣誉，从而让他产生自豪、羡慕、向往、愉快的情感体验；反之，在讲到不遵守纪律、不听父母的劝导而损坏集体利益的行为时，应该使用指责或否定的词语，使儿童感到羞耻、愤慨或不愉快的情感体验。同时在进行这些讲述时，讲述者本身还要带有情绪倾向和情感体验，这样对儿童的教育效果才更大。其次，家长要善于利用具体的道德形象，引起孩子情感上的共鸣。如苏武牧羊、林则徐虎门销烟等，可以激起孩子的爱国主义情感；李大钊、方志敏、雷锋等，可以激起孩子的共产主义道德情感。这些人物形象，常可使孩子终生难忘，成为他们产生类似道德行为的强大动力。

3. 道德意志

道德意志是指人为实现一定目的而支配自己的行为并克服困难的一种

顽强的努力。这是一种约束和控制自己行为的心理活动。孩子如果意志坚强，就能够督促自己，克服困难，坚持如一地去实现既定的目标。而意志薄弱的孩子，在某种条件下，也能有一些道德行为，但是一遇到困难，就会犹豫不前，半途而废，成为"没长性"的人。小学生的行动有受暗示性强，易受外力影响，缺乏坚持性和自制力的特点。因此，对孩子的品德教育要一抓到底，并有意识地在实践中培养孩子的道德意志，提高他们的意志力。

4. 道德行为

道德行为是指在一定的道德认识和道德情感的指导、推动下，采取的有目的的行动。道德品质的最终体现就是道德行为，所以，对孩子的道德教育要导之以行。儿童的行为，具有被动性强，依赖性强，易冲动，易模仿的特点。他们出现的一些错误行为，往往并不是由于道德品质不好，而是由于喜欢模仿，或者一时冲动，由于缺乏社会生活经验，不懂得正确的行为方式，甚至还可能是"好心办坏事"。根据这些特点，教育应注意：

第一，对孩子的道德行为方式给以适当的指导和训练。一般来说，家长应当先"引"后"放"。一开始，可以辅助和配合孩子完成某种道德行为，以后再逐步地让他们独立去做。孩子出现不良行为，尤其是"好心办了坏事"，应当耐心告诉孩子错在哪里，为什么错，怎样做才对。家长如果不着重从正面加以指导，只是简单地责怪孩子的错处，就会使孩子不知所措，甚至会挫伤他们良好的愿望。第二，努力培养孩子言行一致的作风。对孩子应采取的道德行为，家长不但要给予指导，还要进行必要的督促和检查，使他们从中养成说到做到的品质。第三，逐渐使孩子形成自我教育意识。在家庭教育中，父母以身作则，言传身教，给孩子一个正确的榜样固然重要，但是对于心智尚未成熟的儿童来说，他们非常容易受到外界的诱惑从而产生不良的道德行为，因此，父母应该刻意地对儿童进行道德行为训练，加强孩子的自我教育意识。苏霍姆林斯基曾提出："只有能够激发学生自我教育的教育，才是真正的教育。"对于家庭教育来说也是如此，除了影响式教育，一定要让孩子学会自我教育。家长可以通过创设情境的方式对孩子进行训练，比如，在超市购物过程中，收银员可能出现少算某种商品价格的情况，此时，家长可以让孩子拿着该商品去收银台再次结算，并针对此事和孩子一起讨论为什么这样做，从而培养孩子良好的道德行为。通过这种实践过程，培养孩子的自我监督与自我控制能力，使孩子用道德标准内化自己的道德行为，从而培养孩子良好的道德行为。

奖励与惩戒是一种教育手段，与道德教育各要素均有不同程度的关联，尤其与道德情感相关度更高。奖励可以肯定和强化儿童好的表现，使他的道德认识、道德情感和道德行为都有所提高。处罚是与奖励相对的一种教育方法，是以一种强刺激，使犯错误的孩子经历一个不愉快的体验而意识到自己的过失，从而抑制自己的不良动机，以后避免过失。奖励要得当，不要形成只有重赏才去干好事的习惯。表扬不能空洞地夸奖，要具体指出哪点好。不值得表扬的不要任意表扬，否则孩子就会不明是非。表扬后还要随之提出要求，强化正确行为。惩戒应慎用，万不得已时才适当运用，合理惩戒是有利于家庭德育成效的。体罚应拒绝使用，体罚会摧残孩子身心，不能认为"不打不成才"，打孩子会造成孩子的心灵创伤，使孩子留下心理后遗症，造成感情疏远，不敢说实话，甚至会造成更严重的后果。

(二)家庭德育的培养内容

家庭德育内容落实在受教育者那里，则主要表现为道德品质的培养与修养问题上。道德品质是指人在道德行为与道德规范中的个性化表现，它是个体社会化的核心，是由道德情感、道德认识、道德意志，以及道德行为构成，是社会道德在个体身上的反映。道德品质并非孤立存在，道德品质与道德认识、行为意志等相互贯通、相互融合、密不可分。而且优良道德品质的形成与人的情感认同感更是本属一体，如果一个人长期认同、坚持社会道德所倡导的行为，那么就会内化出良好的道德品质，否则就会外化显现出错误的道德品质。孩子优良道德品质的形成与家庭教育息息相关，家庭教育对于子女养成良好的道德品质起着决定性作用。

1. 辨别是非

5~6岁以后孩子已有了自己的看法，但他看问题很表面、片面，如果笼统地说谁好谁坏，他并不能很好地理解。父母要具体指出好在哪里、不好在哪里。从小事、具体事中使孩子逐渐明辨是非，让他懂得过马路走人行道是遵守纪律，买东西排队是服从集体生活的准则。对年龄稍大一些的孩子进行教育，他们能掌握行为准则，去评价周围事物。

儿童思维是具体形象的，抽象概念孩子难以理解，榜样和示范能使儿童有形可循、有样可学，适合儿童好模仿的特点。要说明这个样子为何是好的，使之能辨别好坏。小孩也容易学坏样子，要用大量的好样子去胜过它，孩子心里好样子多了，他就逐渐学会对比，进行判断。榜样可以是家里人，可以是别的小朋友。家长本身的榜样、示范作用是最重要的。家长的所作所为是孩子模仿和学习的重要参照物。这就需要家长加强自身的品德修养，以高尚的道德情操，完美的人格力量来影响孩子。家长尤其需要在遵纪守法、恪守孝道、富有爱心、公正公平、宽容感恩、诚实守信、担当责任、邻里和睦、关心公益等方面为孩子树立榜样。

2. 与人为善

"与人为善"的观点是先秦教育家孟子提出来的。他的用意一是与人一起行善，而非独善；二是与他人友善，"老吾老，以及人之老""幼吾幼，以及人之幼"，推己及人，协调和睦，对人友好。在社会主义社会中，人与人的关系应是互相关心、互相帮助的，家长要从小培养孩子关心他人，热爱集体和祖国的积极情感。家长爱护孩子，也要教会他关心别人。要为孩子创造条件和小朋友友好相处，文明礼貌，鼓励他助人为乐。

良好的道德品质外化的表现为关爱他人、帮助他人、尊重他人，内化为自信自立、自强自爱，这是每个中国公民不可或缺的重要品质。家庭教育中作为家长应该培养孩子懂得爱人、懂得感恩、懂得尊重、懂得分享等宽厚品质，引导孩子学习中华优秀感恩文化，让传统文化滋润孩子的心灵。父母应该在孩子小的时候，在他的心灵播撒下爱的种子，教他们如何去爱每一个人，做一个会爱的人。要想把孩子培养成一个内心充满爱的人，父母首先要是一个会爱的人，在平时的生活中处处关爱他人，通过自己的言行对孩子进行潜移默化的爱的教育，在父母爱的感染下，孩子碰到这样的问题，也会用类似的方式来做。有些父母很有爱心，但是不会用正确的方式来表达，经常把对家人的关心通过斥责、过激的言语来表达，儿童年纪小，并不能理解父母的苦心，往往会觉得很沮丧，觉得父母并不爱他们。所以，父母在孩子面前一定要正确表达爱，用孩子能够接受和理解的方式表达关爱，让孩子感受到父母的爱，也学会如何正确表达爱。

3. 勤劳务实

爱劳动是社会主义国家公民的基本要求，从小勤劳，也是促进孩子身心健康发展的必要条件。要根据孩子的能力和兴趣，从做一些力所能及的自我服务劳动入手，如穿衣、吃饭、铺床、叠被等。年龄大些再增加一些家务活，教会孩子怎样才能干得好，并鼓励他克服各种困难想办法干好。当孩子第一次扣上纽扣或系好鞋带时，不要认为这是微不足道的小事，这正是孩子走向独立生活的开始，应给予鼓励。还要多给孩子干活的机会，满足他们的劳动要求。

4. 诚实守信

教育孩子从小要说真话，不说假话，这是做人的美德。家长随时注意言行一致，不教唆说谎，更要注意不让孩子说谎。有时小孩子说了谎话有具体原因，并不一定是为了骗人。有的谎话是出于幻想；有时为了某个目的，想使人相信；有时是想逃避指责，家长要具体分析，区别对待。主要是要耐心教育，要用帮助的口吻，使孩子感到应该把真实情况告诉大人，他们就不会说谎了。

5. 行为习惯

儿童阶段是形成大量社会行为习惯的重要时期。因而，抓紧这个时期培养孩子的好品质、好习惯，克服坏习惯是很重要的。培养孩子良好的思想品德和行为习惯，必须从大处着眼，小处着手，要从日常生活中点点滴滴的小事来教育培养孩子。培养儿童道德行为习惯有许多途径，关键是我们家长要有正确的要求和引导。

"习惯成自然"，习惯是一种不再需要意志和外界监督的自动行为，是一种变成自身第一需要的愉快的义务行为。良好的道德行为习惯的养成，标志着孩子已经具备了某些已经稳固的道德品质。道德行为习惯是在无数次重复、有组织地练习和训练以及与坏习惯作斗争的过程中形成的。家长对孩子的道德行为应及时地予以表扬鼓励，不断强化，以便孩子形成道德行为习惯。

在家庭生活中，孩子是看着并模仿父母的做事方法及行为长大的，家长在日常生活中的言谈举止就会潜移默化地影响孩子、教育孩子，家长身上的优缺点以及家长的品性影响着孩子品性的形成。比如，在生活中，父母和孩子走在马路上，看到马路上有垃圾，家长与其去教育孩子保护环境，不如亲身去捡起垃圾为孩子做榜样；再比如生活中家长经常用语言教育孩子要尊老爱幼，不如在实际生活中真正去做，孩子对于家长的行为会接受更会模仿。因此，我们不要以为只有对儿童进行语言教育时才是真正的教育，而教育应该是每时每刻都存在于生活中，父母的行为对儿童有更大的意义。家长身体力行才能够给孩子创造良好的道德情感成长环境，才能够给儿童正确的启迪和指引。

孩子的爱心、感恩之心、自信心、自强心除了通过思想方面的灌输，更重要的是回归生活实践，让孩子在生活实践中去感受，从而内化为自己的品质。比如，父母可以带孩子去宠物救济站、养老院等地方，让孩子去真正关心、爱护那些小动物，尊敬老人，让孩子在做的过程中去体会爱，培养孩子的道德品质；在生活中，父母可以鼓励孩子站在各种舞台上去展现自己，在孩子遇到困难时，引导孩子找方法等，从而培养孩子优良的道德品质。

儿童良好道德行为习惯的养成总是在克服不良坏习惯的困境挣扎中进行的，交织纠缠、搏斗冲突在身心及行为上尽管因时而异，因人有别，但只是程度不同而已，实质是共同的。在儿童克服不良道德行为习惯时，教育者应使儿童知道坏习惯的坏处，帮助其建立克服坏习惯的信心。教育者本身更要有信心和耐心，不要轻易地使用"不可救药""没出息"等泄气和讽刺挖苦的言语，应该运用多种具体方法和合理的心理惩戒以及奖励等办法来巩固好习惯与抑制坏习惯。

第二节　家庭智育

智育是全面发展教育的重要部分，一方面促成素质教育或核心素养的媒介，另一方面又是创新力培养、智能开发的支撑要素。

一、家庭智育的目标

"望子成龙，望女成凤"是每个家庭的希望，家长希望孩子聪明、希望孩子成才。因此，在家庭教育中，如何培养孩子的智育，如何开发孩子的智力，是每位家长都非常关注的事情。家庭智育，是指在家庭环境与背景下，家长帮助子女扩大知识领域，发展智力才能，培养技能技巧，养成良好学习习惯与心理等一系列智能教育活动。一个人的智商是其能否成才的基本素质，家庭是孩子的第一所学校，家庭智育对孩子日后的成长学习及其发展具有重要的作用与价值。家庭智育的目标及意义是在重视人格教育的前提下，在帮助孩子开拓知识的同时，使孩子具有获取知识的能力。21世纪是知识经济时代，知识经济时代需要的是具有高度创新意识与创造能力，具有高度自学能力与适应能力的人才。家庭智育，通过培育孩子的良好学习心理与习惯，创造良好的家庭学习氛围，从而使孩子成为社会、国家所需要的人才。

二、家庭智育的内容

家庭智育是促成学校智育达成的力量，既是学校智育的丰富和补充，又发挥出符合自身特点的育人功能，其主要内容包含以下方面。

163

（一）学习心理

学习心理是指学生在学习过程中表现出的各类特征，它主要包括学习情感、学习认知、学习行为、学习意志。提高孩子的学习心理能够让其在学习过程中保持更稳定的学习状态，激发自己的潜能，促进自己更好地成长和发展。良好的学习心理大多具备自我评价积极、求知欲强烈、学习方法科学、自我控制能力相对较强。

父母是孩子的第一任教师，也是孩子的永久教师，在孩子学习成长的道路上，家长首先要明白良好的学习心理才能够使孩子深层次发展，如何培养儿童良好的学习心理，是每位家长都应探寻，并有所了解的。

1. 尊重孩子

尊重是教育中的重要方式和特殊营养。在与孩子的日常交往中，少一些"命令"的用词，多一些"商量"的语调，多注意与孩子说话的方式和语气，与孩子进行沟通时要做到认真、耐心倾听，不打断孩子，平等对话，使孩子感受到尊重。孩子最初的尊重源于父母，尊重孩子能够帮助孩子有自信心，有了自信，就会在学习中发挥潜能，效能感强，提高抗挫折力，以坚韧不拔的意志坚持学习。为此，家长可以注意以下几方面事项：无论日常工作多么繁忙，都要留出与孩子共处的时光，与孩子共同玩耍、讨论、沟通与分享，使孩子感受家长的挚爱，家庭的温馨，自身的快乐。与孩子相处期间认真倾听孩子的诉说和分享，对于孩子的优点、努力，给予欣赏、表扬；家长在了解孩子的能力和水平的基础上，学会放手，让孩子解决困惑及问题，不随意插手或是替孩子决定某些事情；而对于孩子感兴趣的事情，则主动参与，努力融入孩子的世界。家长在必要时应宽容孩子的隐私，鼓励表述自己的观点与想法。

2. 激发兴趣

俗语讲的好，"兴趣是最好的老师"。兴趣是一个人积极地认识事物的一种心理倾向，是行动的动力。儿童的心理发展水平决定了他们的学习更多地凭借兴趣推动。有了兴趣才能有探究的欲望和前进的动力。在家庭教育中，孩子有了学习兴趣可以大大提高学习效果。儿童正处在人生最为重要的基础知识和基本技能的学习阶段，这个阶段也是他们各种基本学习、思维习惯养成的重要时期。家长在教育中，一方面要善于观察并发现儿童的兴趣，利用和引导孩子的兴趣；更重要的还在于竭力培养他们的兴趣。

家庭教育中培养儿童的兴趣可以从三个方面入手：(1)树立积极的学习动机。学习动机作为孩子倾力求学奋斗的动力机制，可以分为直接、间接和理想抱负等多种类型，无论何种对学习兴趣的形成都起着明显的正向作用，家长要注意对学生学习动机的激发和强化。(2)保证孩子在完成学习任务后应懂、会熟所学的知识。持续性的兴趣一般都是建立在对工作或学习要求初步了解和深入领会以及顺利实现目标的过程中，对小学生而言更是如此。所以家长为学生所设定的课后学习或校外补习策略应当基于此点出发，有针对性地进行辅导。(3)使孩子不断获得成功的体验与喜悦的心情。家长在家庭教育中，要及时肯定孩子的每一个进步，及时给予有效的帮助，提升其学习效率与考试成绩，不断赋予其阳光心态、成就感和荣誉心，从而不断地增强孩子学习的自信心，使孩子逐步达到真正意义的乐学境界，摆脱苦学厌学，倦怠低效的状态和心境体验。

孩子学习靠的是积极主动，但是在"学习"与"游玩"之间，仍应合理安排，取得适度平衡。孩子都有嬉乐游戏、好动爱闹的冲动，这是孩子们的天性。家长在保护儿童天性的前提下去寻找方法，使学习变成孩子最感兴趣的事情。合理指导孩子安排学习时间，同时倾听并与孩子讨论学习，而不是强硬对孩子学习做要求；多鼓励孩子，使其有成就感。因为成就感是孩子形成良好学习心理的一剂良药，一旦孩子从学习中获得满足，孩子就会增加动力，自觉自愿去学习和探索。反之，如果孩子学习心理出现障碍，就会厌学，导致恶性循环。家长只把"好好学习"类似的话语挂在嘴边，而不是信任孩子，引导孩子主动学习，可以说是空洞无物，无法奏效的。

3. 培养学习责任感

学习责任感是学生积极学习的动力和保障。责任感能催生出智慧和能力，任何高超的技术和深奥的知识都不能代替责任感。具有责任感的孩子会对自己、班集体，以及学校负责，转化为积极进取、勤奋学习、持之以恒的力量，促使学习成绩不断提高。他们踏上社会后，必然会产生强烈的家庭、国家和社会的责任感。这种学习责任感便成为学生战胜学习中诸多困难的强大精神，使他有意志克服学习的各种困难，从而完成得相当出色。

学生的课业学习是一个漫长的过程，这个过程足以令其养成许多终身无法改变的良好习惯，如果当前不注重对其学习责任感的培养，无法以饱满的精神和积极的态度来完成自己的学业，将来孩子走向社会、走向工作岗位之后，又怎么能够认真负责地继续奋斗、取得卓越的成就呢？常言道："一屋不扫，何以扫天下？"就此而论，学习责任感是孩子人生发展的重要基础，学习责任感强的孩子是个崇尚知识、理性并以此指导自己行为的人，他们往往为实现崇高学习目标而不懈追求，其创造力会不断地迸发出来。但这种品质绝不是单单靠学校教育就能够培养的，必须有赖于家庭教育的协作才有可能很好地孕育发展。对孩子而言，父母是当前这个世界上陪伴他时间最长、对他了解最多、影响力最大的两个人。任何一位优秀的教师都无法替代家长对孩子的巨大影响，而孩子的责任感是通过家长在日常生活中的点点滴滴、家庭学习过程中的每个细节化育生长的。

从长远来看，家长要把培养孩子的学习目标和学习责任感结合起来实施教育。一方面要帮助孩子制定明确、合理的各阶段学习目标，同时，加强荣誉感与理想教育，让学习目标成为孩子内心强烈的渴望；另一方面要鼓励和支持孩子克服各种困境、挫折的挑战，努力完成预期的学习目标。这样的良性循环下，孩子的学习责任感就会得到长期的巩固和加强，逐步形成稳定的宝贵品质。

学生学习责任感的培养不可能一蹴而就，必然经历一个较长的过程。在这个过程中孩子可能会迅速进步，也可能偶尔出现退步。当孩子退步的时候，家长应及时分析原因，寻求对策，激励其坚定信心，鼓起继续努力的勇气；当他有了进步的时候，要及时给予肯定和表扬，让孩子在进步的过程中充满成就感，从而使其责任感日趋强烈。

（二）学习习惯

学习习惯是儿童成长过程中不可或缺的一部分，它是学习的基础和保障。学习习惯是儿童在学习过程中，在固定情境下由于自身需要以及家长的规范引导、长期反复练习下形成的较为稳固的、指向特定目标的自动化的动作行为。良好的学习习惯是一个人成功成才的关键，主要包括课堂专心听讲习惯、独立完成作业习惯、勤于思考习惯、爱好读书的习惯、睡前回顾的习惯等。

学习习惯，就是表现在学习方面的重复性，经常无意识的日常学习行为规律。家庭教育对于儿童养成良好学习习惯具有无可比拟的重要性，家庭教育对于儿童学习习惯的养成具有潜移默化的影响，在家庭中培养儿童良好的学习习惯，有助于促进儿童全面发展。

1. 学习习惯的项目

（1）课前预习

预习，是孩子在学校教师未进行新知识教学前先自学，对这一概念再作补充。预习主要是课前活动，在家庭中进行。在这个过程中，孩子可根据已有的知识水平或经验学新的知识，可以发现新知识中能领会以及难以理解的不同内容，并提醒自己在上课时着重听自己未明白的部分。通过预习，一方面可以培养学生的自学能力，另一方面，也可以让学生在学校上课听讲时有的放矢，达到事半功倍的学习效果。由于预习要在家里完成，预习习惯的培养就成为家庭智育的项目之一。

预习的方法主要包括阅读、温故及其他部分。阅读主要是通过与教材的沟通、对话，建立对新学知识的理解。预习开始的时候，家长指导孩子首先从头到尾把将要学习的教材看一遍，边看边思考：新知识的基本内容是什么？重点是什么？是按什么思路来阐述的？读过之后还有哪些不理解的地方？同时一定要督促孩子把这些情况记录标注出来，必要时会借助工具书或查阅有关资料。父母提醒孩子，上课的时候除了听老师讲课外，还要比较一下自己的理解和老师的讲解有哪些差距，这种差距是属于知识方面的，还是方法上的，找到原因也就找到了补短的目标。二是温故。温故，源于孔子《论语》"温故而知新"的思想，指孩子加强对已学知识的复习。主要是在预习新知识的时候，要复习巩固已有的知识，以发现自己掌握知识的漏洞、欠缺或薄弱之处，使新知的学习建立在旧知基础上，新旧衔接，有助于新知的学习和掌握。①

此外，根据孩子智力发展及实践应用能力培养的要求，预习中也会交织进行动手操作、知识与技能训练，以及调查、观察等诸多方式的运用。这些在校外进行为校内学习准备的活动都有家庭支持与父母指导的空间。

如果孩子自主自愿开展预习，应有父母参与下合理的设计。因为孩子就各门课程同时进行预习，肯定会出现时间不够、预习质量难以保证的矛盾。因此，必须解决好选择预习科目的问题，合理安排预习时间。例如，预习时间可以设计以下方案：及时预习，老师讲课前自学老师要讲授的新课；阶段预习，用一个比较完整的时间，把下一阶段要讲的一章或几章的新课内容自学一遍；学期预习，利用假期，自学新学期所讲课程的全部内容。

（2）上课听讲

一些成绩差的孩子并不是因为不聪明，而是因为听讲的习惯差。比如，听课时一句没有听懂，就十分着急，心神慌乱，影响后续听讲的领悟。知识内容没有紧密联系，更心猿意马，不甚了了。有的上课爱和同学悄声细语，搞小动作，看课外闲书，玩手机。还有的老爱走神，注意力涣散，心不在焉，想入非非，如此等等，导致学习成绩滑坡，甚至留级辍学。因此，要想让孩子学习成绩优秀，家长应培养孩子认真听讲的习惯。一方面家长要给孩子讲明学习的目的，要帮助他们树立远大的目标，提高学习责任感，另一方面，家长可经常给孩子讲一些勤奋刻苦学习而成就伟

---

①　金卫东，曹明."独二代"家庭教育指导手册［M］.上海：同济大学出版社，2015：42.

人的感人故事，使其从中受到潜移默化的影响，锻炼自己克服困难、战胜自我坚强的意志力，集中精力在课堂听课的学习与发展上。①

（3）收拾文具

文具是书本、教材、练习册，以及学习用品、工具的总称，其中以教材和练习册为主。收拾自己的文具看似是一件小事，其实这对学生的影响非常大。小学阶段经常会出现学生不按时交家庭作业或忘带书本文具的情况，一问学生，很多学生的回答都是家长忘给自己装进书包里了，显然，这样的孩子经常让家长给自己收拾书包。现在父母对孩子都宠爱有加，很多事情都不让孩子做，自己包办代替，以至于出现有的孩子上了大学，父母都要跟在身边帮着料理生活的现象，这样非常不利于孩子适应今后的社会。父母如果真正爱孩子，就应该培养孩子自己能做的事情自己做的习惯。完全可以让孩子从小就自己收拾自己的文具，孩子做完作业以后，就让孩子自己将书本文具收拾进书包，并且放整齐，长期训练，孩子就会形成习惯，这样孩子不至于交不了家庭作业或忘带课本了。

（4）勤于思考

学思结合，相互促进。这是古老的教学原则、代代相承。古代大教育家孔子谆谆告诫弟子："学而不思则罔，思而不学则殆。"意思是说，光学习而不思考内在的缘由、关系就会糊涂；反过来，只是瞎想，而没有建立在学习认识基础上，就会钻牛角尖，走入死胡同，这是很危险的。当然，就目前家庭教育普遍状况，其症结集中表现在缺乏思考，学有余而思不足的现象上。

只有勤于思考的孩子，才会真正倾心于课堂、走进书本，将学习和思考有机结合起来。有的孩子在学习中，一遇到难题就懒于思考，在家里，一遇到不会做的就马上要父母解决，在学校，一遇到不会做的就不做或去照抄同学的，久而久之，这样的孩子就养成了一遇困难就退缩的坏习惯。

---

① 韩燕.生命是创作——积极心理学与家庭教育［M］.北京：新华出版社，2015：135.

教师或家长都要鼓励孩子在学习中养成敢于挑战困难，深入思考的学习习惯。在孩子遇到困难时家长不要急于帮忙解决，多鼓励孩子通过自己的思考去完成，而不是越庖代俎。如果孩子是通过自己的思考去战胜阻碍的，他会体验到自己努力付出获得回报的快乐，这应该是成就动机或成功激励中的甘果佳酿，是其他奖品所无法代替的。家长还可以经常给孩子讲科学家成长历程中如何勤于思考、战胜困境的鲜活例证，鼓励孩子学习他们的品质。

(5)自觉复习

复习是教学过程的重要环节，是巩固、加深学习知识、技能的方式及手段。复习的类型、组织形式很多，甚至教学上课的门类中就有复习课。但就家庭教育视角考察，应以课后复习为要。

学生放学回家的课后复习之于学习效率是非常有益的。因此，家长要注意培养孩子课后复习的习惯。最好是让孩子在一天的学习结束后先将当天的知识进行梳理、消化、巩固，看看哪些地方是弄懂了的，哪些地方还不是很明白，然后想办法把不清楚、不明白的地方弄懂。回家复习后再做家庭作业，这样就会提高学习的效率，取得事半功倍的效果。这种减少精力和时间投入，而又能增效的方法，是经济化或最优化教学原理的运用。

课后复习的方法有很多，主要包括：(1)课后回忆，也有人把课后回忆叫作"过电影"。即在听课的基础上，把所学内容回忆一遍，它具有检验听课效果的作用。可以一个人单独回忆，也可以几个人在一起互相启发、补充回忆。课后回忆可按教师的板书提纲进行，也可按教材的纲目结构进行，从课题到重点内容，再到例题和每部分的细节。(2)笔记整理。课堂听课时间是有限的，而且老师讲课的速度较快，难免会漏记一些内容，这就需要课后整理笔记时加以补充。特别是提纲式笔记，它只记录了课堂内容的纲要，因此必须整理笔记，充实内容。此外，在课后复习中，可能会有新的发现，新的体会，也需要补充到笔记中去。(3)知识网络构建。用"知识的三点"形成网络图，"三点"是指知识点、知识点之间的连接点、连接点上繁衍出来的生长点，概括地说就是"知识点—连接点—生长点"。知识点要夯实，连接点要形成网络，要清晰，而生长点就是将解决问题所需要的知识点重新整合，形成新的、解决问题的知识网络。①

(6)独立作业

作业是学生学习的重要环节，教师组织教学活动的项目和内容之一，连接教学评价与教学目标达成之间的津梁。必要的作业是教学得以落实的条件和保障，因为无论是教师教学的反馈，还是学生加深对所学知识的理解、熟练演算和掌握技能、技巧，乃至于开发智力都是绕不过去这项内容的。有些家长不能正确对待这个问题。孩子回家后自行玩耍，听之任之，匆忙赶作业，草草收场；有的孩子把作业看成一种课外负担，生厌排斥，敷衍了事，表面应付。在完成作业的过程中，一遇到复杂深奥或综合性强的题就搁置，宁愿留着空白，也不愿去思考，就等着回校由老师讲解正确答案。时间长了，孩子就养成了懒惰的坏毛病，由此对孩子的学习产生了负作用。因此家长有必要把好家庭作业关，教育孩子认真做好教师布置的作业，养成独立、及时完成作业的习惯。

一般情况下，很多学生做完作业之后都不愿意自己检查，嫌麻烦，做完作业之后，让家长检查，久而久之，就会养成孩子的依赖性，同时，也增加家长负担。这样做的结果不利于学生自我成长，也拖累当今"撸起袖子加油干"时代的年轻父母的工作和生活。家校共育，互相沟通，形成合力督促孩子养成作业自查的习惯。为提高作业的正确率，教师和家长还可以制定一些奖惩的制度，作业书写漂亮、正确率高的孩子可奖励红花或是五星等精神荣誉，或是精美的物质小礼物，以提高孩子自查的积极性。尤其是数学学科，经常与计算打交道，如果孩子不养成自查的习惯，那么作业的正确率之低就可想而知了。

当然，孩子需要形成的良好学习习惯是很多的，以上所列的是从学校教育与家庭教育协同共育的视角考察分析的。如果家长能帮助孩子养成以

---

① 金卫东，曹明. "独二代"家庭教育指导手册[M]. 上海：同济大学出版社，2015：44.

上这些良好的学习习惯，那么在他们以后的学习生活中，就会觉得学习很轻松，也就会更加热爱学习了，学习成绩也会自然而然提高了。

2. 学习习惯的培养方法

其实，学习习惯的内容与其培养方法带有交叉性和较高程度的一体化。当然，前者存在自身，后者则是怎样使它存在，或更好地存在。以下就其这种实现的方式、方法加以思考。

（1）身教重于言教

身教胜于言教的思想语出孔子《论语》，是孔子教育思想的精辟论点。孔子是在私人办学活动中落实其主张的，所以，主要论说范围及作用发挥在学校教育。其实，家庭教育对此更有实践的价值。

家庭教育与学校教育大有不同，家庭教育具有全面性、持久性，但同时具有不稳定性，在家庭教育中可以对儿童全方面、多角度地培养学习习惯，但是家长要以身作则起到榜样的作用，让儿童通过模仿养成良好的学习习惯。比如，家长如果非常喜欢看书，就会经常买书，有机会就会去逛图书馆，孩子在这种环境下经过长时间的熏陶，也会慢慢地爱上看书。家长对于孩子目前出现的不良学习习惯，要引导儿童及时改正。学习习惯除了一些行为方面的，比如读书、写字习惯等，更重要的是涵盖思考、反省、主动等积极因素，儿童在家庭教育中通过父母的言传身教逐渐进步，从而做到学思兼顾、三省吾身、自主学习，收获学习的成就感与满足感。

（2）利用兴趣

学习兴趣是学习的原动力，兴趣是孩子最好的老师，家长要利用，甚至激发孩子的兴趣，以有效培养孩子良好的学习习惯，在家庭教育中家长要转变应试学习是为了"鲤鱼跃龙门"的传统思想，而应该从孩子的兴趣出发，发挥儿童的好奇、探求、疑惑心理特点。那么，作为家长在这方面到底该做些什么呢？首先，应该多一些肯定性评价，孩子对大千世界、宇宙苍穹十分惊讶，这正是激发孩子学习兴趣的机会和条件。比如，当孩子遇到不懂的问题时，家长让孩子自己进行探索，利用已有经验与知识去探索新的经验与知识，当孩子找到答案时，家长要表扬孩子，使孩子有成就感。其次，家长可以在日常生活中，带着孩子多做一些科学小实验、小游戏，从而让孩子感受到亲自动手、亲身体验学习的快乐。家长与孩子共同参与到游戏中，对于游戏过程中的问题，共同解决，共同完成，这样不但可以形成孩子对科学知识探索的兴趣，培养孩子良好学习习惯，而且有利于形成良好的亲子关系。

（3）循序渐进

孩子的学习习惯要从小抓起，如果起步晚了，也不要着急，只要选对了方法，循序渐进，孩子也可以逐渐养成良好的学习习惯，切不可操之过急。让习惯在孩子内心有生长的空间。对孩子的行为不轻易做出结论，做适当的引导，先问问原因，再问问孩子的感受，而不急于判断是非，更不急于严加管理，让孩子在反思中成长，从而养成更好的学习习惯和思维方式。家长在具体做法上，应在顺序安排和逐步进行上下力气，费思量。例如，让孩子学会如何整理自己的书包。刚开始时，家长一定要告诉孩子如何整理——需要用的教材要找出来，暂时不用的要放在书架上，要用的教材还要按书的大小进行排列。这些细节要告诉孩子。家长的角色定位为教练，有家长教，更要有孩子练。孩子是练的主体，家长所教的都要落实到孩子的练上。

习惯的养成不是一朝一夕的事，它是一个由简单到复杂的逐渐形成的过程，只要选对了方法，并按照孩子的年龄阶段、心理特点和认知规律的需要，循序推进，会使他们良好的学习习惯由小到大，持续稳定地产生、完成、成熟到巩固，学习习惯也有程度或难度的区分，与年龄发展阶段相伴，有顺序地拾级而上，而不是跨越式地前进，更不是眉毛胡子一把抓。例如，小学低中年级上课集中注意力听讲、有始有终完成作业的规范；小学高年级至初中，行为习惯、思考习惯等，到了高中应有进一步质性要求，如创新、反思习惯的深化等。

（4）合理看待分数

孩子的学习成绩是每位家长最为关心的事情，而家长对待孩子分数的态度会直接影响孩子学习的动机。一些家长过分看重孩子的分数，孩子考得好与否，家长对孩子的态度判若两人，如孩子得高分，父母高兴而欣喜，快乐如神仙，过分满足孩子的不合理要求；反之，得低分，父母垂头丧气，犹如末日来临，训斥、甚至体罚孩子。长此以往，孩子会慢慢认为自己是分数奴隶，是在为家长被动地学习，考得好家长有面子，考差了自己受苦，由此逐渐引发对学习的恐惧感而厌学、逃学，甚至离家出走。

在孩子分数问题上，家长正确的态度是多做纵向比较，少作横向比较。只要孩子的学习成绩比以前有所提高，就应该给予充分鼓励。信任孩子，关心孩子，学习上微妙的变化、点滴的进步，就是成长发展的兆头，希望少斥责、少否定，不以同班或年级优秀者的标准论英雄、排地位，更不能以分数的高低改变对孩子的态度和感情关爱。父母对孩子的学习恰如其分的关心和赞扬，或根据孩子的具体情况，设计出稍高的又是孩子通过努力能够达到的要求，会极大鼓舞和激励他们学习的兴趣、求知欲及探索精神。①

（三）家庭学习氛围

家庭既是孩子生活的环境，也是孩子学习的环境。现代教学论强调学生学习是一种自我的建构，而其中的重要依托则在于个体的经历及体验，这都与家庭环境有关。这种教学环境的学习影响力合成应该是家庭学习氛围的范畴。家庭应该有一个良好的学习氛围，而且要从孩子小时候开始创造这样的成长条件。

良好的学习氛围从环境分类而言，分为物质环境和心理环境两部分。物质环境要与孩子的需要相适应。如上幼儿园的孩子，家中要有专门为孩子放连环画的抽屉，方便孩子取放图书。小学以后，设施条件提高，孩子应该有自己的写字台、书架和一部分活动空间，并尽可能减少对孩子学习上的噪音和其他干扰。随着人们生活条件的提高，物质环境的创造还可以不断改善。心理环境的创造是学习氛围更重要的部分。因为从其内容分

---

① 彭德华.家庭教育新概念[M].兰州：甘肃教育出版社，2001：93.

析，更多是指学习者精神体会和心理感受的轻松、愉悦、美好等状况。但偏偏在这方面，并未引起很多家长的充分注意。父母应经常用语言和行为对孩子表示疼爱和尊重，但绝不能溺爱；对孩子进行教育要动之以情、晓知以理，不能简单粗暴；当孩子遇到困难和挫折时，给孩子以关怀和帮助，让其树立克服困难的信心和战胜挫折的勇气；及时注意到并指出孩子的错误，帮助他们去改正，而绝不袒护和纵容孩子。

家庭教育贯穿孩子的整个学习生涯，轻松愉悦的家庭氛围，有利于儿童的学习和成长。如何为孩子打造一个良好适宜的家庭学习氛围？

1. 安静的学习环境

家长要为孩子准备一个安静的不受干扰的学习环境，让孩子能全神贯注地学习。在孩子学习的时候，家长要监督孩子远离电脑、电视机、手机和玩具等会分散孩子注意力的东西，不要让孩子一边学习一边做其他事。另外，孩子学习的时候，家长要克制一些，不要在家里看电视，打麻将，大声谈笑，以免嘈杂的声音干扰孩子，让孩子难以静下心学习。所以，家长在孩子学习的时候，要尽量为孩子排除一切干扰孩子学习的因素。在有条件的情况下，为孩子准备一个专门的房间让孩子安心学习。房间要整洁、明亮，不需要繁复的装饰，布置简洁舒适即可。电脑和电视不要放在孩子的房间里，玩具收起来放到柜子或箱子里，以免在孩子学习的时候分散注意力。没有条件的情况下，也最好为孩子准备一个学习角，安置书桌和椅子，让孩子有一个安心学习的地方。

2. 进取的学习态度

父母是孩子第一位也是最好的老师，父母的一言一行对孩子的影响很大。家长勤奋好学，在工作之余也不忘读书学习，刻苦钻研，不断地充实自己，不仅能为孩子树立一个热爱学习的好榜样，也在无形中传达一个暗示：学习是一件很重要的事情。在这样潜移默化的影响下，孩子会在不知不觉中提高对学习的兴趣，自觉加入父母的行列，一起努力学习。因此，父母要以身作则，率先学习，在家中营造爱学习的氛围，成为孩子学习的榜样。温馨和睦的家庭有利于孩子的身心健康成长，能给孩子足够的安全感，让孩子心无旁骛地投入学习，因此，父母要努力为孩子构建一个温暖、和谐的家庭环境。夫妻之间要相互尊重、相互理解，即便发生矛盾也不要当着孩子的面争吵，以免让孩子因此感到焦虑和不安；父母要多和孩子沟通，尊重孩子，让孩子亲近和信赖，成为孩子最好的朋友。当孩子遇到学习上的困难，也愿意向父母倾诉，和父母一起寻求解决的办法。

3. 科学的学习辅导

家长要教育孩子，就必须了解孩子，必须掌握科学的教育方法。为此，家长应学习一些生理学、心理学和教育学的有关知识，结合孩子的实际情况加以灵活运用。孩子在日常生活中，往往会提出很多问题，这就要求家长具备一定的科学文化知识，以满足孩子的求知愿望。遇到不能解答的问题，则应表示愿意和孩子一起学习和共同探讨，树立孩子不断求知的信念。

第三节　家庭体育

体育是素质教育的有机部分，不可分割，且是人从事活动及创造的生命基础。家庭体育在孩子茁壮成长中的作用是不容低估的，且能弥补学校体育的缺失，发挥出生命教育与减负教育的强大正能量。

一、家庭体育的目标

我国教育体制从应试教育向素质教育的转轨意味着无论是学校教育，还是家庭教育都必须转变教育观念，对教育内容加以改革，从升学教育向德、智、体、美、劳全面发展的教育转变，体育的作用便被凸显出来了。家庭体育作为体育的一个组成部分，与社会体育一道成为学校体育的补充和延伸。家庭教育具有潜在的引导性、延绵性及感染性，是学校教育与社会教育无法代替的一种。

体育与德智等其他方面教育是一个有机体，家庭体育可以将体育运动家庭化和终身化。体育教育的家庭化，即家庭体育，是家庭成员开展的体育活动，以及父母指导孩子的体育训练，主要包括亲子体育活动、家庭游戏体育化。家庭为幼儿开始系统地参与体育活动提供第一场所。家庭体育有助于促进整体国民素质的提高，为社会输送高素质优秀人才。

"生命在于运动"。体育对于孩子成长的意义是不容置疑的，体育运动和体力劳动有利于促进幼儿身体形态和各器官、系统的正常发育，是促进身体发育和增强体质的最有利的因素。尽管源于父母祖先基因遗传习得及DNA密码，可以使机体自然生长和成熟，但在保证营养充足的前提下，体育作为自觉的、有目的的健身，可以充分发挥机体的生长潜能，有效利用各种营养物质，促进人体营养物质代谢过程优化，全面提高人体形态和机能的发育质量，并且可改善、增强细胞免疫活性及体内非特异性免疫水平。从教育学视角分析，体育有利于孩子生理体质及器官发展、智力开发，以及道德行为进步和性格优势，对儿童成长具有多方面作用。

(一)体育促进孩子身体形态和各器官、系统的正常发育

研究表明，经常参加体育锻炼的儿童其身高、体重和胸围等增长幅度一般高于不经常锻炼的儿童。在青春发育期，体育锻炼与否对人生长发育水平和体质有明显的影响。

孩子的体质指身体素质。包括速度、耐力、力量、灵敏、平衡等。孩子的体质若任其自然成熟，那么只会达到一般水平，它难以适应多变的自然环境和具有抵抗疾病的能力。基本动作的形成和身体素质的发展都有赖于体育。体育运动能使孩子提高机体的调节功能和适应性，达到抵抗各种病菌侵袭，保持身体健康的目的。

儿童的体育锻炼能明显改善骨的供血，使其得到充分的营养物质，促进骨的生长，使长骨(管状骨)变长，横径变粗，骨重量增加。体育有利于平衡全身及骨骼的钙磷代谢，加速矿物质在骨内沉积，使骨皮质变厚，骨密度增大。新陈代谢旺盛，有利于骨细胞的增殖，使骨骼更加坚实。

运动对生理机能的发育有改善和健全作用。体育能使大脑和神经系统得到锻炼，提高神经系统工作过程的强度、均衡性、灵活性和神经细胞工

作的耐久力，能使神经细胞获得更充足的能量物质和氧气的供应，从而使大脑及整个神经系统获得充分的营养。体育活动中大脑的兴奋与抑制过程合理交替，避免神经系统过度紧张，而且按大脑皮层功能轮换的原则，可以消除脑力疲劳，这对于学习负担沉重的青少年而言是极其有利的。

总之，体育对于儿童身体有着积极作用。这种作用主要是通过对孩子的身体施加一定的刺激实现的。运动刺激作用于孩子的机体，使孩子的机体承受着相应的生理负荷，这种刺激的经常化，促使孩子机体内部不断进行调整而逐渐产生适应性的变化，从而使机体在形态、结构和机能上得到一定程度的完善和提高。①

(二)体育发展孩子智力

体育能促进身体新陈代谢，改善脑的营养状况，促进大脑发育。智力的高低有赖于大脑的机能及其活力。充沛的物质能量赋予大脑，给大脑提供物质基础，必然有助于其活动质量及精细灵敏度。幼儿主要通过躯体和手的活动来认识外部世界。他们在活动中学会思维，并逐步提高思维的水平。儿童期智力与运动显著相关，孩子在转体、跑步、投掷、攀登等各种体育中，能体验和识别数字、方位、主客体以及多种图形形状、符号等抽象概念。例如体育游戏中，孩子对游戏的规则、环境以及对方状态等，做出迅速、准确、利于获胜的反应，这就锻炼了孩子思维的独立性和灵活性，有利于孩子智力的开发。②

(三)体育形成孩子良好的行为和性格

体育调节与改善情感。运动中协作交流、有序追赶、对抗中获胜的气

---

① 彭建兰，胡小萍. 学前儿童家庭教育[M]. 南昌：江西高校出版社，2009：109-110.

② 彭建兰，胡小萍. 学前儿童家庭教育[M]. 南昌：江西高校出版社，2009：111.

氛，以及此间相伴而来的笑声、歌声、助威声，都会使人感到轻松、愉快、精神为之振奋等诸多积极的情绪。

体育运动磨炼人的意志。竞赛运动中机体会出现"极点"的现象，忍耐中促进自我力量、速度、耐力等方面的承受水平；体育需要克服因运动成绩而带来的沮丧，经历挫折教育的体验。体育使人的身心得到挑战性超越，其中充满了意志力的磨炼和拼搏精神的塑造，而这些恰是优秀心理及道德品质的属性。

体育对孩子良好个性的发展起着催化作用。在体育运动中，有的人表现惊慌失措，动作迟缓，而有的却沉着冷静，不慌不忙。群体体育可以培养孩子活泼开朗、勇敢顽强，以及协作互助的品格；丰富多彩各具特点的体育项目不仅有助于陶冶个性，而且对摆脱儿童机械呆板、拙钝迟缓的反应和行为都有积极价值。因此，体育成为孩子良好个性产生的有效催化剂。

二、家庭体育的内容

家庭体育活动即在家庭中进行的体育活动项目。家庭体育是以家庭亲情为纽带进行的休闲、健身、康复、娱乐为主要内容的体育。家庭体育不是专业体育训练，而是全民健身运动的重要内容，是促进家庭和社会和谐发展的重要手段。家庭体育的主要任务是促使孩子拥有健全体魄和坚强性格。孩子拥有强健的体魄是发展其他各方面能力的前提和保障，如果他们身体较弱，则势必会影响其他各方面的教育。18世纪末法国自然主义教育家卢梭在其教育小说《爱弥儿》中提出，对2~3岁之前的孩子，教育的全部内容应当是体育，由此可以看出家庭体育教育的重要性。家庭亲子体育活动主要是以家庭成员身心健康发展为目的，以体育游戏活动为主要内容。

(一)亲子体育

家庭亲子体育是家庭内父母与孩子之间，以亲子感情为基础而进行的体育活动，是亲子之间交往的重要形式。家庭亲子关系是人际关系中最重

179

要的内容之一，已经越来越多地引起人们的关注。然而由于种种原因，亲子互动往往被家长们所忽视，这种忽视对于密切亲子关系和促进孩子身心健康是极大的失落。家庭教育应十分重视亲子活动。在亲子体育中，家长既是组织者，又是参与者，更是孩子的伙伴。因此，家长需要用心、合理利用各种时间以及各种条件组织体育。

家庭亲子体育对幼儿健康教育起到非常重要的作用，主要有5个方面：其一，融洽孩子与家庭成员之间的情感。家庭是以婚姻和血缘关系为纽带的社会生活组织，家长和孩子一起做操、玩游戏，不仅能锻炼身体，同时也能增进亲子情感。家长要善于利用亲子体育活动中的契机对孩子进行教育，往往教育的效果会事半功倍。其二，增进孩子健身健美。家庭体育活动不仅能有效促进人体生长发育和形体健美，还能有效增强器官和脑神经系统的健康发育。家庭体育具有增强幼儿环境适应能力，提高疾病抵抗力的作用。其三，促进孩子智力的开发。体育并不是单独的肢体动作，而是智力参与下的躯体运动。如在体育游戏"躲闪跑"过程中培养儿童的应变和反应能力就十分有效。其四，调节情绪的作用。家庭体育能增进儿童快乐，调节情绪，促进其心理健康和品质优良。其五，培养良好的意志品质。根据孩子的身体情况，开展适合其特点的体育活动，让孩子体会运动项目的不同感受，不断鼓励努力争胜，永不言败的必胜信念，并在体育比赛中体会由失败到成功的喜悦。家长尤其应让孩子多通过体育，促使性格开朗、心情愉快，遇事敢做敢当，勇敢主动，具有创造性，树立不怕困难，坚持到底，永不言败，愈挫愈勇的信心。

（二）亲子游戏

寓教于乐是把教育和娱乐融为一体，能够使儿童在游戏的娱乐氛围中不知不觉地快乐地接受教育。而体育游戏源远流长、内容丰富、形式多样、生动活泼。体育游戏具有情节性、趣味性、教育性、娱乐性、欣赏性、竞争性等。它能锻炼身体、富于娱乐、发展智力、陶冶情操，所以深受广大孩子、教师、家长的喜爱。在家庭体育游戏中，家长充分利用游戏方式开展家庭体育活动，巩固和提高孩子体育的动作技能，提高孩子的基本素质和能力。

游戏是学前和学龄初期儿童的基本活动。在游戏中儿童探索世界，发展他们的主动性、创造性、自主性，锻炼想象力，培养注意力，发展感知觉能力，丰富情感，形成良好行为品质，掌握处理人际关系的方法与技能。游戏不仅是儿童学习的一种方式，也是处于发展过程中的儿童的需要，是儿童的需要满足与适应过程的天然结合。游戏是动态的，而不是静坐木讷、文静呆滞的。因此，游戏本身就是一种体育运动的类型及方式，包涵有大量的体育项目内容。有的学者就家庭体育游戏中家长的角色及作用作了探讨和总结，形成了如下认识。

（1）当儿童不会玩玩具时，家长可先示范，教会儿童此种玩具的一种或多种玩法，使他（她）成为玩具的真正主人。（2）给儿童提供丰富的游戏材料。游戏材料是儿童游戏的物质支柱，提供适当的游戏材料，是促进儿童游戏的重要一环。家长可根据孩子年龄特点为其购置玩具，也可以把某些对儿童身心没有危害的物品，如小椅子、纸张、小木块、纸盒子、小瓶子、旧轮胎、树枝、树叶、空饮料瓶子、遥控器、沙子、水，甚至买来的蔬菜、水果等当成儿童的玩具。也可以和儿童一起动手，用家中废旧物品制作玩具，如可以把电视机的包装箱糊上白纸，涂上颜色，制成可爱的"小房子"，然后和儿童用它玩"捉迷藏""娃娃家"等游戏，也可用旧布料缝制小动物，用易拉灌编制小花朵等，来培养儿童的动手能力和想象力。（3）增加儿童经验。游戏内容是社会现实生活的反映，因此，家长平时要多给儿童讲故事，让其看一些有益电视节目，带其去公园观察大自然，去商店买东西，去邻居家串门等，通过这些活动来丰富儿童的游戏内容。①

（三）走出家庭体育的误区

学校里，因为考试升学和体育课活动条件设施等问题，体育作为课程

---

①　刘海华.0—3岁儿童隔代教养现状与对策研究［D］.长春：东北师范大学，2006：37-38.

在教学中被边缘化，被称为最不受重视的副科并不为过。教师不敢让学生多运动，也有安全的顾虑，希望以此来避免发生意外。同样，在很多家长的观念中，安全第一，成绩第二，认为运动可有可无。但6~18岁的学龄期孩子正处于身体快速发育期，体育对他们来说是非常重要的。家长要从长远利益考虑，改变错误观点，走出家庭教育观念的误区，有意识地增强孩子的体魄，并在此基础上促成其全面发展。

1. 轻视体育锻炼

调查显示，我国中小学生中患肥胖症、近视眼、贫血等的学生逐年增加，而且所占比例较大，在校学生的整体综合体能素质持续下降。其主要原因是学生学习压力过大，缺乏体育运动。多数家长只关心孩子们的学习成绩，对孩子的体育锻炼和身体健康却很忽视。其实体育和孩子的成长是相辅相成的，体育落实好了，体质增强了，才能从一定程度上促进孩子各科学习进步和其他各方面的综合协调成长。

我们经常可以看到，爱动的孩子往往不容易摔跤；相反，那些平时不爱运动的孩子走路一摇一晃，稍一跑动，就会虚汗直冒、两眼金星直冒。这说明爱动的孩子从运动中学会了平衡和协调，增强了体能素质，从而获得了各种自我调适的方法。相反，那些不爱运动的孩子，平衡性和协调性没有得到锻炼，就很难有适应环境变化的能力。所谓未经风雨冲击袭扰的花木脆弱易折就是这个道理，而且这也会迁移到学习上，带来困境，如上课以及做作业，就会出现坐不住、注意力不集中、记忆力没有持续性等诸多影响学习的问题。

2. 运动有损孩子身体发育

很多家长认为，小学生正是身体发育的关键时期，体育运动不利于孩子身体发育，并以此出发反对孩子的体育活动。

这种观念是错误的、片面的。当然，体育的类型、强度、难易、复杂性、负荷量均有差异，家长可以在适合儿童的项目或种类中有针对性地进行选择。以下再从运动与体能生长发育的视角略作剖析。

首先，适当的体育运动能使孩子身高增加，体格健壮。孩子能够长高，是由于体育运动改善了血液循环，骨组织得到了更多的营养，骨骼生长也就更快。同时，运动对骨骼起着一种机械刺激作用，所以，能促使骨骼生长加速，使孩子身高随之增长。其次，适当的体育运动能促进心肺功能，使血液循环加快，加强人体的新陈代谢。心肌发达，收缩力加强会消耗大量的氧气，同时排出更多的二氧化碳，于是呼吸器官需要加倍工作，久而久之，胸廓活动范围扩大，肺活量提高，肺内每分钟通气量加大，增强了呼吸器官的功能，对预防呼吸道常见病有良好的作用。最后，适当的体育锻炼能促进神经系统的发育。锻炼时，肌体各部的协调运动都是在神经系统统一控制和调节下进行的，因此，在进行体格锻炼的同时，神经系统本身也经受着锻炼和提高。如各种体操，可使年幼的学生从无秩序的动作，逐步形成和发展为分化的、有目的的、协调的动作，这是对神经系统良好的调节。①

　　家长改变了运动观念后，新的问题有可能接踵而来，那就是：家长工作太忙，回家还要做饭，没有时间陪孩子进行各种体育运动，让孩子自己去运动吧，既担心运动枯燥，孩子不能坚持，又担心孩子的安全问题。如何让孩子安全且快乐地开展体育运动呢？（1）将运动简单化。这里所说的简单化，并不是应付了事，而是引导孩子选择对场地和器材没有限制和特殊要求的运动，或将一些有场地和器材限制的活动简化为不需要限制的活动。没有特殊场地和器材限制的运动有很多，例如跳绳、仰卧起坐、跳房子、踢毽子、跳皮筋等，这些运动只需要一块空地和简单的器材就能完成。孩子还可以变花样玩，例如跳绳可以正跳、反跳、双脚跳、单脚跳、花样跳，等等；跳房子可以引导孩子根据自己的喜好画不同造型的房子，既增添了游戏的难度，也开发了孩子的智力和想象力；踢毽子和跳皮筋有多种玩法，家长可以将自己孩提时的玩法对孩子倾囊相授，以此来启发孩子发明创造更多有趣的玩法。另外也可以邀请同学或邻家的小伙伴一起来

　　① 叶显发.小学儿童家庭教育指导［M］.武汉：华中科技大学出版社，2014：123-124.

玩，既锻炼了身体，还增加了小伙伴之间的情感交流，真是一举多得。
(2)将运动游戏化。游戏，所有的孩子都会兴趣盎然，这是孩子的天性。
如果将运动游戏化，那么孩子参与的积极性肯定会很高，让孩子在玩乐中
运动，减少对体育锻炼的抵触感，效果一定会十分显著。家长可根据孩子
的年龄特点设计一些孩子喜爱的运动，将运动游戏化，孩子的兴趣就会更
浓了。(3)将运动生活化。体育运动也可以贯穿于生活之中，将运动生活
化，更容易坚持。随着社会进步与时代变迁，运动生活化词义不断延展、
衍生，现在还可以表达为运动无所不在。例如吃完饭后可以带着孩子去散
步，家长做饭菜时，发现调料不够了，不妨叫来孩子，交代清楚需要什
么，让他去购买，在锻炼孩子能力的同时，也让孩子锻炼了身体；周末或
假期带孩子外出游玩时，可以选择骑自行车，不要怕孩子累着，这样的旅
行在孩子心中别提多有趣呢！① 时间久了，家长会发现，孩子真的爱上了
运动，面对运动不再逃避，而是积极参与，身体也会越来越棒了。作为孩
子的启蒙老师，家长若注重培养孩子的运动习惯，不但有助于孩子身体和
心理的成长，增强孩子的体质，促进孩子大脑发育，还可以帮助他们养成
健康、积极的生活方式，使孩子受益终身。

第四节　家庭美育、劳动教育

美育是培养人认识美、感受美、热爱美和创造美的能力的教育，一直
以来都是一个国家文化传承的重要途径，对帮助人们树立正确人生观、价
值观具有重要的意义。家庭美育、学校美育和社会美育是美育的三大方
面。当前，我国学校美育改革发展进入加速提质阶段，美育课程建设稳步
推进，呈现良好势头。与社会日益崛起的精神文化需求直接联系，以博物

---

① 叶显发. 小学儿童家庭教育指导[M]. 武汉：华中科技大学出版社，2014:
125-126.

馆、美术馆为代表的社会美育也展现出蓬勃发展之势。但作为美育实施的基本途径，家庭美育仍然没有得到应有的重视。

家庭劳动教育是指通过家庭劳动活动，培养孩子的劳动意识、劳动习惯和劳动技能的教育方式。它是一种重要的教育方式，旨在帮助孩子树立正确的价值观，培养积极的生活态度，并为他们的未来做好充分的准备。家庭劳动教育是一种重要的教育方式，通过培养孩子的劳动意识、劳动习惯和劳动技能，帮助他们树立正确的价值观，培养积极的生活态度，并为他们的未来做好充分的准备。家长应该重视家庭劳动教育，积极参与孩子的劳动活动，与他们一起成长、学习和进步。只有这样，我们的孩子才能在未来的生活中健康、快乐地成长。

以下将对家庭美育和家庭劳动教育的相关问题略加探讨。需要说明的是，鉴于家庭教育与学校教育的功能差异，以及育人倾向或特点所在，美育与劳育主要在学校教育中讨论。因此，此处对之只是简略陈述。

一、家庭美育的目标与内容

家庭美育就是父母对孩子进行审美教育。家长通过家庭生活的各个环节，用各种美的事物来影响孩子，引导他们形成正确的审美意识，能鉴赏美，有创造美的能力。期冀孩子出息成才的家长，是绕不开家庭美育的。他们应当用美的事物去影响、陶冶和滋润孩子，让他们自幼小始就拥有美的素养。"美"分为现实美和艺术美两大类，现实美主要指大自然、生活环境的美和人的言行、品德的美；艺术美主要是指文学、音乐、舞蹈、戏剧、各种工艺美术。家长在对孩子进行美育教育时可以从现实美和艺术美两方面入手加以具体实施。

家庭美育的思想依据与儿童的美感和美的鉴赏相关性最高，因为这两者是对于美的认识和创造的归依或取向。基于上述表征，家庭美育的内容及方法拟表述如下：美感，小学生的美感主要指向具体内容，指向具体的人物形象，较少关注作品的艺术评价。对事物更多地指向具体事实，很少注意艺术的技巧。这与小学生的知觉、思维的发展有密切的联系。但随着年级的提升，到了初中以后对美感的认识逐步从感性认识到理性认识，孩子可以根据自己的理解去感知美、理解美、追求美。

学龄期儿童对事物的美的鉴赏有两个特点：一是仍受事物外部特征的吸引，如色彩、形状、外部刺激等新奇性；二是真实感，即凡是与实物相像的作品就是美的、好的，反之就是丑的。他们还不能对抽象概括化的艺术进行鉴赏。同时，美感与道德感是联系在一起的，凡是与自身道德相近的艺术作品或表演，就是美的。凡是与其道德相反的，就是丑的。①

(一)教给儿童美育知识

家庭中对孩子进行美育教育，能够促进孩子的德、智、体的发展。美育可以提高孩子的思想，发展孩子的智力；可以增进孩子的身心健康，提高体育运动的质量；可培养孩子的心灵美、行为美。

美育知识的教育能够提升孩子的智力发展，孩子所接触到的美的事物以及在创造美的活动中所获得的知识经验，以及孩子在行动中培养出来的直觉能力和空间想象力，对抽象逻辑思维起着互补作用。客观事物美在儿童大脑中的反映，对智力有着能动作用，通常具有浓厚的审美活动兴趣，经常参加审美活动的孩子在感悟能力、思维敏捷度、想象力丰富程度、动作灵敏度等方面都具有较高的天赋。从一定意义上来说，艺术中的灵感也是审美教育的结果，是美育对智力开发的贡献。

(二)创设家庭美育环境

家庭美育的特点是润物无声，但影响深远持久。家庭日常的环境、气氛、情感和活动，是孩子认知外在环境的基础，它潜移默化地影响着孩子对自然社会的认知、对文化人文的体察，影响着孩子道德修养的提高，审美观念、价值体系的形成。因此，家庭中打造良好的美育环境与氛围十分

---

① 韩燕.生命是创作——积极心理学与家庭教育[M].北京：新华出版社，2015：132.

迫切，家长可以从以下几个方面打造家庭美育环境：（1）利用家庭生活环境中一切美好的事物对孩子进行美感教育。房间布置应保持整齐、清洁、朴素、美观。家庭环境的美化，对孩子审美趣味的形成和发展有着重要的影响。（2）使孩子的衣着、仪表和言谈举止符合美的要求。父母教育孩子在穿着上注意整洁、朴素、美观、大方，反对奇装异服，奢侈浪费和追求时髦。仪表要落落大方，言谈举止要文明礼貌。

（三）从自然和生活中获取美育资源

自然和生活中的美丰富多样，质朴天然，却含英咀华，耐人寻味。自然美存在于大自然中，蔚蓝无垠的天空、汹涌澎湃的大海、逶迤的山峦、奔腾的江河、千姿百态的鱼虫鸟兽、万紫千红的花草树木等都可以成为美育的源泉。家长携孩子亲近大自然，不仅可以让孩子开阔眼界，丰富知识经验，还可以使孩子认识自然美，欣赏自然美，并以此陶冶性情，从中培养爱美、爱大自然的情感。这样，以后孩子在进行艺术创作的时候会有更多的灵感，更多的创意。

生活中的艺术美除了大自然以外，还大量存在于音乐作品、美术作品、文学作品等艺术作品中，家长们可以通过将这些艺术融入生活的方式来激发孩子们对生活的热爱，例如带孩子去听音乐会、去看美术馆，给孩子读故事书，这些都有利于培养孩子对于艺术的热情和能力品质。

二、家庭劳动教育的目标与内容

2020年3月份，全国各地深入贯彻习近平总书记关于教育的重要论述，全面落实《中共中央国务院关于全面加强新时代大中小学劳动教育的意见》，加快构建德智体美劳全面发展的教育体系。由此可见劳动教育的地位举足轻重。劳动教育是人全面发展中的有机组成部分，形式有很多，生产劳动教育、学校劳动教育、家庭劳动教育。家庭教育中就包括劳动教育，也就是家庭劳动教育。家庭劳动教育有助于儿童树立正确的劳动观点和劳动态度，培养儿童的独立性；劳动过程中儿童手脑并用，促进其体力、智力发展；家庭劳动使儿童形成良好个性品质，并成长为一个有责任感、有自我服务能力、为他人服务的人。家庭劳动教育的主要内容如下：

(一)儿童生活自理能力

生活自理能力是一个人应该具备的基本生活技能，主要是指孩子在日常生活中照料自己生活的自我服务性劳动的能力，它是一个人应具备的最基本的生活技能，包括自己穿脱衣服、鞋袜、收拾整理衣服、独立进餐、自己洗脸等。

父母及时培养儿童的生活自理能力是推进儿童独立性发展的第一步，对儿童身心健康、自信心、责任感、解决问题的能力等方面都有非常重要的作用。无论是学校还是家庭都应特别重视儿童生活自理能力，而家庭对儿童实施劳动教育时，家长要有意识通过自身的言传身教和家庭生活实践，对儿童施以有意识、有目的的教育影响。

1. 根据儿童年龄特点确定内容

通过家庭劳动教育培养儿童生活自理能力，家长可以根据儿童的年龄特点引导儿童做一些力所能及的事情，如：洗手帕、穿衣服、系鞋带、扫地等，同时根据儿童的年龄特点制定合理的培养目标及正确的操作方法。著名教育家陈鹤琴提出："孩子从 3 岁开始，就可以凭借自己的力量做力所能及的事情。"这个年龄阶段的儿童时常会出现"我自己吃、我自己做……"等语言，希望自己能够做事情，不要求他人的帮助，由此说明该阶段的儿童开始有了自我意识，并按照自己的意愿行事；3~4 岁的儿童已经具备以下能力：刷牙、洗手、洗脸、穿脱衣服、进餐饮水、整理床铺、收拾玩具图书等。家庭劳动教育过程中，家长要注意引导幼儿在生活中由易到难、循序渐进地从事劳动。

2. 树立儿童的自我服务意识

"做力所能及的事情"不应该是空谈，更不应该是简单教会儿童几项简单的技能，而是应该让其成为儿童的一种习惯，树立其自我服务意识。因此，家长要拥有正确的教育观念，促进孩子自理能力的发展。良好的家庭教育是孩子健康成长的必要条件。家长进行日常教育时，必须端正教育观念，时常鼓励儿童，这样才能促进孩子生活自理能力进步。

3. 发挥家长榜样作用

家长发挥榜样作用，潜移默化影响孩子，有人说：家庭教育是"不教而教"。家长在日常生活中往往不知不觉地影响着孩子。尤其是在儿童时期，他们的思维具有具体形象化的特点，善于模仿。模仿是他们学习的主要途径之一，所以家长的行为举止会自然而然地在孩子身上再现出来。如果家长有良好的生活自理习惯，那么孩子在生活自理方面必然受到有益的影响；相反，孩子也很难养成良好的自理习惯。

4. 营造良好宽松的家庭氛围

儿童的成长需要耐心和时间，因此，在儿童成长过程中，自己独立做事是需要时间的，有时孩子系鞋带可能需要很长时间、孩子们可能拿着筷子却夹不起饭菜、可能想穿衣服却找不到衣袖的入口、可能想画画却弄得到处都是颜料，他们需要一定的时间去锻炼成长。因此，家长要有足够的耐心等待儿童做事情，当他尝试的时候，等着他，鼓励他。

(二) 参与日常家务劳动

1. 在家庭劳动中尊重孩子的劳动成果

孩子能力有限，家长不能以成人的标准去要求孩子，更不能以成人的视角看待孩子在劳动中的表现，要及时肯定、表扬孩子的干活热情及干得出色的地方。如果有什么不足之处，也应该以和悦温婉的口吻指出，切不可全盘否定。比如，让孩子第一次洗碗，可能洗不干净，家长切勿心急进而组织孩子劳动，更不要在旁唠唠叨叨指责监督，弄得孩子兴趣全无，这样会让孩子逃避劳动。

2. 孩子具有参与家务劳动的兴趣

兴趣是人从事各项活动的激活力，取得理想成效的催化剂。有了从事家庭劳动的兴趣，孩子就会积极参与，从而获得成就感，增强自身的自信心。这里不仅是让小孩懂得收拾自己的物件用品，更主要的是要做出安排、创设机会，让孩子乐于独立或协作进行家庭劳动活动，还能让孩子学到许多做事的方法，从中培养细致、有条理、负责的心。如今，绝大多数家庭的家务没有什么科学安排，基本上是由父母包办代替。因此，作为父母应善于安排孩子家务，采取适当方式进行教育。

3. 在家庭劳动中使孩子轻松愉快

孩子的劳动带有游戏的性质，孩子在劳动过程中常常是边玩边做。如洗手帕时玩肥皂，擦桌椅时玩水，家长对此不要苛求。因为当劳动只成为纯粹的义务而无任何乐趣的话，是很难让孩子热爱劳动、坚持劳动的，这将不利于孩子劳动情感的培养。

4. 及时赞扬孩子的成绩

孩子做家务劳动，既是学习过程，又是锻炼过程，自然在这个过程中会有成功和失败。这就要求父母应当教育孩子战胜困难、不怕失败，使之树立信心、恒心和毅力，从而很快地学会做自己力所能及的事情。当孩子做完一件事后，不管这件事是大是小，都应该对此表露出满怀欣喜的态度。让孩子知道你很肯定他的工作，但在表扬时忌用物质刺激，尽可能多地采用精神激励和心理期待。因为金钱刺激极容易产生为"奖金"而做、而学的副效应。

第五章　家庭教育的方法及艺术

家庭教育的方法及艺术是家庭教育的途径、方式和实用智慧，也是家庭教育实施的行动保障。科学的家庭教育方法与艺术是家庭教育成功的关键秘钥，可使得家庭教育事半功倍。家长教育孩子不能凭感觉与经验，更不可用批评打骂解决孩子问题；而是在具备各方面知识和素养的同时，懂得合理运用方式方法与孩子沟通，激发孩子的潜能，提高孩子的修养与能力。因此运用科学、艺术的方式、方法是家庭教育理想目标达成的追求。

第一节　家庭教育的方法(上)

由于家庭教育任务和内容的多面性，决定了家庭教育方法的多样灵活性，在实施家庭教育的过程中，必须遵循家庭教育的原则，充分发挥榜样示范作用。结合各种类型不同家庭的实际情况，结合子女在各个不同年龄阶段的特点，及其儿童的特殊性，使各种教育方法相互配合，补充和协调使用，才能收到预期的教育效果。

根据家庭教育不同的场合和环境，以及内容和孩子的特点，可以采取相对应的一种或多种教育方法，如习惯养成法、榜样示范法、说服教育法、奖惩法、环境陶冶法、情感陶冶法、兴趣诱导法。这些方法的实施也要讲求科学的原理和原则、艺术和灵活的手段，才能顺其自然，取得好的成效。

一、习惯养成法

（一）习惯养成法概述

什么是习惯养成法，《新华词典》对于"习惯"释义为：长时期养成的不易改变的动作、生活方式、社会风尚等。俄国教育家乌申斯基对习惯作了一个形象的比喻，他认为："好习惯是人在神经系统中存放的资本，这个资本会不断地增长，一个人毕生都可以享用它的利息。而坏习惯是道德上无法还清的债务，这种债务能以不断增长的利息折磨人，使他最好的创举失败，并把他引导到道德破产的地步。"①我国现代教育家陈鹤琴曾经说过："习惯养得好，终身受益，习惯养不好，终身受累。"②行为心理学研究表明：一个行为模式经过21天以上的重复会形成习惯，而经过90天的重复会形成稳定。可见习惯的养成是有规律可循的，可以通过一定的时间达到习惯养成的目的，并且习惯培养对人的一生相当重要，好的习惯是使人终生受益的，而坏习惯则对人的不良影响是巨大的。

瑞士著名心理学家和分析心理学的创始人卡尔·古斯塔夫·荣格（Carl Gustav Jung）说过："播下一种行动，你将收获一种习惯；播下一种习惯，你将收获一种性格；播下一种性格，你将收获一种命运。"③良好的行为习惯会决定一个人的发展高度。家庭教育中孩子良好习惯的养成主要是学习和生活两个方面，道德习惯是融合于这两种当中的。学习习惯上，要培养孩子自觉学习和独立学习的习惯。家长不要在旁边陪着孩子，让孩子养成独立学习和自觉学习的习惯。写完作业后孩子可以按照自己的意愿看电视或干些别的事情，家长不要过多干涉。坚决摒弃一边看电视一边吃饭，一

---

① 郭秋源. 教育的情怀与智慧[M]. 长春：吉林人民出版社，2021：93.

② 万小遥，钟祥凤. 习惯成就一生——培养孩子良好行为的66个方法[M]. 北京：中国广播电视出版社，2007：103.

③ 王青云，阮启刚，董家辉. 大学生职业发展与就业创业指导[M]. 武汉：湖北科学技术出版社，2014：30.

边做作业一边讲话，或者要大人陪伴做作业等不良习惯，使孩子养成写作业不拖沓的好习惯。提倡在最短的时间内把作业做完、做好。培养孩子做事专心致志的行为习惯，从而提高孩子的学习效率。生活习惯上，养成良好的作息时间和生活习惯。家庭中形成比较固定的生活作息时间，吃饭、休息、娱乐、学习等都有一定的规律，家长首先要自觉遵守，促使孩子时间观念的形成。

这些看似很小的习惯，却慢慢地形成一种强大的内趋力量，推动孩子的成长与进步。但孩子这好习惯不是与生俱来的，动物的习惯更多是遗传物质的传递，先天习得而成。但人自出生以来，遗传性只是一种前提条件，决定后天走向及成就的则是环境和教育，尤其是教育有更大的作用。习惯养成法旨在养成孩子良好的习惯。然而，对孩子进行良好习惯的培养并非一朝一夕就能达成的简单事情，需要家长根据孩子的年龄特点、学习特点，以科学的方法和艺术去实行。

(二) 习惯养成法的实施

习惯是各式各样的条件反射表现的统称，是由于多次重复而自动化了的行为方式。家长自幼培养孩子良好的习惯，常常可以使孩子终生受益。儿童的良好习惯可以提高学习效率和活动效率，提高一个人的生活趣味，促使其成功和幸福。

家庭教育具有早期性和长期性的特点，孩子从出生就与父母一起生活，"少若成天性，习惯成自然"。培养孩子良好生活习惯的责任主要落到了父母身上。培养孩子良好的生活习惯，可以从父母注意自己行为对孩子的影响和对孩子严格的训练两方面入手。

1. 提供正向的言行举止示范

模仿是人类普遍的一种心理行为。子女模仿父母，学生模仿老师是很常见的，教育源于心理和行为的仿效，模仿是原生态学习的根本，从模仿走向创造是教学中循序性原理的内涵之一，都说明了模仿的教育意义。

父母教育孩子养成良好习惯不是喊口号，也不是空想、说空话，父母要从自身做起，为孩子树立良好习惯的榜样，还可以利用社会上的一些正能量人物对孩子进行引导教育。孩子的模仿往往是无意的，不知不觉中去模仿父母行为，如果父母的行为、周围的人的行为举止是不文明的，甚至是恶劣的，对孩子来说都会产生"近朱者赤，近墨者黑"的习染效应。"孟母择邻"讲的就是这个道理。

有这样一位母亲，她因工作原因经常打扮，经常化妆，几乎每天出去都要打扮一下，而且喜欢穿时髦的、得体的衣服。受母亲的影响，女儿也变得爱打扮起来。她经常照镜子，把头发梳来梳去，衣服买了好多件，今天换一套，明天换一套，各种好的香水都用。本来她很聪明，可是她的时间没有完全用在学习上，而是用在穿衣打扮上了，结果影响了成绩。有的孩子看到父母对客人礼貌接待，文质彬彬，总是说"请坐""非常欢迎""真难得"，诸如此类敬语，孩子也许当时不太懂得是什么意思，但他往往也用同样的话对待来找他玩的小朋友，对待客人都用这样礼貌的语言来迎接。

家庭教育中父母应充分利用孩子的模仿心理，把优良的行为举止、健康的言行传给孩子，逐渐使之形成良好习惯，这将对孩子终生有益。反之，对于自己的不良行为举止、不健康的言行和习惯，身为父母一定要改变，以免给孩子造成负面的影响。

2. 锻炼意志力

好习惯的养成需要经过严格的训练、长期的努力，持之以恒、日积月累才能初现成效。在造就孩子良好习惯的过程中，家长不能想起来要求一下，忘记了就不了了之，也不能任意顺从孩子；而是在日常生活中严格要求孩子，使孩子学会控制自己，做事情有恒心，不半途而废。这也有助于意志力的培养，有了坚强的意志后，孩子在遇到困难时会更加勇敢顽强地去克服。

人们在生活、工作和学习中可以形成各种各样的习惯，哪些是好习惯，哪些是坏习惯，父母应帮助孩子识别，因为孩子年龄小，阅历浅，识别起来有困难。对于孩子的坏习惯，父母不要迁就，不要认为这些坏习惯没有什么了不起，孩子长大了自然会改正。坏习惯长期不改，会变得越来越难改。养成良好的生活习惯，改掉坏的生活习惯不是一朝一夕就可以做到的事，需要孩子和家长长期做出很大的努力才会有一定收效。只有家长不断帮助孩子养成好习惯，改掉坏习惯，有一股韧劲，才会取得成功。

3. 循序渐进

注重循序渐进是习惯养成的必备，任何习惯的养成都不是一蹴而就的，需要按照步骤，一点一滴慢慢来，切不可急于求成。从小事做起、从一点一滴做起是习惯养成的基本。不乱扔垃圾、不乱放东西、不大声说话、保持个人卫生等方面都是非常重要且不可忽视的部分。生活中，这些细小的习惯养成是最基本的。

很多看似很小的一件事，却对孩子有着很深的影响，因此要让孩子从小事做起，"勿以善小而不为，勿以恶小而为之"。从小事开始培养孩子对人对事的态度，一些细微的小事，可以改变很多，行为往往比言语来得更加有用和实际，一些行为方式会慢慢地渗透到生活中去。

学习习惯的形成，不是一朝一夕造就的，也不能统一一下子实现，而是一个由简单到复杂逐渐形成的过程。比如，培养孩子背英语单词的习惯，一开始只能要求背2~3个，习惯养成后，可以慢慢增加量；培养孩子读课外书，内容从基础到深奥。要根据孩子的年龄特点，结合能力的增长需要，循序渐进，逐步提出具体的切实可行的要求，使他们良好的学习习惯由小到大，持续稳定地发展。

(三)良好道德行为习惯的培养

人的道德行为可以影响人的意志、思想和态度，儿童通过学习和生活常规的训练，规范了行为，美化了形象，形成了良好的习惯，个人的道德修养也因此不断得到提高。良好的道德习惯在家庭教育中是融合于良好的学习、生活习惯之中，又与此紧密相关、彼此互动的。因此在儿童成长中有其独特的地位和作用，以下予以专门讨论。

中国古代教育家主张对孩子的道德教育要及早进行，然而由于儿童的知识和经验尚少，思维能力处于较低水平，因此对他们的道德教育不可能灌输大量抽象的道德观念，只能在各种具体的活动行为中加以及时、合理的指导，让他们知道该做什么，不该做什么，以及应该怎样做，并不断重复强化，使之形成习惯，等他们长大后进行道德观念教育时，再从理论上提高认识。正是基于以上原因，古代家庭德育中特别重视对儿童良好道德行为习惯的培养。南宋思想家陆九渊指出："古者教小，子弟自能言、能食即有教，以至洒扫、应对之类，皆有所习，故长大则易语。"即幼儿在生活常规方面训练有素，长大了再给他讲有关的道理，自然容易理解接受。明末清初思想家王夫之说："养其习于童蒙，则作圣之基立于此。"在《船山遗书·俟解》中他又称："习之于人大矣。"即认为良好行为习惯的培养尤其是早期培养对人的一生发展是至关重要的。人的行为习惯一旦养成，就具有高度的稳定性，若是年幼时受到不良家庭教育和不良环境的影响而染上"恶习"，长大成人后要加以矫正，就要花费更大代价，而且效果不能如愿。所以必须从小就注意对儿童良好习惯的培养，以打好人生的基础。

依据教育家的思想观点，有关家庭教育对儿童进行道德行为习惯训练的基本原则主要包括：（1）坚持正面教育。儿童举手投足间均能得益于良好的德育熏陶，使得道理、格言巩固扎根于心中，日后即使遇到其他不良言论的诱惑，也不会误导他了。（2）坏行恶习应尽早防范，"禁于未发之时"。儿童教育中，家长应把不良习惯和品质消灭于萌芽状态。（3）从小事入手。把道德观念和行为规则贯穿于儿童时代的日常生活中，对儿童的日常言行举止，如穿戴、应对、容貌、行走、洒扫、读书、写字、吃饭、出入等方面均作出严格的规定，要求其一言一行、一举一动都须符合道德的要求。（4）严格训练，反复强化。习惯的养成并非一日之功，而且道德行为往往并非人的自发行为，因此要让儿童遵守这些常规开始时不免带有一定的强制性，但经过严格的训练，反复强化，必然能"积久成熟""自成方圆"，不需用心就自然而然地不逾矩。

现代心理学的研究表明，习惯是在一定的情况下自动地开展某些活动的特殊倾向。既然是习惯，就不是一时一事的行为，它是经过反复训练后所形成的个人的一种自觉的、甚至是下意识的行为方式，而无需劝说、无需监督、无需靠奖惩来维持。人生年幼，知识经验少，独立分辨是非善恶的能力差，但可塑性极大，此时是进行道德行为习惯训练的最佳时期，父母若对孩子施以正确的教育和指导，儿童便会形成好的道德行为习惯；父母若听之任之或提不正当的要求，便会形成不良习惯，而不良习惯一旦养成，再去矫正则往往事倍而功半，甚至收效稀微，或前功尽弃。当代家庭教育，重智轻德的现象十分严重，据有关调查，家长中80%重视智力培养，注重习惯培养者只占20%，再加上父母对孩子的溺爱，使得子女存在不少毛病，如有好吃的先尽自己吃，不知让父母；自己的玩具图书随便乱扔，不知收拾；没有他人意识，没有礼让习惯等。而家长却往往以"树大自然直""孩子还小，大了就好了"为由，对孩子的种种不良行为习惯过分宽容，一直等到孩子做事越来越不专心，没有计划且无规矩时，家长才猛然着急。然而孩子从小养成好习惯则已，坏习惯一旦养成，再想改掉就难了。因此，为了培养子女后辈成才，必须从小就对他们进行严格的教育和训练，要从小事、身边事做起，发现有不良道德习惯的萌芽，及时扑灭、控制，不能使之蔓延、转化。如此坚持不懈地反复训练，才能培养和形成良好的道德习惯，而儿童良好的意志、品质、性格也正是经由这些经常性的良好行为而逐渐形成的。否则，使尽浑身解数，对子女不起任何作用，甚至会产生"父不慈则子不孝""子不教，父之过"的消极后果。

现代教育学、心理学的研究表明，绝大多数孩子在幼年时，都想模仿父母。男孩自觉不自觉地模仿父亲，而女孩则自觉不自觉地模仿母亲。美国心理学家托马斯·A·哈里森等人根据大脑生理学和心理学的最新研究指出，在童年时期记录在大脑中的"父母意识"，即由"父母或相当于父母的人身体力行、言传身教所提供的外部经验"，将永久不衰地记录在每个人的"人格"磁带上，"它在人生的过程中都会自动播放"，"这种播放具有贯穿人生始末的强大影响"。① 正因为父母的一言一行、一举一动都会在幼儿的心灵中留下痕迹，并影响到他未来品德的形成，所以做父母的一定要注意检点自己的言行，如果做父母的自身修养很差，只知吃喝玩乐，业余时间沉溺于麻将、电视、生活琐事或赌博、酗酒之中，却声色俱厉地批评子女"不努力学习"，"没有出息"，如此言行不一的教育，其结果可想而知，据有关调查，后进生中48%来自这样的家庭。相反，有的父母虽然没有长篇大论的训诫，却用自己勤奋学习、公正诚实、信守诺言的实际行动，日积月累地感染、熏陶着孩子。他们对孩子的明确要求，加上孩子自动地模仿，往往成为强有力的教育力量。正如苏联教育家 A·马尔库沙所指出的："在教育孩子这件事上，还没有发现有什么方法能比活生生的榜样力量更大，更能令人信服的。特别是当这种力量不是一时的冲动，不是稍纵即逝，而是目标明确，始终如一，持之以恒时，收效就更为明显。"② 父母的美德是子女最宝贵的财富，为了下一代的健康成长，每一位家长皆须"自修其身"，常态者以期在思想言行方面为子女树立鲜活的范例，优秀者，以自身人格魅力感染、指引、教导孩子茁壮成长。

二、榜样表率法

榜样表率法的核心是父母对子女的榜样指导。家庭教育的有效方式是家长躬行身教，父母以自身的言行影响孩子，达到教育的目的。父母以身作则，重视自我教育，敢于承认错误，成为孩子高尚情操的表率、崇高人格的榜样、健康生活的代言。如果把孩子比喻为家庭的花朵，家庭教育比作孩子成长的阳光雨露，那么，榜样示范作用就是家庭教育过程中的太阳，要让孩子像向日葵仰望太阳一样，在父母的榜样示范中汲取成长能量。古人言"言传重于身教"，今人称"榜样的力量是无穷的"。言传与身教

---

① 张应强，周明星. 素质教育与实践能力培养全书（下）[M]. 北京：华龄出版社，2000：1077.

② [苏]A·马尔库沙著. 家庭教育的艺术[M]王秉钦，译. 天津：天津人民出版社，1982：85.

两者之间，身教具有更强烈、更深远的影响力。身教就是父母在家庭教育中充分发挥榜样示范作用。榜样是一种向上的力量，是一面镜子，亦是一面旗帜。因此，符合榜样示范引领作用的各种教育手段和方法，均可称为榜样表率法。

(一)榜样表率法概述

榜样表率法是指以父母的言传身教表率引领儿童思想、性格情感和行为习惯，引领家庭教育方式方法的总称。

榜样可使道德准则及行为规范具体化、形象化、人格化，因而具有极大的感染力、吸引力、鼓动力。家庭教育榜样表率法的特点就是把抽象的道德行为规范具体化、人格化到生活日常之中，具有很强的吸引力、说服力和感染力。榜样是无声的语言，这种方式的教育比有声的语言更有力量。

家庭教育中的榜样表率法与学校教育、社会教育中的同样方法相比，具有其独特之处，对于受教育的子女而言，更容易被模仿、被接受、被同化、被定型。孩子通过接触、观察身边的人和事物，进而固化成自己的行为习惯，孩子身边最亲密的人，无论是有血缘关系的亲人，还是同学、朋友，乃至有雇佣关系的保姆、家教等，孩子容易跟着学，受到感染。孩子的可塑性非常强、模仿性也非常强。生活中的活榜样，以父母为首位，家教的主体恰是父母引发和主导的。父母的榜样自然会成为孩子追随模仿的对象，他们对于孩子有很强的吸引力、说服力和感染力。孩子与家人一同相处，很多生活习性和习惯都有一致性，容易让孩子的道德准则、行为规范与家人趋同，随着孩子年龄的增长，习惯会更加坚强有力。

家庭教育中，可以用来示范的榜样主要有家长和教师、同学、革命领袖、历史伟人、当代英雄、文艺形象等，但作为该种方法的主要资源或因素代表仍然应该是父母。榜样表率法树立的一定是正面的榜样，有了生动具体的形象作为榜样，孩子容易受到感染，容易随着学、跟着走。孩子主动积极地、自觉地向自己心目中的榜样靠近、学习，潜移默化地被榜样人物影响，有助于他们养成良好的道德品质和行为习惯。

榜样示范在家庭教育中的核心就是家长躬行身教，父母通过言传身教影响孩子，达到教育的目的。父母自身的示范最大的特点就是经常、直接、直观、真实、有效，父母自身良好的榜样行为，为品德修养做出示范，不仅可以增强说理的可信性和感染性，而且如春雨般"润物细无声"，子女在这种环境之下，耳濡目染，对他们的言行产生一定的影响。

(二)榜样表率法的实施

没有人读过"家长专业"，家庭生活和家庭教育本身就是"摸着石头过河"。有了子女，父母就成为教育者，一个新的学习历程就随之开启。教育首先是教育者学习做人的过程。教育者希望孩子成为什么样的人，自己首先就要成为那样的人。不论将来科技怎样改变教育的技术和手段，教育永远需要榜样，做好榜样胜过任何方法和技巧。

心理学研究表明，学龄初期儿童行为表现在模仿行为上特别明显，道德感、正义感开始萌芽，但辨别是非的能力不强。少年期对自己的理想人物有强烈的模仿倾向，甚至连理想人物的行为习惯都要加以模仿。这个时期如果父母是他们的理想人物，父母的每一个行为动作对孩子都有示范作用，孩子就会学着像父亲或母亲那样做事，这就是父母对孩子的榜样力量。特别是孩子感兴趣的人和事，孩子会不由自主地照样学习。

家庭教育中，榜样表率法有以下三种实施艺术：

1. 人格示范

人格示范是指家长以自身的人格魅力影响、教育孩子。孩子在哇哇啼哭声中来到人世间，最早接触的对象就是父母，他们是孩子最先模仿的对象。加之与孩子的血缘纽带和日常生活中的密切接触，其言谈举止、个人品质、道德修养、行为规范等无疑具有潜移默化、熏陶感染的作用。

2. 典范教育

典范教育是指家长有计划、有目的地运用革命先烈、领袖人物、历史伟人、科学家等卓越人物的成长历程、卓越贡献等对孩子进行教育。英雄模范传奇的一生、炉火纯青的思想、伟大的业绩、崇高的品德和光辉的形象对孩子有极大的吸引力，容易激起孩子对他们的敬仰之情，以他们为榜样，激励自己积极上进。家长为孩子选取的榜样必须真实可信，贴近孩子的生活，可亲、可感和可亲，绝不是道貌岸然、高不可攀、深不可测，令人无法企及，从而疏远了孩子对人物的感知、理解和融入。

家长在家庭教育中依据孩子的年龄特点和认知水平，有计划地向孩子推荐优秀影片、录像、录音资料、电视、图书、戏剧等，同时尽可能腾出时间，与孩子共同观看优秀影视节目，阅读文学作品、人物传记，挖掘其中蕴藏的教育孩子的巨大资源，利用正面典型形象，感化孩子的心理，引导孩子的行为。并通过与孩子讨论等方式，引导孩子学习领袖、伟人、科学家、英模人物的高尚品格，通过个体的建构和自主体验，内化于心、外化于行。

宣传和树立榜样，不要光让孩子看榜样台上的光鲜和光环，更要抓住契机，让孩子多去了解榜样人物之所以成功的背后故事。为孩子树立榜样要注意时代性，要尽量挖掘他们性格中与时代合拍的资源，以使孩子能从中汲取养料，增强力量，在日常学习和生活中践行。

根据时代特点和教育目标，家长可以借助正面典型人物的形象教育子女。选择并指导孩子阅读某些历史人物传记和优秀的文艺作品，其中尤其突出介绍优秀历史人物的感人业绩，从而激起孩子对榜样的敬仰之情，诱导勉励他们学习先进典型人物的内在品德修养，养成良好的行为习惯。

3. 典型引导法

典型引导法是指家长有计划、有目的地运用孩子身边的典型人物、典型事例对孩子进行教育的方法。无论是身边的老师、同学还是其他人，学习他们的好思想、好品德、好作风。

家长选择孩子身边的典型人物与典型事例，引导孩子对典型作出正确的评价，从中细心观察、虚心学习，取长补短。

利用孩子的同伴榜样，这是最便利有效的教育智慧。家长可以选取孩子的同学做样板，这样可以缩短孩子与角色之间的距离，并且同龄人之间有很多相同点，如彼此的年龄、经历、特点、兴趣等都较为相似，使得榜样更真实、亲切，有较强的吸引力和感染力，更容易引起共鸣，激发孩子的上进心。例如，妈妈带孩子在儿童公园里，孩子看到一些小朋友在玩滑梯，自己想玩，但又不敢上去玩，这时，妈妈可对孩子说："你看那些小朋友玩得多开心呀，他们真勇敢！我想你也会像他们一样大胆地从上面往下面滑的。"这就能引导孩子效仿同伴的勇敢行为，对孩子产生积极的影响。相反，如果妈妈对孩子说："你看人家小朋友多能干呀，你再看看你自己，一点出息也没有，连滑滑梯都不敢！"这样就会对孩子造成消极的影响，使孩子更加胆小，还会憎恶那些小伙伴。

俄国伟大的文学家托尔斯泰曾说："教育孩子的实质在于教育自己，而自我教育则是父母影响孩子最有力的方法。"这就要求父母自身树立榜样，不断提高自身修养，做到以德育德、以才培才、以情动情、以行导行。家长要有教育意识，言行举止要注意影响，发挥教育正能量的作用。

人格力形成的因素有很多，文化只是其中的一种元素，但仍不能忽视其力量。在当今时代，文化科技日益发达，知识不断更新，即使高学历的人，如缺乏终身学习的理念，跟不上时代的步伐，知识就会老化。孩子求知欲相当强，他们常常提出一些稀奇古怪的问题。如果从家长那难以得到满意的答复，家长在孩子心目中的威信就会在无形中降低了。

"人非圣贤，孰能无过？过而能改，善莫大焉。"古人的道德教育智慧至今仍然熠熠生辉。直面过失，勇于担责和改过，这是人格力的表征。在家庭教育中家长做错事是难免的，但错了以后一定要勇于向孩子承认错误，如果伤害了孩子一定要向孩子道歉，千万不要遮遮掩掩。如果你明明做错了事和说错了话，也不愿向孩子认错和道歉，这容易混淆孩子的是非观念，还容易使孩子养成不能勇于承认错误的坏毛病。父母敢于承认错误不仅不会降低自己在孩子心中的位置，反而会促进相互之间平等友好的关系，同时，不但能补救自己的过失，消除孩子心中的怨气，让孩子感受到被尊重，还能为孩子树立知错就改的榜样，帮助孩子建立是非观念，培养孩子敢于担当的良好品质。

三、说理教育法

说理教育，又称说服教育，讲事实、摆道理、不以势力压人，而是以理服人，从道德认识入手，体现父母子女间的温情脉脉。

孩子不听话，甚至出问题，有一些是由于家长工作繁忙、家务繁重等，在面对孩子的过错时过于漠然随意、熟视无睹；也有一些是因为父母认为孩子小，任性、胡闹、不听从吩咐是一种自然现象，长大就会变好或变听话，因而没有细心地引导和纠正。长此以往，不利于孩子树立正确的是非观，渐渐形成对行为准则和道德规范的缺失。在孩子的成长中，家长会通过说理教育指出孩子的缺点与不足，有助于孩子领会和接受，深入人心，发生情感认同和共鸣，自觉自愿地认同，改正不足。但父母以长辈自居，没有理由、缺乏科学方法的唠叨、责怪会让孩子感到紧张和害怕，结果只会事与愿违，适得其反。父母的说理教育要采用合理的方式，不仅要求孩子怎么样，同时要时刻注意自己的言行举止，引导孩子向好的、健康的方向成长。

(一)说理教育法概述

说理教育是指运用事实、道理和科学方式以确立和改变孩子某种思想认识的德育手段。中国古代教育家孔子、孟子等主张循循善诱，以德服人。家庭教育中说理教育主要是为了提高他们辨别是非善恶的能力和思想认识，培养他们良好的道德品质，以形成正确的行为规范。

说理教育适合各种年龄阶段和个性特征的孩子，是家庭教育中运用最广泛的一种基本方法。家长起主导作用，运用起来比较灵活，一般不受时间、地点、场合的限制，随时随地都可以进行。

说理教育要建立在对子女充分信任和尊重的基础之上，讲求以理服人，不能以势欺人，不能居高临下地对待孩子，也不以命令的口气来摆布孩子。孩子从懂事时开始，就有自尊心，就希望别人尊重自己，希望自己的做法被父母接受，自己的想法被父母采纳。所以，根据孩子的心理特点，父母在教育引导孩子时要少用生硬的语气，多用些商量的口吻，孩子做什么事不对或不恰当，不要训斥，而要通过心平气和地谈心、讲解等方式，来转变其认识。

(二)说理教育法的实施

很多人认为说理教育很简单，就是讲道理说清楚为什么、怎么做的事情。其实说理教育并没有我们认为的那么简单。因为一旦按照我们普通的理解去做的话很可能就会引起家长与孩子的争吵。

在家庭教育中，当子女对问题产生模糊的、片面的认识或与家长的观点产生分歧，双方采用讨论的方式有利于沟通思想、交流感情、增进了解、明辨是非，从而取得理解问题的一致意见。讨论是家长和子女在平等、民主的气氛下双向交流的过程，避免了家长一方的单向灌输。这种方式更容易使子女敞开心扉，增强子女的参与感、认同感，获得良好的教育效果。

1. 语言讲解

家长与孩子间通过思想交流、讲解、谈话、讨论等途径实施。如在孩子成长过程中遇到的心理、思想问题，父母运用符合孩子认知特点的语言，进行讲述、解释、说明，消除孩子的困惑、误解或心理障碍，既有利于其道德塑造，又有利于促进其心理健康。讲解方式既有口头叙说，也有书信、短信等书面沟通。讲解交流时要关注孩子的心理特征，掌握孩子思想"疙瘩"形成的来龙去脉，疏通思想，做到"对症下药"；同时，留意观察孩子的心理变化，倾听孩子的心声，不搞一言堂，而要因势利导。

2. 谈话沟通

谈话既包括父母与子女之间的口头谈话，也包括两者之间的书信、短信、网上聊天等书面谈话。谈话沟通时，应有明确的谈话目的，态度诚恳、循循善诱，创设情景，抓住教育时机，学会倾听，让孩子充分表达自己的观点。

家长和孩子谈话，内容一定要具体，如果过于空洞，则会导致孩子无所适从。例如，在学习这个问题上，经常听家长说"认真点"这个词的孩子其实很难真正理解怎么去认真学习。反之，那些语言里"认真点"少的家长的孩子往往学习成绩倒很不错，原因是什么呢？说"认真点"的家长通常并没有告诉孩子怎么学习才算是认真，怎么做才是认真，而往往只是用认真解释认真，孩子怎么会明白如何做才是认真啊？就这样，一个汉语里非常好的词汇就被家长给用坏了。[①]

3. 讨论协商

父母与子女就某一话题或某种现象展开讨论协商，发表见解、交流意见，最终达到弄懂问题、明辨是非的效果。

父母与孩子讨论协商问题时，家长秉持真诚、平等、民主的态度，让子女充分发表意见、阐述观点，认真倾听孩子的见解和意见，即使是家长认为不正确的观点，不随意打断，要让孩子讲出来，然后慢慢地加以解释。这也就是说站在孩子的立场，让他尽情倾诉，不要打断孩子说话，加插自己的意见与批评，否则，对孩子而言，交流是无用的。家长的发言应简洁、具体、明确，说服解释要有依据，说理透彻。子女不同意家长的观点，可以反驳，也可以批评，如果不能说服家长，还应允许他们保留自己的看法。

说理教育首先应该建立在父母和孩子充分信任的基础之上。这就要求父母在平时应该与孩子建立良好的亲子关系。为此，所关联的因素及内容很多，但正确的儿童观和民主平等理念是首推的。将孩子看成"小大人"，缺乏对儿童自身特有心理、生理、认知及能力阶段的认识，这对孩子来说是一种不公平。因为孩子毕竟是孩子，如果家长长期过高要求孩子，而孩子总是做不到，这样的结果必然会打击孩子的自信心，使孩子认为自己微不足道，造成敌对和反抗情绪。持有"成人主义"教育观的家长总是对孩子挑剔指责过多，要求过高。他们认为孩子这也不行那也不行，没有做到尊重他们。这样不仅极大地打击了他们的积极性，还会使孩子根本不愿意与

---

① 叶显发. 小学儿童家庭教育指导[M]. 武汉：华中科技大学出版社. 2014：95.

家长交流。从认知层面而言，家长站在孩子的角度与孩子谈话，就是向孩子表示尊重他们的能力，尊重他们的独立性，这样有利于启发他们运用自己的大脑与能力去探索。

在父母与子女交流和讨论的过程中，家长应该保持平等民主的态度与孩子进行沟通交流。按照孩子的心理特点，以民主平等的立场分析，家长多用低声细语的悄悄话方式教育孩子效果更好。孩子正处于生长发育阶段，自控能力较差，情绪极易受外界环境的影响，高声训斥会使孩子因受到突然袭击而惊慌失措，精神处于高度紧张状态以致引起反感，根本听不进家长的话，也就谈不上教育效果了。有时，高声训斥虽然能暂时制止孩子的不良言行，但孩子口服心不服，久而久之会产生对立情绪，引发孩子沉默、固执等对抗方式。低声细语与孩子说悄悄话，能让孩子感到自己与父母处于平等的地位，使孩子真正领会大人的话的确是重要的，从而在不知不觉之中接受大人所讲的道理。

教育要民主平等首先要做到角色平等，家长、孩子不再是权威与服从、教育者与教育对象的关系，而是能够沟通对话、交流恳谈的平等关系。在这期间，不仅要让孩子认真倾听家长的意见还应该主动让孩子表明自己的态度与想法。在孩子阐述自己观点的时候不应该急于打断孩子的话语，而是应该等到孩子说完之后再加以解释。用这样的方法开展教育，在孩子以后的成长过程中，他们也会乐于与家长对话，并倾听家长的建议，反之，孩子会与家长顶嘴，不愿向家长说心里话。

说理教育的过程中，要设身处地为孩子着想，坚持耐心说服，以理服人。家长对子女要晓之以理，动之以情，导之以行。一般来说，孩子是先有某种道德体验、道德认知和道德行为之后，才会逐步形成道德信念，这是一个潜移默化的、复杂的、长期的教育影响过程。家长在子女教育中坚持正面教育，以理服人，以情感人，以德育人，有助于孩子将客观的道德规范转化为自我道德要求，以便使孩子形成良好的道德行为和完善的个性特征，促进孩子身心健康成长。

对孩子的说理教育还要导之以行，不能知行脱节，言行不一，而是要言行一致，知行合一。理性上的认识和感情上的沟通都可以成为实践的动力，但要成为一种自然的行为习惯，还必须经过反复的训练才能养成。训练孩子养成某种习惯时一定要严格要求。例如：让孩子"早晚刷牙漱口"，"出去玩和回来时要向父母打招呼"等，都要经过反复的耐心的要求、训练和教育才能逐渐养成习惯。从小教育孩子帮父母做一些力所能及的家务活，要具体指导他们怎样去做，并且要督促检查，直到孩子养成爱劳动、爱干净的行为习惯。

不论孩子做事的对错，父母切不可以气势压人，采取简单粗暴的方法来教育孩子，这违背了教育民主平等的观念。特别是孩子做错事的时候，更应心平气和地了解事实真相，然后帮助孩子分析事情的前因后果。同时也要启发和鼓励孩子诚实地向父母敞开心扉，说出自己的想法。父母对孩子所说的要耐心去听，做到导而勿牵、引而不发、循循善诱，使孩子从中感到父母的亲切。父母的谈话内容要有针对性，有的放矢，有说服力，联系实际，力戒成人化的训斥和夸夸其谈的说教。

家庭教育的方法很多，其中说理教育法是诸方法中很重要的一种，希望家长在家庭教育中擅于运用这种方法。

第二节　家庭教育的方法(下)

一、奖惩教育法

孩子的成长是一个社会化的过程，有意识地让他既能听到正面肯定，也能听到反面的批评，这对孩子的健康成长是非常有益的。虽然我们都说教育孩子应该多鼓励，但是，当孩子有不良品行时，父母要及时批评教育。孩子的错误不能鼓励，该惩罚就得惩罚！但是，怎么样惩罚，奖惩中合理的分寸，家长一定要把握好。

(一)奖惩教育法概述

奖惩教育法是指家长依据一定的目标要求和具体标准，对孩子已经发生、形成或正在形成的道德、智育、体育等行为加以鉴别分析，作出肯定或否定，从而促进其全面、健康成长的各种方式方法。

以奖励方式为主的家教方式更加适合中小学生的身心发展特点。家庭教育中家长常用的奖励方法有："口头表扬""让他做喜欢的事情""物质奖励""从感情上更亲近他""带出去游玩"等。我们应探索相关规律，增强家长应用奖励手段进行家庭教育的能力和意识，从而使家长自觉地在家庭中建立一套以奖励为主，以惩罚教育为补充的奖惩机制。相信，这对于促进儿童和青少年社会化发展，提高家庭教育成效具有一定的理论意义和应用前景。

有关成功教育、赏识教育或期待效应的家庭教育思想方法，其实都在诠释奖励孩子的教育价值问题。在本书中多次有表述，此处着重讨论家庭教育中的惩罚。

体罚在家长教育子女中最为常见，打骂等较为粗暴的体罚方式在家长管教孩子的过程中较为常见。孩子在不听话或犯错时对其进行相应的体罚，表面上看效果似乎特别明显，但相关研究表明，体罚等负激励方式并不能起到缩减孩子不良行为的发生次数，而只能增强他们试图逃避惩罚的动机水平，并有可能诱发他们的暴力倾向和促使他们侵略性或进攻性等不良个性的发展。

在应对孩子的错误行为时，各个国家父母所采取的惩罚方式不尽相同。如日本，家长会避免当众惩罚，他们认为在公众场合惩罚孩子是不符合礼仪规范的行为，而且也会损害孩子的自尊心。所以，日本父母会在回家之后，再对孩子的表现进行点评，或者给孩子一些惩罚。加拿大提倡惩罚有度，加拿大法律规定，对 2~12 岁的孩子可以适度地进行体罚，但是父母对于"度"的掌握可不能掉以轻心。如果孩子不懂事，在幼儿园向老师告发父母打骂的话，有关部门就会立即介入，情节严重的，父母甚至会丧失抚养权。在新西兰,打孩子也属于违法行为,因此,父母一般都不会体罚孩子。英国提倡在惩罚中学习人生智慧,英国人一贯的绅士风度对孩子的影响是潜移默化的,父母要让孩子在"惩罚"中得到体验与锻炼,并从中学到智慧,同时也让孩子明白必须对自己所有的行为负责任的道理。在美国家庭管教中,法律明令禁止任何人,包括父母对儿童进行体罚。当小孩子情绪失控、胡搅蛮缠或蛮横哭闹时,美国家长经常采取两种方式:"独处"(Time Out)①和"限时"(Time Limit)②。

由上述可见,各个国家父母对于家庭教育奖惩法都有不同的策略。究竟如何实施奖惩法才能达到最优的效果呢。

(二)奖惩教育法的实施

随着生活水平及环境的变化,传统的育儿观有了新的变化,家长也更加关注育儿中的一些问题。面对孩子各种行为表现及其产生的影响或后果,家长要采取科学有效的奖惩措施。

1. 建立奖惩教育的规则

实施奖惩教育最重要的前提就是建立规则,体现奖惩标准的规则,而且其中的标准不能随着情境或是心情而随意变化。这样,孩子就能够明确犯哪种程度的错误后将受到什么程度的惩罚,明白奖励的一等奖、二等奖、三等奖分别是什么以及惩罚的一级、二级、三级是如何设定的。奖惩的目标不只是为了奖励和惩罚孩子,而是"醉翁之意不在酒",让孩子知道什么样的行为值得表扬,值得多大的表扬。当家长帮助孩子树立了明确的奖惩意识时,即使没有实际的奖励物或惩罚措施,孩子也会知道这个行为

---

① "Time Out",即让孩子单独在一个空间里静一会儿,但又不是传统意义上的禁闭,它的精髓在于时间结束之后家长随即和孩子的谈话,父母要帮孩子把独处的原因与他的不当行为联系起来,这样孩子就会明白如果不想再被要求"独处",就要避免重复相同的错误。

② "Time Limit",就是给孩子定下一个"限时"规矩。父母提前制定游戏或任务的时间点,并告知一旦时间截止了,孩子就必须要遵守承诺,停止手上正在进行的事情。

到底能不能做，什么时候能做，这才是达到了真正目的。家长教育孩子犹如军队将领带兵，要赏罚分明，该奖时就要郑重其事地奖，让孩子真正体会到受奖的喜悦；该罚时也应措施果断，让其知道自己错在哪里，及其为之"买单"的付出。如果在对孩子实施惩罚之后，家长又认为孩子受了委屈，这其实是没有必要的。惩罚是以良好的亲子关系为前提的，良好的亲子关系会让孩子更理解父母的良苦用心。

2. 父母协同一致

家庭教育中实施奖惩法还要求父母两人的默契配合。在孩子犯错的这个问题上，父母一定要站在一个立场，形成教育合力，而不是互相拆台，无形中消解。当一方管教孩子时，另一方千万不要站在孩子的立场，跟管教的一方发生口角战，怕孩子受委屈去维护孩子。在惩罚孩子的过程中，父母出现意见不和时，教育就很难奏效。这时管教的一方应立刻停止，跟另一方做好沟通，再对孩子好好进行沟通和引导。若是因为护短而引起夫妻战争，对孩子的教育就非但无益，而且有害，甚至是南辕北辙了。父母惩罚孩子时的立场、态度应保持一致，不产生纠纷，孩子也不会因此而记恨父母。只有这样，孩子才会端正自己的态度，认识到自己的错误和缺点，在心里澄明犯错的缘由及纠错的举措。

当孩子体现出良好的品德、言行、成长和进步时，父母要积极、及时地给予肯定和好评。结合孩子的年龄特征和性格特点，如对好自满孩子的表扬要慎重，不要过分表扬，以免其产生骄傲自满的情绪；对自卑感较强的孩子要适当地增加表扬的次数和力度，不断增强孩子的自尊心和自信心。更为重要的是，家长要与孩子共同分析成功的原因。如在孩子取得优异成绩或者获得学校奖励时，家长最好在提出表扬的同时，和孩子共同分析成功的原因，制订下一步的奋斗目标，将成功的喜悦化作孩子成长的动力。

3. 以奖励为主，辅之以惩罚

关于这一命题的原理依据及其论据已多处涉及。此处从实施方法角度分析。对孩子奖励时，要明确奖励的目的，讲清奖励的道理，注意以精神奖励为主，以物质奖励为辅，做到奖励要适度，不能满足孩子过多的物质欲望，因为欲壑难填，无休无止，物欲横流，只会骄奢淫逸，贪图享乐，坐吃山空。很多家长想方设法满足孩子物质上的要求，但却忽略了孩子心理上的需求，因为考试考好了，就带他去吃肯德基，去逛公园，买些玩具来满足、奖励他。这虽然是合理、自然的事，适当为之，确有效果，但一旦频次过高或程度过大，只能取得反面效果，而不能达到真正意图，反而会增强孩子的虚荣心。作为家长，我们深深体会到，不仅要了解孩子们的心理活动，而且要努力满足他们的心理诉求，这样才能不断丰富孩子的精神世界，引领他们走向自尊、自信、自强、自立。

家长要全面地看待孩子犯错，不能因为孩子的行为而全盘否定孩子。孩子犯错后，有些家长就习惯性地给孩子贴上"烦人的孩子""搞破坏的孩子""讨厌的孩子"等标签，使孩子产生自卑心理。孩子越年幼，越要让孩子明白，父母惩罚你是因为你刚才犯了某个错误，而不是不爱你，同时让孩子意识到自己的做法不对。

孩子犯了错误，家长在批评教育乃至惩罚的时候，要做到对事不对人，要向孩子讲清其错误行为的危害性，不要伤及孩子的人格，并使其明白改正错误就是好孩子。家长也要注意批评的场合，最好不要在孩子的老师、同伴面前数落、讥讽孩子，以保护孩子的自尊心。同时，家长要注意语言艺术和技巧方法，一味地大吼大叫和苦口婆心、唠唠叨叨只是发泄和专制作风，正确的做法就是给孩子直接指出犯错的原因，然后简单讲明犯错的后果。小错用语言警示，提示孩子犯错不改正的后果，以及超出了事情底线的结果。若是要让孩子受到一定的惩罚，惩罚方式可灵活多变，并不是只有打骂和罚站等传统的做法，还有很多替换的行为，比如说，适当给孩子一些家务活，特别是对于不喜欢干家务活的孩子，这种方法就更加有效了，不但教育了孩子，还同时让孩子在惩罚中学习了劳作技能，实施了家庭劳动教育，这是个一石二鸟的办法。

惩罚的"度"尤应适当。惩罚孩子是为了教育孩子，惩罚的"度"就必须合乎孩子的行为后果程度及性质。惩罚若是过重容易引起孩子的对抗情绪，轻了又不足以使孩子引以为戒。因此惩罚孩子要以达到转变错误的言行态度为原则，既不能轻描淡写，又不能小题大做。惩罚还必须及时，在孩子心目中，事情的因果关系是密切的，年龄越小越是如此。如果事情过去几天再惩罚，或几件事加起来一起惩罚，孩子会不明就里，甚至不清楚自己为何而受罚，产生抱怨委屈感。因此惩罚应及时，即发现孩子犯了错误之后，立即指出其问题所在和应该承担的后果。但有的父母惩罚后，随即又慈悲为怀，心疼怜爱，抚慰有加，这将会使孩子产生认知偏差，使惩罚失去作用。

孩子犯错并不可怕，在他的成长历程中十分自然，也无法避免。但可怕的是家长用错误的惩罚方式逼迫孩子改正，这种行为不叫"惩罚"，而是"虐待"。任何惩罚都必须在保证孩子安全感的前提下进行，这种方式才叫教育，否则恐惧占据了孩子的心灵，不仅不能让孩子意识到过错，还会导致孩子产生心理阴影。

二、环境陶冶法

家庭教育的环境陶冶法旨在利用或创设有教育意义的环境对孩子施以积极作用，促进孩子全面成长。家庭环境的好坏直接影响人的感官和情绪。不论是工作还是生活，都需要一个良好的环境，孩子的成长尤为如此。

（一）环境陶冶法概述

环境陶冶法是利用和创造宜居、美化的家庭环境，和谐的亲子关系，民主平等的家风等以境陶情，对孩子进行潜移默化的熏陶和感染，使其在耳濡目染中受到感化，以达到促进其身心全面和谐发展的目的。这是一种以隐形教育为主的间接教育法，并且主要作用于家庭教育的德育部分，兼及或辐射其他方面。

人之初的婴儿，并没有区分是非善恶的能力。而且，强烈好奇心的驱使会使他们去盲目地效仿他人的言行。因此，社会习俗、友邻品行等会促成他们的习性、作风和品质。"孟母三迁"的典故说的是孟母为了儿子的健康成长三次更换家庭居住环境,这反映了家庭居住环境的选择十分重要。"孟子少时,居近墓,乃好为墓间之事。"孟母认为居住地不利于他的成长,就搬到市廛,孟子"又好为贸易之事"。最后选定"学官之傍"住下,孟轲"游乃设俎豆,揖让进退"。因此而"学六艺,卒成大儒之名"。① 慎交友也是历代家训中的重要论题,有许多精辟的论述。所谓"近朱者赤,近墨者黑",南北朝时教育家颜之推也指出:"与善人居,如入芝兰之室,久而自芳也;与恶人居,如入鲍鱼之肆,久而自臭也。""墨子悲于染丝,是之谓也。"②司马光在《家范》中提出:"夫习与正人居之,不能毋正,犹生长于齐不能不齐言也。习与不正人居之,不能毋不正,犹生长于楚,不能不楚言也。"③我国家庭教育中注重环境塑造的教育方法,古人的论述主张在当今仍不失其现实价值。家庭环境对人的教化和影响是无形而又显著的。

许多教育家都很重视这种方法在孩子成长中的作用。朱庆澜先生把家庭的生活环境比喻为家庭的气象,认为"家庭的气象教育"十分重要,他指出"气象就是这个样子,家里是个什么样子,小孩子一定变成那个样子。家庭气象,好比立个木头,小孩子好比木头的影子,木是直的,影子一定直,木是弯的,影子一定曲",他强调全家人要形成一个"好样子",让小孩子学好。陈鹤琴先生也指出,"小孩子生来大概都是好的。到了后来,或者是好,或者变坏,这是环境的关系。环境好,小孩子就容易变好,环境坏,小孩子就容易变坏"。④ 他要求父母给孩子提供良好的环境,把孩子培养成才。这也就是说环境陶冶法与父母作为表率榜样的人格力教育的作

① 郎擎霄. 齐鲁文化研究文库——孟子学案[M]. 山东:山东文艺出版社,2018(11):4.
② 颜之推. 颜氏家训《慕贤》第七[Z]. 王利器,整理. 上海:上海古籍出版社,1980.
③ 司马光. 家范·卷三[Z]. 王美英,整理. 武汉:湖北辞书出版社,1998.
④ 北京市教育科学研究所.陈鹤琴教育文集[M]. 北京:北京出版社,1983:743.

用是统一的，或是交织合拍的。换言之，父母的榜样示范、身教立威是家风形成的核心。

(二)环境陶冶法的实施

家庭环境与一个人的成长有着密不可分的关系。家庭教育环境的优劣程度，直接影响着一个人的健康成长。在物质条件不断丰富的今天，营造民主、和谐、健康、科学的家庭教育环境有着十分重要的现实意义。

1. 家庭环境教育的意义

孩子的成长状态是家庭教育的缩影和写照，在不良环境中长大的孩子对人的影响是非常不利的。在指责环境下长大的孩子学会了挑剔和怨天尤人；在敌意当中长大的孩子，容易不合作、对抗、打架斗殴；在恐惧当中长大的孩子，胆小、内向；在怜悯中长大的孩子，感到委屈；在嘲讽中长大的孩子，消极、退缩、游戏人生；在嫉妒中长大的孩子，容易钩心斗角；在羞辱中长大的孩子，内心存有内疚。反之，在宽容环境下长大的孩子会谦逊礼让，做事有耐心；在鼓励环境中长大的孩子，自强自信、勇敢担当；在赞美环境中长大的孩子，非常自信；在认同中长大的孩子，豁达开阔易于找到自己的目标；在分享环境中长大的孩子，互助合作，集体荣誉感强；在和谐环境中长大的孩子，为人随和、落落大方。

父母要注意家庭环境对孩子的陶冶。孩子所生活的环境对其思想品德具有潜移默化的影响。环境对个人成长的重要作用不言而喻。良好的家庭教育环境是教育的基础。一些家庭并不具备良好的家庭教育环境，需要我们积极主动地去构建。现实中家庭教育环境问题令人担忧，很多家长把家庭仅仅当作生活环境而不是教育环境。部分家长把为孩子买张书桌、帮他们订购一些学习资料，或者不去打扰他们学习看作为孩子营造良好的家庭教育环境，却忽视了以身作则为孩子们树立良好的榜样的重要性，也很少注意民主平等、合作互助、乐观进取的家庭氛围，同样也不会运用自己的智慧去帮助孩子规避来自手机、电子游戏、互联网等外界社会的种种诱惑和不良影响。

2. 家庭环境的类型

家庭环境大体可分为两大类：一类是物质环境，另一类是精神环境。需要注意的是，这两类家庭环境的区分是勉强的。前者是决定性的地位，后者有相对独立性，但主要是依赖于前者而存在的。

（1）家庭的物质环境

构建具有风格优雅、整洁美观、舒适宜人的家庭居住场地和设施，能够使家庭成员心境舒适、陶冶情操，并能为子女养成良好的生活习惯提供条件保障，其教育作用不能低估。苏联大文豪高尔基曾说："照天性来说，人都是艺术家，他无论在什么地方，总是希望把美带到他的生活中去。"①家庭生活环境的布置，往往能反映出父母的审美情趣、审美艺术修养和文化水平，也能成为对孩子进行教育的方式或因素。

家庭成员应根据家庭经济条件的差异，提高布置优雅家庭生活环境的能力。家具的购置、摆放，房间的装饰，应将实用性与艺术性结合起来，追求高雅的情趣，以对孩子进行优美室内环境的教育影响。在家人休闲、孩子吃饭等时候，可以播放中外古典优秀曲子，让音乐带给孩子艺术的感染与陶冶，以美育德，开发心智，愉悦心情。在居室内，要根据客厅、卧室、书房、餐厅、卫生间等的不同功能，进行不同的室内装饰，选择不同的室内色调，不摆设不合乎孩子健康成长的物件，使室内布置的变化产生教育的意义。家庭成员要有适体的服饰，要教育子女穿着整洁、朴素、雅致，衬托和显示优雅的个人形象。家中房间居室应经常打开房门和所有窗户，让阳光、微风、雨声、鸟声、花香和泥土的芳香进入居室，这可以充分刺激孩子的视觉、听觉、嗅觉等感官，发展孩子对事物的感受能力。家庭室内环境一经布置好后既要有稳定性，又要有变动性。如果永久不变，无形中也会使孩子对周围事物形成一种僵化的、漠不关心的麻痹心理状态，破坏孩子天生具有的感觉灵性。

（2）家庭的精神环境

---

① 张红峻. 大学生修养教程[M]. 北京：兵器工业出版社，1994：164.

　　对家庭精神环境的建构可以参照我国传统的家庭教育形式，如撰写每个家庭所独有的家训、家书等，古代大族世家在这方面为我们树立了良好的典范。岳母所刺的"精忠报国"鞭策着岳飞，成为岳飞恪守奉行的行为和道德准则，没有这种家族精神，历史上就不会出现驰誉史册的"岳家军"。当前我国的家庭都被裹挟在相似的教育目标中，似乎人人都要拿高分、上大学，千万户的家庭教育"千人一面""千篇一律"，它们随着时代的风向而摇摆不停，缺乏自主自觉的、独立的、能够延绵数代的教育风格和价值追求，这可以说是当代家庭教育的一大遗憾。在复兴"中国梦"的伟大道路上，当代的家庭教育应向古人借鉴，在完成个体社会化的同时形成属于家庭和家族自身的独特精神环境和目标取向。如何在这个浮躁的时代中帮助普通家庭构建自身有益、独特而稳定的家庭教育精神环境，是新时代家庭教育理论所要做出的努力。

　　融洽的家庭关系是家庭教育环境中的重要部分，属于软环境的属性，或软实力的保障。家庭成员之间要构建和谐的人际关系，尤其是父母之间要相敬如宾，相亲相爱，以形成教育孩子最重要的精神力量。联合国《儿童权利公约》指出："为了充分而和谐地发展个性，应让儿童在家庭环境里，在幸福、亲爱和谅解的气氛中成长。"家长要带头严格要求自己，创造良好的家庭教育精神环境，要为孩子创造一个良好的家庭关系氛围，关系的不和，如父母间感情不融洽，关系紧张，势必危害孩子的身心健康。因为，在恶劣的家庭气氛中生活，孩子纯真活泼的天性会受到压制，饮食、睡眠、学习、游戏都会受到不同程度的影响，身心健康受到摧残。家长们不要当着孩子的面翻旧账、经常发牢骚，抱怨单位、同事、邻里，甚至国家、社会。父母的语言对孩子影响最深。一些父母在家里不讲究语言文明，夫妻间经常出言不逊，言语相向，发泄怨气，对孩子骂不绝口。这些粗俗的语言像病毒一样毒害着孩子纯洁的心灵。虽然家长也不是神，也会有急躁想发脾气的时候，但要有合理释放压力的渠道，不能在孩子在场时发泄，更不应施加在孩子身上。

　　家长要追求高尚的精神情趣，养成个人良好的生活习惯。父母懒散、贪睡、不讲卫生，孩子看在眼里，记在心上，学到身上。有位小学教师发现一个有趣又发人深思的现象：班级里那些个人卫生差的学生，其家庭卫生往往也较差。可以说，孩子的不良习惯主要来自家庭。家长讲究生活秩序，生活有秩序、有规律，并指导孩子安排好日常生活，让孩子在井井有条的生活中受到熏陶，同时家庭成员之间要互相照顾、互相配合，使家庭充满生机和活力。家长要自觉抵制不良习惯，如酗酒、赌博、吹牛、撒谎、自私、好占小便宜等行为，为了孩子的健康成长，家长一定要注意家庭中的精神环境，让孩子生活在和睦的家庭环境中，产生积极向上的情感体验，从而促进孩子优良品德的形成和学业进步、身心和谐发展。

(3)家庭环境的打造

家长有目的、有计划地创设并利用良好的家庭环境能够在孩子思想品德、行为习惯的形成中起到特殊的作用。家长在使用环境陶冶法时，还应注意以下事项：

①创造良好的家庭生活环境

家长以身作则，创造良好的家庭环境。这种生活环境不仅是物质条件或设施条件，还应突出和睦和谐、积极进取、健康向上的家庭气氛，有利于孩子建立安全感和自信心。现实生活中，一些家长缺乏教育意识，我行我素，不考虑孩子的精神需要，只知道满足孩子的物质需要，不与孩子进行心灵沟通。他们或终日沉迷于麻将、酗酒等不良嗜好中；或者动不动就互相吵架，致使家庭气氛紧张。苏联教育家马卡连柯认为："不要认为只有你同儿童谈话，教训他、命令他的时候，才是教育。你们是在生活的每时每刻，甚至你们不在场的时候，也在教育儿童。你们怎样穿戴，怎样议论别人，怎样欢乐或发愁，怎样对待朋友或敌人，怎样笑，怎样读报——这一切对孩子都有着重要的意义。"①

在家庭生活中，家长是最为直接的影响人物，会对孩子的心理、性格

---

① 贾国均. 家庭教育术[M]. 北京：科学普及出版社，1991：71.

特征产生诸多影响。良好的家庭环境对孩子性格的养成有益，有助于培养孩子活泼、开朗、大方、好学、诚实、谦逊、合群、责任心、爱心、爱劳动、爱清洁、守时、守信等品质。色调和谐、风格优雅、美观大方的家庭布置，清洁、舒适、雅静的家庭学习、生活环境，会为孩子的健康成长提供肥沃土壤。反之，家庭不和谐，会使孩子失去安全感，孩子容易形成不良的性格和心理，缺少责任感和爱心。

美国当代教育家多萝茜·洛·诺尔特在《学习的革命》一书中这样说：

如果一个孩子生活在批评之中，他就学会了谴责。

如果一个孩子生活在敌意之中，他就学会了争斗。

如果一个孩子生活在恐惧之中，他就学会了忧虑。

如果一个孩子生活在怜悯之中，他就学会了自责。

如果一个孩子生活在讽刺之中，他就学会了害羞。

如果一个孩子生活在妒嫉之中，他就学会了妒嫉。

如果一个孩子生活在耻辱之中，他就学会了负罪感。

如果一个孩子生活在鼓励之中，他就学会了自信。

如果一个孩子生活在忍耐之中，他就学会了耐心。

如果一个孩子生活在表扬之中，他就学会了感激。

如果一个孩子生活在接受之中，他就学会了爱。

如果一个孩子生活在认可之中，他就学会了自爱。

如果一个孩子生活在承认之中，他就学会了要有一个目标。

如果一个孩子生活在分享之中，他就学会了慷慨。

如果一个孩子生活在诚实和正直之中，他就学会了什么是真理和公正。

如果一个孩子生活在安全之中，他就学会了相信自己和周围的人。

如果一个孩子生活在友爱之中，他就学会了这世界是生活的好地方。

如果一个孩子生活在真诚之中，他就学会头脑平静地生活。①

通过居室布置、色彩搭配，创设整洁、安静、温暖、舒适的家庭生活环境，培养孩子热爱生活的情感和良好的卫生习惯、生活习惯。居住环境首要的是为孩子创设良好的学习环境，如离闹市区太近、隔音差，孩子就无法专心做作业，会形成无法集中注意力的不良习惯。有的家里没有专门的书房，也要设计一个孩子固定看书、写字和学习的区域。

和谐的家庭环境，需要从我们父母以身作则，养成良好的生活习惯，发挥孩子的主观能动性，引导孩子参与家庭生活环境的设计和建设，并按美的要求搞好室内布置，体验成功的快乐，享受自身劳动成果带来的快乐，并学会珍惜劳动成果。

②构建家庭环境的生活化

充满亲情伦理和人文关怀的生活情景，是家庭生活环境的基本特征。在这种特定的家庭生活环境中，青少年从小就得到具有绿色生命力的熏陶、感化。对儿童、青少年而言，家庭生活情景本身就具有独特的教育功能，而这种教育功能与学校的规范化学科课程教育是不同的，它具有自身生活场域的生动性、感染性和潜移默化的渗透性。基于如此认识和理解，家长就要了解家庭教育活动的特殊要求，做到教育活动内容的生活化、情景化和戏剧化，增强其教育活动的趣味性、生动性和感染性，寓教于乐，其中生活化是当中的核心要义。

当前，国家大力提倡全社会化创新、培养孩子的创新力量是时代主题。家长在家庭教育中应鼓励孩子展开创造性思考。为此，要善于对有关创新能力素质教育的内容进行生活化的设计，创设一些富有生活特色的情景，诸如"家庭法庭模拟活动""家长角色模拟活动""校长角色模拟活动"等。在教育活动中，让孩子扮演不同的角色，从而激化其创造兴趣与热情、培养和提高其创新思维活动能力。那种忽视家庭教育生活化特性，视

① 许迅. 语言实践教程［M］. 南京：南京师范大学出版社，2020：228.

家庭教育为学校教育的简单延伸，而直接照搬学校教育规范化、程序化、甚至僵化的家庭教育方式，是违背家庭教育基本规律的，其实质是混淆了学校与家庭各自教育活动的特性及其功能定位，由此而导致的教育效果只能适得相反。

③给孩子一个独立的空间

家长除了要满足和保障孩子成长的衣食住行等物质需要之外，还应尽力在家里为孩子提供一个学习和活动的空间。这对于从小培养孩子自主自立，发展孩子独立的人格是极其必要的。其中主要包括以下要目：物质学习空间、心理的、思考交往空间、活动的空间、自我思考的空间。这些项目内容既包括上述家庭教育的物质环境，也涵盖了家庭教育的精神环境。而有的是物质环境为指向或为主的，如物质学的空间、活动的空间；有的是精神环境指向或为主的，如自我思考的空间，心理的空间；还有的是带交集或兼容的，如生活的空间。以下以生活的空间为例加以说明：

孩子在成长时期中，三分之二的时间是在家庭中度过的，家庭要充分发挥好家庭教育自身的独特职能。家长应注重家庭精神环境的必要投入，为孩子尽量安排安静、优雅的生活空间，购买健康向上的文化用品和书籍，正面引导孩子，发现和培养孩子的兴趣和爱好，使孩子具备完全的个性和人格，保持乐观、开朗、不断进取、积极向上的精神状态。家庭良好的人际关系也能陶冶孩子的性情。孩子经常交往的对象是父母、兄弟姐妹、爷爷、奶奶，因此家庭关系民主化，和睦相处，尊老爱幼，移风易俗，文明上进，都有益于孩子的健康成长。

④营造浓郁的家庭学习氛围

营造学习氛围，父母自身要做到活到老，学到老。现代社会变化很快，用"一日千里""稍纵即逝"来形容并不为过。为了与孩子有较多的沟通话题，家长需要不断自我充电，与社会同步。如果家长对孩子的爱好一窍不通，甚至不以为然，孩子自然会感到很失望、很沮丧。所以家长也要学学现代"新玩意"，和孩子一起成长，不然会与社会脱节，也会被孩子轻视。21世纪是合作、创新和学习化的世界，家长要站在世界的高度，拥有为国教子的意识，不断与时俱进学习新知识，接受新现念，提高新能力，创建学习型家庭，营造全家浓郁的学习氛围。父母喜爱看书报杂志等，孩子在家中也会学着家长的样子去做，长期下去，就会自然形成习惯。

⑤走向大自然陶冶性情

家长不应把孩子关在家里，应经常带孩子出去，组织多样性的户外活动，开阔孩子的视野，让孩子在大自然新奇变化的环境中开心地活动。有些有特别纪念意义的场景和经历将会成为孩子铭记一生的美好印象。

亲近自然是孩子的天性，在大自然中，自由自在呼吸清新的空气，无拘无束地欢笑、歌唱，孩子会感到兴奋、新奇。美妙神奇、四季更替的大自然无形中会提高孩子的情商。丰富儿童情趣，和美妙的大自然融合、相互映衬，不仅能使孩子更热爱生活、感受到祖国的地大物博，也定能洗礼孩子的心灵，使其心灵在自然和审美的意境中得到升华。

例如，为了培养儿童热爱祖国的情感，家长利用节假日把孩子带到社会上、自然环境中，在野营拉练、游学研修的各项实际活动中讲解有关的知识，使"祖国"这个抽象的概念在儿童的头脑中具体化、形象化；使认识活动与情感体验紧密结合在一起，让儿童在愉快的情绪体验中接受知识，形成概念，在接受知识、形成概念中加深情感，这样热爱家乡的情感逐渐得到提高，为热爱祖国的崇高情感打下良好的基础。

从心理视角考察，孩子的兴趣不稳定，会随着环境的变化而变化。家长通过引领孩子走向大自然，亲近自然万物，提供新异刺激，能激发其探究心理，丰富或满足孩子的不同兴趣。被称为"昆虫世界的荷马"的法国著名昆虫学家法布尔，他小时候非常喜欢昆虫，天天对昆虫进行观察研究，已达到了痴迷的程度。正是大自然千奇百怪的奥秘，使他产生了浓厚的兴趣，使他成为了名扬四海的"昆虫通"。所以，家长要带孩子去家庭外部的自然世界，如海滩、森林、山地、田野、湖泊、湿地、草原自然界地质地貌形态中，鼓励孩子运用自己的感官进行探究活动。

三、情感教育法

情感教育法首先是由父母对孩子的爱推动的，是积极影响孩子成人的教育方式、手段的总称。父母对自己孩子发自内心真挚的爱，是每一个做父母的天性。父母爱孩子也必然会得到爱的反馈，形成孩子爱父母，这种父（母）子之间的爱的情感交流，有利于使父母的要求转化为孩子的行动。爱父母的感情是孩子品德形成的重要因素。因此，父母对孩子真挚的爱，能起到陶冶情操、培养孩子优秀品德，增进其学业进步和身心协调健康发展的作用。

（一）情感教育法概述

情感是通过教育者自觉创设的教育情境以及教育者自身的素养等因素，对受教育者进行积极感化和熏陶，潜移默化地培养受教育者全面发展的有效途径，可以由具体多样化的方法组合构成。

家庭教育中的情感教育法是指父母的爱通过天性自然和各种情境中的教育因素，对孩子实行潜移默化，使其耳濡目染，心灵受到感化的方法。这是一种暗示的方法。暗示教育是通过受教育者无意识的心理活动去发挥人脑接受教育影响的潜能。科学研究证明，人脑的潜力无穷，因此，情感教育法能挖掘受教育者接受教育的最大可能性和效应性。

在教育孩子的过程中，爱心和理解要比其他任何技巧、理论和科学方法都重要。情感在教育中有着特殊的作用。情感感染的运用，是每一个家庭教育孩子成长的有效技巧。家庭必须是和睦的，友善的，充满爱心的，让孩子在愉悦的环境中心情舒畅，茁壮成长，也就是说，家庭要给孩子营造一个充满爱和理解的良好环境。

瑞士近代教育家裴斯泰洛齐曾说过：“孩子受到母亲的照顾，感觉到愉快。爱的种子就在孩子心里发展起来了。”父母的和睦，本身就是对孩子的教育，家庭的和谐气氛将使孩子的性情得到陶冶。若父母离异或者父母双方经常为一点点小事而争吵，则会给孩子精神上带来沉重的痛苦，心灵上造成巨大的创伤,这种痛苦简直是无法解除的,这种创伤几乎是无法愈合的,仿佛是天生的一样,难以排遣。人的情感是一种复杂的心理活动,健康的情感对于一个正在成长发育的孩子来说十分重要。它能促使孩子更好地掌握知识,养成和谐的个性。同时,它是品德形成的重要因素之一。如果父母忽视孩子健康情感的培养,狂喜、暴怒、狭隘、嫉妒、自私、自满、自卑、恐惧、冷酷等消极情感就会滋生,危及孩子正常的心理发展。情感是孩子思想品德形成的条件,也是优秀品德形成的重要因素;同时,情感与人的思维水平和创新力等的培养都成正相关互动性。情感教育法具有潜移默化的特点,它不像说理那样,孩子明白了道理就能及时产生效果。它需要较长时间的定向陶冶,才会使孩子形成较明显的全方位、多样性的作用。有些情境教育有着强烈的感化作用,极易使孩子产生情感共鸣,这时父母如能及时做好强化工作,将对孩子各方面教育目标的实现产生显著的效果。

一个没有融洽情感气氛的家庭,只能说是不健全的,有缺陷的。家庭文化氛围首先是情感氛围。情感氛围主要是指家庭成员的情感、兴趣、爱好、谈吐、教养、作风等。例如,家庭成员思想活跃、相处融洽,就会使人产生一种温暖的感觉;而家庭成员彼此之间冷冰冰,就会令人感到窒息。情感氛围与孩子的个性形成有很大的关系,同时与孩子的智力发展关系密切。情绪、情感对孩子的学习和记忆也有着重要影响,愉快的情绪能推动孩子学习知识,形成熟练的技能技巧,追求探索真理,良好的情感则有利于孩子身心的健康发展。

孩子需要的不仅是物质性的东西,还应有心灵上的爱抚和情感上的寄托,只有在爱的环境中,他们的身心才能健康发展。相对于丰盈的物质条件而言,孩子们其实更期盼心灵上的关怀与慰籍。从调查来看,孩子们缺乏的正是来自父母的交流、沟通,渴望的是真情的雨露。在一些家庭里,父母一方或双方长期忙于工作、生意、应酬,跟孩子在一起的时间非常有限,在情感上就容易疏远孩子。由于长期情感饥饿,孩子容易出现抑郁、敏感、多疑、易怒、冷漠、孤僻、缺乏责任感、同情心等人格缺陷。

（二）情感教育法的实施

在幼儿期和童年期，孩子的情感易外露，易变，模仿性强，很容易受到感染，引起情感共鸣。家长应根据孩子的情感特点，发挥自己的角色担当和教育特性，有的放矢地进行情感教育。家庭教育是陶冶孩子情感最早最有生机的园地，以及最具养分的土壤。孩子正是从家庭这个绿色生命园地中开始认识世界的旅程，迈上探索人类奥秘的道路。

情感的陶冶体现在对孩子生活、学习和活动的一切过程。要让父母与子女之间的亲情渗透于生活的每时每刻，让孩子处处感受到父母的关怀、父母的要求和父母的期望。情感是一种无形的教育力量，时刻都对教育子女发挥着作用。情感是对孩子的"宽容"，这种宽容，绝不是对孩子的放纵，而是在理解的基础上冷静思考，思考过后有针对性地叮咛关注和补救缺失。放纵是溺爱，是对孩子的现在和未来极其不负责任的敷衍搪塞。情感是对孩子的尊重，家长要教育孩子孝敬父母，这是中华民族的传统美德；同时，家长更要学会尊重孩子，尊重孩子才是真正的感情投入，孩子的智慧火花才能被父母的情感所点燃。

在家庭教育中，情感教育是非常重要的。培养孩子的健康情感，家长可以做许多工作。

1. 以情育情

家庭教育中，以情育情是一种非常有效的艺术，父母必须把真挚的情感灌注在教育过程当中，家长通过情感的共鸣使得孩子能够接受相应的引导与教育。情感对孩子的健康成长非常重要，家长全身心爱孩子，在教育的过程中饱含真情，使整个家庭充满亲密依恋的氛围，让家庭充满温暖。

情感具有感染性，比如，孩子见父母在笑，他也笑，见父母哭，他也会跟着哭。情感具有一定的感化作用，能成为潜移默化的精神力量。特别是幼儿，情感易变，常常受周围环境的支配。在良好的家庭中，父母琴瑟和谐，互相信任，互相尊重，使孩子形成安详和宁静的心灵。同时，在情感教育中，父母要善于表达内心的情感，有效地感染孩子，运用面部表情、姿势、言语等，把自己的喜、怒、哀、乐等情感传递给孩子，使孩子有正常的情感体验。另外，父母也要能控制自己的情感，抑制无益的激情和冲动，力戒粗暴和狂怒。

陶冶孩子的情感，做父母的特别不能忽视他们在日常细小事情上表现出来的不良情感，如骄傲、浮夸、嫉妒、冷漠、空虚、残忍等，因为高尚的情操与这些不良的情感是不相符的，只有随时根除这些不良的情感萌芽，才能最终达到情操美的境界。

2. 以理育情

常言道："知之愈深，爱之愈切。"为培养孩子对事物的情感，应让他们了解和掌握有关知识，懂得道理。知识越丰富，道理越深刻，情感也就越深厚。这是不言而喻的。以理育情时，父母不仅要情理兼顾，而且必须做到情如火炭一般炽热，理如河水一般清澈。要做到这一点，必须熟悉孩子的言行和心理，给孩子讲理要浅显易懂，生动感人。另外，古今中外的优秀儿童故事、童话、寓言等，都是对孩子教育的好材料。它能帮助孩子确立起真善美与假恶丑的概念，激起他们强烈的爱憎。

孩子像一棵小树苗，要想长成参天大树，需要园丁经常细心的修理。孩子高尚情感的培养也同小树一样，要抓紧幼年时期及时进行，主要靠父母在日常生活中精心陶冶，如春风化雨，点滴滋润。陶冶孩子的情感也可以借助历史上与现实生活中英雄人物的光辉业绩，不失时机地通过讲故事、看电视等孩子容易接受的形式来教育和培养孩子，把中华民族传统美德等潜移默化地传授给孩子。

努力培养孩子的社会责任感和奉献精神。结合历史和现实生活中的具体事例，使孩子从中受到教育和启迪，懂得人不能是一个简单的自然人的道理，要求孩子要有爱心，要爱国家、爱父母、爱社会，更要做到孝敬父母，尊敬师长。人生在世不能仅为自己而活，还要成就社会，做一个对社会有贡献，对他人有爱心的人。当你爱他人时，也能收获到更多人的爱。

3. 以行育情

家长有目的、有计划地引导孩子参加各种有益的活动，身体力行，使

225

孩子从小养成正确的行为习惯，这是培养孩子美好情感的重要途径，因此，家长应为孩子树立一个好的榜样。父母的情感形象对孩子的感染力极强，有的孩子在幼儿园爱骂人，爱打人，原因之一就是模仿家长的行为。因为我们有的家长在家不尊重老年人，和邻居之间大吵大闹，都会对孩子产生很大的影响。

不要把孩子封锁在家庭狭小的圈子里，要放手让他们参加学校、社会上的一切活动。通过实际活动使孩子获得直接的情感体验。如为军烈属、五保户做好事，培养孩子们的劳动观念和道德感。孩子们在学习、生活中不会是一帆风顺的，会遇到困难，如果什么都由家长包办，就会使孩子对一切感到冷漠、平淡。

总之，父母要采取各种教育方式方法来陶冶孩子的情感。既有对孩子真诚的爱，殷切的希望，耐心的教育，也有对孩子严格的要求，不迁就孩子，一旦迁就孩子就不会对孩子严格要求，没有要求就没有教育。只有当父母把对孩子的爱和对孩子的严格要求统一起来的时候，才会体现父母对孩子的深厚感情，发挥教育中爱的理性和人文关怀交织在一起的厚重作用。

第三节　家庭教育的艺术

每个人从一出生，就受到家庭成员、家庭环境、家庭文化氛围的熏陶和影响，在家庭生活与人际交往中获得知识经验，形成情绪、情感，养成伦理道德和文明习惯，并在此基础上走出家庭，步入社会。所以我们要充分重视家庭对人早期的启蒙和长期潜移默化的作用，将其置于整个教育的基础地位，一方面要加强对父母的教育，使他们把孩子看成和自己平等的人来看待，充分发展孩子的个性，另一方面要形成一个良好的社会氛围，给正在发展的、成长中的"人"一个宽松的环境。因此，家庭教育如何，对人们参与社会生活的态度、能力及所发挥的作用具有重要意义，在社会生活中处于不可代替的战略地位。

家庭教育是一门艺术，需要高超的教育技能和技巧，父母不仅要有正确的教育方式，还要在行动中采取有效的技巧。教育技能技巧主要解决如何有效教育以及灵活多样地应对教育中沉闷、机械、烦琐的流弊发生。注重家庭教育的艺术可以提高教育的效用。

孩子从儿童期到青少年期具有很强的逆反心理，简单常规的教育方法仍然容易使青少年偏离社会化的轨道，出现意识和行为偏差的现象。在家庭教育过程中，父母要成为青少年的良师益友，既要多与青少年沟通，和他们保持亲密关系，做到行事善解其意，说话掷地有声，同时又扮演青少年师长的角色，只有父母处理好这两个角色的转换，才能够使青少年得到全面的发展。

家庭教育的"术"是家庭教育的基本策略、方法和技巧。一是身体力行，父母的人生态度、谈吐行为对孩子有重要的示范作用。先是"身教"，家长要时刻检视自身的内在养成和外化言行，为孩子树立可供效仿的榜样，帮孩子解决"知其然"，而后"言教"。家长要善于创设沟通的和谐氛围，捕捉有利于展开交流的事件或话题，将正确的观点传递给孩子并使之欣然接受，解决"知其所以然"。家长要善于发现孩子的闪光点并及时给予恰当肯定，持续不断地给孩子注入向善向上的正能量。

家庭教育由家长亲自实施，内容、方法都具有强大的灵活性、连续性和广泛性。家长和子女之间易于沟通，针对性强，可以有效地进行因材施教，遇物而诲，在儿童智力发展初期起到了决定性的作用。所以，家庭教育是一切教育的基础，对人的一生发展有着重要的影响。家庭教育是儿童接触最早的教育，在整个教育体系中处于基础地位，是一切教育的根，具有显著的启智、育德、培养儿童兴趣爱好的功能。有鉴于此，根据家庭教育的特色和定位，教育方法和艺术是更吸引眼球的，而艺术是以方法为依托的审美性表现。本章在方法节、目当中已结合这种延伸多样性、可变性作了穿插呈现，此处就其中的若干方面从教育艺术视角加以分析。

一、以身作则

父母是孩子的启蒙教师，也是终身教师。由于儿童生活经历不足，判断是非能力差，父母自然就成为孩子最早、最直接的模仿对象，父母的言谈举止潜移默化地影响着孩子的情感、态度、思想、情趣乃至心灵。家长的行为本身就是一种无声的教育，久而久之，沁入灵魂深处，形成孩子的世界观、人生观和价值观。父母必须以身示范，做孩子们的表率，以身作则成为家庭德育中必须遵循的最基本的原则。家长在家庭日常生活的言谈举止中，就浸透着对孩子的教育。家长身上的优点或缺点会直接影响子女的个性与品质。

在儒家修身、齐家、治国、平天下的理论中，修身是基础，因此，儒家十分重视个人人格的培养塑造，并通过个人人格来影响他人。孔子就主张正人先正己，孟子继续发展这种思想："公孙丑曰：'君子之不教子，何也?'孟子曰：'势不行也。教者必以正，以正不行，继之以怒。继之以怒，则反夷矣。''夫子教我以正，夫子未出于正也。则是父子相夷也。父子相夷，则恶矣'。"君子为什么不亲自教子，因为情理上行不通。教者一定要讲正理，用正理讲不通，为父的必然发怒，反而伤害儿子的感情。孩子会责怪说：'您用正理教我，可是你自己却不如此。'这样，造成父子相伤，感情恶化。这就从反面说明了父亲的言行对儿女教育的重要性。

我国古代家长很重视其言语行为对孩子潜移默化的作用。古代很多人写的家训、家书中，比较普遍地采用了以自己的亲身经历和亲身感受来教育子女的教育方式。由于我国古代家书家训都是家庭中德高望重的长辈写给子女的教育材料，因此，很多观点都从自己切身体会来说，这样无形之中给子孙起到了一种榜样的示范作用。

颜之推在家庭教育中广泛地使用了身教示范的方法："人在年少，神情未定，所与款狎，熏渍陶染，言笑举动，无心于学，潜移默化，自然似之。"①也就是子女在家庭中接受教育，大多是在活动中无意识地接受的，

---

① 颜之推. 颜氏家训·《慕贤》第七[Z]. 王利器，整理. 上海：上海古籍出版社，1980.

家长的言行对孩子起着"潜移默化"的熏陶作用。正如颜之推所说："夫同言而信,信其所亲;同命而行,行其所服。"①意思是,同样的话,人们更加相信亲近的人说出,同样的命令,人们更听从所敬佩的人发出。家长与子女长期生活在一起,必然有着亲近、敬佩的特殊作用,但这前提是父母自身能够做到修身才能以身示范。《颜氏家训·治家篇》:"夫风化者,自上而行于下者也,自先而施于后者也。是以父不慈则子不孝,兄不友则弟不恭,夫不义则妇不顺矣!""未有不能修身而能教其子孙者也。"他强调,在家庭德育中,重要的不在于父母的长篇说教,而在于示范。长辈以自身一言一行对晚辈进行道德示范,让其在耳濡目染中得到一种自然而又直接的熏陶和影响。家长要求子孙后代做到的,首先得自己做到,以身作则,把律己与教子统一起来。

父母的为人处世、言谈举止、人生态度等在家庭教育中的重要性不容忽视,而仍有相当多数的家长未充分认识到以身作则的重要性和必要性。父母亲往往认为,自己已过了受教育的年龄,不应受约束和制约,受教育是孩子的事。他们要求孩子诚实守信,自己却欺骗成性;敦促孩子勤奋好学,自己却耽于享乐。抠门的爸爸肯定养不出大方的儿子,刻薄的妈妈肯定养不出善解人意的女儿,行为不端的家长就会有不良的家教,这对孩子的成长将产生极其恶劣的影响。家长的不良言行都会使孩子产生错误的道德认识与评价,轻则影响其正直思想品质的形成,重则让孩子走上歪路。

家长是孩子的老师,孩子是家长的镜子。我们总是能从孩子的身上,看到他们家长的影子。大人们的一言一行都深深地影响着孩子,做家长的必须首先严于律己,完善自我。有人说:父母的素质就像火山底下的岩浆,积累得越厚实、越丰满,孩子成才的爆发力越强烈。那么,家长应该如何以身作则教育孩子呢?

---

① 颜之推. 颜氏家训·《序致》第一[Z]. 王利器,整理. 上海:上海古籍出版社,1980.

（一）有理想和进取精神

家长首先要求自己有高尚的品德，有理想，有积极的人生观；对国家、对人民、对事业有高度的责任感；在社会上奉公守法，遵守社会公德；讲究文明礼貌，作风正派，为人正直，是非分明，胸怀坦荡，大公无私，乐于助人等。榜样的力量是无穷的，家长的示范作用十分重要具有很强的说服力和感染力。家长举止言谈文雅大方，子女也会如此，家长举止言谈粗俗不堪，必然会对子女有不良的影响。如家长能自觉地遵守社会公德，维护公共卫生，吃完瓜果将果皮放进垃圾箱中，孩子也会养成这种维护社会公共卫生的好习惯。而有些大人不拘小节，随地吐痰，乱抛脏物，孩子也行事如此。

家长若素质与修养良好，能以良好的心理素质、文化素质、行为规范影响、教育孩子，才能做好孩子人生道路的方向标。成为好父母是需要学习的，光有爱不够，如何去爱，怎样去爱，需要不断学习与探索，从而成为更好的自己。孩子求知欲相当强，他们常常向大人提出一些稀奇古怪的问题，如果得不到满意的答复，无形中降低了父母在自己心目中的威信。我们要善于学习，使自己成为孩子求知的良师，不仅为孩子做好榜样，也提高了孩子学习的积极性，与孩子一同学习也丰富了自身的文化知识。

有调查数据显示：80%的学生认为其道德品质来自家长，65%的学生认为其文化修养来自家长。家庭教育的逻辑是让孩子"看—做—说"。"看"，就是让孩子看父母的行为表现。"做"，就是让孩子和父母一起做事情。一起做家务最有利于建立家庭亲情，最有利于让孩子获得生活体验和生活能力，这是培养孩子责任感和让孩子懂得感恩的家庭必修课。最后才是"说"。和孩子讲道理是必要的，但不是摆在首位的。如果家长"看"和"做"做得不好，却整天给孩子讲这个道理和那个道理，那么孩子不仅不容易接受，还会更加反感。

家长是子女的模仿对象，如果家长碌碌无为，不思进取，甚至怨天尤人，嫉妒报复，这样的家长如何能教育子女成为有用之才呢？尽职的父母应是子女的榜样，虽然很多父母在知识结构、事业发展方面比不上子女，但所谓"青出于蓝而胜于蓝"，父母坚持不懈、艰苦奋斗、兢兢业业的精神却一直是子女引以为傲的宝贵财富。

家长做好榜样，道理不言自明；家长没做好榜样，道理讲再多也没用。如果家长榜样作用不好，沟通方式不好，却整日碎嘴唠叨，和孩子讲道理，那么很容易使孩子过早产生逆反心理。一些孩子的父母学历并不高，甚至没上过什么学，不善于长篇大论，终日忙于生计，和孩子相处的时间也不多，但孩子很懂事，很自立，学习成绩也不错，原因在于父母把"看"和"做"做好了。相反，一些家长学历很高，很会讲道理，一套一套的，但孩子身上有很多问题，对家长很抵触。

（二）正确处理人际关系

家长尤其应当重视自身对孩子行为与人际关系的影响作用。比如待人接物文质彬彬，自己的事情自己负责，尊重老人，孝敬长辈；再比如爱护公共环境，不贪图小便宜，不损人利己等。家长的身体力行一定会给孩子一个深刻的启迪和指引。家长要以自己乐观、开朗、热情、诚恳、积极进取的心理品德感染子女，以自己思想品德上的楷模作用、业务中的表率作用、尊老爱幼的榜样作用、勤劳俭朴的示范作用引导、帮助孩子健康成长。

很多学生之间发生斗殴打架事件，其实除了年轻气盛的年龄特点，主要还是他们遇事不知道如何处理，不冷静，容易受到别人的鼓动，不分是非，甚至误入歧途！日常生活过程中，父母在处理自己的人际关系时要给孩子做出榜样，比如同事之间的误会纠纷，选择协商解决，握手言和，而不是意气用事；邻里纠纷，主动让一步，缓和气氛，化干戈为玉帛，融洽关系，让孩子真正学到如何正确处理人与人之间的交往关系和掌握解决问题的方式方法！

二、激励教育

激励教育是家庭教育中一种很好的教育艺术，家庭成员尤其是父母通过了解孩子的需要，采用科学的手段使其从物质、精神上得到适当的满足，从而激发他们形成兴趣、调动孩子的积极性、实现自我价值。尤其是小学生、初中生正处于社会化和个性的迅速发展阶段，他们的自我意识不断增强，主观上追求完美的自我，渴望得到社会和他人的认可，但他们的自我认知水平还比较低，往往需要依赖他人对自己的评价来认识自我。虽然他们的控制力、胜任度相对不高，但是其主观能动性很强，可塑性很大。因此，如果家长善于运用各种激励方式，适时地帮助他们树立和维持自尊心、自信心，给予他们更多的关心、爱护、尊重和理解，并相应地在家庭教育中建立起一套行之有效的激励机制，充分发挥激励的作用，这无疑会大大增进家庭教育的成效。

教育孩子应该以鼓励为主。尤其对于初中生来说，他们正处在走向成熟的成长过程，首先要告诉他们应该怎么做，路该怎么走，才会有明确的方向，其次，要正确引导他们如何去把握自己的想法，如何去分析遇到的问题，解决问题。采取以鼓励为主的家教方式，通过对孩子成绩的肯定，有利于鼓励他们沿着正确的方向走下去，也有利于培养孩子开朗、活泼、自主、自强的品行和性格。激励就是通常所说的调动积极性、主动性，以及发挥潜在力，自信敢闯，自强不息。不过，激励孩子也应结合孩子的心理特点并采取恰当的方法，否则就难以达到所期望的教育目的。比如，有的家长总是一味地用好听的话来激励孩子，但孩子却是毫无"胃口"，"油盐"不进；有的家长喜欢以拔高目标的方式来激励孩子，结果却常常使孩子望尘莫及、心灰意冷，丧失了学习的信心；有的家长总是在充满火药味的氛围中激励孩子，最终往往闹得双方"反目"，形成一种难堪的僵局。

激励教育是一种力量，使得父母和孩子之间存在着一种作用与相互作用的辩证关系。父母通过激励教育把一种积极的力量赋予孩子，而孩子把受到激励教育产生的需求反作用于父母，使父母们必须认真思考孩子的需要。科学而不是盲目、随意地实施激励教育，否则就难以达到所期望的教育效果。家长在家庭教育中对孩子实施激励教育时要注重如下几点：

（一）激励教育的目标要符合实际

在家庭教育中实施激励教育时，设置激励的目标层次或要求是一个关键环节，它是指在什么样的情况下、完成怎样的任务或达到何种项目水平，才实施激励。一般而言，激励教育目标设置的不符合实际，会有以下两种体现：第一，目标偏高或偏低。过于追求完美的父母，就好像那些患上"洁癖"的人那样，心理敏感，走向偏激，他们往往会把实施激励的目标定得过高，只有孩子每次考试都是"双百"，表现总是比别人好，他们才会实施激励。这样的父母往往会把自己争强好胜的不良心态"传染"给孩子，使孩子走向放弃追求或过于功利的极端；与此相对，溺爱孩子的父母因为"舍不得"的心理，实施激励的目标定得过低，孩子只要有一丝一毫长进，甚至维持现状表现平平，就受到夸赞、奖励，总心疼孩子在学习上和生活中的付出。从而阻碍孩子成长的推进步伐和更高水平的实现。第二，目标非循序渐进性。设置激励目标没有注意循序渐进，比如，孩子家长要求小学生只有学习了整个上午后才给予激励。这样的学习时间目标就是不了解小学生不能持续学习的特点，家长要随着孩子年龄的增长逐渐增加学习时间而实施激励教育。有违循序渐进性教育学原理设置目标，必然导致"赶鸭子上架"的后果。

实施激励教育要有目标，且目标设置要合理、科学，可分为近期、长期目标。长期目标体现了父母对家庭教育的统筹规划，可以在更大空间、更长时间内调动孩子的积极性，让孩子充分施展才能、完善自我；近期目标能使孩子"始终看到自己的进步，不要有任何一天使学生花费力气而看不到成果"①。能让他们时常感受到成功时得到激励的愉悦、幸福，并成为下次成功的推助器。制定近期目标要有可行性、针对性和挑战性。目标可

---

①　王玲. 教育激励初探[J]. 芜湖职业技术学院学报，2006(3)：95-97.

行是指孩子经过自身努力，以及其他力量介入的作用能够实现，同时目标有质量，即完成这一目标的确能促进孩子的成长；针对性就是针对不同年龄阶段的孩子特点，逐渐变化提出相应的目标；挑战性就是制定的目标应有一定的难度，必须付出努力才能完成，这可激发孩子的热情，否则实现了目标，实现不了他的成就感；目标的挑战性是可行性的合理补充，并不有悖于目标的可行性。完成目标的激励方法也是多样的，一般来讲，是物质、心理及精神多种激励方法并用或灵活选用，组合重构实施。

激励目标要切合实际。由于孩子的进步大多是一个循序渐进的过程，因而父母的激励目标也应具有渐进性。因此，家长不妨由低到高、由易到难地将激励目标逐步向孩子提出来。切莫一下子就把"标杆"竖得高高的。过高的激励目标，非但起不到应有的激励作用，还很容易伤害孩子的自尊心和自信心。一般来说，家长给孩子设立的激励目标，应该是孩子在经过努力奋斗、顽强拼搏，以及利用它其中有益因素的促进，以实现目标的最优化。这与苏联教育心理学家维果茨基提出的"最近发展区"学说思想是贯通的。

(二)激励教育方法适应孩子需要

家庭教育中，正面激励具有及时性、当前性的特点，实施正面激励教育的客体即孩子，具有年龄、心理个性等不同的特征。实施激励教育时要把握好正确的时机兑现激励。激励手段可以是物质的、精神的、情感的，其中应以精神激励为主。

相对于物质奖励，精神奖励是无形的，要满足孩子的社交、自尊、自我发展、自我实现的需要。父母要给予孩子口头表扬、鼓励、关心、理解、安慰、支持等。每个年龄阶段的孩子都渴望父母的疼爱、信任和尊重，但又有区别：小学的孩子喜欢父母亲昵的行为，如拥抱、亲亲脸蛋、陪着一起玩等；中学的孩子需要的是重视、爱护和做知心朋友，他们对于父母的亲密行为会表现出反感；大学的孩子相对来讲更理性化，他们能透彻理解父母深邃的爱，也希望被理解和给予更自由的塑造自我的空间。只有了解他们的需要，父母的情感激励才不会滥用且更有可能产生"点石成金"的效果。了解孩子，及时地采用科学的激励手段，必然促成孩子奋发向上。

(三)激励的语言要恰当

激励的语言问题涉及实施激励的主体。语言修养和言语艺术能力是语言学领域的内容，其中，教育语言艺术是有效教学的一环。在这方面，激励策略实施的主体要让自己的语言在激励时具有艺术感染力。激励教育的语言主要表现在以下几个方面：一是语言不优美。如嗓音粗鲁，用词不当，与情境场合不相宜。二是语言过于直白而缺乏委婉细腻。三是实施激励教育时语言过分夸大。宋代帝王宋真宗规劝士子读书科考、金榜题名的《劝学诗》中的"书中自有黄金屋""书中自有颜如玉"是传统的激励孩子的言辞，但这样的激励在当下过分夸大了书带给我们知识、力量的功利性。四是语言过分许诺。过分许诺，无法兑现，其实就是谎言，带来的是孩子面前的诚信危机。五是实施激励教育时语言中带有太强的竞争欲望。"你要和某某相比""你超过某某，我们会如何如何"，这样的言辞会给他们带来过多的压力，产生对别人的嫉妒心，不利于协作合群，并形成不良的世界观。

在家庭教育中实施激励教育，很多时候是需要用语言来表达的，因此，激励教育的实施者要有很高的语言艺术素养。其中对家长要求最为显著的有两点：第一，语调柔美，语用适度。家庭教育和学校教育的区别之一就在于家庭教育是在一种亲情浓厚的氛围中进行的，父母用柔美亲切的语音语调传达爱意，激起孩子的愉快心情，即使没有什么具体的许诺，孩子们也会幸福地努力奋斗。语用适度指最好不要太单调地重复夸赞的语言，不要太直接许诺，不要使用太强烈的竞争语言去激励孩子。第二，信守承诺。有这样一个例子，父母许诺孩子，如坚持上学一周就带他去旅游，结果孩子坚持了一周后，父母却因为加班工作没有带孩子去玩耍，使得孩子对于上学的积极性降低。究其原因还是父母在激励教育时没有信守承诺。

实施科学和艺术相融合的家庭激励教育，切不可把激励当成引诱，更不能以引诱实施激励。同时，要注意和学校教育相结合。著名教育家苏霍姆林斯基曾经强调过："没有家庭教育的学校教育和没有学校教育的家庭教育，都不可能完成培养人这一极其细致而复杂的任务。"①和学校教育配合默契的家庭激励教育更能重复调动孩子的积极性，使其奋发进取。在这一过程中，父母一定要及时和孩子的老师进行沟通，以便更全面地了解孩子，对其进行激励教育。

(四)运用赏识教育

人性中本质的需求就有渴望得到赏识、尊重、理解和爱。赏识教育的特点是注重孩子的优点和长处，发现并予以及时表扬，逐步形成燎原之势，让孩子在"我是好孩子"的心态中觉醒。但赏识教育不是简单的表扬加鼓励，它既是赏识孩子的行为结果，以强化孩子的行为，更是赏识孩子的行为过程，以激发孩子的兴趣和动机，同时，创造环境，增强孩子的心理体验，以指明孩子的发展方向。

1. 了解孩子的内心

教育孩子的前提是了解孩子，那么父母怎样了解自己的孩子呢？父母要做孩子的朋友，孩子才让你走进他(她)的内心世界。做孩子的朋友就要与孩子有共同的语言，有了共同语言才能与孩子进行交流。因此，父母应多抽一些时间和孩子在一起，和他们一起玩，一起看电视，一起唱(听)几首孩子喜欢的歌曲，父母找孩子感兴趣的话题与孩子进行讨论等。在这些活动中，父母以双方平等的观念与孩子相处，时间长了，你会发现你成了孩子的朋友，孩子对你的话多了，你才能在生活中了解孩子内心深处的想法，家庭教育才有针对性。

---

① 李东风, 项羿. 略论当代家庭教育的现状与对策[J]. 赤峰学院学报(汉文哲学社会科学版), 2008(5): 16-18.

2. 帮助孩子确立自信心

孩子要取得成功，自信心是首要条件。曾经担任过美国足球联合会主席的戴伟克杜根说过这样一段话："你认为自己被打倒，那你就是被打倒了。你认为自己屹立不倒，那你就屹立不倒。你想胜利，又认为自己不能，那你就不会胜利。你认为你会失败，你就失败。因为，环视世界所有成功的例子，我发现一切胜利皆始于个人求胜的意志与信心。"①自信心对于成功如此重要，父母要帮助孩子确立自信心的作用之大可想而知。

有一个小学四年级的小女孩，放暑假后转学到了一所离父亲工作单位近的小学读书。开学后发现，这所小学三年级就开了英语课，到这个小女孩转学时，整整差了一年的课程。上课时她英文听不懂，急得回家就哭了，认为这下完了，再也赶不上去了。她的父亲很懂得丧失自信心对孩子意味着什么，这个问题解决不好，孩子其他两门成绩也会受到很大的影响，弄不好可能耽误孩子的整个学习。父亲向孩子要了英语课本仔细地看了一遍，安慰她说："别看落了一年课，这些爸爸都学过，补课能解决，用不了多长时间咱们就赶上他们。"女孩听完父亲的话马上就不哭了，她从父亲那得到了信心。父女俩课后认真用了一个月补习英语，结果在开学后的第一次月考中，班上两名同学得了一百分，其中就有这个小女孩，连英语老师都不敢相信。这件事让小女孩明白了只要相信自己，并为之不断努力，你想做什么就能做成什么。父母帮助孩子确立自信心，应设法让孩子感受成功的喜悦，没有这种感受，自信心很难确立。这些成功可以是一次歌咏比赛、一次游戏的获胜、一次考试的成绩等。

3. 激发孩子的学习兴趣

兴趣是指一个人力求认识某种事物，探究某种事物，获得某种事物或接近某种事物的稳定的心理倾向。兴趣是人行为的原动力。孩子对学习有兴趣，就会自觉地去努力学习，不但学习效果好，在同等条件下，比兴趣

---

① 严书翔. 超常执行：执行力全方位解决方案[M]. 深圳：海天出版社，2005：162.

低的孩子更少感到疲劳。

　　许多杰出人物的成长经历都说明了一个道理：兴趣十分重要。伽利略从小对数学拥有浓厚的兴趣，经过自己不懈的努力，终于成为一名数学家；诺贝尔小时候受到父亲的影响，对研究炸药产生了极大的兴趣，以至于不惜冒着生命危险，从事硝化甘油炸药的研究。

　　在家庭教育中，家长要通过各种机会了解孩子的特点，发现孩子的需要，捕捉孩子的兴趣，因势利导，使孩子的个性得到生动活泼的发展。

　　培养孩子的兴趣有助于孩子全面发展，提升自信心，使孩子勇于进取和开拓，形成良好的人际关系，在当今竞争激烈的环境下，复合型人才更加受欢迎。兴趣诱导法在家庭教育中起着非常重要的作用。

　　一般来说，学校的学科知识教育活动具有规范性、系统性、计划性和程序性的特点，因而从某种意义上讲，它不受学生个人兴趣的制约。与此不同，家庭生活及其教育环境作为孩子校外的生活场所，相对而言则应该是一种自由、宽松的个性化生存环境，因而具有一定程度的自由性、随意性和个性化特征，也是个人兴趣与爱好得以更好地张扬和养成的生活空间。兴趣爱好是个人自我培育才能、开启心灵智慧、丰富思维能力的重要内在动力。培养和利用教育对象的兴趣与爱好，因材施教，展开有针对性的教育活动，这是教育活动的基本规律和要求。实践表明，孩子的许多兴趣与爱好都是在家庭中受特定的生活环境熏陶而养成的。因此，贯彻兴趣教育原则，是家庭教育活动必须坚持的基本原则。坚持这个原则，意味着家长要善于观察孩子的生活，掌握其兴趣爱好之所在；意味着对孩子的兴趣与爱好进行积极引导，将其个人兴趣和爱好与社会发展要求统一起来，并加以强化和培养；意味着要特别善于利用孩子的兴趣与爱好进行创新思维教育，寓教于乐，增强其教育的趣味性，强化创新思维教育活动的功能。那种不顾孩子的兴趣与爱好，强行对孩子进行苦役式或强迫式的家庭教育活动，只能压抑和扼杀青少年的创新思维发展，因而必须加以摒弃。

　　以下列举中外两个家庭教育成功的范例，加以证实及阐明。

　　梁启超是近代教育大师，在国学、新闻学等学科领域均有重大影响，这位学贯中西、著述等身的教育家在家庭教育方面是与其后辈傅雷相互辉映的重量级人物。他在家庭教育上，不但让自己的女儿接受最好的教育，而且十分鼓励她们选择自己的生活。女儿梁思庄最初在美国攻读生物学，但当得知她没有学生物的兴趣时，梁启超赶紧写信说："庄庄，听见你二哥说你不大喜欢学生物，既然如此，为何不早同我说，凡学问最好因自己性之所近，往往事半功倍，你离开我很久，你的思想近来发展方向我知道，我推荐的学科未必适合你，你应该自己体察做主。"这体现了梁启超对女儿选择的尊重。

　　日本举世闻名的"铃木教育法"之所以能训练出 30 多万名杰出的"铃木儿童"，其中不少人成了世界各地的音乐大学教授、著名乐团指挥和第一小提琴手，其主要原因就在于铃木镇一先生非常重视兴趣在孩子学习中的作用，注意慢慢引起孩子的学习兴趣，再给予孩子发展的契机，使孩子的兴趣之火花越烧越旺，无法熄灭。

　　铃木镇一认为，两三岁的孩子起初对拉小提琴并不一定感兴趣，为了使孩子爱拉小提琴，妈妈首先不要强迫孩子去拉小提琴，而要让孩子接触小提琴；然后妈妈自己在家里拉小提琴，孩子可能会边抢妈妈手中的小提琴边央求妈妈"让我也拉拉嘛"，妈妈就问孩子："你也想学拉小提琴吗？"当孩子说"我也想拉"时，妈妈再问他："你是真的想拉吗？"直至孩子说"是真的想拉"时，妈妈才带他到教师那里去学习；到了教室里以后，虽然孩子想马上就拉小提琴，但是妈妈却不叫他拉，而是让他"先到那边去玩玩"，这样，孩子就一边玩一边听，看大家的演奏；等到孩子把要学的曲子全部记在脑子里了，总想把它表现出来的愿望逐渐强烈的时候，妈妈才给他选择适当的小提琴，让他学拉。

　　铃木镇一强调，家长循循善诱，创造条件激发孩子的学习热情，并耐心等待孩子涌现出自发的跃跃欲试的强烈愿望以后，再进行教育的做法是值得我们今天希望孩子有一技之长的家长们学习借鉴的。

三、教育限度

家庭教育能否掌握分寸是十分重要的。常言道："办什么事都要掌握火候，过火了就会适得其反，不如不办。""过犹不及""物极必反""欲速则不达"都是讲做事应掌握分寸。在教育活动中，失去分寸就违反了教育规律，那是教育不好孩子的。

"分寸"也叫"度"，这是一个非常抽象的概念。在哲学上指一定事物保持自己质的数量界限。在这个界限内，量的增减不改变事物的质，超过这个界限，就要引起质变。著名哲学家黑格尔在《小逻辑》一书中讲过农夫与驴的故事对"度"这个概念的解释：农夫背着货物觉得累了，看小毛驴还能驮，就一次又一次地往小毛驴背上增加货物，直到第三次转移负重，把小毛驴压垮了。"最后"压垮小毛驴所增加的那一点儿货物就是"度"。任何事物都有一个"极限"，一旦超过了就走向反面。教育孩子也是如此，尤其不能过分保护、溺爱孩子，或走向极端的高压、严厉。只有把握好分寸、尺度，才能取得有益的结果。一旦超过了极限，就会有害。

近代教育家朱庆澜很重视家庭教育中的分寸问题。当时中国的父母"一说让孩子活泼，就无论何事听任他自由，使孩子变得放肆；一说要孩子规矩，就常常何事都不许他自由，使之变得呆板"①。可以断言，这样肯定教不好孩子。他主张要严格掌握分寸，划清界限。"有规矩的自由叫活泼，没有规矩的自由叫放肆；不放肆叫做规矩，不活泼叫做呆板。"这个界限是有弹性的，在科学性的基础上，充满了灵活与机巧，这对于家庭教育很有启发。

日本有一部非常有名的动物纪录片《狐狸的故事》，记录一只母狐狸哺育自己五个"孩子"的过程。母狐狸教会小狐狸捕食的本领后，便"无情"地把它们赶走，让它们去独立谋生。有的小狐狸不想离开，几次想重新回到母亲身边，母狐狸甚至毫不留情地凶狠地咬小狐狸，强行把它们驱赶走。

① 赵忠心. 家庭教育[M]. 北京：中央广播电视大学出版社，1989(02)：223.

母狐狸其实非常爱它们，直到小狐狸的身影在远方消失，母狐狸仍然久久地站在那里。自然界有"优胜劣汰"法则，动物哺育幼崽做到了不娇惯及过度呵护，人类社会的教育也是一样的道理。家庭教育掌握分寸很重要，父母有时候要松开双手，让孩子在实践中经风雨、傲霜雪，在刻苦磨炼中快快成长。

家长掌握不好分寸，往往与血缘有关系，由于家长与孩子有血缘关系，望子成龙心切，容易恨铁不成钢，教育时就急躁，一急就失去理智，说得越狠越解气，往往失度。同样因为血缘关系，爱得过分，溺爱也是一种失度。教育时往往下不了"狠心"，没有狠劲，往往又不够力度，当然不是说有血缘关系一定会失度，而是说这种特殊的感情容易失度。家长光有"恨铁不成钢"的感情是远远不够的，重要的是要仔细琢磨使"铁"变成"钢"的方法和火候。教育成功的诀窍就在于分寸，掌握好了分寸也就具有了家庭教育的艺术，失度就是缺乏艺术的灵活性和多样化。爱孩子，爱到什么程度是有益的，什么程度就成了"溺爱"？帮助孩子，帮到什么程度是有益的，帮到什么程度便成了"帮倒忙"？孩子要管束，管到什么程度孩子就会有规矩，到什么程度孩子就"呆板"了？很多家长在家庭保护实践中，经常被这类问题所困扰。

不少家长也明白对孩子的爱要有界限，但在实际生活中总是容易过度关注孩子，"关心则乱"，最后变成控制，使孩子丧失成长的空间和自主性。家长应学会有智慧地适当放手。

大部分家长最关心的是孩子的学业，总想尽自己所能为孩子的学业进步提供帮助，这是人之常情，但是提供帮助一定要有界限、方法要得当。孩子写完作业，一些家长每天要替孩子收拾书包，并对照着课程表，帮助准备第二天上课用的学习用品。很多家长替孩子决定他的兴趣爱好，在孩子的兴趣或特长培养上，往往从自我出发，按照自己的喜好或功利化目的设计、决定孩子的兴趣方向，没有考虑孩子的天赋特性和真正兴趣，导致孩子痛苦不堪。

一些家长习惯于包办孩子的生活，他们尽量让孩子少动手做事。孩子已经会穿衣服了，仍像侍候"小少爷""大小姐"似的，给孩子穿衣服、穿袜子、穿鞋，怕他们不会穿、穿得慢、穿不好；孩子会洗袜子、红领巾了，还是替他们洗，甚至还替他们洗脸、洗手、洗脚，怕他们洗不干净，弄湿了衣服。这样反而束缚了孩子的手脚，不利于孩子独立自主性的培养。有的家长甚至还到学校"代劳"，替孩子值日打扫教室卫生，怕再磕着、碰着、累着。

孩子上小学了，有的家长不放心让孩子独自去商店买学习用品，怕不会买、不会挑，怕把钱弄丢了，怕不会算账找错了钱……孩子上中学了，要和同学们结伴去郊游，没有老师带着家长也不让去。实在拗不过孩子，就强令不许骑车去，不许划船，不许爬山……生怕孩子有什么闪失。家长应该提供丰富的机会，让孩子广泛接触各种项目，孩子在不断尝试的过程中，会随着时间的推移、年龄的增长逐步聚焦，寻找到自己真正的兴趣爱好。

衡量孩子是不是长大了，一个重要的标志就是独立意识和独立生活能力强不强，遇事有没有主见，能不能独立分析、判断、处理、解决问题。具备了这些能力，用不着家长什么事都操心了，"翅膀硬了"能"单飞"了，那才算是"长大"了。孩子的独立意识和能力，不是天生就有，也不是到了一定的年龄阶段就自然而然地具备。实践出真知，独立的意识和能力只有在实践中才能逐步形成。

即便孩子的身心发展水平已经具备了独立意识和掌握独立生活技能的条件与可能性，如果家长不让他们去做，剥夺他们实践锻炼、亲身体验的机会，使他们有腿不能走、有手不能动、有脑不能想、有事不能做、有问题不能自己处理，那么，他们就永远长不大。像这样的孩子，在家里，在父母身边，尚能生活、生存，将来一旦进入社会，离开了父母、家庭，就会"如暂出樊笼的小禽，他决不会飞鸣，也不会跳跃"，难以自立，更难以在事业上有所作为。

对儿童的照顾应随儿童年龄的增长而逐渐减弱，过多的替代就是对提高孩子自理能力的剥夺，促使孩子向退缩心理发展。只有真正的热爱，才能激发人的潜能和创造力，也才能有恒心和毅力坚持。家长可以提供建议，但应该充分相信孩子的分辨和选择能力，不要事事替孩子做主，不要过多干预孩子的学校生活。

教育孩子是一个漫长又艰巨的过程，具有教育智慧的家长不是一蹴而就，既要承担为人父母的责任，又要把握好亲子关系的界限。总而言之，不能撒手的地方绝不撒手，应该放手的地方要舍得放手。

四、择机而教

择机而教的"机"既是机会和机遇，带有敏捷、灵活和多样性，但同时也是时间的及时把握，阶段内容的合理及方法的恰当，心理投入或赋予的针对有效等。这里是教育科学化与艺术化的结合，两者浑然一体，难以截然分离。当然，科学与艺术结构组合的比例是有所区别的，前者是艺术+科学，而后者则是科学+艺术。

（一）回归生活

家的择机而教主要是在平时的生活中，要随时随地抓住看到的、遇到的事和物，对孩子进行相应的教育。

现代著名教育家陶行知提出"生活即教育""社会即学校"的生活教育理论，指的就是要在生活中做有心人，把握教育时机，在生活中学习，在社会中学习。著名儿童教育家、儿童心理学家陈鹤琴先生也针对儿童的心理特点，强调不要把儿童禁锢在室内教育，要让孩子与自然和社会接触，丰富孩子的知识，增长孩子的见识。家长在生活中教育孩子的原因是有依据可言的。在生活这所最广阔的学校里，不论家长学历如何、能力大小，是上班族还是自由职业者，只要肯做有心的家长，做对教育上心的家长，以自己的一言一行影响孩子，孩子则能如春日之苗，受春雨的滋润，领春风之拂煦，仿佛不见其长，实则日日在长。日常生活的内容丰富多彩，有许多现成的教育机会，家长要加强自身的教育修养，增强教育意识，敏锐地觉察，及时抓住，不要轻易放过。

很多家长都认识到家庭教育的重要性并为之付出努力，但也有不少家长不无遗憾地说，工作忙，没有时间教育孩子。其实，持这种说法的家长大多是对家庭教育有误解。家庭教育无须像学校教育那样，让孩子集中大段时间听家长教育孩子什么该做、什么不该做。其实，只要我们在生活中做有心人，处处都能找到教育的好时机。比如，看见建筑工人搬砖添瓦建造高楼大厦，看见清洁工辛勤地清扫马路，看见交警雨中仍在指挥车辆行人，每一个情景都能成为教育孩子养成尊重劳动，尊重他人，珍惜美好生活，做遵纪守法小公民的良机。再比如，家里来了客人，借机教育孩子对人要有礼貌，指导孩子和客人交往，学习待人接物。家庭教育具有随机性，家长在任何时间任何地点，都能找到教育的契机。

家长遇物而诲、择机而教，是与儿童的思维方式与发展特点有密切关系的。儿童，尤其是学龄前儿童，他们的思维方式以具体形象思维为主，即以具体的表象为材料，在鲜明、生动的语言参与下进行思维活动。当家长教育孩子时，空口讲道理并不能触动孩子，他们也不会因为几句大道理就开动脑筋，只有在以具体表象为材料，在特定的场合或特定的情景中，触景而教，遇物而诲，才能触动孩子思维，从而产生教育效果。

有的家长确实重视对孩子的教育，然而却不分时间和场合，不顾孩子情绪，空讲道理，说到口干舌燥还不罢休。孩子慑于家长的权威，虽然嘴上答应，但是转眼就忘了。于是很多家长气恼地说："这个道理我告诉孩子几百遍了，怎么就记不住呢？"不是孩子不上心，是因为抽象笼统地讲大道理，与孩子的情感体验、情感经历不契合，孩子产生不了情感与精神上的共鸣，自然也不会铭记于心。孩子没有家长几十年的人生阅历，更没有经历人生各种磨炼，其思维和想象力远没有那么丰富，无论家长讲多少抽象的道理，孩子无动于衷和善于淡忘就不足为奇了。教育是需要投入情感的活动，是需要打动人心、触动人们灵魂的，否则，教育就如沙漠里栽树，树难活，果难结。

(二)依据儿童身心发展特点适当教育

我国历史上具有早期教育的优良传统，在西周时期，周代贵族家庭就有一套按儿童年龄安排教育的程序，《礼记·内则》对这一程序作了介绍：
"子能食食，教以右手；能言，男唯女俞。""六年，教之数与方名。七年，
男女不同席，不共食。八年，出入门户及即席饮食，必后长者，始教之
让。九年教之数日。十年，出就外傅，居宿于外，学书记。"宋代司马光根
据《礼记·内则》的记载，还制定了幼儿教育的十年教学安排：如一至三岁
学习数与方名，研练书法；七岁读《孝经》《论语》；八岁诵《尚书》；九岁
诵《春秋》及诸史；十岁就读《诗》《礼》《传》，略通大意，逐步通晓经史之
学。《三字经》中教育子女的程序为："为学者，必有初。《小学》终，至
《四书》"；"《孝经》通，《四书》熟，如《六经》，始可读"；"经既明，方读
子，撮其要，记其事"；"经子通，读诸史，考世系，知始终"①。正是通
过这样由浅入深、由经到子再到史的学习过程，为子女打下良好的学习基
础。尽管我国古代在实施循序渐进的教育方法时有过于僵硬的倾向，但总
的来说，根据儿童不同发展时期身心发展的情况实施教育，是符合教育规
律的。人的身心发展有一定的层次性和阶段性，应依据不同层次和阶段特
点循序渐进、择机而教。

　　古往今来，许多仁人志士，成就斐然的名人在幼年时期受到良好的家
庭教育是他们日后成才的一个重要原因。如，德国大诗人、剧作家歌德的
成才，得力于家庭的早期教育。歌德 2~3 岁时，父亲就抱他到了郊外野
游，观察自然，培养歌德的观察能力。3~4 岁时，父亲教他唱歌、背歌
谣、讲童话故事，并有意让他在众人面前讲演，培养他的口语能力。这些
有意识的教育，使歌德从小乐观向上，乐于思索，善于学习。歌德 8 岁时
能用法、德、英、意大利、拉丁、希腊语阅读各种书籍，14 岁写剧本，25
岁用一个月的时间写成了闻名于欧洲的诗歌《少年维特的烦恼》。再如古代
以"父子书法家"著称的王羲之、王献之，有过 1350 多项发明的大发明家
爱迪生，一代文学巨星郭沫若、茅盾等名人的成长过程都说明了家庭教育
对早期智力开发的重要性。反之，人的幼年时期得不到良好的家庭教育而
影响智力正常发展的事例也是不少的。如印度"狼孩"卡玛拉，从小被狼叼

---

① 邹强. 中国当代家庭教育变迁研究[M]. 天津：天津大学出版社，2011：40.

去，8 岁时被人发现，但其生活习惯几乎与狼一样，四肢爬行，吃生肉，昼伏夜行，后来经过人为的训练，两年后才能站立，6 年后可以像人一样行走，4 年内学会了 6 个单词，在她 17 岁时，智力水平仅达到 3 岁孩子的水平。

家庭是儿童生命的摇篮，是人出生后接受教育的第一个场所，即人生的第一个课堂；家长是儿童的第一任教师，即启蒙之师。所以家长对儿童所施的教育最具有早期奠基及优化作用。一般来说，孩子出生后经过 3 年的发育，进入幼儿时期，从 3 岁到 6 岁是学龄前期，也就是人们常说的学前教育阶段，这是人身心发展的重要时期。我国古谚有："染于苍则苍，染于黄则黄。"幼儿期是人生熏陶渐染化的开始，人的许多基本能力是这个年龄阶段形成的，如语言表达、基本动作以及某些生活习惯等，性格也在逐步形成。美国心理学家布鲁姆认为，如果把一个人在他 17 岁时达到的智力水平算作 100% 的话，那么他在 4 岁时就达到了 50%。4~8 岁又增加了 30%，8~17 岁又获得了 20%。可见幼儿在 5 岁以前是智力发展最迅速的时期，也是进行早期智力开发的最佳时期，如果家长在这个时期所实施的家庭教育良好，将是孩子早期智力发展的关键。

儿童和青少年阶段是他们思想品德形成最关键的时期，甚至具有不可逆的特点。中国有句老话："三岁看小，七岁看老。"这里所谓的"看"，显然不是儿童和青少年的聪明与认知水平，而更多的是说，这个成长发展阶段儿童和青少年的道德发展程度和水平以及相应的性格特征，大体决定了他们成年以后的基本状况。父母一旦错过了这个阶段，将来的"补偿"往往需要极大的成本，甚至是难以弥补的。

蔡元培认为，一个人终身的品德性格"百变不离其宗，大抵胚胎于家庭之中""幼儿受于家庭之教训，虽薄物细故，往往终生而不忘"[①]。好的家庭教育使个体一生受益，反之，则贻害无穷。正如福禄培尔所言，"人的整个未来生活"怎么样，源于幼年"这一生命阶段"。假如在人的起始阶

---

① 蔡元培. 蔡元培全集(第 2 卷)[M]. 杭州：浙江教育出版社，1997：108.

段，存在于他身上的"未来生命之树的胚芽遭到损害，那么他必须付出最大的艰辛和最大的努力才能成长为强健的人，必须克服最大的困难在其朝着这一方向发展和训练的道路上避免这种损害所造成的畸形"①。可以说，个体未来的生命状态在一定程度上取决于其早期接受的家庭教育水平，高水平的家庭教育对孩子的成长起到滋养和促进的作用，反之，则会阻碍其未来发展之路。事实上，早期的家庭教育对孩子的重要意义不仅在于为个体一生幸福发展奠基，还在于其所处的时期是个体身心发展的关键期。马卡连柯认为，"儿童教育最重要的阶段就是儿童出生后的前几年。正是这个时期，儿童的脑和感觉器官发展得特别急遽，许多偶然的联想、人的心理基础，都特别迅速地形成起来，牢固起来"②。

　　家长要对"物"有所选择，做到择机而教，遇物则诲，但并不是遇上什么都要进行一番说教，而是要选择有意义的事物进行教育。如果你随时随地进行说教，时间久了孩子会厌倦，产生抵触心理，久而久之，就会丧失学习、探索的积极性。

　　①　福禄培尔. 人的教育[M]. 孙祖复，译. 北京：人民教育出版社，2001：40.
　　②　马卡连柯. 马卡连柯全集(第3卷)[M]. 文颖等，译. 北京：人民教育出版社，1957：40.

第六章　儿童不同身心发展阶段的家庭教育

人的发展，是一个动态变化的过程。从出生到死亡，人的心理存在发生、发展和衰退的过程。儿童心理的发展，是指人从出生到长大成人这个过程的心理阶段性特点呈现，包括共性和差异性。根据目前大多数心理学家的探索，儿童心理变化过程，大致可分为下面几个主要年龄阶段：婴幼儿期：0~6岁；童年期：6、7岁~11、12岁；青少年期：11、12~17、18岁。（少年期/学龄中期：11、12~14、15岁；青年初期/学龄晚期：14、15~17、18岁。）

儿童身心发展具有阶段性，在其成长过程中，不同年龄阶段呈现出不同的身心特点，这些特点既有区别，又互相联系。而且前后两个阶段是逐渐过渡的，前一个阶段往往萌生着后一个阶段的某些内容，后一阶段也保留着前一阶段的某些因素。处于不同时期和阶段的儿童，在家庭中扮演的角色也不同。父母应当及时掌握儿童身心发展的阶段性特征，同时考虑到儿童成长过程中的变化性与特殊性。儿童身心的状况及水平并不是完全一样的，同一年龄阶段的儿童，有的可能快一些，有的就可能慢一些，并且是在随时变化的。而且，孩子是独特的个体，他们有着与众不同的个性。因此，父母在家庭教育中，在全面了解孩子的基础上，从实际出发，采用适当的教育内容与方式，即是普遍、一般的，也是个体差异的，以促进儿童身心全面发展。

本章根据心理学对人的年龄阶段的划分，按年龄增长的先后顺序，分别阐述儿童在婴幼儿时期（新生儿期、婴儿期、先幼儿期、幼儿期）、儿童期、青少年期(学龄中期和学龄晚期)等从出生到青年的身心阶段和家庭教育举措、策略。

第一节 婴幼儿期的家庭教育

婴幼儿时期(0~6岁)是指人出生后到上小学以前的年龄阶段。其中，从出生后到1个月称为新生儿时期；1个月到1岁称为婴儿期；1岁至3岁称为先幼儿期；3岁到6岁称为幼儿期。也有人将0~3岁称为婴儿期，3~6岁称为幼儿期。① 婴幼儿时期是人身心发展的早期阶段，也是身心变化迅速的时期，其中的不同环节，孩子身体和心理各方面会呈现出不同的表现。生理上的变化，家长易于发现，也能够接受，而孩子心理上的迹象，则需要家长认真去体察和理解。只有如此，家长才能真正了解孩子，有针对性地对孩子进行教育，从而收到良好的家庭教育效果。

一、婴幼儿期身心发展阶段特征

婴幼儿期是儿童身心变化最大的时期，在新生儿时期、婴儿期、先幼儿期和幼儿期分别呈现出各自特点。孩子出生后的第一个月称为新生儿期，在这个时期内的孩子从外表看非常柔弱，大多数新生儿喜欢安静，睡眠占去了大部分时间。孩子出生一个月后便进入婴儿期，这时他们对外界有了兴趣，不再像之前那么安静，而是越来越活跃了。1~3岁称为先幼儿期，也叫先学前期。这一时期，儿童动作发展迅速，逐渐学会了走路、跑、跳等，生活范围也日益增加。随着儿童言语的发展，他们逐渐学会思考，喜欢提问和模仿，有了最初的自我意识以及对人对物的区分，产生了"独立性"的模糊意识。这些呈现被誉为儿童心理成长中的第一个转折

---

① 蔡岳建．家庭教育引论[M]．合肥：安徽教育出版社，2010：168．

期。① 3 岁到 6 岁，是进入小学之前的时期，称为幼儿期，也称为学前期。这一时期幼儿的身体、心理出现了较大的质变。总体来说，婴幼儿时期身心发展特征概述如下。

（一）生理

0~1 岁是人一生中生长最旺盛的阶段。身长达到出生时的 1.5 倍。3 岁以后，生长速度是大约年增长 4~7 厘米，体重年增加 2 公斤左右。

脑与神经是人体发育最早的器官。孩子出生后，婴儿出生时脑重大约是 390 克，9 个月为成人脑重（1400 克）的 1/2，2~3 岁为成人脑重的 2/3，4~5 岁为成人脑重的 9/10，7 岁接近成人。大脑发育相当快，大脑皮层发育相对迟缓，调节人体生理运动能力弱化。

在 1 岁之前，孩子从抬头、翻身，到学会坐和爬，以及初步的自由活动。1 岁左右学习走路，随后会跑跳、攀登、钻爬，但是，幼儿的骨骼偏柔软，易出现骨骼变形。大肌肉群发育得早，小肌肉群发育还不完善，手的动作笨拙，一些精细的动作难以完成。

具体而言，一个月左右的孩子在成人的帮助下头可以稍稍抬起，3 个月在成人帮助下翻身，能把头抬起一段时间；4 个月能独自翻身；5 个月俯卧，以肘部支撑抬起胸部；6 个月独立坐片刻；7 个月时俯卧，手脚划动向后退，坐一段时间，自由地玩喜欢的玩具；8~9 个月的孩子已经能够爬行了；10 个月的孩子在成人的帮助下可以扶着站，或扶墙走；大多数孩子一周岁独立行走。1~3 岁的儿童与上一阶段比较，最明显的莫过于动作增多，熟练和复杂化。1~1.5 岁的孩子学会了自己走路，2 岁以后在行走的基础之上，能跑、跳、爬高、越过小障碍。与此同时，手的精细动作也发展起来，初步学会使用工具。

婴幼儿的心脏肌纤维细弱，心壁薄，收缩力量弱小，输出的血量少，但由于新陈代谢旺盛，心脏必须加快收缩，心律较快，1~2 岁是 110 次/分

---

① 彭建兰，胡小萍. 学前儿童家庭教育［M］. 南昌：江西高校出版社，2009：41.

钟，3~6 岁是 95~100 次/分钟。

（二）心理

婴幼儿时期的孩子不仅身体生长发育迅速，各种心理活动也开始萌芽，并得到不同程度的提高，是进行家庭早期教育的最佳时期。心理是人脑对客观现实的主观反映，是个体一种复杂的精神意识活动，一般包括认知、情感、意志和个性心理四个方面。

1. 认知

孩子在婴儿时期对外部世界开始有了兴趣，认知活动从低级到高级逐步发展。1~2 岁，孩子的想象开始萌芽，会把布娃娃当成妹妹；3 岁左右想象力增强，但是思维的发展以直觉行动为主，零散而贫乏，缺乏系统性与抽象性。3~6 岁幼儿的认知能力明显提高。通过语言获得知识，与别人交流，对事物有初步认识；孩子开始出现长时记忆，一些事情终身不忘；但是，他们感知、记忆、思维、想象等认知活动仍带有明显的实物具体性。感知在认知中作用明显，他们更多通过感官来认识外部事物，思维活动需要依靠事物在头脑中的具体形象或借助具体的实物操作产生或展开，即具体形象思维占主要地位，而逻辑思维只是萌芽，思维的抽象概括水平相当低下。

（1）感知觉

刚出生的孩子已经具有各种感觉，但这时感觉还很初级。随着大脑机能的发展，在丰富的环境刺激影响下，幼儿的感觉能力不断提高，能有意识地注意自己感兴趣的事物。

半岁之前，婴儿的认识活动从低级到高级逐步活跃起来，主要通过各种感觉去认识事物。婴儿较之新生儿，视觉集中时间会越来越长，距离也会越来越远。婴儿 2 个月后开始有听觉，3 个月可以有集中的听觉，感受来自不同方位的声音，能对音乐表示愉快，对强噪音表现出不愉快。听觉的完备为儿童的语言能力准备了条件。4 个月会区分酸、甜、苦等不同味道。6 个月以后，能够逐渐对复合刺激物作出反应，眼、手能够协调活动了，这就形成知觉，同时，喜欢看、听、触摸物体，具有最初形态的观察力。

1~3岁的儿童开始能够辨别红、黄、蓝等基本颜色，还可借助词语区别各种不同的颜色。听觉能辨别音强、音调等，触觉能辨别物体的冷热、软硬等不同属性，知觉可借助词去认识事物，空间知觉和时间知觉有初步发展。

3~6岁的儿童各种感觉都在迅速地完善着，其中最主要的是视觉、听觉和触摸觉。如视觉方面，辨别细微的物体和远距离物体的能力有所提高。听觉感受性也逐渐增大，在欣赏音乐、语言交流、游戏等活动作用下发展。触摸觉与视觉结合，成为复杂的知觉活动，对事物发生精确的反应。

（2）记忆

新生儿是没有记忆的，建立条件反射便是记忆的发端。6个月的婴儿开始有明显的认识活动，首先从自己的妈妈开始，然后范围扩大到所接触的人或事物。婴儿期的记忆主要是无意识记忆，再现的能力有所发展。1岁时再现几天到十几天前的事物，3岁时，能再现几个月以前的事物。其中，富有情绪色彩的事物容易被婴儿记住。

随着活动范围的变化及言语的发展，幼儿的记忆能力也在逐渐提高。如有意识记忆形成，5~6岁的幼儿有意识记忆有明显的表现，在各项活动中努力记忆，并运用一些方法进行记忆。此时他们的记忆带有很大的具体形象性，易于记忆事物的表面特征和外部联系。机械识记多，但意义识记逐渐得到发展。虽然这一时期的幼儿以具体事物为内容的形象记忆为主，但利用语词的标志记忆随着幼儿语言系统构筑也很快发展。当然，幼儿记忆的精确性差，容易记忆带有情绪色彩的事物，而常常遗忘掉本质的内容。由于幼儿容易受暗示，以致幼儿的记忆容易不精确。

（3）思维

幼儿期的思维主要以具体形象性为主，晚期萌发抽象逻辑思维。1~2岁左右，事物虽然不在眼前，幼儿却能够在大脑中出现关于该事物的表象，认识活动出现重大的变化，能产生想象。他的记忆已不停留在再认那些重新出现的事物，而是可以回忆过去感知过的事物。1岁只能胡乱摆弄物体，2岁左右已经能够拿着物体进行想象性活动。至此，其认识过程从感觉到思维都已经形成。1~3岁的婴儿思维离不开动作，3~6岁幼儿的思维特征是离不开实物和实物的表象。与婴儿期儿童相比，幼儿的思维已开始摆脱动作的束缚，成为独立的一个心理过程，这时幼儿的思维出现了另一个特征，那就是学会在动作之前就能在头脑里进行思考，使思考可以超越时间的限制，有了一定的目的性和预见性。但幼儿思维还不能离开事物的形象，思维具有直觉形象性，对事物的概括主要停留在具体的、形象的水平。

由于生活经验的积累和游戏活动，幼儿期的想象发展很快，1岁之内的儿童没有想象，1~2岁时能把日常生活中的经验运用到游戏中去，开始萌发想象。2~3岁时想象力有所形成，内容简单，创造成分少，往往依赖成人的讲述及图片描绘发生出想象。其层次主要以无意想象为主，有意想象开始出现；以再造想象为主，创造想象微弱，呈初级想象。3~6岁幼儿在游戏中，已具有丰富的想象力。想象是游戏最重要的成分，儿童在游戏过程中，游戏材料可通过想象以物代物，或一物多用。几片树叶，"过家家"时可以代替菜，"开医院"时可以当作药。游戏中的角色可以通过想象以人代人，小女孩可以当"妈妈"，小男孩可以当"解放军"。丰富的想象力是创造思维的重要特征，促进儿童想象力的充分发展应是幼儿家教的一个重要内容。

（4）言语

1~3岁是婴儿口头语言的关键期，5岁左右是掌握数目概念的敏锐期。新生儿发出的声音是生理上的哭声反射。1个月以后，乳儿逐渐出现条件反射性的哭声。2、3个月的乳儿吃饱睡足以后，自言自语地牙牙学语，7、8个月后，当成人对他说话时，他能出声回答。10~11个月左右，开始懂得词的意思。2岁左右的孩子，虽然说话不成句，但总是喜欢叽里咕噜地自言自语，更喜欢模仿大人说话；到了3岁，孩子能够初步运用语言表达自己的意思。3岁以后，词汇更为丰富，范围扩大，理解与使用的词汇不断增加，到 5~6 岁，幼儿语言的连贯性变得明显，开始产生内部语言。内部语言是有声语言发展到一定阶段的产物，是借助一种介于有声语言和内部语言之间的语言形式，即出声的自言自语而产生的。内部语言和人的自觉性有相关联系，更与抽象逻辑思维和有目的行为发生联系，具有分析综合及自我调节的机能。幼儿晚期，幼儿能够掌握一些简单的书面语言，以词语本身作为综合分析的对象，如从句中分析出字、词，从字、词中分析出音节，从音节中分析出字母，这时，家长进行简单的识字与常识教育是适宜并有效的。

2. 情感

新生儿只有原始的情绪反应，如遇饿、渴、痛、痒等发出哭、喊等无条件反射。随着年龄增长，条件反射性的情绪反应逐渐出现。刚出生不久的新生儿，当吃饱睡足后会表现出愉快的情绪。1 个月后，便会笑；4~5 个月时，会笑出声来，并能与成人进行情绪交流；6 个月时，已能认识人，情绪反映会因人而异，对母亲的情绪较为依恋，对母亲十分亲热；2、3 岁时对其他亲人产生强烈的依恋情感。儿童在 1 岁之后情绪会逐渐丰富，也渐渐度过了怯生高峰期，在大约 3 岁时，孩子已经具备爱、同情、尊敬、好奇、失望、恐惧、惭愧、厌恶等 20 多种情绪反应。由于年龄小，婴幼儿情绪易受外界影响，易冲动、变化、不稳定。5~6 岁时，情绪不像以前那么容易波动，有时略微能隐藏内心的情感。

随着年龄的变化，他们开始有了比较复杂的情感体验，对想象中的事物，诸如黑暗、动物、家禽、鬼怪的害怕出现了，对讥笑、斥责、伤害等威胁性的焦虑增强了。

3. 意志

1 岁左右婴儿的意志开始产生，2~3 岁表现出明显独立行动的愿望，什么都要"自己来"。这是自觉能动性的发轫，也是意志行动开始的标志。其具体表现为可以克服一些简单的困难，比如摔倒之后，在成人的安慰下可抑制住疼痛不哭等。但是由于婴儿行动的目的性很差，容易受外界干扰而转移目标，所以坚持性和自制力也比较差，很多时候都不能自制。随着年龄的增大，幼儿的主动性、独立性、果断性、坚持性虽然水平较低，但都已有所强化。4 岁后，幼儿的意志品质有明显变化，出现了较高水平的动机，能主动地克服困难，此外，自觉性、自制力、坚强性等都有所进步。他们渴望自由，善于表现自我。

3 岁幼儿的行动毅力易受当前具体情景的影响。4、5 岁幼儿的坚持性仍然不足。6 岁幼儿的坚持性提高，即使对自己不感兴趣的事，也能在成人的指示下，较长时间忍耐。

3 岁幼儿喜欢做自己感兴趣的事情，不善于控制自己的愿望和行动，4 岁以后有所改变，5、6 岁幼儿能根据家长、教师的要求，有意识地控制自我的行为。

4. 个性

新生儿在气质上就已表现出个体间的差异，3 岁之前某些特征已流露，但不够明显。随着幼儿逐渐走向社会化，4~6 岁幼儿的个性初步形成，气质、兴趣、性格、能力等方面出现差异，但是幼儿的个性在儿童、少年时代仍然有很强的可塑性。

自我意识是指个体对自己的认识和态度。1 岁前的幼儿无法将自己与客体分开。1 岁时才开始能把自己的动作和动作的对象区分开来，这是自我意识的最初表现，实质上只能算是一种自我感觉。自我意识的进一步形成是跟幼儿有关自我的词的掌握相联系的，2、3 岁从知道自己的名字到会使用代词"我"时，标志着自我意识的真正产生。①

以上是孩子在婴幼儿期身心发展的阶段特点，普遍、共同的特点与个别化、差异化的存在都是家庭教育开展的依托和前提；同时，家庭教育也发挥着促进、优化孩子健康、和谐发展的职责。

二、婴幼儿期家庭教育的主要内容及其举措

婴幼儿期是一个人人生的起始阶段，也是人生的奠基期。这一时期孩

---

① 张桂敏，李群，李连英. 现代家庭教育导读［M］. 济南：山东教育出版社，2009：22.

子无论是身体发育还是心理发展都处于最为迅速的阶段。家长应充分了解孩子的身心水平和特点，有针对性地实施家庭教育，更好地将生育、养育、教育"三育"有机而依序地结合起来。

(一) 新生儿的保教

在新生儿阶段，家庭的养护非常重要，父母要帮助孩子尽快实现从母胎内到母胎外两种完全不同的生活方式之间的过渡，进入快速的生长发育期。科学的养护有利于孩子日后的成长，当然，同时应意识到养护并非只是生活的照料，其中也含有教育的成分。

1. 充足睡眠

胎儿脱离母体后要以个体独立存在，因而新生儿需要对母体外的环境有一个适应过程，这一时期的主要任务在于对一种新环境在生存方式上的适应、疲劳的消除。这也是新生儿贪睡的主要原因。在出生的最初几天，白天清醒的时间平均每小时大约为 3 分钟，夜晚更少一些。即使到了第二个月，也才可以达到平均每小时 6~7 分钟。① 因此，在新生儿的养护过程中，保证其充足的睡眠尤为重要。家长在养护的过程中很大程度上是依照新生儿的睡眠规律自然进行的，不需要进行过多的干预。

2. 母乳喂养

对新生儿来说，最合适的营养莫过于母乳，它不仅是新生儿最理想的营养，而且可以增强婴儿对疾病的抵抗能力，还可以增强母子间的感情联结。

母乳按时间可分为初乳(2 周)、过渡乳(2 周~1 个月)、成熟乳(2~9 个月)和晚乳(10~20 个月)。母乳中含有糖、蛋白质、脂肪。母乳中的糖含量很高，而牛奶中的糖只有它的一半，即使在牛奶中加糖，品质也无法与母乳相媲美。母乳中的蛋白质也非常易于孩子消化和利用，母乳是营养价值最高、最经济、最适合孩子的食物。而且，母乳清洁卫生，温度适

---

① 李天燕. 家庭教育学［M］. 上海：复旦大学出版社，2007：175.

宜，食用安全方便。

接下来至少前 3 个月要坚持母乳喂养。母乳和牛奶均含有铁，但母乳中的铁 50%可以被乳儿吸收，而牛奶中能吸收的不到一半。到了乳儿 2 个月左右家长可以适当地为孩子添加果汁。4~5 个月的乳儿，在母乳不足的情况下，可以适当添加辅食。如果母乳充足，只喝母乳也能健康成长，所以不必着急添加辅食。5~6 个月的时候可以给孩子适当添加现成的乳儿食品，如乳儿专门的食物罐头等。

母乳喂养，母子肌肤相亲，使婴儿产生一种亲切感和安全感。婴儿吸吮乳头，会使母亲内分泌系统早日恢复，有益于身体健美，精神焕发。为了使母乳的质量更好，乳母要注意补充营养，多吃高蛋白的食物。

3. 养育环境

孩子在医院度过最初的几天之后，就要回到家中长久地居住。父母应该为孩子营造一个舒适健康适合居住的环境。如果正值温度适宜的季节，不需要供暖或者制冷，平时应勤开窗通风，保持空气流动。如果天气较冷，或者风比较大，注意保持室温，不要让凉风直接吹到孕妇和婴儿的身上。但家长不能因为过于担心着凉，而把孩子关在空气不流通的房间里。即使在温度较低的冬天，也不要将屋子弄得太热。

4. 情感形成

新生儿出生后，父母要尽可能地让他们感到亲人的爱抚和关怀，以此来培养孩子最初的信任感，从而培养其对周围环境，尤其是社会的基本态度。新生儿在襁褓时就会逐渐显露出各种需求，比如吃东西、大小便、要人抱等。由于他们不具备自理能力，所以通常会通过哭闹来表达，这一阶段家长要及时地满足他们的合理需要。如果婴儿的哭不能得到父母的及时回应，婴儿会感到愤怒和不满，同时会受到挫折。如果父母能及时对婴儿的哭作出正确反应，会使婴儿感受到关怀，尤其是对照料他们最多的人产生一种信任感。父母积极回应婴儿哭的过程，其实就是逐渐培养婴儿信任感的过程。这种处于萌芽阶段的信任感是儿童形成健康的个性品质的基础，也是以后心理健康的保障。父母经常怀抱婴儿，催化他们对父母的依恋之情，以及对父母、对他人和对周围世界的信任，为良好的亲子关系培根固本。

（二）婴幼儿的动作协调

婴幼儿动作的发展在3岁以前已基本完成，以后是向更准确、更匀称协调的方向迈进。如何实现儿童动作的正常协调，家长可从以下几方面入手：

1. 注意体态的发育。婴幼儿时期，父母要及时关注孩子的体态姿势，保持正确的站、坐、走姿势，保证孩子骨骼的正常发育，如果发现存在罗圈腿、驼背等骨骼异常情况，需及时纠正，就医矫治。

2. 培养感知能力。儿童的感知能力在很大程度上依赖于后天教育。婴儿时期是感官发育的关键期，在婴儿感官正常的情况下，家长适当地多给一些良好的刺激，使其得到充足的训练，提高其感知能力。例如，当婴儿开始能够识别颜色和注视比较远距离的物体时，家长可在孩子周围悬挂一些色彩鲜艳且便于移动的东西，来练习婴儿的视觉；当孩子有了集中的听觉以后，家长应该经常和孩子说说话，准备些带响声的玩具，或让孩子听听音乐，促其提高听觉；当孩子能坐能爬时，父母可以给他更多的能抓握、能捧住的彩色积木和彩色球，让其感知物体的形状大小和性质；当孩子会独立行走时，给他一辆拖车和装土、沙的小桶，训练其动作并体会自我的力量。3岁以后幼儿有了一定的活动能力，家长可以引导孩子通过各种活动丰富其知识经验，以增强其感知的效果。

3. 锻炼身体动作。新生儿期，家长不要束缚其身体，要放开孩子的手脚，任其自由活动；婴幼儿期，家长应有意识地锻炼其动作能力，让他们尽早学会抬头、抓握东西、玩玩具，学会坐、爬、走，自己吃饭、使用筷子等；到幼儿时期，孩子动作能力有了飞跃，可以带其参加跑步、打球等体育锻炼，也可以教他们学习乐器和绘画，在动作中训练其灵活性，并促进其大脑的发育。

周岁以内的婴儿体操是由家长拉着孩子的上下肢做各种动作，也即婴儿操。训练婴儿仰卧，做伸展运动、扩胸运动、屈腿、举腿、翻身等动作。

游戏是婴幼儿活动的重要内容，以幼儿感兴趣的方式帮助孩子，提高动作的协调性、灵活性。父母应当为孩子创造游戏环境，游戏设置要遵循由易到难的原则，鼓励孩子在游戏中主动探索，使其身体动作得到充分发展。

使用工具是儿童动作发展到一定程度的需要。家长在教儿童学习使用工具时，要根据孩子动作技能的规律，加以耐心引导，不要急于求成，也不要因为孩子一时固执于某种动作方式而担心。孩子在学习使用工具中有时会出现倒退的现象，这也属于正常现象，只要经过正确引导是会得到改正的。有时我们会发现孩子不好好地用勺子吃饭，把饭菜撒了一桌。这是前进中的倒退，原因是孩子对熟悉的动作已失去新鲜感，他又对新的动作感兴趣了，他喜欢用手去捡细小的东西，故意把饭撒在桌上，然后从桌面上一粒饭一粒饭地拾起来吃。孩子在学习一种新动作时，劲头是十足的，学会后有可能会把精力转到别处。

（三）婴幼儿的情感

婴幼儿情感对个性形成有重大作用，家庭是孩子早期成长的主要场所，对于儿童性格形成有着得天独厚的价值。家庭对于孩子的责任不仅仅是抚养，要为孩子个性品质的形成奠定良好的基础，使其从小具有爱国、爱劳动、爱他人等良好的情感，克服嫉妒、虚荣、爱发脾气等不良的情感。家庭教育中，家长培养婴幼儿情感的方法主要有以下几个方面。

1. 与孩子积极交往。婴幼儿情感的形成需要丰富的人际交往环境，母亲是第一个与孩子接触的亲人，作为陪伴孩子最多的人，母亲应利用哺乳的机会跟孩子进行情感语言交往。父母及其他人在怀抱孩子、喂孩子及照料孩子的过程中，应伴以愉快的表情、温柔的声音，加强亲子交往，建立依恋情感。

2. 榜样指导。幼儿的情感具有外显、易变不稳定等特点，他们模仿性极强，生活在家庭天地中的幼儿首先把家长作为他们模仿的对象。父母的言谈举止、行为习惯、兴趣爱好，对人、对事、对己的态度就成了孩子模仿的具体内容。正如俗语所说："上梁不正，下梁歪。"因此，家长一定要注意自己在日常生活中的言行举止，每天保持良好的情绪，为孩子起到良好的表率作用，并以此来感染和影响孩子，引导孩子认知并控制自己的情绪，培养孩子乐观、积极的个性品质。

3. 家庭环境。婴幼儿非常容易受到外界影响，家庭环境在一定程度上对幼儿最初性格和习惯的养成起到决定作用。一个友爱和睦、平等待人的家庭环境对儿童情感的发展非常有益，特别是家庭成员对孩子要求的一致性，可以成为幼儿心理发展的良好条件。人们常常把孩子的心灵用"原材料"来比喻，每个孩子会成为什么样的人，主要是依靠家长、家庭成员及一切对他们有影响的人去精心雕琢，如果手法不一致，有人往好处雕，有人又往坏处雕，就雕不出好的形象来。因此，家长要给孩子创设一个和谐、幸福的家庭环境，要平等地对待幼儿，把孩子看作一个有能力的独立个体，尊重孩子，使孩子沐浴其中并逐渐内化为孩子性格中的良好因素。

4. 积极引导。幼儿没有丰富的生活经验积累，其自我意识、判断能力等较弱，对人对事还不能做出正确客观的评价，性格具有不稳定的特征。因此，在幼儿性格形成的关键期，家长要根据幼儿的心理特点进行积极引导。如果孩子性格偏内向的话家长要鼓励他们多说话，通过表扬与鼓励对其进行正向激励，培养他们活泼开朗的性格；如果孩子性格偏外向，家长要在日常生活中要培养他们稳重、踏实、认真、善于克制自己的性格品质。另外，家长要注意不能一味地满足孩子的要求，否则容易使孩子养成以自我为中心的毛病，在日常生活中注意从行为上训练孩子合作、谦让等行为，用奖惩法予以强化或矫正。

5. 独立活动能力。进入幼儿期，孩子的心理发展开始将会展开一个新的阶段，这时他们的自我意识开始发展，自己动手做事情的欲望会逐渐变得强烈，在家里经常会争着抢着做事情，这时家长要顺势培养孩子的动手能力，千万不要用包办代替的方法扼杀孩子独立活动的热情。当然，孩子独立活动的内容要符合其身心发展特征，随着年龄的增长，由易到难，由简到繁，逐步地加深锻炼的内容。这样从小培养，循序渐进，可以使孩子具备很多好的个性品质，如爱劳动，有胆量，探索精神强，思维灵敏，学习精力集中，而且有利于身体健康。所以，家长应鼓励孩子独立，让他们学会自己的事情自己做，多参加一些力所能及的活动，以及同伴之间的交往，从而促进其情绪情感的健康发展。

总之，孩子的性格优良与否，并非其所固有，而在于后天的教育。家长应充分掌握科学合理的教育方法，帮助幼儿建立良好的情绪情感，养成良好的个性。

（四）婴幼儿的语言能力

语言是人类进行思维的工具，是智力开发的重要领域，是学习科学文化知识不可或缺的媒介或载体。在早期家庭教育中，及时发展儿童的语言思维能力十分必要。作为家长，应了解儿童语言的规律，及时加以科学引导，对孩子进行语言教育。

1. 婴幼儿语言能力的发展阶段

孩子从出生时只会用哭声来表达自己的需要与情感，到 1 岁半左右能够用语言来表达自己的愿望，这是一个质的变化。在一岁半之前，家长重在培养孩子的听话能力，给孩子提供丰富的语言环境，尽量与孩子多说标准的普通话并且注意发音时的口形、表情等，为孩子说话提供好的榜样。由于孩子的认知带有明显的具体性，说话时尽量将内容与具体事物或活动联系起来。比如给孩子穿衣服时，可以边穿边说"妈妈在给宝宝穿衣服，这件衣服是红色的"，在开灯或关灯时可以教孩子边开、关灯边说话，同时教孩子认识灯的开、关现象等。

孩子 1 岁半到 3 岁期间，家长的主要任务是培养孩子的说话能力，要求孩子不仅能听懂别人说的简单的词、句并作出相应的反应，而且能运用已掌握的词汇和短句与人进行交流，能够清楚明白表达自己的意思。首先，家长在与幼儿交流的时候，要用孩子通俗易懂的语言，避免使用叠词如"饭饭""牙牙""手手"等，以便为孩子今后言语理解和学习书面语言奠定基础。其次，家长要鼓励孩子多说话，在日常生活中引导他们用自己的语言来表述生活中的见闻和感受。再次，家长要养成认真、耐心、仔细、有兴趣地听孩子讲述的好习惯，在孩子讲话的时候，家长不能表现出厌烦情绪，更不要随意打断孩子说话，否则会打击孩子说话的积极性。最后，如果有条件的话，家长应该对幼儿进行专门的口语训练，比如看图说话、讲故事、说儿歌、说顺口溜等。

幼儿3岁时语言理解能力和口语表达能力有了一定的提升，能够基本听懂成人说话并能比较清楚地表达自己的意愿与想法。这一阶段家长的主要任务是继续训练幼儿的口语表达能力，并且扩大词汇量，激发阅读兴趣。家长在日常生活中要有意识地对其加以训练。首先，与孩子说话时，要尽可能生动形象地介绍周围的事物和活动名称。比如在吃饭时，引导孩子准确地讲出餐具与食物的名称；在玩时，让孩子叫出玩具、运动器械的名称等。其次，扩大孩子的活动范围。3岁以后，孩子的活动能力较之前有了很大的发展，家长应该抽时间带孩子走出去，逛公园、郊游等，在各项活动中，要当好讲解员，并且有意识地鼓励孩子描述所见所闻以及感受，以扩充其词汇量。最后，家长可以引导孩子看图片讲述事物或故事，并提出难度适当的问题让幼儿思考并回答，家长可以先进行详细示范，后由幼儿模仿。这一阶段，家长要选择一些适合幼儿阅读的图书，让幼儿从小养成爱读书的好习惯，同时促成幼儿语言能力提高。

2. 婴幼儿言语能力的培养方法

随着孩子年龄的增长，语言跟思维的关系十分密切，父母应注意培养孩子的口语表达能力。幼儿期是口语发展的重要时期，父母要尤其重视孩子口头语言的发展。

(1)提供语言学习与模仿的机会

营造良好的亲子沟通氛围，语言环境不要过于复杂，要多与孩子说话，祖辈、父辈在与孩子交流时尽量使用一致的语言，应注意发音正确，用词恰当，表达清楚，为孩子作言语模仿的老师和好榜样，这样有利于孩子快速理解语言并学会使用。注意纠正儿童语言表达中的错误，不能采取无所谓的态度，或者故意模仿孩子不准确的语言，逗乐取笑。

（2）训练倾听习惯

倾听是儿童感知和理解语言的行为表现。尤其在学前阶段，倾听是儿童语言学习和发展不可缺少的能力。只有懂得倾听、乐于倾听并且善于倾听的人，才能真正理解语言的内容、语言的形式和语言运用的方式，并掌握与人进行语言交流的技巧。因此培养儿童的倾听能力是十分重要的。儿童倾听行为的培养，重点应放在对语言语调的感知和对语义内容的理解上。倾听可以分为有意识地倾听，集中注意地倾听；辨析性倾听，分辨不同内容的倾听；理解性倾听，掌握倾听主要内容、连接上下文意思的倾听。

（3）树立说话的信心

孩子 3 岁时，他在学说话方面热情洋溢，新词汇不断涌现，使用的复合句和并列句也越来越多，而且，发音也越来越清晰，但同时，思维的速度和说话的速度存在差距，因而说话不流利。当幼儿语句不连贯、语义表达不清时，父母不要重复或迁就孩子说话的水平，应尽力有意识细心地帮助他说完整清晰的语句。孩子若不能自如地用语言表述自己的意思，或当别人不理解意图时，会显得着急或发脾气。当出现这种现象时，父母应该耐心地去听孩子说话，努力了解他的意思，并且帮助他更好地用语言表达。

父母鼓励孩子用言语表述一件事的经过以锻炼幼儿语言的连贯性。具体方式是梳理事情经过的先后顺序、前后关系，句子要完整，有连贯性。比如参观动物园的经过，走访亲友的经过。

在日常生活中，家长要与孩子平等交流，尽量不要使用命令、要求、否定等语气，多使用请求、协商、肯定等语气，让孩子在交流中获得尊重感，鼓励孩子多表达。家长要多和孩子分享生活，尽量增强沟通的趣味性，比如平时可以和孩子谈谈感兴趣的事情，想吃什么东西，去过哪些地方，玩哪些游戏等，找到孩子的趣味点，让孩子畅所欲言。

（4）增加孩子词汇量

家长要了解孩子已掌握的词汇有哪些，平时与孩子交流时，创造运用这些词的语境，多使用这些词汇，使孩子可以正确理解和熟练运用这些词。在日常生活中可以通过讲故事、学儿歌、看童话书等方式来丰富孩子的词汇量。另外，经常带孩子进行户外活动也有助于孩子词汇量的增加，孩子在户外活动，看见新鲜东西就想说、想问，有助于孩子言语的发展。让孩子到户外活动，经常与人接触、交往，可以帮助孩子发展语言的表达能力，还可以扩大孩子的眼界，增长知识。

（五）婴幼儿的记忆力、想象力与思维力

家庭早期教育中智育的任务仍然是重要、不可或缺的。而智育除基本知识和技能的"双基"教育之外，应聚焦于幼儿的记忆力、想象力和思维力这三方面。

家长培养孩子的记忆力的方法主要有：多选择幼儿喜欢的、带有情绪色彩的内容和呈现形式作为媒体资源；家长结合日常生活，经常对孩子提出具体的识记任务，使其按着要求积极地观察和识记事物及其他素材，并对其识记结果及时给予评价，激发其识记的积极性，培养孩子的有意识记；帮助孩子理解识记的材料，从事物的内在联系上去记忆，避免机械重复、死记硬背，从而提高记忆效果；使孩子的多种感官联合活动，在大脑皮层上形成多层面和线性的神经联系，获得丰富多样、全面牢固的印刻与系统联合。

3~6岁是幼儿想象力发展的最佳时期，此时的想象力属于不受意志控制的无意识想象和再造想象，创造想象稀少。及时对儿童进行想象力的教育要比让他们提前学习知识更重要。因为，知识是有限的，但想象力是无穷的，它有助于促进儿童其他能力发展。幼儿想象力的培养主要通过组织一些专门的活动，丰富他们头脑中的生活印象基础，从而提高孩子的想象水平。（1）音乐陶冶。为孩子播放不同节奏的音乐，让孩子通过感受音乐旋律来想象其中的意境，并将这些感受表达出来。（2）续编故事。家长在给孩子讲故事时，故意在高潮处或情节转折处停下来，或者给孩子留下未完待续的结尾，让孩子用自己的想象将故事编完。德国现代思想家、诗人歌德的母亲就常用这种方法来发展幼年歌德的想象力。(3)绘画训练。允许孩子在画纸上"乱涂"，按照自己的意愿来作画，画出各种想法，表现故事的情节。还可以鼓励孩子根据自己意愿来补充一幅未完成的图画。

从小重视培养思维能力，对促进儿童的智力和创新力有重要的意义。幼儿思维力的培养可以从以下几个方面入手：

1. 提供丰富的感知材料。因此，家长为了发展幼儿的思维能力，应该有目的、有计划地通过各种活动，丰富幼儿的感知材料。让幼儿进行操作性活动，例如叠积木、撕纸、捏泥等，通过增强孩子的动手能力发展其操作性思维。在他们进行操作活动的基础上，用图片和故事形成孩子的具体形象思维，尽可能为幼儿提供运用具体形象思维的机会。引导幼儿正确地理解和使用各种概念，有利于思维能力的发展。通过语词来进行思维，鼓励孩子多说、会说，通过掌握更多的概念，为抽象思维打下良好的基础。

2. 鼓励孩子与同伴交往。让孩子多与同龄或稍大一点的孩子一起玩，通过同伴间的信息交流、感情和思想的共鸣，促进孩子思维能力的提高。

3. 激发问题意识。提出问题、解决问题的过程，就是思维。家长鼓励儿童多想，多问，并热情耐心地回答所提问题。也可以向幼儿提出问题，使其处于积极的思维状态，有助于幼儿思维的发展。

4. 培养孩子的算数能力。5~6岁开始，家长教孩子进行简单的数字计算，搭配形象的实物，培养孩子的口算和心算的能力，提高思维水平。

5. 保护孩子的好奇心。思维的发展和思维的积极性密切相关，家长应该保护孩子的好奇心，激发孩子的求知欲，适时启发孩子积极思考，让孩子从小养成勤动脑、善思考的好习惯。

(六)婴幼儿的家庭德育的实施

婴幼儿期是一个人个性倾向和道德观念形成的萌芽阶段，所产生的品质、习惯是非常牢固的，往往会影响人的一生。现代人民教育家陶行知说："6岁以前是人格陶冶最重要的时期。这个时期培养得好，以后只需要顺着他继续提高地培养下去，他自然会成为社会优良分子。倘若培养得不好，那么，习惯成了不易改，倾向定了不易移，态度决了不易变。"①可以说，人的素质根植于婴幼儿期，这一时期是孩子良好的道德行为及道德情感的重要时期，因此，为了使孩子健康成长，应重视幼儿的早期品德和个性培养。

以下讨论婴幼儿家庭德育的要点。

根据学龄前儿童心理特点及社会的要求，婴幼儿家庭德育的要点有：爱心、责任感、诚实守信、文明礼貌。

1. 爱心教育

爱心是一切道德教育的基石。现今社会上青少年中出现弑父母、杀人、自杀等一些恶性事件都是孩子缺乏爱心的恶果。要使孩子拥有高尚的品德，必须从小培养孩子的爱心，要从孩子身边的人及感兴趣的事情做起。

(1)父母爱孩子

在婴幼儿阶段，孩子绝大多数时间都是在家中与父母亲人度过，要想让孩子成为一个有爱心的人，首先要让孩子在家庭中感受到爱，知道什么是爱。父母之间的"爱"是孩子认识"爱"的最好教材，父母之间的"爱"的外在表现就是父母双方都会为彼此互爱互敬、为对方着想，共同承担家庭的责任，在处理家庭问题的时候会彼此迁就，共同营造温馨和谐的家庭氛围。孩子在有爱的家庭中成长，耳濡目染，就能认识到爱。父母对孩子的爱也是培养孩子爱心必不可少的养分。父母对孩子的爱总是体现在细节中。例如，孩子在婴儿时期渴了饿了只要一哭，父母就会过来满足他们的需求；生病了，父母会无微不至地照顾，直至孩子康复；想玩了，父母会陪他们做游戏，如此等等。这些细节会在孩子心中慢慢播下爱心的种子，

---

① 韩燕. 生命是创作：积极心理学与家庭教育[M]. 北京：新华出版社，2015：101.

随着年龄的增长生根发芽。

　　然而，现实社会中存在一些父母忽视赋予孩子爱心的现象。比如，父母忙于工作，无暇在孩子身上付出大量精力，通常让祖辈来照顾孩子的日常起居，或者是在上班的时候让孩子一个人在家。孩子不与父母生活在一起，自然无法感受到父母的爱，如果在婴幼儿期缺失父慈母爱，会对孩子心理产生不良影响，长大后容易变得冷漠、无情。当然，还有一种典型现象就是溺爱。有的家长对孩子过分关注或爱护，容易使孩子养成以自我为中心的性格，不懂得爱别人。

　　(2)教会孩子爱父母和他人

　　在让孩子感受到爱的基础上，父母也要教会孩子爱父母爱他人。当孩子能听懂大人讲话时，父母就要告诉孩子，爱是相互的，孩子渴望父母的爱，父母同样需要孩子的爱。家长培养孩子爱的情感，应给予孩子表达这种情感的机会，并且教会学会表达情感的方法。在日常生活中引导孩子做些力所能及的事，回家时，为父母拿一双拖鞋；平时吃水果挑大的给父母；父母累了给捶捶背……当孩子在做这些事情的时候，父母要及时给予孩子正向激励，让孩子在行动过程中，体验到快乐，在爱他人的同时孩子便产生一种愉悦的感受，如此反复，不断轮回，他们心中爱的种子就会发芽长大。除了教会孩子爱父母以外，还应该引导爱他人、爷爷奶奶、外公外婆、亲戚朋友、邻里同伴，由家庭，社区、村镇、学校，到社会，使孩子初步拥有博大的爱心，以及广阔的襟怀。

　　2. 责任感教育

　　使孩子养成从小具有责任感是十分重要的事情。儿童责任感主要从两方面养成。

　　(1)孩子对自己的责任感

　　孩子认识自我是自觉履行责任的前提。孩子意识到自己是什么样的人，认识自己的感觉、思想、忧愁、痛苦、快乐，自我反思应当成为什么样的人，在这一过程中，责任意识就开始出现。所以家长要经常与孩子一块讨论对人对事的看法，看完动画片、少儿节目，听过故事，与孩子一块漫谈大人的感受。家长还要引导孩子认识自己的身体，启发孩子热爱生活、珍惜生命的观念。让孩子自己的事自己做也是培养孩子责任感的元素项目。孩子2~3岁自己吃饭，收拾玩具；3~4岁自己刷牙、洗脸、洗手，穿脱衣服、鞋、袜，4~6岁自己整理床铺，洗袜子，扫地等，既是生活习惯也是初步劳动教育。

（2）孩子对父母、社会的责任感

家长要引导孩子认识父母对自己无微不至的关心和爱护，感念父母的辛劳，从而产生主动关心父母，尊重父母的情感。要让孩子体会父母最大的希望是自己能够健康快乐，长大了有出息；父母也是人，他们也需要孩子的关心和慰籍；社会是大家庭，为我们提供成长的环境和条件，由此产生对环境的责任感，对周围其他人的责任感。

3. 诚实守信教育

人无信不立，诚实守信，简称诚信，既是中华民族的传统美德，也是一个人立身处世必备的品质。诚信，必须从小开始。由于儿童受认知和处事能力的限制，幼儿诚信教育的重点应在诚实教育方面。

孩子不诚实主要表现在"说谎"行为。面对幼儿的问题实施诚实教育，首先要对孩子说谎的原因加以分析。

（1）孩子自身。学前儿童容易将想象与事实混同，无意想象占主导地位，有意想象较弱。所以，幼儿在无意识和不自觉中说出一些与事实不符的话，这是2~4岁的幼儿自我中心化的外在表现。一般来说，这类情形随着年龄的增加和认知的变化会下降，5岁以后就消失了。有些孩子在不良心理和环境影响下，为了达到某种目的或者欲望，如逃避惩罚，取得父母、老师的欢心，获得某些奖励，引起别人的注意等而不惜说谎。这类说谎反映了品德行为中存在的问题，需要及时加以纠正。①

（2）家长。幼儿时期，孩子的模仿性极强，家长的言行对孩子有直接

---

① 彭建兰，胡小萍. 学前儿童家庭教育[M]. 南昌：江西高校出版社，2009：140-141.

影响。有的家长在与孩子相处时，为了让孩子听话而采取欺哄的手段，家长作为孩子最亲近的人，是孩子学习模仿的榜样，如果家长都说谎的话，孩子意识到之后，便也会跟着采用说谎的手段以便获得某种利益。根据美国现代认知学派心理学家奥苏贝尔(Ausubel)的强化理论，在操作性活动受到强化之后，其明显后果是这一操作性的活动频率增加了，而在反应之后不予强化，则反应就会减弱。因此，如果孩子说了谎，家长却认为这是孩子很聪明的表现，不加以纠正，反而表扬，孩子说谎的动机就会加强。

此外，孩子在接触社会或者其他事物的时候，不免会目睹到一些不诚实的现实，例如，言而无信，口是心非等不良言行，孩子也会从中模仿和学习，从而受其感染。①

探得了孩子不诚实的原因，我们要有针对性地加以解决，促其转变。诚实教育应根据孩子年龄和身心所处水平的不同，采取灵活机动的教育方法。诚实教育应以正面教育为主，作为一项系统而长期的工作做到有的放矢，多方配合，持之以恒。

为此，家长首先要从孩子小时候就渗透诚实的品德观念，告诉孩子要做一个诚实的人。针对幼儿期的孩子来说，讲故事是一种非常受欢迎的课程设计，家长应该有针对性地找一些有关诚实的故事讲给孩子听，告诉孩子诚实的好处和不诚实的危害。同时，在讲故事的时候要向幼儿提问，如果故事中的主角换成是自己，你应该怎么做，让孩子进行换位思考，以加深印象，引导孩子树立良好的品德观念。其次，家长如果发现孩子说谎话，要认真观察孩子的言行，冷静地分析孩子说谎话的原因，然后根据实际情况进行纠正，尽量做到对症下药。对孩子不诚实的表现经引导后能够纠正的，要及时鼓励和进一步引导，防止同类错误再次发生。平时，要善于表扬鼓励孩子的诚实表现，让孩子继续发扬并不断巩固，以此强化其诚实品质。

---

① 彭建兰，胡小萍. 学前儿童家庭教育[M]. 南昌：江西高校出版社，2009：141.

古谚有云："教育有法而无定法。"对孩子进行诚实教育也一样。面对孩子各种各样的不诚实表现要灵活处理。只要我们坚持将孩子的诚实教育予以贯彻实施，孩子长大后一定会远离撒谎，成为诚实守信之人。

4. 文明礼貌教育

讲究文明礼貌是个体文化素养、道德修养组成部分的重要表现。从孩子自身来说，养成了文明礼貌的习惯，就会从小与人友好相处，积极追求美好的事物，这种文明礼貌的素养能够演化为成才的"促进素"。从家庭而言，文明礼貌的孩子给家庭带来生气，使家长减少了不必要的纷忧或纠缠。从全社会观之，孩子从小养成文明礼貌的习惯，就能较早地认识到自己作为公民的责任，从而自觉地遵守社会规范的要求，这是建设社会主义精神文明的重要内容。为此，家庭早期德育中应从以下若干方面着手。

(1) 仪表训练。人的容貌、仪态、服饰是内心世界的外在表现，在仪表训练中，家长应当要求孩子坚持洗脸、刷牙、梳头、洗手、洗澡，保持清洁的身体。

从仪态举止说，主要从站、坐、行，以及神态动作提出要求，古人对人体姿态曾有形象的概括："站如松，坐如钟，行如风，卧如弓。"优美的站立姿态给人以挺拔、精神充沛的感觉。正式场合不能双手交叉，坐姿端正挺直而不僵硬，不能半躺半坐，走路挺胸抬头，肩臂自然摆动，步速适中，忌讳八字脚、摇摇晃晃，或者扭捏碎步。表情神态要求表现出对人的尊重，忌讳随便剔牙、掏耳、挖鼻、瘙痒、抠脚等不良动作习惯。

(2) 礼貌语教育。语言是人际交流的工具，俗话说"良言一句三冬暖，恶语伤人六月寒"。文明礼貌用语是拉近人际交往距离必备的条件。家长要从小教会孩子使用"请、您、谢谢、对不起、没关系"等礼貌用语，而且要教育孩子表里如一，真正从内心深处尊敬他人。如说"对不起"，就是真心表示歉意，而不是当作推卸责任的挡箭牌。如说"谢谢"，就是真心表示感谢，而不是敷衍应付。家长如果发现孩子说脏话、粗话，要坚决制止，千万不能放任自流，否则坏习惯一旦养成再想改过来就要付出更多的努力，甚至惨重的代价。

（3）行为练习。孩子是否做到文明礼貌，重要的是体现在行为上，家长应当关心和指导孩子养成良好的行为习惯。具体来说，可以让孩子参与一些力所能及的待客活动，通过直接参与，使孩子待客的动作和技巧得到练习并逐步养成行为习惯。教育孩子到别人家去时先敲门，得到允许后再进门，不能胡乱闯进别人家里；教育孩子在家里接待客人时，听到敲门声要说"请进"；见了亲友按称谓主动亲切问好；拿出茶点，热情招待，不应显出不高兴的样子或独自去吃；当大人谈话时，小孩子不应随便插话，小客人来，应主动拿出玩具与小客人玩；共同进餐的人未完全入席前不得动餐具自己先吃；客人离开时要说"再见"，并欢迎客人再来；遇到上车、购物时不要拥挤，应当自觉排队等候，依次序而进，如此等等。

（七）婴幼儿的生活习惯

幼儿的生活习惯是其他好习惯的基础，幼儿期所养成的习惯是非常牢固，且影响一生的。家庭是孩子的第一所学校，家长是孩子的第一任老师，家长与孩子接触最早，时间最长，家长的思想意识、生活方式、行为习惯都深深影响着孩子的成长。家长应该充分重视家庭教育的作用，在生活的点滴中培养孩子良好的生活习惯。

1. 饮食习惯

婴幼儿时期更需要合理且有营养的能保证营养需求的"平衡膳食"，并形成良好的饮食习惯。

培养孩子良好的饮食习惯，家长可以从以下几方面入手。首先，家长要树立正确的饮食观念。饮食要清淡少盐，餐餐要吃蔬菜，天天要吃水果，多吃鸡蛋、豆制品，要吃粗粮和多种食物，少喝含糖饮料，多喝白开水，不喝咖啡和可乐，不乱用补品。其次，吃饭定时定量、不偏食、不挑食、不吃零食。家长应该帮助孩子养成按时吃饭的好习惯，尽量不给孩子吃零食；不要过分满足孩子的要求，不能孩子想吃什么就给什么，以免养成偏食、挑食的坏习惯。再次，要养成专心吃饭的习惯，不要边吃边玩，家长要尽量为孩子提供安静、舒适、愉快进餐的环境，不要让孩子边吃饭边玩玩具或边看电视。最后，吃饭要细嚼慢咽，大人不要过于催促，以免影响食物的消化及引起幼儿的厌食情绪。①

2. 卫生习惯

培养孩子良好的卫生习惯直接关系孩子的身体健康，日常卫生习惯的培养可以从以下几方面入手：

（1）常洗手

俗话说：饭前不洗手，病菌易入口。吃饭前要洗手，这是一个重要的卫生习惯。人的手每天要接触各种各样的东西，难免会沾上很多病菌、病毒和寄生虫卵，如果吃东西以前不洗手，拿起来就吃，就会把手上的病菌随着食物一起吃到肚里去，从而导致痢疾、肝炎等疾病，因此，儿童要养成饭前便后勤洗手的好习惯。

（2）早晚刷牙

牙齿内的食物残渣对牙齿的损害很大，因此要经常进行清洗，清洗的最好办法是刷牙。要让孩子养成早晚刷牙的好习惯。刷牙的正确方法是：先顺着牙面，上牙由上向下刷，下牙由下向上刷，目的是将牙缝里的食物残渣刷出来。然后，用水含漱几次，再刷牙的内侧。最后再用水漱口。要早晚各刷一次，特别是晚上睡觉前要坚持刷牙，而且晚上刷过牙后，不能再吃东西。

（3）瓜果洗净

刚买的蔬菜和各种瓜果上都沾有不少病菌、病毒和寄生虫卵。生吃蔬菜和瓜果，要现吃、现洗、现切，不可放置时间过长。否则被苍蝇叮爬或落上有病菌的灰尘，吃了也容易得病。蔬菜和瓜果都要吃新鲜的，已经腐烂的千万吃不得。

（4）不吮手指头

孩子的手指要接触很多东西，难免会沾染细菌，如果孩子经常吃手指会"病从口入"，对健康不利。孩子爱吮手指头主要是因为断奶时孩子以手

---

① 蔡岳建. 家庭教育引论［M］. 合肥：安徽教育出版社，2010：172.

指头作为奶头的替代物，时间一长就养成了吃手指头的坏习惯。家长要在孩子小时候出现吃手指头的行为时及时制止，但是不要粗暴对待，要有耐心，给孩子一个改正的过程。可以采取表扬的办法，孩子在规定时间内没吃手指头给她一个奖品，用以鼓励孩子自我约束的行为。如果孩子有了反复也不要急，要再教育，直至孩子改掉毛病为止。

(5)吃饭时不说笑打闹

"食不言，寝不语"是传统家教的名言。如果吃饭时说话，食物未经充分咀嚼进入胃肠，营养难以被吸收。如果吃饭时大声说笑，就会影响和破坏吞咽动作的协调运动，往往会使食物进入喉腔，引起剧烈的咳嗽，如果食物造成气管堵塞，人就会窒息而死。所以，要教育孩子吃饭时一定不要说笑打闹。

(6)排泄习惯

对孩子进行大小便训练，是婴幼儿期生活习惯的主要内容。孩子学会自如地大小便，是入学的一个必要准备，同时也能提高孩子的自信心。对孩子的排便训练要把握时机，不能过早也不能过晚，在1.5~2岁开始为宜。训练时，成人要注意方法和态度，孩子控制不好时，不能责骂和惩罚，要耐心、和蔼地给孩子以帮助。

许多孩子夜间尿床，这对3岁以内的孩子来说是正常的生理现象，不应取笑他。因而一些专家认为，没有必要在夜间进行不尿床的要求。如果3岁以后还不能控制大小便，就是遗尿症，需要注意防范，必要时请医生治疗。

3. 睡眠习惯

身体的健康离不开良好且高质量的睡眠，婴幼儿时期是养成良好睡眠习惯的关键期。培养婴幼儿良好的睡眠习惯需要从下面几个方面着手：

(1)充足的睡眠时间。有关婴幼儿睡眠时间的需求和满足相关内容上节已有说明，此处不赘。家长按孩子年龄特点建立起作息时间表，并执行，让孩子养成上床迅速入睡，早晨准时起床的习惯。

(2)独自睡眠。如果家庭条件容许，应尽量让婴幼儿单独住一个房间或单独睡一床，从小养成孩子独自睡觉的习惯。1 岁时就应让孩子独自入睡。父母不要抱着睡。在孩子睡前，要做到不哄、不拍、不抱、不摇，更不给东西吃，让他自然入睡。

（3）睡眠姿势，不蒙头睡觉。最好选择右侧卧的睡姿，这样不仅能使肝脏获得更充足的血液，新陈代谢更加旺盛，还有利于胃肠蠕动、促进消化，也能减少对心脏的压迫。

4. 自理能力

家长应该让孩子学会自我服务，自己的事情要自己做。及时教会孩子自己穿脱衣服，穿鞋系带，自己铺床叠被等事情。在教的过程中，可先由家长示范，而后让孩子在家长的指导下练习，直到孩子学会自己做。一般说来，从 2、3 岁开始就可以慢慢地教孩子学做自己的事情，到 5、6 岁，孩子就可以做到日常生活基本自理了。这样对培养孩子劳动的观念以及独立性的意识具有很大作用。家长让稍长的孩子干些力所能及的家务劳动，如帮助家长收拾碗筷、帮助打扫居室卫生等，还可以参加一些公益劳动培养幼儿的劳动习惯和能力，如让孩子参加秋天的除草、冬天的打雪，帮助邻居做力所能及的事情等。

在孩子的社会化过程中，家庭教育的重心是在日常生活中培养孩子的独立意识和自理能力，并体现在日常生活的每一个细节中。这些日常生活中的教育，并不是强行灌输，也不是主题先行，而是建立在强大的心理认同和生活方式维度上，潜移默化地感染孩子。

第二节　儿童期的家庭教育

儿童期是指六七岁至十二三岁这一年龄阶段，这是人生发展的又一个关键期，孩子跨入了一个新的阶段。处于童年期的儿童，其身心发展处于一个相对平稳的时期，但这一时期儿童对成人依赖性大，吸收能力强，个性品质可塑性非常大，是接受教育的黄金时期。在家庭教育中，千万不能忽视童年期的教育。因此，本节主要探讨儿童期身心发展特点，家庭教育的主要内容，以及举措方式等相关问题。

一、儿童期身心发展阶段特征

儿童期是人出生后的一个比较稳健成长的时期。儿童心理变化的总趋势是由不随意性向随意性过渡。我国唐代诗人杜甫的《春夜喜雨》中有这样的名句："好雨知时节，当春乃发生。随风潜入夜，润物细无声。"父母教育子女，犹如知时节的好雨一样，根据儿童不同身心特点进行教育，才能使孩子成才。这也就是说，家庭教育要以儿童心理的规律特点为依据。下面着重概述儿童期身心阶段特点。

（一）儿童期身体发育

6~12 岁是儿童生长发育的旺盛时期，同时也是学习各种运动，发展基本能力，掌握多种技能的最佳时期。

1. 神经系统

儿童大脑的重量继续增加，并逐渐接近成人水平。7 岁儿童的脑重量为 1280 克，9 岁儿童为 1350 克，12 岁儿童为 1400 克。脑重量和脑神经细胞关系呈现显著性相关。

大脑额叶的增大是儿童期大脑结构的显著变化。额叶在生理解剖上是成熟最晚的，此时标志着大脑机能的完善。额叶在人的高级神经活动中有重大意义，特别与人的有意运动相联系。额叶的增长，对儿童控制自己行为活动、调节意志行为发挥积极作用。

儿童期的大脑机能更加成熟。实验证明，儿童期条件反射比幼儿期容易形成，也更为巩固。睡眠时间相对地缩短，醒的时间相对延长，但相对于成人而言，睡眠仍然较长。为此，家长要注意保证儿童足够的睡眠时间（7~9 岁需 11 小时，10~11 岁需 10 小时，12 岁需 9~10 小时），以保证儿童神经系统的正常发育。

儿童期大脑抑制的机能也在提升，内抑制机能能更好地分析、综合外界事物。从小保证儿童善于用脑，训练和开发好大脑，使其健康而具有灵敏度。

2. 心脏和呼吸器官

儿童新陈代谢很快，所以心脏必须加速运动，才能使血液循环加速进行。小学初期的儿童心脏继续发育，但心肌纤维仍较细，收缩力较弱，所以小学生的心律虽与幼儿期相比有所减慢，但比成人还要快，为 80~85 次/分钟。6~7 岁小学生肺泡的结构与成人基本相同，但数量和容量较少，随着年龄的增长，体格的发育，肺容量逐渐加大，呼吸频率也有所递减。

儿童的呼吸器官也在不断发育。呼吸活动决定于肺活量，肺活量又决定于胸围。因此，我们可以从儿童的胸围和肺活量看出呼吸器官的发育特征。

从儿童的呼吸频率和肺活量的基本情况如下：7 岁儿童的呼吸频率是每分钟 21 次，11 岁为每分钟 20 次，7 岁男孩的肺活量为 1446 毫升，11 岁增加到 2231 毫升，7 岁女孩的肺活量为 1281 毫升，11 岁增加到 2162 毫升。由此可以看出，儿童的呼吸器官是在不断发育的(成人的呼吸频率为每分钟 16 次)，肺活量也在大大增加，如果经常参加一些体育锻炼，可以大大提高儿童的肺活量，增加肺的功能。①

3. 骨骼和肌肉

小学生的骨骼正在骨化，但骨化尚未完全，骨骼的弹性大而硬度小，不易骨折但易变形，错误的坐、立、行走姿势会引起脊柱侧弯、后凸等。小学生的肌肉发育尚不完善，肌肉纤维比较细，肌肉组织能量储备少，所以肌肉的弹性、伸展性好，而力量和耐力都明显缺乏。儿童肌肉的发育特征是大肌肉发育先于小肌肉，所以，儿童的精细动作不准确。

乳牙脱落，恒牙萌出，这是人生初期的一道特殊风景。儿童一般在 6 岁左右开始有恒牙萌出。最早的常被称为第一恒磨牙，即"六龄齿"，接着乳牙按一定的顺序脱落，逐渐由恒牙替代。到 12、13 岁时，乳牙可全部被

---

① 孙少强. 家庭教育心理学讲话[M]. 北京：中国妇女出版社，1982：29.

恒牙替代，进入恒牙期。①

4. 身高和体重

儿童的身高和体重是随着年龄而变化的，但比幼儿期缓慢，其特征是平稳而均匀。男孩在 6~7 岁到 11~12 岁，每年身高平均增长 4.5 厘米左右，体重均每年增加 2 千克上下。男女儿童也是稳步上升的，增长的速度相差无几。

(二)儿童期认知心理

儿童期是认知心理发展的重大转折时期。他们从以游戏活动为主导的幼儿园生活，逐步转入以学习活动为主导的学校生活，开始感受到学习、环境等方面给他们带来的挑战和压力；在思维方式上，将由具体形象思维逐步向抽象逻辑思维过渡。

1. 感知觉

儿童从笼统、模糊地感知事物的整体，变化为能够较精确地感知事物的各部分，并能发现事物的主要特征，以及事物各部分间的相互关系。他们的感知觉明显地从无意和受情绪支配，日益向有意和有目的的方向转移。

儿童各种感官的感受性敏感，尤其是辨别音调的能力明显进步，运动的精确性上升，空间感和时间感也有长足的进步，具备一定观察事物的能力。但因情绪的影响或经验的限制，儿童感知事物往往只能抓住一些孤立的现象，不容易把握事物之间的联系和本质特点；对时间和空间的观念还比较模糊。比如，相似的字形容易混写，相似的字音容易读错，写起字来常缺撇少点，看图画只注意引人注目的现象，不去观察画中说明的关系，要从地图上找出一个地名往往较困难，要他们从事较复杂的，与情绪、经验联系较少的知觉活动往往很难办到等。

---

① 张桂敏，李群，李连英. 现代家庭教育导读［M］. 济南：山东教育出版社，2009：20.

2. 注意

小学生的注意力从无意注意为主到有意注意占主导地位，但无意注意仍时有表现，且有意注意的集中稳定性较差。尤其是低年级儿童，注意力不能持久，容易被一些新刺激所吸引，注意的情绪色彩浓厚。他们连续集中注意的时间在 7~10 岁时约 20 分钟，10~12 岁在 25 分钟左右，12 岁以上在 30 分钟左右。儿童对抽象材料注意的能力正在发展，但直观、具体的事物在引起儿童注意上，仍起重大作用。

3. 记忆

小学生在理解基础上的意义识记开始起步。学龄初期儿童可以逐字逐句机械地记忆一些东西，但不大留心所识记的东西的意义。随着年龄增长，以事物形象为内容的形象记忆减少，对词的抽象记忆增加。这主要是因为他们还不能顺畅地理解公式、定义等。加之智力的积极性总体水平还不太高，言语发展还不够充分，缺乏意义记忆的技巧，因此，往往宁肯死记定义和公式，也不愿下工夫去理解。不过，有意记忆逐渐超过无意记忆成为儿童的主要记忆方式，意义记忆逐渐超过机械记忆，并在记忆活动中占有重要地位，这是不争的事实。在教学作用下，他们显示出了与遗忘作斗争的努力。儿童记忆的保持能力使他们对事物要花很多时间才能记熟，此后却能长时间地记住所熟记的材料。

4. 思维

儿童的认知特点最主要表现在思维上，儿童的思维，经历着一个从具体到抽象、不完善到完善、从低级到高级的过程。即由形象思维过渡到抽象逻辑思维，但这种抽象逻辑思维在很大程度上仍然是与直接和感性经验相联系的，伴有很大成分的形象性。小学四年级（10~11 岁）是思维发展的"关键期"，在此之前以具体形象思维为主，在此之后，逐步过渡到以抽象逻辑思维为主。

儿童期思维过程的变化突出体现为概括能力的提高。在整个小学期间，其概括能力的上升逐渐从对事物外部感性特点的概括到对事物本质属性的概括，以及从对少数简单事物发展的概括到对复杂事物的概括。

5. 想象

小学生的想象更接近于客观现实，从最初复制和简单再现，到之后独特性和新颖性的增多，想象中的创造性成分日益扩大。

想象有助于拓展儿童的活动范围和内容。低年级的孩子看电影《地雷战》之后，就学埋地雷；看了《大闹天宫》，就模仿孙悟空的表情动作，这些行为出于他们具有于模仿性和再现性特点的想象，这属于"再造想象"。家长不要把儿童这些行为简单归为儿童的淘气而加以限制，应引导儿童多去学习英雄人物的事迹，防止单纯"学演"反面角色。家庭教育应充分利用儿童丰富、生动的再造想象，使教育生动、有力，并容易被孩子了解。同时，也要努力使他们的想象力从再造走向创造想象，这实质上也是一种智力开发的方式。小学高年级的孩子，具有了一定水平的创造性想象，所以，儿童的写作变得生动、丰富起来。

(二)儿童期的情意心理

1. 情感

进入小学后，小学生的情感内容丰富起来，各种学校和社会充实了儿童的情感世界，情感体验逐步深刻。小学生的情绪情感比较外露，容易激动，不够深沉，也不易持续，常会时过境迁。这一时期出现了与学习兴趣、学习成绩相联系的理智感，进而扩展到学校集体的荣誉感、友谊感、责任感等，审美感也开始萌芽。随着年龄的增长和生活的历练，儿童对情感的控制力由弱变强，低年级的小学生虽已能初步控制自己的情感，但还常有不稳定的现象。到了小学高年级，他们的情感更为稳定，希望获得他人尊重的需要日益强烈，已能逐渐意识到自己的情感表现可能带来的结果，走向内化。小学生的高级情感逐渐发展，主要是指与社会需要相联系的情感，例如道德感、美感等。小学生的道德评价标准由无原则转向有原则。

2. 意志

小学生意志的自觉性、独立性较差，容易被人左右，遇到困难常常退缩，很难坚持自己的行动方向和结果。他们的意志活动在很大程度上要依靠外部的因素或条件才能完成。他们做事常常虎头蛇尾，特别是在无人督促或遭遇困难时表现得更明显。家长真诚厚爱的经常性表扬和适当的鼓励是促进儿童意志力完善的重要途径。低年级学生意志的受暗示性特征明显，三年级以后，受暗示性下降，而果断品质显露，但仍未达到仔细、全面考虑问题的水平，仍会存在优柔寡断或草率从事的不足。

3. 个性形成

小学时期是个性形成的重要时期，特别是个性中具有代表性的心理特征，如自我意识、性格等，都是此时期的心理成长要素。

相对于幼儿期而言，童年期儿童的整体性自我意识不断觉醒，集中反映在他们的自我评价能力上。学生对自我的评价逐步从具体、个别的评价向抽象、概括的评价过渡；从顺从别人的评价发展到有一定独立见解的评价；对自己的评价由以外部行为评价为主发展到初步对内心品质的评价。儿童的自我意识由即瞬式的感受发展为比较稳定的自我认知。

小学生的性格呈现两个趋势。一是从自我中心到社会化。自身生理的因素对于性格的影响越来越小，学习、交往、集体活动等社会性因素的影响日益扩大。二是从依赖性到独立性。小学生的独立性在低年级时并不特别显著，但到高年级时就变得非常突出。儿童的性格也在不断参加集体活动及与同伴的交往过程中逐步稳定起来，有了初步的集体感。

(三)儿童期言语能力

儿童期的孩子已具备基本的言语交际能力，已经能够运用比较丰富的词汇口头表达自己的思想。但是，语言的逻辑性和连贯性还不够完善，他们的言语还不够完整，内部言语欠缺，也不善于掌握书面言语。

1. 口头语

口头言语分为对话言语和独白言语两种。小学高年级儿童的口头言语表达能力初步完善，会说比较完整的合乎语言规则的句子。

2. 书面语

儿童书面言语的发展远远落后于口头言语的发展。儿童期是获得书面言语的关键期，主要通过识字、阅读与写作等活动加以习得。

3. 内部语

内部言语是一种无声言语，其重要特点是，先想后说或先想后做，对有关自己所要说的、所要做的思想活动本身进行分析综合，用批判的态度来对待自己的思想内容和思维活动。也就是说，儿童的内部言语具有内隐性和简约性的特点，内部言语的发展与思维发展水平密切相连。

学龄初期的儿童，语言发展很快，这与思维水平相关。家长要重视儿童的语言教育。小学生的语言处于由口头语言向书面语言发展转变的阶段，刚入学的儿童，口头语言已有了一定数量的词汇，也能比较正确地使用简短的句子表达他的思想，但发音不够准确，词汇也不丰富，更不善于按逻辑顺序连贯地讲述。通过学校的教学，儿童发音逐渐正确，词汇不断地丰富，言语也慢慢地连贯起来。部分儿童口齿清楚，说话流利，表达能力强，讲起话来有声有色。家长要及时培养孩子的言语能力和方法，不要以为孩子讲话不清楚，出现语病"好玩"，甚至还去欣赏孩子的语病，这样不仅阻碍儿童语言的发展，也限制了思维。提高思维和语言是不可分割的，家长应适当让孩子背诵好文章、好诗句。如教孩子背诵唐诗，训练儿童写作，使孩子能说也能写。

二、儿童期家庭教育的主要内容及其举措

儿童期是孩子进入学校，开始以学习活动为主导的时期。家长不能因为儿童入学了就认为家庭教育的作用可以被学校所代替。正如上章所述，家庭与学校互相配合才能使儿童的身心健康，全面教育才得以有效开展。因而，家庭对学龄初期儿童的教育作用不是减轻、减少，而是应该加强。儿童期家庭教育的内容主要包括：道德培养、智育学习、安全教育、体育及劳动教育，帮助儿童建立自信心，帮助儿童建立良好同伴关系。

(一)道德教育

一个人不是自然向善的，善行美德是在后天环境和教育的影响下，经

过个体自身的努力和实践而逐渐形成的。儿童期正处在道德观念、道德行为初步形成期，孩子的思想比较单纯，辨别是非曲直的能力有限。他们既容易接受正面的思想道德教育，同时也极易受不良思想道德和行为的消极影响。所以，我们在家庭中，必须十分重视对儿童的道德品质教育及教育举措。其主要内容表述如下：

1. 文明礼貌

文明礼貌是一个人思想修养和道德情操的表现，也是一个民族思想道德素质和一个国家良好社会风尚的反映。孩子是祖国的花朵、民族的希望，对他们进行文明礼貌教育，使他们养成良好的文明礼貌习惯，这是每一个父母应承担的重要责任。要使孩子养成文明礼貌习惯，家长首先要以身作则，用自己的模范行为潜移默化地影响孩子。

(1)语言和行为。家长教育孩子学会用如"您""请""谢谢""不客气""对不起"等文明用语，与人见面时主动打招呼，特别是要教育孩子不说粗话、脏话，并要以说这样的话为耻。在教孩子使用礼貌用语的同时，还应培养其得体的行为。与人谈话时，要注视对方的眼睛，不要东张西望，不随便打断别人的讲话；在学校不乱翻别人的课桌抽屉和书包、用具，不随便动用他人的物品。

(2)社会公德、社会秩序。每一个人都生活在社会现实中，与家庭、学校一样，社会也有自己的规则。孩子正处在道德意识的萌芽阶段，家长应抓住时机，对孩子进行社会公德的教育，使孩子养成遵守社会公德和社会秩序的好习惯。例如，保护环境，爱护卫生，不随地吐痰，不乱扔纸屑果皮；爱护公物，珍惜公共财产，不损坏桌椅板凳，不采摘花草树木，不在墙壁、黑板和文物古迹上乱涂乱画；遵守公共秩序，不在公共场所奔跑嬉闹，不在马路上随意行走。让儿童从小意识到自己的行为要受到社会规范的约束，从而自觉地遵守社会规范。

2. 培养责任感

父母从小培养孩子对家庭和社会的责任意识非常重要。父母要从小给孩子渗透责任意识，让他们懂得作为家庭的一分子，享受了家庭带来的种种条件和温暖就应该为家庭尽一份责任。责任意识最初都是要着眼于细微小事，让孩子明白父母为了维持生计、抚养孩子付出良多，作为子女应该关心和体贴，做一些力所能及的事来分担家庭的责任。有了家庭的责任和意识，才能有社会责任，为国家、民族担当自己的使命。

父母在培养孩子责任意识的基础上进一步引导他们做一些力所能及的事情，在实际生活中体现和巩固社会责任感。这时父母应该克服溺爱心理，应该让孩子做的事情，要让他们自己去做；该完成的任务，也一定要让孩子自己完成。有的家长认为孩子在学习阶段，只要学习好就行，其他的事情都不让孩子插手，也不用孩子做家务。这样其实在无形中错过了加强孩子责任感的机会，不利于孩子责任感的实践强化。在生活中，让孩子做一些力所能及的家务，锻炼孩子的自理能力，是培养孩子责任感的有效方式。

3. 遵守纪律

各种社会活动都要依靠一定的纪律来维持。孩子从无拘无束的幼儿园走进有正规学习生活的小学，遵守学校的纪律是每个儿童必须具备的良好品质。因此，家长应抓住时机培养孩子守纪律的品质。

(1)教育孩子认识纪律的重要性。家长可以有意识选取一些侧重规则意识的小故事说给孩子听，通过故事告诉孩子守纪律的益处和不守纪律的害处。

(2)教育孩子自觉遵守学校的各项纪律、规章制度。课堂纪律是孩子学习好的基本保证。家长应教育孩子明确并严格履行各项课堂常规，还应经常与老师保持联系，了解孩子在课堂上的表现，以便更有针对性地教育孩子遵守纪律。学校除课堂常规外，还有其他纪律和制度，如作息、清洁卫生制度等，这些家长也都要帮助孩子理解，并督促孩子严格执行。

(3)教育孩子自觉维护公共秩序。孩子随着年龄增长，接触社会参与社会活动的机会也在增加，因而，有必要让孩子了解一些有关公共秩序的内容和要求，并教育孩子自觉遵守。例如，在过十字路口时告诉孩子"红灯停、绿灯行"的规则，遵守交通规则才能保障我们的交通安全；在带孩子坐公交、坐火车等公共交通的时候，告诉孩子排队，配合工作人员的工作，等等。家长应以身作则，带头维护公共秩序，为孩子树立好的榜样。

4. 训练意志

儿童有了一定的知识，也懂得了一些道德行为方式，还有一个能否坚持去做的问题，这是意志问题。

(1)获得意志的概念和学习的榜样。如常给儿童讲解雷锋、董存瑞、邱少云以及陈景润的顽强意志的事例，使儿童形成意志的观念、概念，并以英雄模范人物的坚强意志及品质激励他们的学习。

(2)组织行为练习。意志行为的练习途径是很多的，如完成学习任务，承担一定的家务劳动，坚持公共场所的纪律等，在学校遵守课堂纪律以及社会中无监督下的文明行为，都可以磨炼学生的意志。

(3)针对儿童的意志类型，采取不同的措施。儿童的意志各有差异，有的儿童意志较弱表现在以下几个方面：(1)软弱而易受暗示，与此相反，则表现为十分执拗和顽固；(2)畏首畏尾，犹豫不决，与此相反，则表现为冒失与轻率；(3)萎靡不振，与此相反，则表现为过分活跃和缺乏自制力；(4)缺乏毅力和精力。

意志坚强的人，具备以下品质：(1)自觉性。自觉地确定行动的目的以实现预期的目的；(2)果断性。意志行动当机立断，毫不犹豫；(3)坚持性。意志行动中坚持的决心，顽强的毅力和充沛的精力；(4)自制性。意志行动中，善于控制自己的情绪，约束自己的言行，以促使自己去执行已经采取的决定。有的孩子非常软弱，易受暗示，对这样的儿童应从目的性、自觉性、原则性着手；有的儿童十分执拗、顽固，应从自觉性、灵活性进行培养；对于畏首畏尾、犹豫者，应加强果断、沉着和大胆的品质；对冒险而轻率者，应让他们镇定自若、情绪安宁，或提高行动的控制力；对于缺乏自制力、精神不振者，尤应激励他们奋发勇毅与坚韧不拔的心性。

5. 勤劳俭朴

唐代诗人李商隐说："历览前贤国与家，成由勤俭破由奢。"勤劳俭朴一向是中华民族的传统美德。在社会主义市场经济条件下，我们更应教育孩子继承和发扬这种美德。如果孩子从小只知享乐，不求进取，只求索取，不思贡献，其后果是不堪设想的。

（1）生活俭朴

随着我国经济水平的发展，家庭生活条件有了很大改善，很多家长容易陷入尽量满足孩子物欲的误区，尽可能地为之提供优渥的生活条件，对孩子提出的物质需求尽量满足，但这种行为长此以往容易使孩子滋生享乐主义思想，并不利于良好品德的养成。不论家庭贫穷还是富有，家长都应该引导孩子注意节俭，懂得父母挣钱不易，衣食源于辛勤劳动和汗水结晶，学会爱惜劳动成果；要学会爱惜资源，节约用水用电。孩子上小学后，一般会给孩子一些零用钱，这时家长应注意给得适当，并且指导孩子如何合理用钱。

（2）勤劳的行为

勤劳的品德是在劳动实践中逐渐形成的，家长要让孩子从小承担一定的家务劳动，并逐渐掌握一些生活的技能。根据孩子的能力和兴趣，让他们从做一些力所能及的自我服务劳动入手，如穿衣、吃饭、叠被子等；等孩子年龄稍大一点，可以增加家务的范围，并且在孩子学会操作的基础上教他们如何做得更好。在这个过程中家长要注意以表扬、鼓励为主，多给孩子提供实际锻炼的机会。当然，家长要注意不能让孩子的劳动过量。

（3）勤劳的榜样

榜样的力量是无穷的。古今中外，有关勤劳俭朴的故事数不胜数，家长可以在日常生活中多给孩子讲这类故事，教他们明白勤劳俭朴的重要意义。当然，父母以身作则是孩子最好的榜样。要想培养孩子勤劳俭朴的品德，父母要在这方面要做出榜样，平时注意勤俭持家，花钱要有规划，不能大手大脚；要保持家庭清洁，勤快干家务，这些行为都会对孩子产生耳濡目染、潜移默化的影响。

（二）智育学习

儿童期是孩子智力迅速发展的重要阶段，进入小学后，学习成为儿童的主要活动，学习是孩子认识事物的复杂心理活动。随着课业难度的增加，儿童要不断地去适应新的学习内容，在此过程中孩子会遇到不同的困难和挑战。家长要在孩子学习过程中加以具体的指导，因此智育也成为儿童期家庭教育的主要任务之一。

1. 学习兴趣

儿童的学习兴趣主要包括对书本、对学校和对学习本身的兴趣。培养孩子爱看书、爱阅读的习惯，可以在孩子识字之前多给孩子讲知识价值和科学家探索的故事，勾起他们求知和好奇的欲望，等到孩子识字以后，为孩子购买趣味感强、适合小学生的读物，或者带孩子去图书馆，陪孩子一起阅读，让孩子从书中学到更多的知识，激发孩子对书本的兴趣等。培养孩子对学校的向往及留恋，可以从感受学校环境入手，儿童初入学时最感兴趣的并不是学习内容，而是学校有很多小伙伴一起玩，学校中各式各样的活动使他们兴奋。因此家长要让孩子适应学校环境，在这个过程中，家长配合教师，为儿童学习提供丰富多样的学习方式，他们一旦喜欢这个环境，喜欢到校，学习就变成顺理成章的事情了。为了引发孩子对学习本身的兴趣，家长要善于观察孩子，及时发现孩子的兴趣点，并通过提出有一定难度值得思考的问题等途径激发儿童的好奇心与学习热情。

为了稳定和强化孩子的学习兴趣，家长还应该帮助孩子选择合适的学习方法，并随着课程的改变不断对学习方法进行调整。同时，要注意让孩子学以致用。学用结合可以加强儿童对知识的理解，通过应用可以使儿童强化对知识的掌握，使应用知识的兴趣长期保持在一个较高的高度。当然，小学阶段的知识能随时应用到生活中的比较少，所以除了通过应用知识来增强儿童学习兴趣，家长还应在日常生活中对于孩子的学习结果给予表扬和鼓励，通过外在动机刺激儿童的学习兴趣。

2. 学习计划

古人说"养其习于童蒙"，良好的学习习惯是需要从小培养的。诚如上文所述，家长应该明确需要培养孩子哪些良好习惯，克服哪些不良习惯，根据孩子自身情况及习惯养成的先后顺序和时间长短制订学习计划，并严格督促，让孩子按照要求完成。

在制订学习计划之初，应该尽可能详细，可以把每个规定的学习时间分成若干时间段，根据学习内容和自我的知识水平，为每个时间段规定具体的学习任务，并要求孩子必须在一个时间段内完成一个具体的学习任务，家长负责检查学习效果。学习是由一系列的学习过程连贯而成的，将每天在家的学习时间分成复习、作业、检查、预习各环节，可以让孩子根据各部分难易程度和作业量分配好在家学习的时间。这样可以减少乃至避免学习时走神或注意力涣散的情况，有效地提高学习效率。还可以在完成每个具体学习任务后，产生一种成功的喜悦，使孩子愉快地投入下一时间段的学习中去。①

小学和幼儿园的学习方式和作息时间发生很大变化，儿童上小学之后，父母需要为孩子重新安排适应小学生活的作息表。合理的作息包括保证儿童充足的睡眠，按时到校上课等环节，有助于提高孩子学习效率，使其在有限时间内获得更多的知识和技能，并拥有一定的游戏、娱乐、锻炼的时间，保证其身心健康。

这当中最突出的有两点。首先，家长要安排好小学儿童课外作业的时间。每个家庭应根据自己的具体情况，固定一个比较合适的时间，以保证儿童每天按时完成作业，使其学习成绩稳步提高。比较理想的是儿童放学后应立即回家，不在途中逗留玩耍，到家后稍作休息便开始做功课。应当尽力培养完成全部作业的习惯，其间由儿童自己认真检查，发现错误，自己及时纠正。其次，游戏和娱乐同样是学龄儿童不可缺少的活动方式。父母应保护孩子玩耍的权利，在完成学习任务的前提下，尽量保证儿童游戏和娱乐的时间，这样对孩子的身心发展都是有利的。

3. 学习习惯

习惯决定性格，性格决定命运。具有良好的学习习惯是孩子"善学"的

---

① 金卫东，曹明. "独二代"家庭教育指导手册[M]. 上海：同济大学出版社，2015：40-41.

关键。有了良好的学习习惯，孩子才能在学习的过程中长久保持学习的兴趣，取得优异学习成绩。良好的学习习惯是孩子持续学习的一种力量。让孩子及时体会学习的乐趣，更为自信、有计划性地度过自己的学习生活。由于孩子其他非智力因素的提升，良好的学习习惯反过来也会有利促进其他素质的养成，让孩子终身受益。对此，家庭教育责任重大，所以家长要有足够的耐心和毅力培养孩子良好的学习习惯。

家庭教育是一项长期工程，教育孩子绝非一日之功。一旦孩子沾染了不良的学习习惯，家长也不要太着急，必须积极疏导，反复强化。

第一，家长通过学习教育学知识，观察孩子，与老师沟通，了解孩子形成不良学习习惯的原因，为帮助孩子改正不良习惯做好准备。第二，保持家庭教育的统一性。环境对于孩子习惯的养成具有重要作用，家庭成员之间要统一教育目标，并与老师之间建立及时有效的沟通，通过家庭、学校之间的合力共同发挥监督、督促的作用，帮助孩子纠正不良学习习惯。心理学研究表明，一个行为反复强化21天就会形成一个自觉的习惯。因此，家长要了解这个规律，帮助孩子通过不断的密集强化，形成好的学习习惯，克服不良的学习习惯。第三，帮助孩子树立克服不良学习习惯的信心和决心。学习的主体是儿童自己，克服不良的学习习惯说到底少不了孩子发挥主观能动性。因此，家长要让孩子了解到不良学习习惯对他造成的危害，进一步树立改正的目标，让孩子一起参与制定改正的措施，并且要坚持执行。在改正不良学习习惯的过程中，家长要做的是引导、陪伴、关心，让孩子知道他不是一个人在奋斗，帮助孩子树立克服不良学习习惯的信心和决心。第四，当孩子出现不良学习习惯时，家长一定要及时制止，如作业磨蹭、不完成作业、照抄答案、沉迷电脑游戏耽误学习、休息等问题出现时，家长发现之后要给予一票否决，不能留有讨价还价的余地，这样的强化，才会收到实效。但是，单纯使用强化而不加以其他方法的话，时间长了，孩子就会厌烦，效果并不好。因此，强化训练要与积极疏导相结合，特别是对已经养成不良学习习惯的孩子，要抓住积极因素，耐心疏导，使其在学习习惯上走上正轨。例如：有的孩子做作业不喜欢思考，可能会偷偷在网上搜索答案，或者抄同学的作业，这时候父母不要因为生气就只知道一味批评，更要注意纠正的方法，如果是低年级出现这种情况，家长可以陪伴孩子一起讨论作业中遇到的困难，和孩子一起寻找答案，让孩子体会思考带来的成就感。另外，家长在培养孩子良好学习习惯时，要注意从孩子的性格特点和兴趣爱好入手，找到孩子的兴奋点，通过启发诱导尽量让孩子在自然状态下养成习惯。

俗话说，"榜样的力量是无穷的"。对于小学生，他们的榜样可以是家长，是老师，是同学。家长是平时与孩子接触最多的人，是孩子的启蒙老师，家长的一言一行都会对孩子的行为产生潜移默化的影响。因此，家长要想要求孩子养成良好的学习习惯，自己首先要具备良好的习惯。一般来说，家长如果经常在家里读书，那么即使不对孩子耳提面命地要求他读书，他在这个环境中也能渐渐养成爱读书的习惯；如果父母做事认真，勤于思考，那么孩子也会逐渐养成认真学习、仔细思考的习惯。

除了家长自身的榜样作用以外，家长可以有意识地给孩子树立一些其他榜样。比如对于低年级的孩子，可以给他树立身边人的榜样，榜样可以是他的同学，也可以是亲属，前提是这些人都是比较优秀的，家长平时可以多给孩子讲讲现实中学习好的人都具有哪些良好的习惯以及如何养成的这些习惯，使孩子自觉模仿，形成习惯。对高年级的学生，可以多给他们讲讲名人事迹，告诉孩子这些名人所取得的伟大成就，以及他们是如何通过勤奋学习，克服困难，持之以恒最后取得成功的，可以引导他们多读一些名人传记，从中感受良好习惯对一个人成才的重要影响，从而自觉培养孩子良好的学习习惯。

培养孩子良好学习习惯并不是一蹴而就的，一个好习惯的养成，往往需要漫长的时间，培养习惯是个长期工程。在这一过程中，孩子的行为将经历被动——主动——自动的养成过程，行为逐步形成为习惯。受成长环境、孩子个性特点、父母教育方式等方面差异的影响，儿童学习习惯的培养过程长短不一，且儿童期孩子自律性较差，在习惯养成过程中经常出现反复现象，所以培养孩子的学习习惯要常抓不懈。因此家长的耐心、信心和坚持也很关键。家长在培养孩子良好学习习惯的过程中，对于孩子出现的反复现象，不要气馁，耐心帮孩子改正，持之以恒，一定会收到良好的效果。

此外，学校是儿童活动的主要场所，班级风气、教师教育方式对于孩子学习习惯养成也有重要作用。为了保持家庭教育与学校教育的一致性，家长要主动与老师沟通，互相配合，让学生养成坏学习习惯的机会减到最小，在家校共同努力下来促进孩子良好学习习惯的养成。

综上所述，家庭是人生的根，孩子许多良好的性格和习惯，都是在家庭教育的潜移默化中不知不觉地自然形成的。孩子良好习惯的培养，是家庭教育的重要内容，因此家长要抓住儿童习惯培养的关键期，适时帮助孩子养成良好的学习习惯。

4. 使用电子设备

随着信息化、数字化时代的到来，网络成为不可缺少的资源，其影响着人们的学习、工作及娱乐等日常生活的方方面面。对于成人而言，电子产品是工作、休闲和购物的主要渠道，网络的普及为我们带来了各种便利和欢乐。但对于小学生而言，电子产品就是把"双刃剑"了。儿童期正处于自我意识逐步发展、自我控制能力较差的时期，身心发展不平衡，思想活跃但不成熟，情绪不稳定，缺乏自我保护意识，使他们更容易受到来自网络的负面影响。家长在孩子的生活中，扮演的角色不仅是老师还是孩子人生方向的领航者，家长在面对孩子过度使用电子产品的时候必须打破原来的一味打骂、埋怨或者放纵的做法，家长们应定期更新观念，与时俱进，提高对网络的认识，不能谈网色变地杜绝孩子上网。应该教育孩子深入了解网络，尽可能地发挥电子产品的优势，让孩子有节制地使用电子产品，真正担负起指导和监督孩子的责任。

(1)正确认识电子产品

电子产品的使用对于儿童期的孩子来说是一把双刃剑。一方面，孩子可以利用网络丰富的资源，来开阔视野、查找资料、扩大知识面、提高学习效率等。但是，另一方面，网络也很容易使孩子迷失和沉溺在花花绿绿、日新月异的网络信息中。儿童期的孩子比较欠缺自控能力和鉴别好坏信息的能力，他们不仅容易在网络上花费太多的精力，还容易受到网络信息的不良影响。网络使孩子身心健康受到损害的事例屡见不鲜。

家长应引导孩子明确电子产品和网络的意义，帮助孩子正确认识电子产品和对待网络。家长在孩子接触电子产品之初就告诉他们电子产品只是为了让我们生活更方便的一种工具，我们可以选择使用它也可以选择不使用它，可以根据自己的时间来决定什么时间使用它，总之要向孩子传达一个观念，人类是电子产品的主人，电子产品只是一种工具，要善于利用它为自己做事，而不是受它的支配。要给孩子讲清楚哪些网页是不能看的，哪些网页是有用的，让电子产品成为培养孩子良好学习习惯的助力。

（2）合理使用电子产品

电子信息化时代日新月异，电子产品与孩子朝夕相伴形影不离，但应合理把控，规范使用，保障儿童的健康成长。

①合理控制时间。儿童期孩子自我约束力差，对电子产品容易形成依赖，使用电子产品的时间不宜过长，否则不仅会影响孩子正常的学习时间，还会影响孩子的视力以及身心发育。因此家长要严格控制孩子使用电子产品的时间，绝对不能放任不管。这里需要注意的是，控制不等于禁止，如果过分限制孩子接触电子产品，往往会激发孩子对电子产品更大的好奇心，可以借着孩子玩电子产品的机会，给孩子树立规则意识。可以和孩子约定一个玩电子产品的时间，一旦约定达成，就鼓励、监督孩子按照约定严格执行。在约定时间内，让孩子尽情地玩，引导孩子在使用电子产品的过程中找到自己感兴趣的点，比如画画、写字等。到时间了，就要坚守约定，收回电子产品，不要因为孩子的吵闹、哀求而轻易改变约定。

家长是孩子最直接的榜样，身教的作用大于言传，家长自己在网上的活动会直接影响孩子对网络的利用。父母的一言一行孩子都会学习，因此在教育孩子之前请父母一定要自查。如果父母克制不了对电子产品的依赖，每天手机不离手，而要求孩子不能使用电子产品的话，只会起到相反的效果。如果父母以身作则，在家里尽量不在孩子面前使用电子产品，那么对于减少孩子对电子产品的依赖会起到非常好的效果。

②明确使用目的。孩子喜欢电子产品通常是因为可以满足他们的娱乐欲望，比如玩游戏、看视频等，但如果这样很容易使孩子沉迷网络，因此家长应该帮助孩子明确使用电子产品的目的，比如查阅资料、了解新闻、学习技能等，有目的地使用电子产品可以大大增加效率，也可以培养孩子对于电子产品的正确认识，让电子产品更好地为孩子服务。

③提高辨析信息的能力和安全意识。提高欣赏品位，主动吸纳对自己身心健康发展有利的信息，自觉抵制不良信息的诱惑。教导孩子在网上不要随意向陌生人暴露自己的信息，如姓名、学校、家庭住址和电话号码等，也不要轻易答应约见，在网络交友中要注意加强自我防范和保护，在使用网络过程中学会自我尊重和遵纪守法。

(3)培养孩子多样的兴趣爱好

孩子沉迷于电子产品，一个重要原因是缺乏兴趣爱好。如果孩子对其他事情的好奇心和专注力高于电子产品，那自然不会过度使用。因此，家长应在平时注意观察孩子，发现孩子的爱好和特长，注意多培养孩子健康的兴趣爱好，孩子的兴趣爱好多了，自然就不容易被电子产品吸引。家长还可以利用空闲时间教孩子做手工、堆积木、玩拼图，这样做不仅能培养亲子关系，挖掘孩子的兴趣爱好，还能培养孩子的想象力和动手能力。

同伴之间的陪伴是孩子成长过程中非常重要的环节。家长可以在家为孩子多准备一些儿童玩具，特别是一些可用于集体游戏的玩具，比如积木等，鼓励孩子邀请其他的小朋友一起玩。也可以鼓励孩子参加户外活动，可以利用节假日时间，让孩子邀请同学和朋友一起骑行、去公园游玩等。这样不仅可以大大减少孩子使用电子产品的时间，还可以培养孩子的社交能力，培养孩子的分享和合作意识，对孩子今后的发展是非常有利的。

总之，我们身处信息社会，家长要了解信息技术的发展及其应用对人类日常生活的深刻影响，学习必要的信息技术，善于利用网络，紧跟时代的发展步伐。注重培养学生良好的信息素养，把信息技术作为支持终身学习和合作学习的工具。

（4）陪伴孩子成长

父母是孩子最好的玩伴，家长要多开展家庭活动，避免孩子形成对网络的依赖。低龄阶段的孩子对父母还有很强的依恋，家长可以利用现实生活中的活动来满足孩子的精神需求，父母下班后，可以陪孩子做游戏、绘画、读书、折纸、玩角色扮演等；节假日可以带孩子多参加户外活动。这样做既可以让孩子远离电子产品，还能建立良好的亲子关系。

条件允许的话，家长可以和孩子一起体验网络世界，比如和孩子一起上网看新闻、欣赏音乐或影视作品，甚至一起玩游戏。这样，家长不仅能对孩子产生正面的影响，也能与孩子之间有越来越多的共同语言，促进亲子关系的融洽。

（三）体育

我们常说"生命在于运动"，运动对于人来说，是不可或缺的。小学生正值生长发育的旺盛时期，经常参加体育运动和锻炼，可以促进儿童生理机能的健康发展，加速生长。体育锻炼还可以调节孩子紧张的学习活动，有助于孩子消除疲劳、集中精力、增强记忆力、保持旺盛的精力，从而大大提高学习效率，也有利于心理健康发展。所以，父母应该重视儿童体育。

1. 家长应重视孩子的体育锻炼。儿童期是孩子在生理上处于生长发育和素质发展的敏感期，也是一个人形成良好习惯的关键期，所以，这一阶段正是孩子养成良好体育运动习惯的最佳时期。父母在平时可以通过游戏的方式来增加孩子运动的积极性，也可以通过和孩子一起观看体育赛事和体育节目，培养孩子的体育兴趣，并积极鼓励孩子正当的体育爱好。

2. 让孩子适当参加一两种球类活动。一般家庭都能满足孩子对于体育运动的需要，比如乒乓球、篮球、排球、羽毛球等大众化球类运动，这类运动不仅能增强孩子的体魄和运动技能，还可以促进儿童智力发展，在运动中培养孩子的规则意识和团队合作精神，这些品质对于孩子今后的发展将起到很大的促进作用。

3. 和孩子一起制订一个合理的运动及劳动计划。对孩子进行体育及劳动教育的主要目的是锻炼孩子的身体，能使孩子认真对待生活，防止懒散。良好的运动习惯在短时间内不易养成，需要一个长期的过程，因此需要有相应的计划，持之以恒。家长在孩子入学后，就可以与孩子一起商量，共同制订一个符合孩子特点的运动计划，这个计划不必过于详细，只需要在保证儿童睡眠、进餐、学习、休息等前提下，针对体育锻炼有一个大致的计划，然后按照计划执行，并且长期坚持。

（四）安全教育

儿童期孩子活动范围扩大，但孩子缺乏必要的安全知识和防范意识，自我保护意识不强，常常存在一些安全风险。作为家长，一定要牢固树立安全防范意识，特别加强孩子的安全教育，让孩子懂得必要的安全知识，学会保护自己，珍爱生命，使他们平安健康地成长。

1. 安全意识

小学生应掌握的安全知识与技能，既包括对自然环境和主体感觉等方面变化（或异常情况）的感知与处理，也包括对社会环境中不安全因素和危险处境的认识与应对。具有一定的安全知识是培养小学生安全意识的核心，小学生应掌握的安全知识包括以下五方面内容：（1）交通安全知识。交通安全知识主要指交通规则方面的有关知识。（2）食品卫生安全知识。食品卫生知识主要是指小学生对食品卫生知识的了解，如食品的构成；细菌形成及危害，变质食品及时处理。（3）校园安全知识。校园安全是指学生在校园内应掌握的保护自身与他人的基本知识和技巧。（4）日常生活中的安全知识。这方面知识主要涉及外出活动、玩具、游戏及居家安全等自我保护措施和技巧。（5）意外事故的应急知识等。意外事故主要是指中毒、溺水、触电、工具伤害、烧伤及动物、昆虫咬伤等，掌握一定的安全自救知识。

2. 外出安全

好动、爱玩是儿童的天性。然而，由于孩子年纪小，缺乏保护自己的能力，外出游玩时最容易发生安全事故。所以，家长应当时时提醒孩子在外出游玩时要小心谨慎，注意安全。

(1)禁止独自游玩。孩子独自外出会存在很多风险隐患，无论是意外还是人为侵害事件都有可能发生，儿童期孩子自我保护能力有限，因此要避免一人独自外出，最好与同伴或家长一起出行。(2)提醒孩子外出注意安全。父母要给孩子讲解外出容易存在安全隐患，例如交通、溺水、恶劣天气等，并教给孩子在面对这些情况时应该采取哪些措施加以自我保护。在学校班级集体活动中，提醒孩子遵守纪律，听从教师指导，避免单独活动；与同伴一起玩耍时，要求孩子不要追跑推搡，避免做一些危险的游戏，以防发生意外。(3)教育孩子远离有危险的地方。如江河、阴沟、铁路、公路等，在这些地方玩耍很可能产生危及生命的安全风险，家长要向孩子讲清这些地方的危险性存在。

3. 隐私安全

儿童对于家庭及自身信息保护意识不强，很容易在不经意间就将隐私透露出去，造成安全隐患。因此家长应该教育孩子保守好自己的秘密，不轻易向外人泄露自己和家里的重要情况。第一，提醒孩子不在公共场所和陌生人面前公开谈论自己的姓名、学校班级、家庭住址、电话号码、父母职业和收入等涉及个人隐私的信息，以免让别有用心的人利用。第二，当有陌生人打听家里的情况时，千万不要向他透露任何信息，而且要第一时间把这件事情告诉家长和老师。第三，告诫孩子不要随便和不认识的人细致攀谈，更不能随意跟陌生人走。

第三节　青少年期的家庭教育

青少年期是指十一二岁到十七八岁的初中、高中阶段学龄期。青少年期是个体由幼稚走向成熟、由儿童走向成人的过渡时期；也是人一生中身心变化最剧烈的时期；更是个体的世界观、人生观、价值观形成的重要时期，因此家长要给予足够的家教重视与指导。

儿童由于神经系统和内分泌的作用，人的外部形态、身体机能，心理、智力、思想、意志、行为等方面都比儿童期有明显的变化，身高、体重迅速增加，内脏机能逐渐成熟和健全，性器官也迅速发育。正是由于青春期孩子的生长发育均迅于其他时期，故而青春期家庭教育又进入一个特殊和关键时期。

一、青少年期身心发展阶段特征

青少年时期脱离了儿童期的特征而逐渐成熟起来，更为接近成人，是人的生长发育的第二个高峰期，被人们称作"暴风骤雨"期，也被称为"第二次心理断乳期"。

少年期（从十一二岁到十四五岁），即初中阶段，少年最渴望成熟又最容易出现失误，由此造成种种冲突，使他们面临一系列的心理危机。

青年初期（从十四五岁到十七八岁），即高中阶段，经过前几个阶段的成长，青春初期高中生在生理发育上已达成熟，在智力发展方面也已接近成年人水平，在个性及其他心理品质上表现出更加丰富和稳定的特征。家长必须掌握这些特征，对青少年子女进行因势利导的教育。

（一）青少年期的生理特点

青少年阶段既不同于儿童又不同于成人。在这一时期，青少年的身体和生理机能都发生了急剧的变化，主要表现为身高、体重、肺活量快速增加。心脏和血液系统功能日趋完善。大脑皮层细胞发育很快，神经过程逐渐趋于平衡，神经系统的结构已接近成人。

（1）少年期

初中生身高、体重、肢体的增长都很快，身高每年可增高 6~8 厘米，甚至 11~12 厘米；体重每年增加 5~6 千克，突出的可增加 8~10 千克。一般女生的生长发育比男生早 1~2 年，女生一般 11、12 岁身体各部分开始迅速增长，而男生一般 13 岁开始快速发育，并且很快就赶超女生。

少年的骨骼急速生长，速度超过肌肉的生长。上下两肢骨，特别是下肢骨长得最快，超过身体躯干的增长，因此显得手长腿长，体型不太协调。肌肉随骨骼的变化而加大加粗，肌肉也变得结实有力，尤其是大肌肉急速生长，而少年期较发达的小肌肉则相对处于停滞状态。所以初中生喜欢运动量大的活动，爱跑、爱跳，喜欢干力气活等，对于细小的动作却一时显得笨拙。少年在神经系统的发展上，特别是大脑皮质的发展，发生了巨大的变化。少年期脑的平均重量、体积、脑电波与成人基本没有差别，脑细胞的内部结构和脑的机能显著增强，把脑的各部分联系起来的联络神经纤维在大量地增加，脑神经细胞的分化机能达到了成人的水平，兴奋与抑制过程逐步平衡，第二信号系统的作用明显提高。①

在这个时期，父母应使少年在洁净的新鲜空气中生活，并进行体育锻炼，如在早晨催促子女早起，锻炼身体，跑步、跳绳、打球等，以促进肺活量增大与呼吸加深。

所谓第二性征是指由性成熟现象引起身体外部的一些生理变化，如男孩音调变低，上唇出现胡须，长出阴毛和腋毛；女孩音调变尖，乳房隆起，臀部变大，出现阴毛和腋毛等。第二性征的出现是少年期孩子身体发育的第二个显著特征。随着第二性征的开始出现，男女体型明显分化，男孩体态日益健壮，变得健壮结实，女孩变得婀娜多姿。

随着性生理的发展，青少年的性心理也成熟，但是性的社会性成熟度还不够，远远落后于性生理、性心理的成熟，所以，青少年时期会出现一个 10 年左右的"性饥饿期"，要引起家长的性教育重视。

（2）青年初期

经历了少年期暴风骤雨式的成长发育，处于青年初期的高中生，其生理上已基本成熟。

高中生的身高、体重的增长速度再一次缓慢下来，从 15 岁到 18 岁的 4 年里，男生的身高年平均增长 1.72 厘米，体重年平均增长 2.2 千克，女

---

① 孙少强. 家庭教育心理学讲话[M]. 北京：中国妇女出版社，1982：47.

生身高年平均增长 0.62 厘米，体重年平均增长 0.94 千克。但是高中生肌肉的增长速度却在增加，高中阶段学生的肌肉增长量占整个肌肉增长期的 58.5%，其增长值是初中生的 4 倍。与初中时相比，此时的肌肉组织的增长主要表现在纤维的增粗上，使肌肉组织变得更加结实。高中生大脑内部结构不断完善，脑的回沟增多、加深，大脑的机能迅速发展，他们的兴奋和抑制过程逐渐平衡。但是，高中学生的内分泌腺比较活跃，分泌的肾上腺素和甲状腺素较多，这些激素会促进大脑的兴奋，因此，他们在情绪上仍不稳定，容易疲劳。

（二）青少年期的心理特点

进入青春期，孩子由于身体生理的因素，性激素开始分泌，第二性征出现，使身体外形及体内功能发生了很大的变化。这一变化既影响周围的人们的评价，又促使自己性别角色认知的发展，因此孩子心理上会出现很大的转移。

处于少年期的初中生，其感知、注意、记忆、思维等认知过程日益成熟，情绪意志、自我意识等也有了很大变化，独立性日益增强，世界观、人生观也开始形成。

青年时期是智慧活动的旺盛时期。青年人常常会发现自己"迅速的发展"，对现实、对周围世界的研究兴趣越来越大。他们渴望求知，表现出冲动、勤勉、热情，感到知识就是力量，而且求知欲表现在一切活动中，这是青年初期重要的心理特征。家庭教育要和社会、学校教育配合一致，引领、教育及训练其健康成长。

1. 认知心理

青少年期认知心理在童年期基础上延续前行，其中最为突出的是思维能力的提高。青少年抽象逻辑思维有一个过程。在少年期，抽象逻辑思维虽然开始占优势，可是在很大程度上还属于经验型，他们的抽象逻辑思维需要感性经验的直接支持。而青年初期的抽象逻辑思维则属于理论型，他们已经能够用理论做指导来分析综合各种事实材料，从而不断扩大自己的知识领域。在青年初期的思维过程中，它既包括从特殊到一般的归纳过程，也包括从一般到特殊的演绎过程，也就是从具体提升到理论，又用理论指导去获得知识的过程。初一学生在小学的基础上已经开始掌握辩证思维的概念、判断、推理等各种形式，但水平较为低下，仅仅是个良好的开端；初三学生是个重要的转折期；高二学生的辩证思维已处于优势地位，但谈不上成熟。青少年辩证思维发展的基础，固然是由中学阶段知识学习所奠定，然而，由于它是认识或思维发展的高级阶段，发展的滞后性也是必然的。青少年辩证思维发展的不足，不仅影响其看问题的方法，还会影响思想方法的全面性。

2. 社会心理

青少年的社会心理主要表现在：开始追求独立自主，形成自我意识，适应性成熟，认同性别角色，社会化的成熟，定型性格的形成。

对于青少年来说，家庭关系、师生关系和友谊关系是最重要的三大社会关系。较之家庭关系和师生关系，友谊关系更具平等性。友谊关系的建立是以选择和承诺为基础的。同一个朋友圈的青少年，学习态度和学习成绩都较为相似，在同辈群体中也处于相似的地位。①

青少年时期，人在生理上得到发育、心理上得到发展，并逐步达到成熟，人的性成熟也在这一时期实现。但是，在这一时期，人还没有固定的职业和经济收入来源，还不能够通过结婚实现性的满足，即人的性的社会性成熟还远远没有达到。

3. 道德心理

青少年的道德心理趋向成熟，他们处于伦理观形成的时期。由于社会对青少年有独立思考的要求，青少年思维品质的发展表现出新的特点，最为突出的是，其独立性和批判性有了显著的发展。但他们对问题的看法还常常是只顾部分，忽视整体；只顾现象，忽视本质，即容易片面化和表面化。在少年期，伦理道德观已开始形成，但在很大程度上表现出两极分化

---

① 吴航. 家庭教育学基础[M]. 武汉：华中师范大学出版社，2010：167.

的特点。而青年初期的伦理道德规则带有很大程度的成熟性。他们可以比较自觉地运用一定的道德观念、原则、信念来调节自己的行为，伴之而来的是世界观的初步形成。①

二、青少年期家庭教育的主要内容及其举措

青少年时期是人身心变化最大，由幼稚走向成熟的关键时期，是人生发展的重大转折期，人们常常把这一时期称为"动荡期"或"危险期"。家庭教育的任务就是要根据青少年身心发展的规律，抓住青春期成长的关键点，因势利导地做好孩子成长中的教育和疏导工作，为他们今后顺利走向社会奠定良好的基础。这对于子女的健康成长、家庭幸福和社会稳定都有重大的意义。

(一)健全人格培养

青少年时期是人格形成的关键时期，因此家长要给予积极引导，帮助青少年塑造完美的人格，为青少年的成才奠基。

1. 道德情操

青少年时期，是从儿童向成人过渡的重要阶段，孩子的身心发生剧烈变化，是道德情操形成的关键时期。因此，家长要抓住这一关键期，通过日常生活中的点滴小事培养孩子高尚的道德情操。首先，通过童年期的道德教育，孩子的道德意识、道德情感、道德行为都有了基础，在此基础之上，青少年期的道德教育要将道德品质与个人、社会发展联系起来，让孩子认识到道德情操对于个人与社会的关联度，进一步提高孩子对道德修养的重视程度，强化道德行为，使其在日常生活和学习中努力践行。其次，家长要培养孩子的是非观念。明辨是非、知错能改是每一个青少年都应具备的道德品质，但是由于他们的道德观念尚未最终成型，因此家长要在日常生活中加以引导，孩子做了错事，家长要用恰当的态度与方式对待，使

---

① 吴航.家庭教育学基础[M].武汉：华中师范大学出版社，2010：168.

他们认识到自己的错误并能努力改正；孩子做了符合良好道德规范的事情，则要给予肯定、鼓励和表扬，并让孩子能够理性地对待荣誉与赞扬。最后，家长要培养孩子的感恩之心和助人为乐的高尚情操。家长要通过日常生活中的小事，让孩子懂得在接受别人帮助之后，要常怀感恩之心，学会感谢与感恩。同时，鼓励孩子乐于助人，在帮助别人中更好地实现自我价值。

2. 意志品质

青少年时期的孩子，开始逐步进入社会，在社会中难免会遇到各种各样的困难，因此具备坚强的意志品质对他们适应社会至关重要。家长要通过以下途径来培养孩子坚强的意志品质：第一，榜样示范法。家长可以让孩子读一些名人传记，或者给孩子讲一些具有顽强意志的历史人物或身边人的故事，通过榜样的作用来培养青少年的意志品质。当然父母是孩子生活中最重要的榜样，父母以身作则，从严要求自己的日常行为，面对生活中的困难，要做到沉着冷静、机智应对、迎难而上，而不应该消极退缩。第二，家长要让孩子在挫折和磨难中锻炼其坚强的意志品质。青少年时期，孩子所接触的社会生活毕竟是有限的，与成人世界相比，孩子所能经历的困难要比他成人之后所遇到的容易得多，但对于此时的青少年来说，即使是在成人看来并不严重的问题依然会给他们造成很大的困扰，从小经历挫折与困难，通过自己的努力去解决问题，这是一个人格健全的人必须具备的素质。家长不要因为担心孩子会受到伤害，就尽己所能为其解决一切麻烦，而是应该让孩子充分发挥主观能动性，通过自己的努力去克服困难，父母在这个过程中可以给孩子提供必要的指导和陪伴，但切忌大包大揽。第三，家长要有意识为孩子布置有挑战性的任务，锻炼青少年坚强的意志品质。父母要敢于放手让孩子做事，让孩子通过开动脑筋、独立思考、凭借意志力完成任务，通过孩子一次次的实践来磨炼其意志。比如可以让孩子计划一次旅行，把旅行过程中的吃穿住行都安排好，途中遇到任何困难与阻挠都要自己想办法解决。

3. 责任意识

一个人能够清楚地意识到自己所承担的责任，能主动地履行对自己、对家庭、对社会的责任，并愿意承担自己行为的后果，这是成熟的标志，也是立足于复杂社会的条件。培养青少年的责任意识具体可从以下几个方面入手：

（1）让孩子从事家务劳动。家务劳动并不是父母或祖辈的专属，而是每个家庭成员应尽的义务。孩子作为家庭中的一份子，理应承担起一份责任。此举能使他们从中体会到父母为家庭操劳的不容易，从而更加珍惜父母的劳动成果，形成自愿分担家庭事物的责任感。此外，参与家务劳动还能培养孩子勤劳的品质，提高自理能力，锻炼耐心、细心，对于良好个性品质起到重要作用。

（2）给孩子参与家庭事务的机会。在处理家庭事务时，很多家长都会陷入一个误区，即家庭决定只有父母长辈参与，青少年只需要专心学习，不必因为家庭事务牵涉精力。殊不知，父母有意识让孩子避免承担家庭责任会在无形中造成其对家庭责任的漠视。青少年已经开始从成人的角度来看待自己，对自己的能力以及在家庭中的地位和角色，开始有了新的感受。他们在家庭中如能发挥主人之一的作用，对他们的自我担当和自我成长都会有非常重要的意义。

（3）通过班集体培养孩子的责任感。孩子不仅对自己、对家庭有责任，而且对集体、社区以及社会也有责任。因此，家长要鼓励孩子在班集体中，多参与集体事务，比如参与班级管理、集体劳动、运动会或其他活动，承担班级责任，与同学互帮互助、彼此关爱，通过共同努力，为班级做贡献，从而培养孩子对班集体的责任感。

（4）让孩子学会对自己的行为负责。我们的家长舐犊情深，宁肯委屈自己，也不委屈孩子。当孩子做错事时，家长会毫不犹豫地代子受过，很少想到教育孩子对他自己的行为负责，这样就失去了培养孩子责任感的机会。许多年前，美国一个小镇上，一群10多岁的孩子在踢足球玩。忽然，一个男孩飞起一脚将球踢出，正好砸坏了一家杂货店门上的玻璃。店主闻声跑出来捉住那个男孩，向他索赔12.5美元。男孩的爸爸得知后，二话没说当即拿出钱赔给了杂货店老板，然后对儿子说："玻璃是你打碎的，应当由你来赔。这笔钱是我借给你的。"结果，那个孩子一年之内通过打零工、卖报纸挣够了12.5美元，偿还了父亲。这个男孩就是后来的美国总统里根。后来谈及此事，他很感激自己的父亲，因为从小父亲就教会了他承担责任。生活中时时处处都有做人教育的资源，就看父母们能不能很好地去挖掘、利用。①

4. 人生观

青少年时期是人生观开始形成的时期，由于刚刚涉世，对世界、人生的认识尚浅，因此需要家长给予积极的引导。通过家庭教育，促使孩子确立正确的人生观，对人生态度、人生价值、人生理想、人生信念有科学的认识，以保证孩子一生的幸福，使孩子懂得过有意义的生活。

（1）人生目的、人生态度

关于人生的目的，也就是探讨人为什么而活着的问题。孩子进入青少年期后，自我意识变得非常强烈，开始思考人生目的。因此，家长要给予及时地指引，对孩子适时地进行人生目的与人生态度的教育。第一，家长可以通过一些先进人物、伟大人物的事迹来激励孩子，比如周恩来上中学时就立志"为中华崛起而读书"的宏大志愿等；第二，家长还可以通过自己的亲身经历来感化孩子，让他们认识到人活着的目的是为了对社会作贡献，为自身创造幸福美满的生活等；第三，家长还要细心观察孩子的日常生活行为的表现，及时与孩子进行心灵的沟通，关注孩子内心世界的变化，及早捕捉和消除其内心的消极思想和念头；第四，家长要引导孩子树立积极的人生态度，以乐观豁达的心态勇敢面对生活中的困难与挫折。②

（2）人生理想、人生价值

处于青少年时期的孩子，刚刚开始思考有关人生理想、人生价值的问

① 陈国庆. 初中生家庭教育[M]. 南昌：江西教育出版社，2009：29.

② 蔡岳建. 家庭教育引论[M]. 合肥：安徽教育出版社，2010：191.

题，家长要让孩子认识到远大的人生理想对人的重要意义，并促其树立科学的人生理想，以激励孩子奋发向上，积极进取；使孩子认识到人应生活得有意义，引导孩子树立科学的人生价值观。鼓励孩子从小立大志，认识到人活着不仅为个人，更要为国家、为民族、为社会作贡献；只有从青少年时代起，努力学习，练就过硬本领，将来才有能力报效祖国、为国家发展作出贡献。在实现人生理想的同时，体现出自己最大的人生价值。

5. 个性品质

政治家需要智勇双全、博学多才、严于律己、遵纪守法、机智善变、临危不惧等品质；科学家需要善于发现、探究真理，不怕吃苦，勇于攀登的个性特征；企业家需要善于开拓、勇于创新，善于社会交往，善于计划、有条不紊地做事的个性品质。每个孩子的个性品质都存在个体差异，作为父母，应该根据孩子身心发展特点来培养孩子形成独立的良好个性。

教育孩子事前制订计划，做好准备，慎始而善终。凡事预则立不预则废，事前准备对于一件事能否成功至关重要。做事的时候要先有一定的计划，这样在做事的时候就会避免没有计划的盲目状态，不至于手忙脚乱、急于求成。在制订计划的时候要力求从整件事的大局出发，计划不用太过细致，在做事时要有一定的灵活性。第二，处事要有耐心，不要急于求成。要先做好心理准备，使自己能够心情平静地做事。在做好准备的基础上，事前多做准备，遇事冷静处理，一定要有耐心，按计划行动，不急于求成。如果出现急躁情绪，可以尝试通过恰当的情绪释放来放松心情，从而使学习、生活和工作变得有条不紊。第三，教育孩子修身养性。家长可以让孩子在日常生活中做一些比较轻松的事情，比如绘画、书法、养花等，这些活动一方面可以让孩子放松情绪，另一方面可以陶冶孩子的性情，修炼他们的身心和性情，让他们加强精神修养，宽以待人，从而更具有包容性，使身心思想真正静下来，从而去除急躁的毛病。

6. 交往协作

青少年时期，是孩子最早接触社会，独立与人交往，解决一些人生问题的转折期，要让孩子成熟起来，顺利地跨入社会，家庭教育必须在孩子的交往协作中给予指导。

孩子首先要学会在学校建立与老师、同学的良好交往。孩子在学校这一小"社会"中，会形成自己最初的交往关系，并通过自己在班级中的地位表现出交往关系的状况。如果孩子交往受挫，被排斥在同学关系之外，是不受欢迎的孤独者，父母应及时与孩子进行交流，了解他对此事的看法，冷静客观地分析出孩子交往障碍的原因，有针对性地找出具体办法，帮助孩子主动践行，努力改变这种交往困境。

青少年时期正是人在人生路上放弃拐杖、独立行走的起点，孩子渴望独立的意识很强，自我意识发展很快，也容易产生嫉妒心。父母要帮助孩子对抗嫉妒，巧妙地用爱去转化孩子不满的情绪和敌对的态度，使孩子学会欣赏、宽容、包容别人，引导孩子多看到朋友的优点和长处，原谅其缺点，并分析自己的优缺点，通过比较使孩子在对朋友的承认和肯定中消除心中的嫉妒，激发出赶上别人的上进心。

（二）自我认知教育

青少年时期孩子的自我意识有了突飞猛进的发展，由此带来独立意识增强、青春期心理逆反等诸多问题。在家庭教育中，家长应掌握一些相应的教育对策，帮助孩子学会客观地评价自己、正确地认识自己、愉快地接纳自己，增强自控自律的能力，自强自信，以便应对复杂的社会环境，抵御来自学习，生活等方面的挫折与烦恼。

1. 认识自我

古人云："人贵有自知之明。"只有正确地认识自我，才能正确地对待自我，正确处理个人与客观现实之间的关系。

青少年时期孩子心理发展处于敏感期，这一时期的孩子会存在闭锁心理，不愿意向旁人敞开心扉，缺乏交流的主动性。这就需要家长平时留心观察他们，及时发现他们的心理需要，用心聆听他们内心深处的声音，了解和理解他们心中的困惑和迷茫，给他们一些合理的建议，帮助他们正确认识自我，走出困境。

　　帮助孩子形成正确的自我认知，不仅需要通过正面教育来引导孩子形成正确的思想观念，而且要及时纠正孩子思想上的偏差，使他们树立健康而积极向上的世界观、人生观和价值观。要教育孩子学会进行理性的自我分析，正确认识自己。在这个过程中，家长要注意的是，青少年已经初步形成人格特征，孩子有自己的想法，父母要尊重孩子的主体性，要尊重他们的人格，充分肯定他们对人生探索的积极面，但又要指出他们思考问题的片面性，在沟通方式上要讲究技巧，不要把自己的想法强加在孩子身上。

　　以人为镜可以明得失。人不能脱离社会而存在，在社会中就需要与其他人交往，那么在与他人接触的过程中个人的性格特点、道德品质、知识技能都会显现出来，因此，他人的评价是青少年认识自我的一个重要途径。家长应该鼓励孩子多与身边的人交往，在与他人交流的过程中个人的思想认识也会得到进一步发展。除此之外，可以给孩子推荐一些相关的有益身心健康的好书，与书为友，博采众长，可以开拓孩子的思维，提高他们的思维水平和思想境界。

　　青少年时期是一个自我发现的时期，孩子会对自己的各方面进行探索，最后形成一个多维度、多层次的自我概念。这种自我评价和自我概念是主观的，是孩子们对自己的认识，即"主观我"。在孩子成长的过程中，会经常接收到如亲友、老师和同学，也就是"别人"对自己的议论与评价，这就是"社会我"。在青少年自我认识发展的过程中，"主观我"和"社会我"通常会出现矛盾。一个人如果自我评价高于他人评价，往往会出现以自我为中心，过分强调自己的正确性，在人际交往中居高临下，盛气凌人；与之相反，如果自我评价低于他人评价，说明自卑感强，缺乏信心，往往做事瞻前顾后，缺乏勇气和毅力。因此，青少年需要学会正确解决"主观我"与"社会我"的矛盾，学会处理自我评价和他人评价的关系，形成正确的自我认知，正确地自我悦纳、积极地自我体验、有效地自我控制，才能形成良好的心理品质。家长可以从以下方面着手：第一，引导孩子联系实际进行客观的自我评价。要教孩子懂得，对于一个人的评价不是由自己或他人主观想法来决定的，而是要根据个人实际的表现来决定，也就是通过具体行为来判断。判断一个人学习成绩好坏，不是由老师主观评价决定，而是通过学生考试成绩、课堂表现、分析问题与解决问题的能力来决定。要判断一个人品德的优劣，也不是看他自己的说辞或是他人对他的主观印象，而是看他对人对事的实际表现，从实际的行为来判断。第二，教孩子区分不同的人际关系，从而对自己进行客观评价。任何人的评价都不可能保证完全客观，他人的评价常常包含了人际关系的感情因素，关系亲密的人可能对自己的评价好，关系疏远的可能对自己的评价差。有的品德高尚的人对他人的评价会趋于客观，而品德不佳的人可能会对他人刻意诋毁。因此，家长要引导孩子，不要将他人对自己的评价当成金科玉律，要学会客观地分析这些评价，对于一些失真的评价不可太过在意，要从中吸取客观和可靠的内容。第三，教孩子学会区分不同的处境而进行客观的评价。个人在不同时期可能处境不同，很多时候他人评价会受社会地位、家境以及境遇影响，处在顺境时较易获得他人的好评与夸奖，而处在逆境时却可能招致更多的批评和指责。因此，家长应教导孩子，要区分个人不同的境遇而对他人的评价进行客观分析，这样才能获得有价值的评价。

2. 悦纳自我

认识和情感是一对双生子。人们在认识自己的同时，往往会产生对自己的情绪体验。青少年的自我体验非常丰富，不仅要对自己有正确的认知，还要积极悦纳自我。

著名教育家韩凤珍说过："难教育的孩子，都是具有强烈自尊心的孩子。教育者就是要千方百计地保护孩子最宝贵的东西——自尊心。"[1]处于青春期的中学生普遍有着很强的自尊心。他们在受到肯定和赞赏时，内心深处会产生强烈的满足感；在受到批评和惩罚时，会觉得受到重大打击，容易产生强烈的挫折感，甚至是自卑感。因此，如何理解、尊重孩子与保持家长权威，是许多家长面对的一个主要问题。

---

① 刘启珍. 中学儿童家庭教育指导[M]. 武汉：华中科技大学出版社，2014：116.

（1）尊重和欣赏孩子

每个孩子都希望得到家长、老师和身边人的认可与尊重。尤其到了青少年时期，孩子从儿童逐渐向成人发展，心理快速发展，这时他们的心理一半带着儿童的幼稚，又带着一半成年的成熟。由于青少年心理并没有完全成熟，他们往往不能正确认识自己，也不能悦纳自己，感受不到自己的价值，因此只有先被父母和老师尊重，才能自己尊重自己。青少年在父母眼里是个没长大的孩子，但是他们在人格上是独立的，需要得到应有的尊重，父母应让他们拥有其应该拥有的权利，允许他们发表意见，允许他们探索，允许他们犯错误，对他们的合理行为给予肯定和支持。而且要善于发现孩子身上的优点和闪光点，并及时表示欣赏，从语言上给予赞美，例如"你做得很对""你的办法很好，爸妈都没想到"……这些语言虽然简单，却能鼓舞孩子的斗志、增强孩子的自信，提升孩子的自尊，激发孩子的潜能。

（2）消除对孩子的消极暗示

家长们经常会发现，一些自尊心较低的孩子，普遍存在一个明显的缺点，那就是过于在乎他人的负面评价，常常因自信心遭到较大的打击后而产生"我不行""我很差""我很丑"等消极的心理暗示。如果这种消极的心理暗示形成习惯的话，孩子会在学习生活的过程中增加应对各种情况时的紧张感，使孩子抑制了自信，限制了能力的发挥，导致孩子成就感缺失，因此形成了恶性循环，更降低了孩子的自尊，使孩子的自卑心理和内心深处的孤独感和恐惧感加剧，慢慢将自己封闭起来，严重危害心理健康。因此，父母给予孩子积极心理暗示的引导就显得尤为重要。思维也是会有习惯的，当遇到困难时，如果父母能善于在不经意间使积极信息成为主导，凡事往好的方面想，帮助孩子形成积极的心理暗示习惯，那么长此以往，当孩子独自面对问题的时候，自然也会积极地去应对，在实践的过程中不断积累自信，做起事来就事半功倍。

（3）树立孩子自信

青少年时期的孩子非常渴望家长把他们当成大人对待，而不是总把他们当小孩。他们希望成年人尊重自己的人格，要求被社会承认，自己却常常不知道如何去尊重他人。这正是当代青少年面临的一个常见问题。究其根源，随着教育观念的不断更新，青少年在学习和自我成长中的主体地位不断凸显，青少年的自尊、独立意识不断被放大，有时可能出现过于强调自我的现象，而这一时期他们往往缺乏真正的自尊观念，他们常常把自尊简单地等同于"面子"，容易在自卑与自傲之间游走，从而形成畸形自尊。为了得到成人社会的关注与认可，不少中学生故意做出一些离谱、过激、夸张的行为，以此来维护他们所谓的自尊，结果代价沉重。所以父母要引导孩子形成正确的自尊观念，消除消极自尊，从而真正做到自尊自信。

(4)弥补孩子不足

任何人都是优点和缺点的集合体，我们没办法成为一个完美的人，但是要在成长过程中一直朝着完美努力。青少年时期人的个性品质尚未定型，父母要帮助青少年认识和发现自己身上的优、缺点，发挥他们的优势，改正他们的缺点，这样孩子在学习和生活中可以逐步增强成功率，证明自己的能力，使自己更有尊严感。

(5)给孩子创造成功的机会

实践证明，自卑感的消除是很难通过言语沟通及时改变的，最好的办法是不断激发自卑者的成功体验，不断强化积极、正面的评价和行为，从而逐步消除自卑感。在这个过程中，归因的影响也很重要。父母要引导孩子将一件事情的成功首要归因于内在可控但不稳定因素即努力程度，次要归因于任务难度、个人能力、运气等不可控因素，可以强化孩子对成功的积极体验，从而达到鼓励孩子进一步努力的目的。

(6)合理对待他人的评价

自我体验的敏感性是青少年自我情感的一个明显特点。青少年处于第二次自我意识觉醒时期，其内心世界更为丰富，也更关注他人对自己的评价。他们对外部世界及自己内心世界许多方面的自我体验都比较敏感，尤其是当涉及的是与他们相联系的事物时，会很快引起他们强烈的情绪反应。他们尤其关心自己在他人心目中的形象与地位，关心别人对自己的意见和看法。有时，别人无意中的一句话，也会在他们心头掀起轩然大波。

因此，家长应引导孩子正确对待他人评价。

引导孩子加强与同伴之间的交往，树立良好的个人形象。青少年时期孩子内心敏感又孤独，有非常强烈的人际交往需求，引导孩子多交朋友，扩大交往范围，更好地融入环境，会增强孩子内心的安全感和舒适感。人都是生活在社会这个大集体当中的，既受到别人的影响，也在影响着别人。扩大交际范围，可以收到更多关于自我的评价，综合多人评价可以使外界的评价逐渐趋于客观，有利于青少年正确认识自我。与身边的人增进了解，可以更好地展示自我、认识自我。与他人交往时，应尽量展示自己的长处，使他人获得良好的交往体验，从而形成正面评价。在交往中，也要虚心向他人学习，"三人行，必有我师"，学会发现他人的长处，懂得欣赏他人并向他人学习，会对人际关系起到良好的促进作用，从而增加青少年对待生活的信心和勇气。

3. 自我调控与自我实现

很多家长都有这样的体会：孩子进入中学以后，表达自己想法的欲望会变得越来越强烈，会越来越强调独立，希望父母尊重自己的意见，当自己的意见与父母向左时，会出现与父母对着干的情况，让父母觉得孩子越来越难管教。孩子口口声声说要自我发展、自我实现，但却又不清楚理想到底是什么，也不能有效地调节和控制自己的行为。

(1) 化解青少年逆反心理

很多时候亲子之间发生冲突，是因为不仅孩子没有控制好情绪，家长也没有控制好情绪，甚至有的家长脾气比孩子还要急躁，双方都在情绪失控的情况下沟通只会让亲子关系变得恶化。青少年由于心理发育不成熟，心理调节能力和处理问题的能力要弱于成年人，可能会因为在外面受了委屈或者某件事进展不顺利而产生负面情绪，从而做一些错误的行为，这个时候如果家长只知道一味地生气，呵斥孩子，那么孩子会因为得不到理解而加剧逆反心理。所以当家长察觉到孩子不良情绪时，首先要控制自己的情绪，了解孩子出现负面情绪的原因，对孩子表达诸如"我知道你现在心里委屈"之类的话，让孩子知道父母是理解他们的，等情绪平复以后，再去与孩子沟通，并且就事论事，不算旧账。

我们常说"天底下没有哪个父母会不爱自己的孩子"，可青少年时期常常会出现一种现象，就是孩子觉得自己的父母并不爱自己。之所会出现这这样的问题，很大程度上是与家长的沟通方式有关。很多家长抱着为孩子好的心态，总想用家长的权威来压制孩子，在与孩子沟通的时候给孩子居高临下、气势汹汹的态度，对孩子说"我这是为你好""正因为爱你才这样严格要求你"这样的话，这不仅不会让孩子理解父母的用心，反而会起到副作用。所以，当孩子出现逆反心理时，家长不要以强制强，而是要多关注孩子的心理变化，心平气和地将对孩子的爱表达出来，用孩子易于接受的方式来帮助孩子应对青春期可能出现的心理问题，促进孩子健康的心理成长。

如果家长发现，不管用什么方式教育孩子，孩子就是不听，这时家长就要思考自己的教育方式是哪出现了问题。有些家长喜欢把自己当作权威，要求孩子无条件接受自己的要求，却从未认真听过孩子的想法，没有用心去理解孩子的内心，忽视孩子的需求而强加给孩子的一切，这对孩子来说只会是负担。面对青春期叛逆的孩子，如果采用批评、责骂的方式，只会让孩子离自己越来越远。家长应充分考虑青少年渴望得到尊重的心理需要，要和孩子多交流，明白孩子需要什么，在这个前提下，改善家庭教育方式，对已经存在逆反心理的孩子，要注意倾听孩子的心声、理解孩子的心理需求。很多时候，孩子不听话，跟父母作对，是因为他的心理需求没有得到满足，而家长可能会因为忙碌或其他原因，忽略了孩子的心理需求。当孩子出现抵触情绪的时候，家长要学会耐心一点倾听孩子的想法和感受，允许孩子合理发泄自己的情绪，并慢慢引导孩子正确地处理自己的情绪。

对于青春期的孩子，父母真心的关爱可以引领他们走出迷惘、困惑和焦虑的困境，并能帮助他们建立健全自尊和自爱的人格。温暖而充满爱的亲子关系是孩子自尊心的基础，也是他们学习和成长的动力。

(2)确立理想自我

确立理想自我就是在自我认知、自我悦纳的基础上，按照社会的需要和个人的特点来确立自我教育的发展目标。

人在不同的年龄阶段会扮演不同的角色，承担不同的责任，任何人都没有例外，在任何阶段、任何境遇下都要学会适应，去完成好自己的任务。所以，家长应该尽早地让孩子了解到自己在人生每个阶段需要去面临的转变和必须要去完成的事情，让孩子在充分认识自我、悦纳自我的前提下规划自己的人生，确立人生理想，这样才会在人生的每个阶段都有明确的目标做指导，不至于迷失方向。引导青少年做好生涯规划，具体可以从以下几方面入手：

第一，制定计划清单。让孩子将今后一段时间需要完成的目标逐一列出来，并设定完成时限。设定的目标不宜过多，要结合孩子自身特点和发展实际来制定。这些目标中既要有短期目标，也要有长期目标，对于长期目标，可以再细分成一些短期的行动方案和行动步骤。第二，盯紧核心目标，分清主次。青少年时期的孩子们总是怀揣着很多梦想，他们富于想象，想法也比较多变，他们的头脑中一下子想到这个目标，一下子又想到那个目标，尚未形成一个稳定的理想信念。在成长的过程中，需要有一个核心目标作为指引，通过核心目标的导向对其他目标进行优先级排序，进而强化日常行为，提高效率。第三，经常温习目标。青少年心理发展具有不稳定性，即使制定了目标，如果不定期强化，可能就逐渐淡忘了。因此，家长可以经常提醒孩子曾经设定的目标，对核心目标更应该督促孩子记在心里。这样，孩子在遇到困难时就会想到它，利用这种潜意识的力量，会大大增加成功的概率。

（3）学会自我控制

自我控制是个体对自身的心理与行为的主动调节。自我控制的作用表现为两个方面：一是为实现某一目标而使自己的心理和行为与目标保持一致；二是对无关的起阻碍作用的心理活动和行为加以抑制。自我控制是人类意志力的表现。① 青少年时期的孩子经常以成人自居，他们希望自己有

_____

① 刘启珍. 中学儿童家庭教育指导［M］. 武汉：华中科技大学出版社，2014：133.

成熟的自我控制力，但同时，他们的内心依然伴随幼稚感，在遇到困难、挫折时心理承受能力和意志力都有所欠缺。因此，这一时期家长要帮助孩子逐渐培养自控力，但要注意尊重孩子的自主发展能力，不要代替孩子来安排各种任务和目标。具体来说可以从以下几方面着手：第一，树立榜样，引导孩子良好行为。青少年自我意识较儿童期有明显加强，他们对刻板的说教会比较反感，如果父母总是就一件事情反复说教，不仅起不到想要的作用，还可能造成反面效果。家长可以通过以身作则和树立身边典型的方法，通过良好示范来引导孩子集中注意力、提高自控力。第二，让孩子在实践中增强自我控制力。家长通过监督和引导孩子完成之前指定的目标和计划，通过完成任务来获得成就感，从而增强执行力。对于自控力差的孩子，不要贪大图全，可以先从完成具体目标开始，即孩子经过自己努力后能够达到的目标，来逐渐达到培养孩子系统自控力的目的。

（三）青春期性教育

性作为一种生理、心理和社会现象，时刻伴随着每一个人，并深刻地影响着人们的身心健康、生活幸福和人格完善。青少年进入青春期以后，性开始成熟，第二性征出现，身体的急剧变化会使孩子无所适从。青春期性教育是家长必须面对的严肃问题，也是家长的职责。在实际生活中，性生理、性心理和性伦理方面的诸多问题，恰恰又是困扰和影响青少年身心健康的重要问题，因此应认真思考和严肃对待青少年性教育问题。

1. 性观念

受传统思想的影响，长期以来人们对性都持回避态度，对青少年更是避而不谈或谈性色变。在学校虽然有生物课，但老师在讲到性知识的时候并不透彻。在家里，很多家长会认为和孩子谈性是一件羞于开口的事情，认为孩子产生性好奇是品质不好的表现。事实上，这种错误的观念和做法使处于青春期的孩子不敢正视自己正常的生理发育，不利于青少年的身心健康发展，甚至会因为缺乏基本的性知识而受到伤害。因此，为了更好地促进青少年身体发育的需要，家长应该打破对性的神秘性，给子女讲男、女性器官的结构、功能及发育的知识、男女性别外在特征的区别等知识，引导孩子对自己的身体有正确的认识。讲解时应采取爸爸向男孩子介绍，妈妈向女孩子介绍的方法，并且讲解的方法要科学、正确、恰当。要帮助孩子认识到自己已长成大人了，面对身体的变化，不要觉得害怕，而应该为成为一个男人感到自豪、自信，肩负应有的责任感等；同理，母亲也应该帮助女孩乐于接纳自己身体的变化，让孩子认识到自己由女孩成长为女人应有的骄傲与自豪等。

2. 生理知识

进入青春期后，女孩子会出现月经，男孩子会出现遗精现象，这是正常的生理发育状况。但是由于孩子缺乏经验而不知所措，有的还因此出现害怕、忧虑、困惑的情绪而产生心理障碍，影响身体健康发育和心理健康，因此家长应给予科学指导，避免因性知识缺乏导致性器官损伤。

(1)青春期性生理及性卫生

性生理教育就是进行男女性生殖器官的生理构造和功能方面的教育，相关知识在中学生物课本中都有涉及，父母帮助让孩子了解基本的性知识，从而正确了解自己的身体变化。

(2)避孕知识

父母，尤其是母亲，要教给女儿一些避孕知识，让她了解生命孕育的过程，了解性成熟及第二性征发育的基本特点。在没有避孕知识前提下发生的性行为，对少女的直接后果就是导致怀孕，未婚少女人工流产已成为一个社会问题。过多、过早的人工流产会严重地损害少女的生殖健康，她们有的身体虚弱，形成习惯性流产，有的甚至会导致终生丧失生育能力。目前，青少年非婚性行为日益增多，我们的社会虽然采取了一些教育措施，但收效甚微。父母一定要让孩子明白不要因为一时冲动就与异性发生性行为，避免因为性冲动造成怀孕、流产等伤害身体的后果。

(3)性病理学

目前，性病对少男少女们的侵袭已成为严重的社会问题。年幼无知、求医不及时，使少年成为不良性行为中隐蔽性最强的性病传播者。另外，少女是未来的母亲，让她们懂得性病的传播渠道、性病的危害及预防方法，从而自觉抵御性病的侵扰，这对我们的后代、我们的民族，都是十分重要的事情。

3. 性知识

进入青春期的青少年，随着性生理机能的成熟，其性意识也开始觉醒，性心理的发展随年龄的升高而变化。在这变化过程中，必然伴随着相应的行为表现。比如，对性知识的追求，对自我形象的关往，对异性的爱慕、向往，对爱情的渴望，性的幻想与欲望，性冲动与自慰行为等。这些性心理活动的表现是青少年走向成熟的必然。这一时期应重点介绍有关男女两性青春期心理的产生与发展，以及心理卫生保健的知识，使学生懂得如何调节青春期的情绪与情感，使自己的心理保持健康状态，并养成良好的心理卫生习惯。①

4. 伦理知识

性伦理是性道德的升华，它涉及性关系的方式与范围。学校教育虽然有性教育课程，但是大多侧重于生理知识，对于性伦理方面的教育有所缺失。随着网络的发展，青少年获取社会信息的方式变得更加简洁，获取的内容更加丰富，成人世界里迷乱的性举动、不良的社会风气，直接影响了青少年的性态度和性观念。社会上青少年时期是人生观、价值观形成的关键期，是个体人格形成的重要时期，性伦理教育的缺失是导致青少年性行为迷失的重要原因。因此，作为家长，要给孩子传播健康的性伦理观念，让他们分清是与非、美与丑、善与恶，建立起道德感和羞耻感。在与异性交往时，能够遵守行为准则，自尊自爱。面对来自社会的性刺激、性骚扰，他们能够洁身自爱，不随波逐流，表现出较强的自制力。

性对人类来说，更多的是一种责任和义务。中学生要慎重对待性行为，清楚认识到性行为可能产生的后果和影响，更要有心理等方面的充分

---

① 张桂敏，李群，李连英. 现代家庭教育导读[M]. 济南：山东教育出版社，2009：209.

准备。性行为不仅会对双方的生理、心理产生重大影响，还有可能导致女方怀孕。而中学生一般都是未成年人，没有独立的经济能力，所以不支持中学生有性行为，若发生性行为，则要求中学生积极面对性行为产生的后果，要有责任感。

（四）升学就业教育

根据我国的学制和国情，初中毕业生将进行第一次分流，一部分学生进入高中接受教育，另一部分学生将进入各类中等专业学校、中等技术学校、职业高级中学以及各类短期培训班，为就业做准备。高中毕业生将进行第二次分流，一部分人升入大学接受高等教育，一部分人将走上专业培训或工作岗位。初、高中毕业生的升学和就业途径是多方面的，面临的选择也是多样的。因此，指导孩子在升学或就业问题上做出正确选择，是家长们不容忽视的问题。

1. 家长指导子女升学就业

总体来说，对于青少年升学就业问题，家长主要应做如下事项：第一，学习了解党和国家、地方政府有关初、高中毕业生升学就业的方针、政策、法规和规定，指导孩子根据自己的兴趣、能力和条件进行合适的思考与决策。第二，帮助孩子了解各级各类学校（普高、中专技校、职高、大学等）的招生计划、招生范围、报考条件、招生对象、培养目标、专业设置，毕业后的就业去向，以及社会对各种专业和工种的需求状况，做到心中有数。第三，帮助孩子分析自己的实际情况，准确估计孩子的学业水平，结合各类学校招生的要求、规定及专业特点，对孩子的升学就业选择给予符合实际的建议。第四，尊重孩子的选择，耐心地就孩子的升学就业选择和孩子进行交流、沟通，了解他们的真实愿望和想法，对正确合理的想法予以尊重，对不切实际的幼稚想法，指出不足，耐心解释，引导他们正确选择升学和就业的道路。

2. 升学就业的分段设计

孩子初中毕业面临是否升学，如果选择升学去什么学校，如果选择不升学如何进行下一步规划，如何帮孩子选择适合自己的教育，是初中生家长面临的迫切问题。

家长在指导孩子填报中考志愿前，要做到以下几点：一是对孩子的学习情况有清晰的认知，并且充分尊重孩子的意见。孩子是受教育的主体，只有适合孩子的教育环境才能使孩子进步更快。家长要引导孩子形成正确的自我认识，可以用自己的经验引导孩子进行选择，而不要把自己的意愿强加给孩子。二是明确择校的目的。在家长与孩子对未来发展目标达成一致的基础上再来决定是否择校、选择哪所学校。根据学校培养目标来判断是否符合孩子今后的发展方向，不要以别人的孩子读了什么学校为自己的标准，也不要为了向别人吹嘘孩子所读的学校有多么优秀、多么有名气而进行选择。三是对意向学校进行深入详尽的了解，了解该校的办学条件、教学的偏重点、教育特色和方向，慎重选择。

3. 中学生职业生涯规划与引导

人生发展需要蓝图，需要规划。但从我国目前的教育现状来看，中学阶段对于职业生涯的规划与引导教育明显缺失，很多孩子到了高考报志愿的时候依然不清楚自己未来到底想干什么，而听从别人的"建议"来选择专业，等到了大学发现自己并不适合，将来也不想往这方面就业，这种现象会造成很大程度的教育资源浪费，于个人而言也会造成时间和精力的浪费。因此，中学阶段的职业规划教育非常有必要。家长应该引导孩子从中学开始思考自己的兴趣爱好和将来想要从事的职业，提前了解相关职业需要的知识、技能和综合素质，如果条件允许可以让孩子参与相关社会职业实践活动，逐渐培养孩子对今后职业的规划能力。

家长引导孩子进行职业生涯规划，让孩子尽早认识自我、认识职业、认识教育与职业的关系，从小根据自己感兴趣的职业目标，学会职业决策。职业规划可以从以下几方面着手：一是引导孩子认识自我，包括认识自己的兴趣爱好、特长、个性和价值观等，明确人生理想，在进行职业规划时尽量选择与自己的兴趣、性格相适应的职业，适当关注市场的需求变化，进行合理选择。二是了解意向职业。通过查找信息，与从事该职业的人交流，获取相关的职业知识，参加相关的职业体验，通过亲身感受来判断该职业是否适合自己。三是认识教育与职业的关系。孩子在职业探索的过程中，逐渐了解职业所需的综合素质与专业技能，进而认识到要想实现今后的职业目标首先要加强学习，明白教育与职业的关系，以此来选择适合自己的教育。最后是进行职业决策。当前期的准备工作做得比较充分时，在面临职业选择的时候就可以进行科学决断，从而选择出比较适合自己的职业。

青少年职业生涯规划与引导是一个长期的过程，家长要引导孩子认识自我、认识职业、认识教育与职业的关系，最后共同做出职业决策，在这个长期的成长过程中，随着孩子身心发展不断成熟，知识储备和生活经历不断丰富，所确立的职业规划可能会发生变化，家长要适时地加以引导，陪伴孩子在不断的淘汰和更新中，慢慢提炼出新的、更合适的职业目标。

高考是面临人生选择的重要阶段，高考过后，一部分孩子将进入大学接受高等教育，一部分孩子将择业进入社会。如何引导孩子顺利渡过这一关键期，成功走向人生的下一个阶段，是每位家长要掌握的功课。

(1)选择适合的高考方式

对于高三学生家长来说，应该为孩子提供健康的生活环境，保障孩子的身体健康，在其学习过程中给予必要的帮助和指导，舒缓孩子的学习压力，帮助他们选择适合的高考方式。我国现行的高考招生方式中，除了参加全国统考招生以外，还有通过自主招生、特殊类型招生等方式。家长平时要多关注教育动态，了解高考政策，尽可能收集相关信息，为孩子选择高考方式做出参考。在做出选择的过程中，多咨询一下学校老师或专业人士的意见，这样才能做出更理智、科学的选择。要注意与孩子沟通商量，根据孩子的兴趣和家庭的实际情况，充分发挥孩子的主观能动性，理性地做出选择，这样孩子才会更努力地朝着自己设定的目标去努力。

(2)克服高考复习中的"高原现象"

心理学上把在复杂技能形成过程中出现的练习成绩暂时停顿的现象称为"高原现象"。很多学生一出现"高原现象"就会对自己的学习能力产生怀疑，导致情绪低落，产生焦虑、紧张、不安甚至恐慌的情绪，对学习产生厌倦，影响学习效果。如果发现孩子出现这种情况，家长要及时干预，告诉孩子"高原现象"是学习过程中会出现的普遍现象，它不是学习的极限，而是需要持续付出努力来打破瓶颈，一旦走出"高原期"后学习成绩相较之前会产生质的飞跃，从而帮助孩子坚定学习信心。具体来说，可以尝试一下调整学习方法。一是认真分析试卷，查漏补缺。家长可以和孩子一起，对每次考试结果认真分析，看看是因为什么原因导致错误的，如果本身会做这类题，但因为粗心大意而产生错误，那么就要加强专注度的练习；如果是因为对知识点不熟悉、没有完全掌握，那么就要加强这方面知识的学习，多做这方面的试题，巩固对知识的掌握程度。要将试卷中的错题整理出来，做成错题集，定期复习这些错题，避免以后再出现此类错误，增加考试正确率。二是善于调节身心，不打疲劳战。家长要帮助孩子学会解压，复习中当感到大脑疲劳、思维呆滞、效率不高时，要及时休息，学会劳逸结合，以各种轻松愉快的方式调节身心，不要在状态不好的情况下继续逼迫自己学习，适当的休息与放松有利于学习效率的提高。

（3）帮助孩子调节高考前的心理状态

①避免过度关怀给孩子造成压力。临近高考，孩子心理受到自我期待、同学竞争、教师督促等方面的影响，心理压力相较之前加大，可能会出现情绪不稳定、焦虑等现象，家长在这时要注意帮孩子疏导压力，但首先要调节好自己的心理状态。有的家长在孩子高考时也可能出现紧张情绪，这种紧张情绪往往会表现为对孩子的过度关注和关怀，然而家长的过度关注和关怀在无形中会给孩子带来压力或者其他不良影响。所以，考前家长最好是劝解孩子只要努力了就好，不要总是催促他还要再涨多少分、前进多少名，要让孩子感受到心理上的安慰和精神上的支持，以良好的精神状态去迎接高考。

②对孩子考前紧张心理的调节。高考是一次高水平的竞争，要在这次竞争中获胜，必然在心理上、生理上承受一定的压力。缓解孩子的紧张情绪，可以尝试以下几种方法：鼓励法。对孩子踏实认真的学习态度家长要予以肯定，使孩子充分发现自己学习上的优势，对考试产生自信。家长每

天对孩子进行一两次的鼓励赞扬，孩子的情绪就会变得高昂起来，紧张心理也就容易消失。这种鼓励赞扬不一定是学习上的，生活中的小事也可能让孩子振奋起来。当然，鼓励和赞扬要实事求是。分散注意力法。家长和孩子聊聊天，出去散散步，或者有意识地让孩子做些家务，如整理卧室、扫地、擦桌子等。必要时也可以让孩子去找同学放松放松，要相信有着共同奋斗目标的同龄人在一起能相互鼓励，找到慰藉。幽默法。家长可在饭桌上或孩子休息时讲一些幽默小品，或引导孩子讲述一些发生在自己身边愉快的事。这样，整个家庭的心理氛围就会变得轻松活跃，可以调动孩子的积极情绪，以缓解心理压力。① 无论什么方法，最重要的是家长自身不能陷入紧张的心理中。

（4）填报高考志愿

高考志愿填报对于孩子今后的发展至关重要，如何选择专业、选择学校，如何根据孩子的现有水平在同类学校中选择最优项，都是需要家长和孩子仔细斟酌的。

①选择学校

在选择外地院校还是本地院校的问题上，应该注意本地院校和外地院校的结合，形成地域上的广度。在填报志愿时，眼睛不要只盯着本地院校或外地院校，应从多方面综合考虑，如招生院校的学术水平、教学质量、就业去向等，同时兼顾地理位置和这些因素。

在选择大城市院校与还是中小城市院校的问题上，一方面，大城市经济文化发达，城市信息灵通、交通便利、条件优越，各种机会多。但另一方面，一些经济欠发达地区的院校，尤其是这些地区的名校，在教学水平、教学环境、师资力量等方面都非常不错，办学也富有特色。对于这一冲突，首先要考虑考生自身的竞争力，如果足以支撑考生报考京、沪等经济发达地区的名牌院校的热门专业，当然要选择这些经济发达地区的高

---

① 刘启珍. 中学儿童家庭教育指导［M］. 武汉：华中科技大学出版社，2014：249.

校，如果考生的分数属于中等层次，那么可以考虑"新西兰"（新疆、西安、兰州）、云贵川、东三省等，西北、西南、东北（"两北一南"）地区的高校；其次要考虑考生的兴趣；最后还要考虑家庭经济情况等。

②选择专业

在选择热门专业还是冷门专业的问题上，要分析考生自身的竞争力，如果自身竞争力强，足以支撑报名牌大学的热门专业当然好，但如果自身竞争力不是很强，就要保持清醒的头脑，在两难中选择：或者坚持报热门专业，但要降低档次或批次；或者不降档次或批次，偏离热门，或选择冷门专业。其实，热门与冷门具有一定的时效性，一定时期内的热门专业，随着时间的推移，也可能变成冷门专业，冷门专业也可能变成热门专业，因此，还是以选择符合自己兴趣、潜能的专业更能发挥自己的优势。因此，在考虑个人需要的同时，要兼顾国家和社会的需要，要充分考虑社会需要的多元性，并审视自身的强项与弱势，选择适合的专业。

在填报高考志愿问题上，家长都非常慎重。一方面，家长的社会经验丰富，考虑问题比较全面和客观，可以给考生提供很多的帮助，使他们避免一些明显的不当选择。另一方面，考生都是十八岁左右的青年，他们已经不再是孩子，他们有自己的想法和考虑。在填报志愿的过程中，家长意志与考生的想法之间会形成矛盾和冲突。当孩子与家长意见发生矛盾时，家长要多与孩子沟通，把自己的考量讲给孩子听，也让孩子把自己的想法表达出来，尽量尊重孩子的意见。

总之，高考志愿填报是一件十分复杂的工作，其中的心理冲突非常多，也非常复杂。家长和考生要在充分了解自己、高校各方面情况的基础上，慎重进行选择。

第七章　不同家庭类型的家庭教育

家庭教育对孩子的成长具有举足轻重的意义，所以如何更好地开展家庭教育是教育者和家长永恒的议题。但在现实中的家庭往往表现为若干种类型，每一个家庭都是独特的，有着自己的背景和发展历程，不同结构类型的家庭会呈现不同的特点，因此，我们需要针对不同家庭结构类型孩子不同的生理、心理特点，在教育目标的确定、内容的侧重、方法的选择等方面有所不同，有针对性地提出家庭教育方略，才能产生良好的效果。

本章通过对不同家庭结构类型进行介绍，从不同类型家庭的角度来概括归纳家庭教育路向。根据我国的政策和现实，笔者拟从不同类型家庭的背景、不同类型家庭的问题与优势及家庭教育设计等方面，分析祖辈家庭儿童的家庭教育、独生子女家庭儿童的家庭教育、单亲家庭儿童的家庭教育、留守儿童的家庭教育和随迁儿童的家庭教育，希望能对家庭教育的现实起到助益与参照。

第一节　家庭结构类型概述

家庭是以一定的婚姻、血缘或收养关系所组成的社会生活的基本单位，是社会的细胞。家庭结构是家庭中成员的构成及其相互作用、相互影响的状态以及这种状态形成的相对稳定的联系模式。家庭结构包括两个基本方面，一是家庭人口要素。即家庭规模大小，由多少成员构成；二是家庭代际要素，即家庭成员的代际分类以及家庭成员之间相互联系的方式。不同的人口要素、代际要素的组合，形成不同的家庭成员之间相互联系的方式，从而形成了不同的家庭结构模式。

一、家庭结构分类

根据代际和婚姻关系的不同，家庭结构类型可分为：（1）核心家庭：这种家庭主要是由一对有婚姻关系的男女及他们生育的未婚子女组成的。还有另外一种核心家庭，即由没有结婚的子女为户主，户内还有父母和户主的兄弟姐妹所组成的家庭。在标准核心家庭中，如果家中的子女只有一个时，就是我国现存的独生子女家庭，这种家庭是我国在特殊时期的典型家庭类型；（2）直系家庭：这种家庭是指由一对夫妇与父母及未婚子女所组成的家庭，这种家庭实际上就是所谓的主干家庭；（3）复合家庭：复合家庭是由一对已婚夫妇与自己的两个或两个以上的已婚子女及其孙子女所组成的家庭；（4）单人家庭：这种家庭也被称为单身家庭，在现代社会比较流行，这种家庭中的家庭成员只有一个人，户主一人独自生活；（5）残缺家庭：这类家庭主要是指只有兄弟姐妹所组成的无父母家庭。此外，由兄弟姐妹和其他无血缘关系的其他家庭成员所组成的家庭也被称为残缺家庭。不同的家庭结构会对孩子的人格形成产生巨大的影响，而其中最容易产生不良影响的是破裂家庭。有心理学家曾作过研究，在只有母亲的家庭里，孩子的人格形成（尤其是男孩）会产生很不利的影响，一般容易表现为自制力差、好冲动，容易产生过失行为和反社会行为等。

二、家庭结构的变动

家庭是社会的最基本单位，也是社会发展的重要推动力量。家庭的发展既促进每个家庭成员身心发展和自我实现，又对实现经济、社会和人口的长期均衡可持续发展起到重要的基础性作用。随着中国的经济发展和社会转型，中国家庭也发生了深刻的变化。

改革开放以来，中国社会发展的双重转型导致整个社会发生了翻天覆地的变化。家庭结构作为社会结构的一项重要组成部分，同样也发生了许多变化。在分析家庭结构变迁方面，我国历次的人口普查数据为研究提供了丰富的数据资料，从这些数据中可以清晰地把握我国家庭结构变迁的主要趋势。改革开放以来，我国家庭结构变迁主要表现在家庭规模、家庭类型与家庭关系变迁等方面。

1. 家庭规模小型化

自 20 世纪 80 年代到现在，我国家庭结构的规模呈现着不断缩小的趋势。家庭户类别构成也发生了变化。一是核心家庭(由已婚夫妇及未婚子女组成的家庭)比重持续下降。二是核心家庭类型构成变化明显，标准核心家庭(即一对夫妇与其未婚子女组成的家庭)比重大幅下降，由夫妇二人组成的核心家庭比重大幅提高，在数量上仅次于标准核心家庭，单亲核心家庭(指因离异、丧偶或未婚的单身母亲或父亲及其子女组成的家庭)比例持续下降。三是直系家庭(由一对夫妇同父母及未婚子女组成的家庭)数量稳中有升。四是单人家庭数量迅速增长。①

家庭户构成方面表现出以下特点：1~2 人微型家庭的数量大幅增加；3~4 人小型家庭户数量明显减少；5~6 人中型家庭户占比下降；7 人及以上大型家庭户数量继续减少；城乡各类规模家庭户分布变化趋势高度一致。根据国家统计局《中国统计年鉴》中的人口数据显示，我国家庭结构最主要的构成类型已是核心家庭。

2. 家庭类型多样化

改革开放以来，随着经济的高速发展以及人们思想观念的解放，中国家庭类型也逐渐呈现出多样化的趋势。核心家庭比重持续下降，独居老人比例有所升高，单亲家庭、丁克家庭、隔代家庭等快速增长。流动人口举家迁移的趋势日益明显，流动家庭和留守家庭大量出现。②

———————

① 国家卫健委，解读《中国家庭发展报告 2014》[EB/OL]. http：//www. nhc. gov. cn/rkjcyjtfzs/pgzdt/201405/b16d685ac9e24483b998cd9eda6ea055. shtml.
② 国家卫健委，解读《中国家庭发展报告 2014》[EB/OL]. http：//www. nhc. gov. cn/rkjcyjtfzs/pgzdt/201405/b16d685ac9e24483b998cd9eda6ea055. shtml.

3. 家庭代际关系简单化

代际关系是一种纵向的家庭关系，这种关系以血缘为前提，以一个家庭中生活在一起的几代人构成。按照家庭中代际关系可划分为一代户家庭、二代户家庭、三代户家庭等，家庭结构中家庭代数越少，则亲属关系越简单，代际数越多，亲属关系则会越复杂。改革开放以来，中国家庭规模的小型化，代际结构趋于扁平化，一代户、二代户、三代户占主要地位，传统的大家庭模式逐渐消失，代际关系趋于平等，多代同堂的家庭数量明显减少。一代户的家庭数量逐渐递增，二代户、三代户均呈现递减趋势，代际层次的降低推动了亲属关系简单化。

三、家庭结构变化的现状

家庭是社会的细胞。因此，家庭不仅受制于社会结构，而且它还随着社会结构的发展变化而不断地发展变化。除此之外，某些突出问题的发生也会造成家庭结构变化。

我国家庭结构一直处于变迁之中，相比以农业为主的传统社会，1978年实行改革开放以来，社会生产力迅速发展，科学技术日新月异，人的生活方式发生了巨大变化，加之外来文化的影响，人民的思想观念也发生了变化，中国传统家庭制度面临巨大冲击，家庭结构发生了根本性的变迁。第一，社会经济环境影响家庭结构变迁。改革开放以来，由于市场经济体制、工业化、城市化等原因，人口大规模流动与实际生活节奏加快，导致中国家庭结构逐渐变迁。第二，生育政策影响家庭结构变迁。家庭结构的基本要素，主要包括家庭中的人口数、夫妻对数和代际层次，家庭结构变革既受家庭经济职能变化的影响，也受生育观念的影响，家庭结构的变迁与婚姻关系的变化是相辅相成的。

家庭结构由血亲主位转向婚姻主位，意味着人类家庭经历了数千年的男权社会的历史发展之后，开始向以爱情为基础的两性平等家庭演进。它每前进一步，都伴随着女性权力的重新崛起，男性的既得利益和原有统制权受到猛烈冲击。这引起两性的激烈冲突、婚姻的不断裂变、家庭的剧烈震荡。家庭的演进与更新，就是在自身的剧烈震荡中进行的。其具体表现为：

（一）婚姻观念的转变

随着对外开放的不断扩大，我国在政治、经济、文化等各方面与世界的联系更加紧密，人们不可避免地被国外思想文化和价值观念影响。尤其是近年来，我们在教育上受西方教育流派的影响较大，强调尊重学生主体地位，注重个人发展，追求个性解放，因此"80后""90后"的新一代青年，在思想观念上比较突出的特点就是自我意识强烈，追求婚姻自由。婚姻观念的转变主要体现在离婚观念的变化上，家庭观念、社会约束力的弱化以及女性经济地位的提高等因素共同引发了当代社会离婚率的不断升高，而离婚率的增长是导致单亲家庭的首要原因。在中华人民共和国成立后相当长的一段时间内，由于政治干预、传统观念等因素影响，离婚率是相当低的。但自20世纪80年代以来，随着社会和经济的快速发展，人们对于婚姻的认识发生变化，《婚姻法》中关于离婚的规定也变得相对宽松。离婚率逐渐上升，传统家庭平衡被打破。据民政部发布的2020年社会服务发展统计公报显示，2020年依法办理离婚手续的夫妻共有373.6万对，离婚率为3.1‰，相较2000年0.96‰的离婚率，飙升近3倍。20世纪80年代以来文明离婚悄然兴起，过去那种"刀枪相见"打打闹闹上法院的现象明显减少，"好合好散"的协议离婚日益增多，说明人们对待离婚越来越开明与理智。

（二）两性的吸引与冲突并存

工业化与现代化，使人类产生了前所未有的独立自主意识，他们想摆脱一切传统束缚，以"性"与"爱"的结合，缔结一种亲密和谐的新关系。可是，在当今金钱和物欲的腐蚀下，"性"往往脱离"爱"的根基，染上享乐、纵欲的功利色彩。两性关系在情感和功利的双重作用下走向开放和自由。据全国妇联信访办统计，1995年该处共收到需求保护妇女权益的信件近13万件，接待此类来访1600人次。这些数字中涉及家庭暴力的占三成左右，比1994年增加30多倍。据江苏省反映，1999年1~5月，因家庭暴力导致离婚的信访案件，占离婚家庭信访总数的 63.2%，比 1998 年同期高13.6%。引起家庭暴力的原因很多，但绝大多数是婚外情造成的，平均每10 起家庭暴力，就有 6 起有第三者涉足的问题。而且，当今的家庭暴力已越过以往文化层次较低的人群，扩展到社会各阶层之中。

(三)婚姻的分裂与组合

中国多数人依然把婚姻作为两性结合的基本形式。离婚后的夫妇绝大多数能够再婚，找到可心的伴侣，而且，多数再婚者对婚姻的满意度有所提高。不幸婚姻的解除，幸福婚姻的缔结，在这种分裂与组合中，婚姻质量在总体上逐步提高，家庭也不断演进与更新。然而，大量的离婚也带来许多不良的社会后果，最突出的是子女受到不同程度的伤害，这会对家庭教育提出挑战。

第二节　祖辈家庭的家庭教育

在家庭教育中存在着两种基本的教育形态：一是父母对子女的亲子教育，二是祖辈对孙辈的隔代教育。隔代教育相对于亲子教育而存在，二者共同构成家庭教育的主体。祖辈教育是当前在经济发展中应运而生的家庭教养情况。祖辈教育，是相对于亲子教养而言的，是指在家庭中主要由祖辈来承担对儿童的教育、抚养等责任的一种教养形式。作为家庭教育的一种形式，它对儿童的成长具有非常重要的影响。

一、祖辈家庭教育的背景

隔代教育又可以分为完全隔代教育和不完全隔代教育。前者是指由于儿童与自己的父母长期分离，由于孩子的父母出现离婚、死亡、遗弃或是常年在外打工等原因无法陪伴孩子，不得不将孩子的抚养权交由祖辈负责使得儿童完全由祖辈单独教育；后者是指父母与祖辈共同教育儿童，像三代同堂，或晚间父母、周末父母、假期父母等情形，父母亲仍履行部分教育职责，但以祖辈为主。

在当代中国，隔代教育已经成为一种十分普遍的现象。据中国老龄科研中心对全国城乡20083位老人的调查，照看孙辈的老人占了66.47%，隔代抚养孙辈的女性老人在城乡更是分别高达71.95%和73.45%。有关部门对30个省市的3080个老人家庭进行抽样调查表明，有58%的家庭在帮助照管孙辈。①

年轻的父母们由于社会压力和工作压力大，加上一些独生子女的父母对老人带有一定的依赖心理。很愿意将自己的孩子交给老人照管，而有不少老人也常怀有着"天伦之乐"和"隔代亲"的传统文化伦理情结，也很愿意带孙辈。城市化进程加快，大量流动人口的增加(包括外来务工人员、出国留学与工作人员、异地工作人员等)，也使得大量的留守儿童不得不由祖辈们来照管。

(一)社会环境

由于我国经济社会的快速发展和社会的转型，使得人口及家庭结构也发生了很大变化。一方面，由于人们生活条件的改善和健康水平的提高，我国高龄人口越来越多，老龄化社会提前到来，有相当多的老人不但身体健康，而且在时间上、精力上和经济上也相对充裕；另一方面，社会对人才培养的需求使得教育功能得到了强化，加上"独一代"(独生子女第一代)和"独二代"独生子女时代的到来，隔代家庭教育的功能和作用也受到了高度的重视。

1. 新型城镇化趋势明显

随着社会生产力的发展、科学技术的进步和产业结构的调整，我国逐渐由以农业为主的传统乡村型社会发展为以工业和服务业等非农产业为主

---

① 张桂敏，李群，李连英. 现代家庭教育导读[M]. 济南：山东教育出版社，2009：58.

的现代城市型社会。现在国内的消费水平比之前有明显提高，家庭经济压力增大，仅依靠家里某一人难以维持生计，城市化进程可以创造较多的就业机会，核心家庭里的两个成年人都能就业已经成为当今社会的普遍现象。随着新型城镇化进程加快，我国以户为单位的城市家庭规模也逐步增长，城市的集聚效应凸显，推动着更多的人口流入城市，造成城市家庭的教育需求紧张，在很大程度上增加了祖辈教育的重要性。随着城镇化兴起，农村中大量的青壮年父母为增加经济收入进城务工，让其子女留守家乡，祖辈教育顺理成章地成为"留守儿童"的主要家庭教养模式。

2. 家庭结构变迁

改革开放以来，中国社会逐渐实现现代化的变迁。在社会转型的大背景下，家庭结构也在发生着变化。在社会转型的过程中，家庭的结构日益趋向于小型化、核心化和多样化。由于计划生育政策的影响，独生子女家庭数量显著增加，我国的家庭结构逐渐演变成了祖辈+父辈+独生子女的现代家庭代际亲缘结构模式，即"四二一"模式。在家庭抚育中，一直存在两种基本的抚育形态，其一是父母对子女的"亲子抚育"，其二是祖辈对孙辈的"隔代抚育"。一方面我国传统养育方式是以家庭抚育为主，但是大量"80后""90后"由于自身工作等压力，无力承担对子女的"抚育"责任，造成了"抚育"的代际断层；另一方面，我国的经济文化发展水平处于初期，社会保障体系尚未健全，人口老龄化趋势越来越明显的今天，家庭养老仍然是祖辈养老的主要形式，祖辈教育现象开始日益凸显。

3. 二胎生育政策的推行

我国于2016年1月1日开放二胎政策，从人口统计角度来看，2017年我新生人口1700万人，明显高于"十二五"期间的1600万人。这是由于在二孩政策下，新生人口有所刺激，比"十二五"期间的出生率增长了0.32%，达到12.43%，而二孩出生数量占了近50%。2020年第七次全国人口普查数据公布，全国人口共141178万人，与2010年的133972万人相比，增加了7206万人，增长5.38%。年平均增长率为0.53%，其中0~14岁人口比重上升，说明放开二孩的生育政策取得积极成效。

随着"二胎政策"的刺激，在新生儿增长的趋势下，如何抚养幼儿，谁来抚养幼儿是二孩家庭必须面临的问题。如果父母都有工作，根本无力单独抚养两个孩子，因此祖辈教养成为二孩家庭普遍的家庭教育模式。

4. 祖辈健康水平的提升

截至 2021 年底，我国 60 岁及以上老年人口达 2.67 亿，占总人口的 18.9%。与 2010 年相比，60 岁及以上人口的比重上升了 5.64 个百分点。2035 年左右，60 岁及以上老年人口将突破 4 亿，在总人口中的占比将超过 30%，进入重度老龄化阶段。随着我国人口老龄化趋势的加剧，祖辈教育现象日益普遍。

国家卫健委发布的《2021 年我国卫生健康事业发展统计公报》（以下简称《公报》）显示，2021 年我国居民人均预期寿命达到 78.2 岁，比 2000 年的 71.40 岁提高了 6.8 岁。随着生活水平不断提高，老年人健康意识不断提升，先进的医疗设备和死亡率的降低保证了祖辈身体机能的可抚育性。我国老年人总体健康状况较好，大部分老年人都较健康，生活能自理，他们在日常生活上都不需要依赖别人，相反，还能发挥余热，成为家庭、社会的宝贵资源。

在有老年人生活的家庭中，与子女共同生活仍然是我国老年人最主要的居住方式。祖辈与孙辈共同生活的家庭结构，在祖辈退休后更加方便对孙辈进行"隔代教养"，同时有了祖辈健康水平提升这样的基础支持，能够使祖辈具有更多的精力参与孙辈的家庭教养过程。尤其是受到"计划生育"政策影响的 80 年代起的独生子女，逐步成长为家庭的主要生产力量，面临现在二孩政策下的两个孩子四个老人的家庭格局，能有健康的祖辈为其照顾子女，是年轻一代父辈很大的物力与人力的支持。

5. 父母均在职

中华人民共和国成立后，中国女性在政治、经济、文化、教育等社会生活各个方面的权利得到了保障，同时，伴随着我国社会主义市场经济体制的建设和发展，大批女性走出家门，进入职场。中国正处于转型的关键时期，职业女性以其广泛的在业比例，已经成为经济和社会发展的重要力量，在我国实现社会发展目标的过程中起着巨大的作用。国家统计局 21 日发布《中国妇女发展纲要(2011—2020 年)》终期统计监测报告。报告显示，女性就业人员占全社会就业人员的比重为 43.5%。也就是说，妇女以广泛就业的方式全面稳定地参与社会发展已是主流。

在这样的时代发展背景下，中国原始社会及封建社会所形成的以女性教养孩子为主的家庭教育方式发生了转变，由于工作的原因，她们不再有充足的时间与精力陪伴在孩子身边，女性的职场发展与下一代的抚育产生了必然的冲突，而现有的社会保障机制也远远不能满足家庭对幼儿抚育的全部需求，这就需要家中祖辈承担一定的教养任务，现实生活中需要祖辈对孙辈实行"隔代教养"的情况频率更高、时间更长。

6. 注重自我价值的实现

改革开放以来，西方教育思潮涌入，年轻一代更加注重个性解放，注重自我价值的实现，育儿观念也发生了重大的变化，不少年轻父辈普遍认为他们首先是自己，其次才是父母；子女不仅是他们的儿女，更是他们自己，是社会的未来成员。在中国教化思想与西方个人主义碰撞之下，祖辈与父辈行为形成鲜明对比：在父辈的思想中家庭所有成员都是平等的，家庭内不同代际、长幼成员无尊卑之别，虽然存在养育与教育的义务，但家庭成员间的关系远不如我国传统儒家思想这般严格，家庭中的每个成员都是独立的个体，不想为了孩子放弃自己的工作和个人时间。而在祖辈思想中，仍看重家庭的兴衰，寄希望于每位家庭成员，孙辈的成长状况与家庭未来息息相关，"人"并不是真正独立的自由人，而是家庭的"人"，祸福相依、荣辱与共，其成功与否直接关乎到整个家庭。正是这样的思想反差，才造成当今社会父辈所付出的精力与时间主要用于自我实现，而祖辈更愿意花时间与精力对孙辈进行"隔代教养"。

(二) 经济压力

现代社会日益剧烈的竞争以及快速多变的工作、生活节奏，客观上对父辈的亲子教育形成了一定的冲击。随着现在生活节奏的加快，人才竞争的激烈，使得许多年轻的父母不得不在就业形势如此严峻的环境下外出工作。他们不仅要面对工作的压力，还要面对教养孩子的压力以及赡养双方父母的压力，多重压力促使他们精神不足、心力憔悴，这就是社会给家庭教育带来的无可避免的影响，无人可以幸免。面对这种情况，许多年轻父母不得不求助于祖辈，让他们代替自己抚养和教育子女。这时，祖辈教育的补偿让他们少了在职场拼搏的后顾之忧，能够更加专注于工作和提升自己的能力，以此来提高全家人的生活水平，有利于家庭和社会的长远发展。

我国0~3岁婴幼儿教育体系尚不完善，教育资源相对匮乏，无法满足当今社会保育需求。尤其是农村的孩子，由于公共财政经费不足，公立幼儿园的数量很少，"入托难"的问题更为严重。私立幼儿园或早教机构，收费标准比较高，如果把孙辈送去，就会给家里的经济带来一定的压力，增添家庭的负担。而且很多的祖辈教养人认为孩子太小，送去也学不到什么东西，还不如自己教养，能省下一笔不小的开销。为了节省家庭开支，祖辈便承担起教养孙辈的责任。

(三) 家庭伦理观念

从我国古代封建社会开始，宗法制就是一个非常重要的制度，而在宗法制中最看重的就是血缘关系。我国著名的社会学家费孝通曾在其"差序格局理论"中指出：任何一个人，都会在心理上对血浓于水的亲情有一种近乎顽固的依恋。社会关系中最可依恋的就是血缘关系，血缘决定了人们在社会中的亲疏远近程度。我国这种独特而又根深蒂固的家庭伦理思想从古一直延续至今。① 我国自古就有老少同堂的习俗，认为儿孙满堂是最大的福气，所以许多人就会形成一种为儿女做贡献的思维定势以及心理特性。老一辈人如果不帮助他们的孩子带养下一代，反而会感觉自己不通情

---

① 李雪娇. 0~3岁婴儿隔代教养现状的研究[D]. 大连：辽宁师范大学，2016：33.

达理，并且没有尽到做父母的责任。正是在这种思想的影响下，很多祖辈教养人都自觉主动地承担起教养孙辈的重担，认为教养孙辈是自己不可推卸的任务，是自己的责任，同时也把"儿女孝顺，含饴弄孙"当作自己晚年生活中最大的追求。

1. 传统文化的影响

从我国国情来看，中国是一个非常重视亲情和血缘关系的国家，祖辈和孙辈之间的血缘关系成为中国家庭不可分割的一部分。受中国传统文化观念的影响，祖辈家长普遍把隔代抚养当成家族传宗接代的责任，所以形成了一辈子都要为儿女奉献的思维定势和心理特征，更是将照看孙辈作为自己晚年的必要"任务"。老人比较愿意帮助子女照顾孩子，有的甚至把这作为自己的义务，并在照顾孙辈的过程中获得快乐。

2. "家本位"的取向

家本位(家庭化)的价值取向，是一种家庭至上、家庭利益高于一切的价值观和文化心理状态，它是中华民族独特的生存环境、生产和生活方式的产物。从原始社会末期父系家庭的形成，到封建王朝结束的四千多年间，虽然社会形态几经变化，但农村公社式的大家庭(家族)和父权家长制却基本保持稳定，一直是在社会中占统治地位的基层组织形式。家我一体、先家后我、家庭利益至上的自然主义倾向不断被封建统治阶级张扬和强化推广，渐渐演变成一种文化心理，一种民族价值观，这就是家本位的价值取向，它使中国家长保护、教育子女不仅源于血缘亲情，更多地是期望通过子女出人头地来维护家庭(家族)利益，使家庭(族)光宗耀祖，门庭显赫。

3. 传统抚育观念的传承

中国的现代家庭是从传统家庭转型过来的，在传统家庭中，生育功能是家庭的主要功能，每个人从一出生就进入了"生存繁衍原则"的生存逻辑之中，讲究多子多福，认为人生的主要目的就是为家族传宗接代。中国传统的家族绵延情结使得祖辈更加关注孙辈的教养问题，祖辈照顾孙辈在我国的普遍化，其中很大一部分原因源于根深蒂固的传统抚育观念，使得

"含饴弄孙"成为了祖辈追求的理想晚年生活，这也奠定了祖辈教育可行性的历史渊源。当父辈提出让祖辈照顾孙辈的时候，受到根深蒂固的家庭伦理观念影响的祖辈，更是自觉地肩负起抚育的责任。而如今社会的发展，由于工作原因，父辈不能长时间地陪伴祖辈父母成了必然。祖辈对孙辈的照料不但能够缓解孤独感、发挥余热，享受孙子女承欢膝下的快乐，延缓老化和发病，也能使子女外出工作无忧，为家庭财富的增加做出贡献。

二、祖辈家庭教育的优势

祖辈比年轻父母有抚养和教育孩子的实际经验。祖辈经历过对父辈的抚养和教育，积累了的丰富的教养经验，对孩子的喂养和日常护理都较为熟练，对孩子在不同的年龄容易出现什么问题，应该怎样处理，知道的要比孩子的父母多得多。所以，他们能自如地应付孙辈的日常养育，为孩子的父母起到很好的助力作用。相对于三口之家，和祖辈一起居住的家庭，家庭生活更丰富，孩子能感受到更多的爱和处理更多的人际关系的技巧。

祖辈有丰富的生活阅历。祖辈有着数十年的生活经验、长期的工作经历和丰富的人生体验，其社会阅历和人生感悟是一笔重要的精神财富，也是宝贵的教育资源，对促进儿童社会性发展和有效处理孩子的教育问题无疑是有益的。祖辈家长丰富的生活经验和对人处事的温和态度、勤俭节约的传统美德，也在幼儿教育中彰显魅力。有的学者还指出，父辈的教育往往强调竞争性，而祖辈教育能把竞争性教育和祖辈的宽容、平和等传统美德教育很好地结合起来。

年轻的父母既要从事繁忙的工作，又要养育子女，事业和孩子两不误常常让他们疲惫不堪，有时顾此失彼。年轻父母用于教养孩子的时间减少，也缺少育儿经验，由祖辈帮助教养孩子，既能使孙辈得到无微不至的照顾，也能给孩子父母一定的育儿指导，而且，很多老人有足够的时间和精力，他们除了照顾孩子的生活，还能够耐心地听孩子们的讲话，陪孩子玩耍，容易和孩子建立和谐的关系。父母可以放心忙工作，减轻了孩子父母的教养负担，解除了他们的后顾之忧，使他们能专心于自己的工作。

祖辈教育可以让祖辈尽享天伦之乐。经常和孩子在一起，教养孩子，让老年人老有所为、老有所乐，可以解除老年人的孤独寂寞，增添晚年生活的乐趣。另外，和孙子女共同游戏，可以帮助老人保持健康的心态，从孩子的成长中重获生机。祖辈家长拥有良好的心态，容易与孩子建立融洽的感情，为孩子的健康成长打下良好的感情基础，有益于两代人的身心健康。

三、祖辈家庭教育的主要问题

当今祖辈教育在家庭教育中越来越普遍，已成为家庭教育的主要方式之一。祖辈教育家庭中，祖辈家长的教育理念、教育内容和教育方式都直接影响儿童的学习和生活，对孩子成长具有很大的影响。面对这一普遍存在的家庭教育现象，我们既要看到隔代教育相较亲子教育的优势，也要看到隔代教育的不足，从而发挥隔代教育的有利因素，改进隔代教育的不足，共同促进祖辈家庭教育的良好发展。

（一）教育压力较大

祖辈相对于父辈来说，其身体状况、精力水平存在明显不足，而且在教育过程中承受的压力较大，在教育孙辈的时候难免力不从心。

一方面是祖辈总体年龄偏大，隔代教育任务繁重。随着年龄的逐渐增长，即使祖辈身体并没有明显的疾病，但体力和精力方面开始下降，日常生活中要负责孩子的饮食起居，家务繁重，再加上要面对孩子无休止的哭闹和顽皮，长期下去祖辈身体吃不消，对待孩子的耐心与精力也会随之下降。幼儿好奇心强，随着年龄的增长，自主性和探索性随之增强，喜欢接触新鲜事物，而老人喜静、好慢的生理特征，相对于小孩子好动的特点形成强烈反差，祖辈的精力有限致使孩子的活动范围和形式受到限制，难以满足孩子成长的需求。

另一方面，祖辈教育普遍存在家庭支持较少的现象。父母都希望自己的孩子变得越来越优秀，在培养孩子方面会特别上心。在祖辈担负教育任务的家庭中，孩子的父辈通常只看到祖辈教育不足的一方面，一味地关注孩子的发展，却忽略了祖辈教养孩子的辛劳。尤其是祖辈与父辈之间因为一些教育观念或者教育方式存在差异，经常会在一些日常的琐碎事情中出现和自己的儿子、儿媳（或女儿、女婿）就教养问题发生意见不和而产生观点分歧的情况。这些看似都是小事，但如果不妥善解决便会成为家庭关系冲突的导火索，长此以往会成为祖辈家长在教育过程中存在压力的重要因素。家庭支持的不足会使祖辈感受到自己的付出得不到肯定，含辛茹苦抚养孙辈的辛劳也得不到应有的关心和体谅。长期繁重的教育任务加上家庭支持的不足都在消耗着祖辈的精力，自然也就对祖辈的身心形成了一定的压力感。

（二）溺爱放任

溺爱心理是隔代抚育中常见的祖辈心理，普遍存在"重养轻教""重物质轻精神""重满足轻管束"的倾向。在隔代亲的心理下，加上浓厚的补偿心态浇灌，溺爱的温床就很容易冒出苗头。很多祖辈拼命想对孙辈好，一切包办代替，有求必应，百依百顺，甚至纵容包庇孩子的缺点毛病，最后出现了具有偏差的溺爱。在我们的生活中，祖辈溺爱幼儿的现象较为普遍。我们经常可以看到，有的孩子明明已经可以自由活动了，但祖辈到哪里都抱着，不让孩子自己走；明明孩子可以自己穿脱衣服，老人非要跟到教室或者再三嘱咐老师要给孩子及时穿脱衣服；孩子要什么就买什么，不及时纠正孩子犯的错误，毫无原则地满足孩子不合理的欲望。这些都是祖辈在溺爱心理作用下的常见表现。

另外，祖辈在参与幼儿教养过程中，心理上会有一些顾忌，若出差错，怕儿女责怪，这也是祖辈教育容易产生溺爱现象的一个重要原因。

祖辈过于溺爱幼儿，常常意识不到无限制满足幼儿要求对孩子的成长并无益处。过分的溺爱和迁就容易使孩子产生"自我中心"的意识，形成自我、任性等不良个性，过分保护遏制了孩子的独立能力和自信心的发展，增强了孩子的依赖性，容易使孩子变得更加娇气，遇事容易退缩，独立能力差。这样的教育方式容易培养出性格内向的孩子，也容易形成家里小霸王型儿童，并不利于儿童健全人格的培养。

(三)亲子疏远隔阂

祖辈教育的弊端之一是容易导致亲子隔阂，不利于父母与孩子感情的培养。幼儿期是情感发展的重要阶段，这个阶段如果孩子不和父母生活在一起，失去亲情培养的必要契机，那么在孩子幼小的心灵里面就会产生"被抛弃"的阴影，他们的亲情就会发生转移，把情感转移到和自己生活在一起的人身上。如果父母完全把孩子抛给祖辈去教养，孩子会与祖辈产生深厚的感情，而与父母出现一定的生疏与隔阂。

"隔代教养"家庭中祖辈与父辈为照顾孙辈而生活在一起，由于生活方式和教育理念的差异，难免存在诸多方面矛盾，且随着时间的推移出现矛盾升级的现象。祖辈有着丰富的人生经历，倾向于用过去的、老的方法和经验教导孙辈，他们在对待孙辈的教育上，往往是极其宠爱的，孩子在他们眼里是血脉的传承，进而无微不至的关怀和照顾，很多时候就连父辈的正确教育，他们也要横加干涉，让孩子感受到无原则的迁就和宠爱，阻碍了孩子独立性和自信心的发展。孩子习惯了祖父母的娇惯，当父母严格要求时，亲子之间便产生矛盾和情绪对立，使得必要的亲子教育难以收效，甚至导致家庭关系失和。而父辈受到新时代思想的影响，拥有现代化的教育理念和教育方式，有一套自己教育孩子的策略，也因此常常与祖辈出现分歧。祖辈与父辈在教育孩子上的分歧，如果缺乏沟通，很容易导致家庭的矛盾纠纷，伤害的并不仅仅是祖辈和父辈，更有可能伤害到孩子。

(四)教育方式不科学

由于祖辈教养人自身文化水平的制约，使他们在教育孙辈时较多地使用直接命令式的引导方法，很少有祖辈教育人会用启发诱导的方式来给孙辈传授知识或经验。而且他们的很多观念和想法还停留在过去，对比较先进的教育方式、方法也缺乏了解，仅仅是凭借自身的经验命令性地教导孙辈。因此，很多祖辈教育人会用直接告诉、死记硬背、不断重复的方式教导孙辈，如果孙辈没有听从他们的"命令"，祖辈可能会采用批评或者训斥的方式来与孩子交流，长此以往将影响孙辈思维能力的发展。

很多祖辈教育人认为孩子就应该从小管起，这样才能养成一些好习惯，而且他们也觉得小的时候比较好管，等到大一点了就难管了，所以无论使用什么办法，只要有用、有效，在祖辈教育人心中就是好办法。打骂、哄骗虽然看似"管用"，但实际上却对孙辈的心理健康造成了一定的影响。我们在教育幼儿时不应太过严厉，要理解他们，循循善诱，即便他们犯错了，也应该冷静，注意自己的态度和方式。

（五）教育内容相对片面

祖辈由于自己的生活环境和主观条件等原因，心理健康意识比较薄弱，对孙辈的心理健康教育也不太了解，所以导致祖辈教养人只关注孙辈的身体健康，却忽视了其心理发展，也无法理解孙辈的心理需求和情感需要，长此以往将严重阻碍孙辈的心理发展。

祖辈教育非常重视对孙辈文化知识方面的传授，但却容易忽视孩子兴趣爱好的培养。婴儿正处于喜欢自由探索的阶段，他们对周围的一切都充满了好奇心，希望通过自己的亲身接触去感知事物，但是许多祖辈教育人却阻碍他们的探索欲望，不准他们乱爬乱摸，无形中就扼杀了许多孙辈的探索欲。随着孩子慢慢长大，兴趣爱好逐渐显现出来，但在祖辈的意识里，孩子应该以学习为重，至于一些兴趣爱好都是可有可无的，更不会着重去培养。

祖辈教育对孙辈的生活习惯和动作技能方面的训练明显不足。大多数的祖辈教育者在日常生活中对孙辈的行为很少提要求，一般是以孙辈的意愿为转移，一味地迁就孙辈。在日常生活中不会对孙辈进行如自己穿衣服、吃饭、做家务等基本动作技能的训练。他们对于孙辈的需求，更多的时候选择自己亲自去完成，正是由于对孙辈的这种溺爱，使得很多孙辈本可以自己完成的事情祖辈教育者也会为其代劳。有时祖辈教养人也会为了节省时间和精力，来帮孙辈完成其力所能及的事情。就是祖辈教育者这样的想法和做法，无意间阻碍了孙辈基本动作的发展，养成了孙辈的惰性。

祖辈家长由于身体和精力等客观因素的制约，活动范围受限，往往在家里待的时间较多，外出社交的频率逐渐减少，因此，孙辈的交往范围也相对较小，淡化了对儿童交往能力的训练。而且，很多祖辈会觉得自己对孙辈的责任是看护，要保证他们安全，所以习惯性地把他们哄在家里，减少外出次数，但是这样会大大限制孩子交往能力的发展。在农村祖辈家庭中，有些老人大部分时间在外面干农活，没有时间管着孩子，只能要求他们不要到处乱跑，以免发生一些意外。出于安全的考虑，老人们外出的时候，也只会把自己的孩子交由熟悉的邻居或亲戚朋友暂为照看，往往忽视了孩子在社交方面的需求。

四、改善祖辈家庭教育的策略

祖辈教育作为家庭教育中一种普遍存在的现象，有其特殊的优势，也存在一些问题。就我国目前家庭教育现状来说，祖辈教育是很多家庭难以避免的选择，所以如何减少祖辈教育的消极影响，并发挥其优势，取长补短，让孩子在祖辈教育家庭中茁壮成长就成为我们需要思考的问题。想要解决祖辈教育存在的问题、改善祖辈教育的效果，仅仅靠单方面的努力是不行的，必须是家庭、学校、社会各方面共同作用才能有效加以解决。

(一) 家庭方面

教育得法，事半功倍。祖辈家长和父辈家长要扬长避短，在发挥隔代教育优势的同时，还要努力克服各种消极影响，使孩子现有的家庭教育状况得到转变，从而促使孩子快乐幸福地成长。

1. 父辈家长主动承担家庭教育责任

在隔代家庭中，由于祖辈的参与，父辈主动或者被动地放弃了孩子教育的责任。然而早期的亲子关系相当重要。父母有抚养教育幼儿的义务和要求，并且父母对幼儿的教育是任何人都替代不了的。父母是孩子的第一任老师，亲子间血缘关系的事实和孩子对父母的情感依恋使父母在孩子的培养与教育上具有先天优势，能够发挥举足轻重的影响力。

　　通常情况下，如果儿童在 12 岁以前没有和自己的父母建立很好的亲子依恋关系的话，孩子就会很难拥有安全感和幸福感，特别是在 6 岁以前，如果父母没有足够的时间精力去陪孩子，那么孩子和父母之间就很难建立信任和依赖的亲子关系。①父母需要明确自己的责任，多关心照顾孩子各方面的成长，多与孩子沟通交流，如果条件允许，就把孩子接到自己身边进行教育，以避免产生亲子隔阂。即使当父母由于不可回避的客观原因，不能完全承担抚养教育责任时，一定要向孩子讲明父母离开的理由，是为了生活和工作迫不得已才不能照顾他，并不是放弃孩子或是不爱孩子。父母应尽最大可能地与孩子保持沟通与交流，经常了解孩子的生活状况、生长发育及内心感受，让孩子能够切身感受到父母对他的爱。在孩子的培养与教育上积极发挥影响力，与祖辈共同承担对孩子的教育职责，让亲子教育与隔代教育同时发挥作用，以弥补隔代教育的不足，从而达到良好的家庭教育效果。

　　父辈应主动沟通协调，构建和谐家庭。三代同堂的家庭相比核心家庭出现家庭矛盾的概率要相对更高，在隔代家庭中，最大的争吵莫过于两辈人之间在孩子教育问题上的分歧。无论是祖辈还是父辈，实施家庭教育的出发点都是为了孩子的健康，但是由于两辈人所经历的时代不同，其生活方式、思想观念、教育方法存在差异。父辈应该端正态度，在祖辈参与家庭教育问题上充分尊重老人的意见，满足老人的心理需求，尊重老人的劳动价值，如果老人帮忙照料孩子，父辈应该心存感激，多体恤祖辈的身体，而不应该把它当作天经地义的责任，把祖辈当作不花钱的保姆。祖辈对孩子的教育相对感性，当两代父母在教育孩子的问题上不一致时，父辈应针对不同的问题冲突，选择适当的沟通技巧。如果发现祖辈在教育孩子的过程中出现原则性问题，一定要提出来，但要注意方式方法。对待容易

---

① 陈改君. 城市家庭隔代教养问题研究［D］. 郑州：河南大学，2014：23-24.

听取别人意见的老人，可以心平气和地沟通，让老人明白缘由。遇见比较强势的老人，可以借助权威的力量，例如通过书籍、讲座、一对一咨询等方式让老人了解到科学的教育理念和教育方法，进而在今后的生活中能够转变传统的育儿观念，对待父辈的教育理念也更容易接受。还可以请祖辈比较信任的朋友或者有育儿经验的朋友来家里探讨，传授经验，相同的话由祖辈信任的人或者别人说出来老人听着也许就顺耳多了。另外，在与祖父母沟通的时候最好是让孩子的父亲去沟通，与外祖父母沟通的时候最好是让孩子的母亲去沟通。

2. 祖辈家长正确发挥家庭教育中的角色

祖辈教育要想更好地发挥协助角色，祖辈家长应该注意以下几个方面：

(1)克服娇宠和溺爱。溺爱的后果通常是使孩子养成以自我为中心、自私任性等不良性格，影响良好个性的形成。祖辈教育孙子女时，要与父辈教育保持一致性，做到宽严相济。当孩子有了过错，父母正在对其进行教育时，祖辈不应该包庇孩子，甚至与孩子父母产生不一致的态度。而是应该理智控制自己的感情，不要干预父辈教育，要明白正确合理的爱才能有助于孩子的健康成长。此外，要创造机会多让孩子跟自己的父母在一起，培养亲子感情，共同营造一个温馨和谐的家庭氛围。

(2)与时俱进。老年人带自己的孩子很多是几十年前的事情了。在这几十年里，社会发生了巨大的变化，如今孩子的生活环境和家长对孩子的要求也不同于以前。有很多老年人观念里的好孩子是听话、懂事，他们带养孩子时喜欢安静，对新事物往往持排斥和反对的态度。在信息时代，各种新鲜事物层出不穷，所遇到的家庭教育问题也很复杂，老年人要开阔视野，与时俱进，适应当今社会发展的需要，乐于吸收新知识、新观念，用现代化的方式育儿。

(3)促进家庭和谐。祖辈与父辈、孙辈之间的血脉亲情决定了老人在家庭关系中的独特地位。祖辈对于父辈之间的夫妻感情和父辈与子辈之间的亲子感情都发挥着重要作用。在当今社会，由于父辈教育缺失而造成的祖孙之情胜过亲子之情的现象也较为普遍。由于祖孙关系的特殊性，决定了老年人在维系家庭和谐中的独特作用。祖辈对孙辈的抚育实际上是为了帮助父辈，老人应该做好孩子父母之间沟通的纽带，减少孩子和父母之间的矛盾。比如，平时要多在孩子面前说父母的好话，让孩子知道父母对他们的爱；有好吃的东西时要告诉孩子给自己的爸爸妈妈留一些；给孩子买玩具或者新衣服时就说是爸爸给买的；周末尽量让孩子和自己的爸爸妈妈在一起，等等。这样一来，尽管孩子与父母相处时间有限，也能产生一种情感的维系，促进家庭和谐。

（4）量力而行。祖辈身体健康、精力充沛是祖辈教育的必要前提，因此，祖辈一定要注意在自己力所能及的范围对孩子进行抚养和教育，不要过度操劳，要留出自己的生活空间，平时多去户外运动，有自己的交际圈，保证自己身心健康，这样才能更好地发挥余热，度过幸福的老年生活。

3. 更新教育理念和教育方法

家长的教育水平对孩子的学习能力和处事水平有着至关重要的影响。为了能够提高祖辈教育的科学性，祖辈家长应该学会保持一颗积极进取的心态，与时俱进，学习科学的教育理念和教育方法，在价值观念、知识结构、思维模式、教育方式上强化自身的文化学习，并且要常和孩子父母沟通，互相理解和认同，达到教育理念和教育方法上的一致。

（1）转变隔代教育观念。祖辈要意识到隔代教育的重要性，以及自身在儿童成长过程中所起的应有作用，转变"重养轻教"的教育观念，树立"科学教养"的教育意识，做好儿童的"互动性重要他人"。具体来说，隔代祖辈要看到时代的发展与变化。自己所成长的那个物质资源极其匮乏的年代已经过去，那段成长经历带来的"孩子只要吃饱穿暖，安安全全就行"的教育观念已经不适应现代社会的要求。祖辈需意识到自己承担起的不仅仅是儿童的抚养任务，还有更为重要的教育责任，应扮演好隔代教育实施者的角色，把单纯关注留守儿童的吃饱穿暖转向对他们的全面教育上来，包括儿童的德育、智育、体育、美育等方面的全面发展，涉及儿童的学业成绩、同伴交往、身心健康、艺术审美等方面。祖辈需进一步更新隔代教育观念，不能只关注孩子的学业成绩而完全忽视其他几个方面，特别是孩子在心理、情感方面的需求。[①]

（2）提高自身教育素养。目前，祖辈家长自身教育素养难以提高仍然是隔代教育的劣势之一。祖辈受文化水平的制约，在获取知识的途径和接受新事物的能力上都相对较慢，因此，要帮助祖辈找到适合自己的方法来提高教育素养。一方面，可以多向老师请教。有的祖辈不认识文字，或者文化水平较低，难以通过书本来获取教育知识，但可通过打电话，或是借助接送孩子上学的机会，做到经常与学校老师沟通交流，了解孩子各方面的情况。在教育上遇到问题时，及时向学校老师请教，从而学习科学教养的方法，再将这些方法与孩子的实际情况相结合，以正确合理的方式对儿童进行教育与引导。另一方面，祖辈还可以借助电子产品学习。网络世界非常丰富，网络学习平台有大量的育儿教程，祖辈可以尝试学习与使用现代化的电子产品，利用电子产品的辅助来完成自身教育素养的提升。虽然这对祖辈来说可能是个较大的挑战，但随着科技的不断进步，各类电子产品已成为生活中不可或缺的组成部分，孩子的教育自然也离不开它们。现在的短视频平台也较为成熟，操作方式也较为简单，祖辈可以利用碎片化的时间进行学习。另外，微信已成为目前家校沟通的主要途径，为了更好地配合学校的教育工作，同时也为了提高自身教育素养，祖辈要多多学习并勤加练习，多在微信群沟通，听取群里老师和其他家长的意见，学习好的教育方法，提升自身教育素养。

4. 祖辈子辈明确共同目标

家庭教育的一致性对于孩子的成长是至关重要的。祖辈教养人和年轻的父母在教养孩子的过程中，由于社会经历、知识水平、思想方式、教养观念等方面的差异，难免会产生分歧。很多祖辈家长由于疼爱孙辈，在父

---

① 张雁. X 村留守儿童隔代教育问题的叙事研究[D]. 昆明：云南师范大学，2018：41-42.

辈教育、批评孩子时，成为了孩子的保护伞，这会使孩子混淆是非标准，非常不利于孩子良好行为习惯的养成。家庭教育的不一致，不仅会使家庭教育力量互相抵消，父母的权威也会受到损害，很容易让孩子养成坏习惯，形成两面性，对孩子的身心健康都有诸多伤害。因此，祖辈教养人和年轻的父母应尽量在家庭教育上取得一致。

无论祖辈还是父辈，希望孩子越来越好的心是一致的，但是如何根据孩子自身特点，帮助孩子找到适合自己的道路，以及在教育过程中采用何种方式方法却是因人而异。因此，祖辈与父辈在孩子的培养目标、教育方法上要统一思想，保持教育行为的一致性。对于祖辈行之有效的经验和意见，年轻父母应尊重和接受，对于老人在家庭教育过程中的科学行为，年轻父母如果发现，应给予称颂，这样会极大促进老人学习教育知识、科学教育孙辈的热情，在以后的教育过程中会更加重视方式方法。如果祖辈存在不妥的做法，年轻父母应侧面提醒，不可横加指责、言词粗暴，不要当着孩子的面和祖辈家长发生冲突，应该心平气和地和老人沟通，让老人从心里接受年轻父母的建议，这样在以后的教育过程中才能达到事半功倍的效果。总体来说，祖辈教育是父辈教育的重要辅助形式，祖辈教育孩子要尊重年轻父母的教育地位，不要充当儿女教育孩子的绊脚石。如果年轻父母正确，老人不要因为自己疼爱孙子(女)，而和儿女唱反调。

(二) 学校方面

如果说家庭教育是孩子成长的第一场所，同样的，学校教育在孩子成长过程中也占有举足轻重的地位。对现在的孩子来说，学校是他们长期停留的地方，所以受到的学校环境影响不比家庭环境小。因而，在家庭教育有所缺失的情况下，学校教育如何采取措施来填补就成为了关键所在。所以，学校要从当前家庭教育的实际出发，重新寻找促进家庭和学校有效合作与沟通的方法与途径，以解决祖辈家庭教育中遇到的困境。

1. 改善家校联系方式

目前家校联系方式主要有"家校联系单""电话联系""微信"等，然而，对于祖辈家长来说，这种远距离且需要借助电子产品的沟通方式会让他们有时候觉得力不从心，从照顾老年人的心理特征出发，学校要改善家校联系的方式，要多采用面对面的互动式的交流和沟通，以切实增强联系，提高家庭教育的实效性。如可以定期开展"家长开放日"，让他们深入课堂，让家长近距离感受孩子的学习状态。教师可以将一些常用的教育知识传授给家长，通过交流，教师也要认真听取家长们反映的意见、建议和想法，实现家校共育。

2. 办好家长学校

"教育者必先受教育。"无论是父母，还是祖辈都应有正确的教育观念及科学的育人方法。祖辈家长的文化程度普遍偏低，他们虽有良好的愿望，但教育观念陈旧，方式方法简单，很难与现在的学校教育相融合。但是目前，祖辈教育依然是家庭教育的重要形式之一，祖辈家长在家庭教育中依然发挥着重要作用，因此需要举办各种形式的祖辈家长学校，以此提高祖辈家长的教育素养。在有条件的学校要开办各种形式的隔代家长学校，把祖辈教育者请到学校，或如先秦科学家墨子所主张的"不叩必鸣"，主动送教上门，向他们宣传先进的家教理念，帮助他们解决家庭教育中的问题，指导他们做好家庭教育。

3. 转变家访形式

传统的教师家访往往是"告状式""通报式"的，这种家访，学生历来就很厌恶，而且容易引起家长的紧张情绪，特别是隔代家长，年纪大、心理脆弱，容易产生应激反应。因此，要提倡"聊天式""商讨式"的家访。让家长、教师和学生都在场，互动交流，共同探讨。尤其祖辈教养人年纪偏大，外出不方便，教师应该多到学生家里去，与祖辈家长交流孩子的情况，而且由于父辈教育的缺失，在教育观念、教育方法上要加强指导，给予帮助和支持。

(三)社会方面

从社会方面来讲，主要是要充分发挥社区的作用、开办家长学校、设立祖辈教育咨询处，以及充分发挥社会宣传的积极作用。

1. 加强社区支持力度

社区作为最接近教育家庭的环境，可以更为直接地对祖辈教育家庭提供基础支持，包括为儿童早期教育提供社区方面的服务与支持。一方面，可以强化社区教育，邀请教育专家定期开展家庭教育知识讲座，为公益早教机构搭建平台，提供场地等基础支持，促进祖辈家庭交流；另一方面，改善社区环境，丰富社区文化，比如，社区牵头联合社会工作机构共同发起社区内亲子和隔代家庭的活动，促进社区内家庭之间的经验交流，增加社区家庭的亲子关系和隔代祖孙之间的亲密度，还能使社区居民的关系更加紧密，促进社区和谐发展。通过育儿经验的分享和学习，使祖辈发现问题的同时也能对自己不断提升的教养能力得到肯定，增强祖辈的信心，缓解身心压力，从而进一步推动社区和谐发展。

2. 开办祖辈家长学校

在社区内创办隔代家长学校，普及科学育儿知识。城市的家长学校基本是以社区机构和学校为依托创办的。《国务院关于加强未成年人思想道德建设的若干意见》指出："各级妇联组织、教育行政部门和中小学校要切实担负起指导和推进家庭教育的责任，要与社区密切合作，办好家长学校和家庭教育指导中心。"20 世纪 80 年代初，应社会要求，北京市妇联与有关部门合作，创办十年动乱后的第一所家长学校——"母范学堂"。隔代家长学校是 20 世纪 90 年代末创办的，创办隔代家长学校，可以为祖辈家长提供学习教育知识的机会，从而更好胜任隔代教养任务，提高家庭教育水平。

3. 设立祖辈教育咨询处

为祖辈家长开展咨询服务，提供热线电话。每个家庭在教养孩子的过程中都会遇到不同的难题，为了满足家长的特殊需求，应开展相应的家教咨询服务或提供热线电话等。如建立社区隔代教育指导站，组织专门人员走街串户上门指导，宣传科学的早期教育知识，进行家教咨询服务，与祖辈家长沟通并讨论，以解决隔代教育中的难题。

4. 设置老年大学的专业课程

随着时代的发展和老年人文化层次的不断提高，老年人的精神生活需求也发生了很大的变化，各地老年大学在课程设置、教学内容、教学方法上要适应老年人的身心特点和学习需求及社会需要。祖辈参与家庭教育的现象普遍存在于我国家庭中，为了使学前教育达到更好的效果，祖辈需要通过专业的学习了解科学的育儿观，减少与父辈之间因育儿观念不同产生的矛盾。因此，在老年大学开设有关家庭教养方面的相关课程可以满足大多数老年学员的实际需求，为祖辈参与幼儿教养的家庭提供一个良好的学习平台。

第三节　独生子女家庭的家庭教育

20世纪80年代以来，随着我国计划生育工作的开展，许多家庭响应"一对夫妇只生一个子女"的号召，独生子女越来越多，几乎成为了普遍现象。尽管从2016年起，我国正式全面放开二孩政策，但依然有很多家庭选择只生一个孩子。当前，独生子女已成为我国社会人口组成中的重要部分。由于独生子女在家庭中居"独"的特殊地位，使他们形成了一些非独生子女较少具备的特点。随着独生子女群体越来越庞大，"新一代独生子女"（即"独二代"）的出现及其家庭教育呈现的种种现象正越来越引起社会各界的关注。无须讳言，在我国，独生子女的确存在着较多令人担忧的问题。由于独生子女人数越来越多，到下个世纪，国家、民族的命运将掌握在他们手中，可见搞好独生子女家庭教育的确是一项事关国家民族命运的大事。

一、独生子女的身心状况及心理偏差

独生子女家庭日益增多是一种世界性的趋势。独生子女相对于二孩或多孩家庭子女来说，会呈现出相对明显的状态呈现，这些状态呈现也是探讨独生子女家庭教育的背景。

20 世纪 70 年代末，我国为了控制人口过快增长，在家庭人口生育方面制定了一项具有深远影响的政策，即计划生育政策。该政策要求汉族城市居民无论生的是男孩还是女孩，都只能生育一个孩子。计划生育政策使城镇汉族居民家庭中普遍出现了只有一个孩子的情况，"独生子女"一词进入了我们的视野。正是在这样的背景下，独生子女作为一个新的、特殊的社会群体在中国社会出现，而且数量不断增加。即使现在已经开放二孩政策，但是由于社会变革、思想观念以及政策的影响，很多家庭依然选择只生一个孩子。据统计，我国目前约有 1.8 亿独生子女。独生子女群体日益增大，正在成为我国教育与社会发展面临的一个重要现象和问题。

(一)独生子女的身心状况

我国独生子女的产生是出于社会要求，并具有普遍性的特点，这为我们正确认识独生子女提供了一个良好的社会背景。我国对独生子女的研究起步比较迟，但发展比较快，广大心理学家、教育学家及幼教工作者对独生子女的智力、性格、品德、身体发育进行了不少调查研究，特别是一系列有关独生子女与非独生子女的比较研究，为我们正确认识独生子女的身心状况提供了很好的材料。

1. 独生子女的身体素质

由于经济物质条件的相对优越，头胎的遗传作用，加上家庭的重视，在一般情况下，独生子女身体发育状况良好。通过各省市的儿童身体发展统计数据，可以发现独生子女在身体发展上比较明显的特点是身高体重高于平均数值。安徽省教育科学研究院对 3~15 岁 1000 名独生子女的研究发现，独生子女的体格发育略高于非独生子女，其中，身高增长尤为明显。4~7 岁组、10~11 岁组男童与女童身高平均值均高于标准值。独生子女身体机能发育的研究资料表明：脉搏、血压平均数与 1979 年全国城市的平均数没有明显区别；而肺活量一项，独生子女的平均数高于全国城市标准水平，这与独生子女身高、体重发育良好有关，表明独生子女的呼吸功能有较大的潜力。

2. 独生子女的智力

现代优生学告诉我们，头胎孩子的身体素质和智力状况的先天遗传因素，比后几胎要优越。独生子女大部分是头胎生的，这就从先天遗传因素上，保证了独生子女脑力、智力和体力的优越。德国一位儿童心理学家指出：儿童的智力发展，与家长如何对每个孩子分配"智力激励"相关。独生子女独享其父母的"智力激励"。并且父母有时间投入更多的物质和精力去开发幼儿的智力，因而他们的知识面较广，智力发展较好。

当然，我们这里说的独生子女智力略高，并不是每一个独生幼儿智力都高于非独生幼儿。因为儿童智力水平既受遗传因素影响，也受环境和父母(教师)教育水平的影响。

3. 独生子女的性格

独生子女在性格上具有一个较普遍的特点，即爱激动、好发脾气、任性、娇气。这主要是由于他在家庭中的特殊地位以及父母教育方法不当，对孩子缺乏应有的严格态度造成的。比如，很多独生子女的父母总想尽量不给孩子增添痛苦，尽可能避免孩子发生不愉快的事情。因此，凡是孩子讨厌的事就避开，无论什么都由着孩子的要求去做。这样，孩子就成了家中的霸王，养成了任性、娇气、爱发脾气、不合作等不良性格。

有研究表明"独二代"幼儿与非"独二代"幼儿相比坚持性低，好攻击、反抗、爱敏感、焦虑，愧疚感和同情感稍有欠缺。独生子女对社会、对集体、对他人的态度具有某些好的、应予肯定的心理特点，如爱交际、热情、同情、诚实等，而且，这些特征随年龄增长而有所发展。

4. 独生子女的劳动态度

独生子女没有兄弟姐妹，家庭成员比较单一，按理说承担家务劳动的机会应该多一些，但实际上却相反。很多家长由于对独生子女过度疼爱，不舍得让孩子做家务，连基本的扫地、洗碗这类都不让孩子上手。还有的家长总认为孩子还小，怕孩子做不好，所以干脆都自己做。长此以往，许多独生子女就会觉得家务劳动是父母的事情，与自己无关，劳动观念相对较弱，造成自理能力差、懒惰等不良习惯，不利于孩子良好品质的培养。

（二）独生子女的心理偏差

在独生子女家庭环境中，孩子成为了家庭中心，家里所有的人都关心疼爱他，使其处于特殊的地位。于是，他们似乎不是受教育者，而成了支配、指使者，从而会产生一些独特的心理特点。

1. 依赖性强，缺乏竞争意识。由于是"独生"，父母和家庭成员都为这一个孩子服务，很容易形成一切以孩子为中心的家庭氛围，家里购买的任何东西都可以被孩子据为己有，如果从小受到"一切都是属于我的"影响，孩子内心会慢慢形成"个人所有高于一切"的想法，这就容易使孩子形成自我的性格。比如，他们总希望身边的人能够理解他们、照顾他们，围着他们转，但却较少理解别人，帮助别人。这种性格的形成，与他们在家中唯我独尊"小皇帝""小太阳"的地位是分不开的。独生子女的父母在家庭生活中的常见行为之一就是对孩子溺爱，把孩子的事情全揽在自己身上，甚至一些孩子力所能及的事情也不让他们做，从而使孩子形成依赖性强的性格特征。除此之外，独生子女在家庭中处于特殊的地位，父母对他们百依百顺，如果孩子缺乏同伴交往，人际交往机会较少，就会造成竞争意识较弱的结果，并不利于孩子的社会性发展。

2. 性格孤僻，不善于合作。独生子女在家中没有兄弟姐妹，缺乏同伴交往的集体环境，家中长辈无论是父母还是祖父母，通常都对孩子的要求尽可能满足，但是很少对孩子提出要求，因此他们缺乏生活中的合作经验，长期下去会导致孩子协作能力差。而且随着孩子年龄的增长，亲子交往需求逐渐减弱，同伴交往需求逐渐增强，但独生子女没有兄弟姐妹，家庭中长期缺乏同龄伙伴的陪伴，会使他们内心深感孤独。

3. 娇生惯养，抗挫折能力差。很多独生子女的父母由于错误的教育心态，让孩子从小就感受到自己生活在众星捧月中，在他们还不能理解地位、价值这些概念时，就觉得自己是家庭的核心，家中父母长辈都会对自己顺从，即使犯了错误家长也很少批评或者惩罚。从小在顺境中长大，没有经历必要的挫折教育，会使孩子内心脆弱，心理承受能力差，显得娇气。一旦孩子在外面受到冷言冷语，或者遇到困难，往往会放大问题的严重性，情绪容易低落，心理调节能力差，严重时会出现抑郁症状。

4. 自命不凡，嫉妒心强。独生子女嫉妒心理的滋生和增长也是和最初的家庭环境有关的。独生子女习惯了在没有竞争的环境中长大，在家庭中习惯了备受瞩目，习惯了接受夸奖，一些独生子女家长总是暗示自己的孩子是最好的，这就会使儿童滋生一种"我的就应该是好的""我的一切就应该比别人强"的不正确心理，而这正是嫉妒心理的萌芽。当孩子逐渐长大，如果得不到相应的教育和引导，就会形成较强的嫉妒心理。随着年龄的增长，孩子接触的范围越来越广，在学校和社会上会有很多优秀的人，会有比他学习好的人，比他能力强的人，这时他不再是集体的焦点，不再是最优秀的那一个，这种心理落差可能会助长孩子的嫉妒心，甚至会因为不满某件事情而出现针对他人的行为。

从上述资料可以看出，独生子女在身心各方面与非独生子女相比有某些突出的表现甚至是缺陷，但独生子女与非独生子女并不存在本质上的差异性，这些差异大多是由于后天的生活、教育背景，尤其是家长的教育观点、教育的方式方法及由此构成的家庭教育环境所造成的。我们在研究过程中不能忽略这样一条基本规律：在影响人身心发展的因素中，遗传是物质基础，为发展提供可能性，而教育与环境起着决定性作用，在独生子女与非独生子女在遗传上并无本质差异的前提下，我们更应看到家庭教育与环境在独生子女发展中的作用，可以说独生子女所表现的某些特殊性很大程度上是由家长特殊心态下的教育产生的。独生子女本身并非是"问题儿童"，我们之所以把独生子女家庭归为特殊的家庭，正是认为在这种家庭中，孩子受到了家长特殊心态和独处生活环境中消极因素的影响，这种影响并没有因为独生子女家庭的普遍而消失。

独生子女与非独生子女的心理特征并无本质区别的特异性，独生子女某些突出的心理特点和行为表现，可以从各自不同的社会文化背景、家庭环境、家长的教育观念及教育方式方法等方面找到答案。独生子女的优点和缺点不是天生的，主要是由于家庭教育的优劣造成的。因此，重视家庭教育的正确方法是独生子女健康成长的重要条件。

二、独生子女家庭教育的优势

随着经济的发展，整个社会对教育的重视程度越来越高，也对人才素质提出了更高的要求，独生子女家庭对教育关注度很高，竭尽全力地使用一切可能的教育资源对儿童进行教育，使其家庭教育呈现出明显的优势。

（一）充分的经济投入

独生子女家庭相对于多子女家庭而言，经济压力相对较小，由于家庭中只有一个孩子，家庭中所有的资源可以集中在一个儿童身上使用。父母将工作以外的大部分时间和精力都放在一个儿童的教育问题上，有强烈的意识和愿望为儿童选择优质的教育平台和甄选更好的教育资源。父母能够并且愿意付出更多的金钱使儿童上更好的学校，享受更好更优质的教育资源，而且有充足的资金为儿童进行智力投资和兴趣拓展活动，可以购买足够的玩具、绘本等，并乐于让儿童参加兴趣班和特长班，培养儿童兴趣，提升儿童的能力。

据调查，我国在多子女家庭中，未成年子女的抚养费用，通常都低于家庭成员的平均花费水平。因为当时家庭收入较少，人们总体消费水平较低，家里孩子多，许多消费品，如衣物、文具等，一般都重复使用，这就节省了许多。80 年代独生子女群形成后，许多调查研究资料表明：不论在我国城市家庭中，还是在农村家庭中，独生子女的消费水平，普遍大大高于成年人。

（二）对孩子成长的关怀

父母有时间有精力教育独生子女，这就比多子女的家庭在教育上占了优势。大多数独生子女父母正处于青壮年时期，年富力强、精力充沛。此外，独生子女的父母文化水平较之以前有明显提升，父母文化程度高，往往对子女教育重视，并注重教育的科学性、艺术性。

1. 享受关爱和亲情

独生子女生活在没有兄弟姐妹的家庭环境中，由于家中只有一个孩子，自然成为全家的中心，成为重点保护、照顾的对象。父母之爱是儿童健康成长必不可少的条件，独生子女在家庭中得到的爱不仅强烈，而且集中，父母、祖父母、外祖父母、叔伯、姑姑、舅舅、姨母等，用爱包围着他，可以享受更多的关爱和更浓烈的亲情。

独生子女受到父母关注和教育的机会相对较多，强烈而广泛的爱会成为促使孩子上进的内驱力。他们在充满爱的环境中成长，情绪放松，心情舒畅，精神愉快，思想活跃，个性能得到充分的发展，这是独生子女身心健康发育得天独厚的精神环境。他们在心理上可以全力依靠父母，不会产生失落感，也不会存在父母偏爱、偏宠现象，孩子可以在自由中生活，同父母建立良好的亲子关系。

2. 得到生活上的照顾

在多子女的家庭中，父母往往顾此失彼，很难周到地照顾每个孩子，哥哥、姐姐带弟弟、妹妹是经常的事。只有一个孩子，父母就会有更多的时间和更充沛的精力去照顾和安排孩子的生活。因此，独生子女受到父母更多的关照，在他们成长的过程中，父母一般都尽可能地在各方面给予最好的照料。

父母在生活上更多地关照孩子，可以使孩子身体发育更加良好，减少疾病，孩子在生活上、精神上有了依靠，有了安全感，就会心情舒畅，就会切实体会到父母之爱，这对孩子健康成长是很重要的。但是，父母在生活上精心照顾孩子的同时，必须教会孩子学会生活，学会自理。同时，对于不同年龄的孩子，究竟照顾到什么程度，如何照顾，哪些该由父母帮着做，哪些该由孩子自己去做，这都有一定的学问。总之，家长要注意对孩子照顾周到而适当，不要过分照顾，剥夺孩子的动手能力，不然容易养成孩子缺乏同情心，缺乏社会责任感和义务感的缺点。

由于"只有一个"，家长总是"望子成龙"，把希望寄托在唯一的孩子身上。培养孩子成才的心情特别强烈。因此，这类家长对孩子的要求高，能及早地进行理想教育和前途教育，经常进行正面鼓励等，从而使独生子女进取心强，具有较强的好胜心、好强心、自豪感、优越感等。这些因素如果引导得当，教育方法好，就能成为儿童性格好的一个促进。

三、独生子女家庭教育的主要问题

虽然独生子女本身并不是"问题儿童"，但也必须承认，由于一些家长在独生子女教育上的偏差，会导致独生子女在成长的过程中出现一些共性的问题，在行为上表现出一些弊病。这些问题的存在，与特殊的家庭环境有关，但更主要的是由于家长家庭教育不当所致。

(一)偏颇的教育观念

观念是指导人们行动的思想基础，独生子女家长在教育子女中普遍存在以下错误的教育观念。

1. 视子女为私有财产

家庭教育观念的形成和发展与一个民族的文化传统有着密切联系。受传统观念的影响，很多父母认为"孩子是自己的"，把子女作为私有财产的旧观念根深蒂固。在这种思想的影响下，独生子女家庭由于只有一个孩子，便会对这根独苗倍加珍惜，家长一方面表现为对孩子的溺爱，无原则的迁就，孩子在这种特殊的照顾中往往会自我中心意识膨胀，形成骄横、自私、抗挫折能力弱、缺乏爱心的毛病；另一方面，家长把孩子当成自己的私有财产，在教育孩子上处于狭隘与紧张的心态之中，表现为认为只有家长才有权利教管和批评孩子，只喜欢听别人对自己孩子的赞扬，当别人对其子女提出意见、教育批评时，往往会袒护自己的孩子，无法客观地对待他人对孩子的评价，从而使自己在教育上失去理性。

2. 让子女处于独特地位

由于是独一无二的客观存在，独生子女生活在"一切以我为中心"的家庭中，父母将一切的爱和希望都倾注于孩子一人身上。他们成了家庭中的"太阳"，父母、长辈唯一的希望。在这样的环境里，家庭所有的大人都千方百计地关心他（她）、疼爱他（她），使他（她）处于特殊的地位。这种特殊的家庭地位，使得儿童不是受教育者，却成了支配、指使者。他（她）支配着父母，使父母长辈都围着他转来转去。在这样的环境中成长起来的孩子，会认为家里的一切都是他的，认为别人围着他转是理所应当的，从小在孩子的心灵上就打上了"个人高于一切"的烙印。

3. 对孩子过分的关注

由于只有一个孩子，独生子女的父母把全部精力都用在这个孩子身上，表现在总是不让孩子离开自己的视线，一旦孩子不在监护范围内，就会担惊受怕，唯恐孩子发生意外。孩子们生性好动，他们想动、想跑、想闹、想爬树、想荡秋千……但是父母经常会因为这些活动有危险就制止孩子行动的欲望，可是对于孩子的成长来说，好奇心和冒险精神是非常重要的，父母不必要的干涉，完全不给孩子提供自己活动的余地，剥夺了孩子培养勇气的机会。

由于父母的百般照顾，对孩子个人生活的过分上心，一旦发现孩子遇到什么困难或者有什么不开心的事情，总是尽可能地替孩子去解决，为他们扫清一切障碍，这样的过度保护很容易使孩子养成缺乏独立性、过度依赖他人的心理特征。

（二）矛盾的教育方式

现代家庭，一般都比较重视对子女的教育，独生子女家庭更甚，但是由于家长缺乏家庭教育知识，自身教育修养、教育能力较差，又不善于学习等原因，常常把爱与教混同，甚至以溺爱来代替教育，或者把专制与严格要求等同，从而严重影响了家族教育的效果与质量，从而对独生子女的成长造成了不利的影响。不良的家庭教育方式有以下几种：

1. 溺爱型

超过限度的溺爱，在中国的独生子女家庭中较为普遍，已陷入家庭教

育的误区。其表现是：父母对子女无原则地溺爱与宽容；对子女百依百
顺，百般迁就，过分姑息；教育方法只运用赞许与表扬，从不批评与惩
罚。其结果是造成子女自我中心意识强，形成骄横、霸道、自私、任性、
神经质等性格。

2. 放任型

家长不关心独生子女的需要，不去理解孩子心理，放任自流，这种类
型的教育方式多出于父母繁忙或情感破裂。放任自流型的家庭，无所谓对
子女采用什么教育方法，对孩子的成长一切听其自然，结果使独生子女形
成情绪不稳，惹是生非的攻击性行为，或态度冷漠，缺乏责任心。

3. 专制型

专制型的家庭以长辈的意志处理教育问题，不顾子女的要求、意愿和
情绪，对子女采取过多的干预、过度的保护和过分的期望，采用的教育方
法多是禁止、限制和包办代替，其结果使子女依赖、胆怯、意志薄弱、独
立性差、自卑、社会化行为水平低下。

（三）对子女的期望值偏高

在当代，独生子女由于其"独"，是父母亲希望的唯一寄托者，因而也
自然提高了独生子女在家庭中的身价和地位，进而进一步强化了父母望子
成龙的心态。不切实际的期望观主要指与孩子实际情况不相称的期望，绝
大多数家长期望不当普遍表现为期望过高。

有的父母因为子女的"独生"，将子女视为"光耀祖宗"的家庭希望，独
子成才就应该是百分之百的成才率；否则，又会走向其反面，就是百分之
百的失望。调查资料表明，大多数独生子女的父母对子女都有很高的期望
值。但是，如果父母脱离实际，为孩子确立了高不可攀的期望，孩子一旦
达不到，就会形成厌学、自卑、自暴自弃等消极情绪，成为身心发展的
障碍。

有的家长认为智力开发是子女成才的主要途径，因而对子女的培养及
文化学习从高从严要求，施加压力，急于求成，反而适得其反。有的父母

则认为孩子应该多学习特长，这样成才之路才能够多一重保障，于是不顾独生子女的素质条件，给孩子报各种特长班，逼着孩子去学习父母认为有用的技能，但却忽视了孩子的兴趣和心理发展特征，过早的定向培养并不利于孩子以后的发展。在教育孩子的过程中，父母由于功利性的影响，往往过于在乎孩子的成绩，而忽视了对独生子女的品德教育、健康教育。孩子成才的过程是一个智力、非智力因素，德、智、体、美、劳全面发展的动态过程，是主观和客观教育条件的综合反应，如果急于求成，违背育人规律，并不能达到预想的效果，甚至可能为孩子以后步入社会留下隐患。

父母对孩子的期望，本身是一种教育力量。但父母应该认识到孩子的实际表现并不是取决于父母期望值的高低，并不是期望值越高孩子进步就越快。适当的期望会对孩子起到积极的暗示作用，促进孩子能力提高。但过高的期望值，严重脱离实际，已经超过了孩子的实际能力和水平，是孩子经过努力也达不到的，如果孩子在尝试的过程中屡遭挫折，会在很大程度上打击孩子的自信心，这时期望只会起到消极作用。如果父母再进行高压，孩子就会被高期望压得喘不过气来，失去生活的勇气，有的甚至走上绝路。

四、改善独生子女家庭教育状况的策略

我国独生子女群体将会在很长一段历史时期中存在，独生子女从本身特质上与多子女家庭的孩子没有差别，只是在家庭环境中处于独特的地位，导致他们具有与多子女不同的一些特点，对独生子女实施家庭教育，不仅要遵循家庭教育的目的、原则、内容、方法，还要针对问题给予特别的思考。

(一)树立正确的教育观念

独生子女教育上的失败，主要原因在于家长过于在乎"独生"的状态，缺乏健康的心态，没有树立正确的教育观念及教育方法的不当。因此，父母要做到：

首先，家长应摆正独生子女在家庭中的地位，淡化独生意识，不要全家都围着孩子转，不要让孩子感受到自己一直在受到特殊对待，改变独生子女在家庭中是重点保护对象的特殊心理。要正确对待孩子的要求，如果是合理要求可以满足，如果是不合理的需求要坚决拒绝，不能无限制地满足孩子，更不能以此作为让孩子听话的方法。

其次，以发展的眼光去看待独生子女的教育问题，树立合理的教育期望。家长不要以成人的标准去要求孩子，对他们的期望要符合实际，从孩子的个性、心理特征出发，因材施教，采用孩子易于接受、乐于接受的方式方法，而不应该不切实际地一味对孩子提出过高的要求，寄予孩子过高的难以承受的期望值，这样只会适得其反。对孩子的教育方式也要严而有格，爱而有理，无论是表扬和批评都要有理有据，特别是孩子犯了错误时，更要将严格要求和耐心诱导相结合，使独生子女体会到家长是合情合理、真诚地关心他们的，要严禁体罚和变相体罚。

再次，重视良好意志品质的培养。在家庭教育中，培养孩子的主动性、独立性是十分重要的。家长要注意对孩子的启发诱导，让他们逐步学会自觉地去计划和检查自己的言论与行为，让孩子自己的事情自己做，培养孩子独立学习和工作的能力。良好意志品质的培养要从日常生活小事做起，对年龄小的孩子，父母要对其进行必要的指导与安排，如什么时候完成家庭作业，读什么样的课外书，完成何种家务劳动等，但在交代孩子做这些事时，应讲明这样做的原因，让孩子明白这样安排的目的。对于年龄稍大，已经有一定独立性的孩子，家长可以逐步放手让孩子自己制定计划，自觉去执行计划，最终使孩子能自觉、主动、独立地去计划和完成学习、工作任务。

最后，保持家庭教育的一致性。家庭对独生子女教育的一致性，是指在家庭教育中家长自己、家长之间、家长与学校之间对独生子女的教育目标、要求、态度和方式方法上应保持一致性，为独生子女健康成长创造一个和谐的良好的环境氛围。实施教育的各方不能从各自的意愿和好恶出发，而是应保持一致。家庭教育的一致性对孩子的成长是非常重要的，如果家长对于孩子的教育目标以及方式方法差别较大，例如父母一方采取过于严格的教育方法，而另一方溺爱纵容，那么父母双方的教育效果会互相抵消，使孩子分不清该朝着哪一方向发展，无论是对孩子智力发展还是心理、品德培养都会起到负面作用。

（二）营建独生子女家庭教育环境

教育对独生子女的成长起着决定作用。独生子女所处的学校和社会的教育与非独生子女是相同的，所不同的是家庭的环境和家庭的教育影响作用可能同非独生子女的影响作用不同。应该说，独生子女的家庭环境和教育对他的作用更大一些。因此，家长应该不断优化独生子女的家庭教育环境，充分利用有利条件，积极进行教育，方能见成效。

1. 提供适度的物质生活条件

随着家庭经济水平的提高，很多家长都在努力为孩子提供优质的物质生活条件。但家长应注意的是物质生活条件要有一定的限度，要以保障身体健康、满足学习需求、发展情趣情感为基本的衡量标准。对于孩子合理的需求，要给予满足，但对于不合理的要求，奢侈性的要求，要坚决说"不"，不能将家庭生活安排得过于舒适，不要使孩子养成盲目攀比、贪图享乐的不良习惯。

2. 打造和谐的家庭气氛

孩子从出生加入家庭开始，就开始受家庭环境气氛的影响。父母和睦相处，对待老人尊敬照顾，家庭成员互爱互助，家庭氛围和谐愉快，孩子可以经常保持心情舒畅，有利于孩子活泼、开朗、乐观的性格形成，有利于孩子的身心健康，其智商一般都高于在不良心理环境中长大的孩子。这些基本素质常常是孩子接受其他教育的重要基础，对于孩子长大后的社会态度、道德品质也有重要影响。作为合格的父母，为孩子创设一个温馨和谐的家庭氛围是家长最基本的责任。

父母首先要在创造和谐的家庭气氛上取得共识，在家里要和睦相处。家长所面临的工作、生活、学习方面的压力很大，日常琐事也很多，但是要有意识地保持乐观的态度，遇到问题多往积极方面想。如果因为一些家庭琐事或者是在孩子教育方面产生分歧，千万不要在孩子面前争吵，如果父母在孩子面前争吵，甚至大打出手，不但严重影响父母的威信，还会对孩子造成严重的心理伤害。如果父母一方有时做得不好时，另一方不要指责，提示一下就可以。要注意调整和控制自己的情绪，不要随意发泄自己的负面情绪，在家中也要尽可能地维护良好形象。很多家长在外面很注意自己的形象，即使遇到问题也能控制自己的情绪，但往往把坏情绪留给了最亲近的人。如果父母在家中对孩子不善于调节控制自己的情绪，就有可能破坏了家庭和谐的气氛，损伤子女的人格。

3. 创设与同伴交往的机会

同伴交往对于幼儿社会性的发展和个性的塑造起着重要作用，同伴交往对于缺少兄弟姐妹的独生子女来说，显得更为重要。据研究表明，同伴交往能够弥补独生子女因缺少兄弟姐妹影响而存在的缺陷。同伴间最自然有效的交流方式就是进行符合幼儿天性的游戏和活动，年龄相近或相仿的幼儿在认知水平、情感态度发展上比较相近，能够互相吸引并有相同的爱好，一起游戏和活动成为一种自然而然的事情。幼儿可以在活动中通过频繁的交流丰富自身的经验体验，在共同解决问题或冲突的过程中理解他人，这也是推进去自我中心化的过程。父母要让孩子到院子里、公共场所去玩，大一些的时候要让他们和同伴上街、逛公园等，让孩子学会与同龄人交往。为独生子女创造与同龄伙伴交往和参与社会生活的机会，可以增进孩子们相互间的了解，沟通思想感情，开阔眼界，增长见识，发展智力，提高交际能力和适应周围环境的能力；让孩子参加户外集体活动，还可以锻炼身体，增强体质，提高防病能力，坚强意志，培养勇敢顽强、团结协作、互相谦让的精神和品质。总之，良好的同伴交往可以培养孩子的集体观念，有利于个体社会化发展。家长千万不能将独生子女困在家庭小范围里闭门培养，虽然表面上降低了危险，但长期下去，容易使孩子养成孤僻、心胸狭窄的缺点，不善交际的孩子一旦进入社会很难习惯集体的生活。

(三) 实施适当的挫折教育

独生子女父母对孩子的爱往往比多子女父母对孩子的爱更加强烈，这种强烈的爱很可能形成溺爱，对孩子过度关心、过分宽容，让孩子沉浸在家庭的温暖中慢慢成为了温室的花朵，变得娇气。为了避免这种情况，家长应该注意把慈爱和严格要求结合起来，做到既要有爱，又要有教，要肯于让孩子吃点苦。孩子的性格特点、行为习惯、道德品质的养成都是在日常小事中慢慢积累形成的，父母在管教孩子的时候，孩子会通过撒娇、哭闹等方式来抵制父母的教育，有的父母不忍心看到孩子哭，就妥协了，该要求的不要求了，不该满足的要求却满足了，殊不知，这其实并不是爱孩子的正确表现，而是在害孩子。现在家庭的生活条件愈来愈好，愈来愈舒适，如果只顾让孩子过得舒服、安乐、甜蜜，而不对孩子进行吃苦耐劳的教育，往往会使孩子养成只图安逸享受，不愿付出劳动的坏毛病。所以，父母不要过分疼爱孩子，要对孩子进行适当的挫折教育，要敢于让他吃点苦，受些累。有许多家长给自己的独生子女设置一些障碍、困难的环境，让他锻炼，这是很必要的，不能总担心孩子的冷热，生怕风吹太阳晒，"独苗"更需经风雨，不能只养在温室里，否则就会越养越娇。

良好的思想品德、行为习惯都是在实践中养成的，要让孩子健康长大，就要学会放手让孩子做他该做的事情。孩子能走路了，就不要总把他抱在怀里，让他自己多练习走路，即使摔跤，也要让自己再站起来继续走；孩子能自己吃东西了，就不要再喂他；让孩子逐渐学会叠被子、洗碗、扫地等家务活，提高孩子的自我服务能力。鼓励孩子自己决定自己的事，自己支配自己的言行。家长要注意在这一过程中，不要对孩子要求太过苛刻，鼓励孩子勇于实践，帮助孩子在实践中吸取经验教训，不害怕挫折与失败。

顽强的毅力和坚持不懈的性格是孩子克服各种困难、坚决完成任务、实现预定目标的一种意志品质，是孩子取得成功的可靠保证。这种毅力和坚持性，是孩子在家长的教育引导、感染示范的作用下逐步培养和发展起来的。在毅力和坚持性培养的初期，孩子更多是依靠外部影响，特别是通过家长与教师的启发、引导与激励下来坚持完成工作和任务的，这种工作或任务完成后的喜悦心情和心理体验多了，就会变为良好的意志品质，变为依靠自身顽强毅力和坚持不懈的精神来克服困难、完成任务的自信心。与其相反，薄弱的意志和不良的品质则是孩子在困难面前缺乏信心和勇气的原因，以致孩子做事无恒心，常常半途而废。这是因其父母的溺爱，使孩子产生了依赖性、懒散性，丧失了意志力和毅力造成的。

(四)培养孩子的自理能力

有些家长总担心孩子会累着、磕着、碰着，什么事情都不让孩子干，孩子自己可以干的，也由大人包办。孩子得不到生活锻炼，日子一长，就会变得懒惰、怕苦怕累，缺乏生活自理能力。父母应该让孩子从小就学着自己管理自己的事情，从简单的事情学起，从小事做起，逐渐再让孩子学会帮助大人做家务事，这样孩子的自理能力就会慢慢提高。独立生活能力强了，才能成为具有创造精神，敢于大胆探索，创立一番事业的新一代。

要让孩子理解生活自理的重要意义，从思想上改变孩子依赖父母的习惯。人成年以后要逐渐走向社会，要升学、就业、组建自己的家庭，自己终究是需要独立生活的，不可能一直依靠父母，因此一定要自立自强。孩子的生活自理意识一旦觉醒，就会建立起生活自理责任感，也就愿意学着做自己该做的事情了。家长可以以生活自理记录表的方式，检查孩子每周生活自理的情况。这样，既巩固所学方法，又利于孩子养成良好的生活自理习惯。

在家庭生活中，要给孩子创设必要的条件。例如：孩子学习用品的摆放，最好有自己的空间；衣服存放点要相对固定，便于孩子取放等。同时，父母要以身作则，起到表率作用，以巩固孩子的正确观念。

鼓励孩子从身边的点滴小事做起。家长可引导、鼓励孩子帮助父母经常干一些家务活，如洗菜、洗碗、浇花、扫地、拖地板、擦窗户、买日用品等。家长在孩子最初做一些家务时，应留下较简单或最后一个步骤让孩子自己做，然后根据孩子做的熟练程度逐渐增加难度和要求。为了帮助孩子形成帮家长做家务的习惯，家长可以在孩子这种习惯未形成时期适当给予物质或精神奖励，以此达到鼓励的作用。

　　总之，独生子女的家庭教育相对于非独生子女家庭来说，有其明显的优势，同时也存在着教育困难。但只要家长多思考，用适合独生子女的教育方法和策略，就能最大限度地促进独生子女的发展。

第四节　单亲儿童的家庭教育

　　单亲家庭是一种不完全核心家庭，就目前国内而言，对它的定义并没有统一的说法。《中国大百科全书》认为，"核心家庭中配偶一方因离婚、死亡、出走、分居等原因使家庭成员不全的家庭，又称残破家庭、破裂家庭、单亲家庭"。在《婚姻家庭大辞典》中，单亲家庭被界定为父亲或母亲一方与未婚子女共同构成的家庭，核心家庭因夫妻一方去世或者离异而成。

　　单亲家庭包括父母离异后子女归一方抚养的家庭，单身领养子女的家庭、未婚生育造成的私生子与其父或其母共同组成的家庭、分居丧偶造成的缺父少母家庭等。在当前中国社会大量的单亲家庭中，尤以离异造成的单亲家庭最多，在这些众多的单亲家庭中，父母在子女教育问题上多多少少存在着偏差，从而影响了孩子的正向发展。

　　长久以来，我国的单亲家庭并未像西方国家那样成为一个突出的社会问题。然而，近年来随着我国社会的发展与演变，人们的道德意识逐渐淡漠，加之不断增多的意外事故、疾病等因素的影响，单亲家庭呈逐年上升趋势。因此，单亲孩子的家庭教育也成为一个十分突出的问题。如何认识这种特殊性并采取有针对性的措施对单亲家庭子女进行教育，成为家庭教育研究中的重要课题。

一、单亲家庭的类型及产生原因

单亲家庭主要分为离异式、丧偶式、分居式、未婚式。

(一)离异式

离异式单亲家庭是指夫妻双方经法定程序解除婚约,父母一方与未成年子女共同生活的家庭。离异原因大致为:婚外恋、双方经济收入悬殊、性不和谐、家庭亲缘关系处理不善及其他原因。

20世纪60年代以来,各国离婚率呈逐年上升的趋势。据统计,在美国近10年来出生的儿童中,40%~50%生活在单亲家庭中。其他国家如英国、日本等离婚率也逐年增高。中华人民共和国成立初期,我国婚姻家庭关系比较稳固,而近年来随着经济的发展,离婚率也急剧上升。据民政部发布的2020年社会服务发展统计公报显示,2020年依法办理离婚手续的夫妻共有373.6万对,离婚率为3.1%,相较2000年0.96%的离婚率,飙升近3倍。[①]

可见夫妻离婚是导致离异家庭子女成为社会问题的症结所在。离婚率的增长导致离异家庭的子女增多,其对社会的消极作用也就越大,这也是全社会对处于缺损家庭中成长的离异家庭子女更应该予以关心和重视的原因。

(二)丧偶式

丧偶式单亲家庭是指因配偶一方去世,另一方与未成年子女共同生活而形成的家庭。这种家庭最突出的问题是家长既要当父亲,又要当母亲,精力不足,生活压力大,往往出现顾此失彼的现象。但丧父或丧母家庭对孩子精神上的打击是突然的,而且这种失亲之痛只有在克制之后孩子才能很快振作起来,自立自强,不怨天尤人。

---

① https://www.mca.gov.cn/article/sj/tjgb/.

（三）分居式

分居式单亲家庭是指仍保留夫妻名分，在一定程度上夫妻的权利、义务得以保留，但夫妻不共同居住在一起的家庭。

中国的分居式单亲家庭与西方分居式单亲家庭有本质的差别。中国当代分居式单亲家庭形式主要有两个特点：一是夫妻处于准离婚状态的分居，与西方别居制度下的分居相类似。二是夫妻两地长期分居（由于工作、出国、服刑等原因），子女与父母一方共同生活，这种分居式单亲家庭较多。

（四）未婚式

未婚式单亲家庭指未婚男女未办理法律手续同居后，未婚者的一方与未成年子女共同生活的家庭。这种家庭以未婚母亲与非婚生子女共同生活为主。就目前我国的现状而言，由于种种原因，单亲母亲家庭的数量远远大于单亲父亲家庭的数量。

二、单亲家庭教育的主要问题

儿童的健康成长需要一个具有保障机制的家庭，儿童在父母双亲的抚爱和教育下能产生一种安全感，从而有利于其身心健康发展。而单亲家庭中，由于家庭结构的不完整、爱的缺失，以及生活和社会方面的压力等，会给孩子的成长带来一定的负面影响。

（一）单亲家庭儿童的心理问题

单亲家庭中的孩子本该和健全家庭中的孩子一样，生活在父母温暖的怀抱里，享受着童年的快乐。但是，他们却遭遇到家庭中的裂变，父亲或母亲的离去无疑会给这些尚未发育成熟的孩子带来不同程度的冲击甚至伤害。如果得不到及时、恰当的关心和教育，孩子就容易在情感、认知、行为等方面出现一些问题。

1. 情绪情感

单亲家庭无法保持家庭的完整性，无法享受到父母完整的爱，尤其是因为离异、丧偶等突变原因而导致的单亲家庭会给孩子心理造成严重创伤。单亲家庭的孩子具有不爱交际，孤僻、冷漠，甚至撒谎、敌视他人等与社会不相适应的心理反应。

(1)消极情绪占优势。当孩子的欲望和需求受到外界的干扰而不能实现时，安全感与幸福感消失，易产生愤怒的情绪体验，常常会因为一点小事而惊恐不安，容易发怒；有的表现为因为父母离异而感到羞耻，怕人耻笑，而把自己孤立起来，不愿同别人交往。离异家庭子女表现出强烈和较强烈的恐惧感，害怕失去家庭的温暖，害怕别人的歧视，害怕自己活成父母的累赘。

(2)情绪波动。父母缺失给孩子心灵上留下了难以磨灭的痕迹，表现在情绪不稳定，容易大起大落。尤其是离异所造成的不稳定家庭环境，对孩子情绪情感发展影响明显，离异家庭子女不良情绪发生率相对高，他们在情绪体验上往往是否定的，但在情绪反应的程度上却是强烈的。离异家庭中，男孩多具有明显的情绪不稳和倔强表现，女孩则更多表现为焦虑。

2. 个性心理

破裂家庭的夫妻由于感情纠葛，不仅无力顾及孩子，还给孩子带来不能摆脱的情感负担，使孩子心理上的积极因素被抑制，加之同伴的讥笑和轻视，给孩子的心灵带来严重的创伤。因此，单亲家庭子女多表现出不健全的心理面貌。

社会学研究表明，在儿童时期(3~12岁)，母爱对子女的发育有至关重大的作用，如果失去母亲，会造成子女的情绪波动大和不安宁。在青少年时期(13~18岁)，由于子女的社会性有所发展，与父亲的关系显得十分重要，在此期间，子女若失去父母的一方，越轨行为的比例都较大。

单亲家庭的孩子会很明显的有人际关系上和心理调适上的各种问题，需要更多的关注。一般来讲，单亲孩子较易出现以下心理问题：(1)自卑。自卑是单亲家庭儿童最容易产生的心理。家庭的破裂，就像是"天降横祸",对缺乏心理调节能力的孩子来说,一时难以面对,往往会感到无所适从、闷闷不乐。他们自感家庭的处境大不如前,自己低人一等,社会的传统偏见和舆论也压得他们抬不起头。(2)焦虑。父母一方的缺失,使原本温暖健全的家庭不复存在。孩子心中的安全感和幸福感荡然无存。特别是在那些经历了暴力或冷战的家庭中,孩子目睹了父母间的攻击和敌视,甚至成为父母泄愤的出气筒,整天生活在恐惧和担忧中,患得患失,焦躁不安。(3)嫉妒。单亲孩子比其他的孩子更敏感,更渴望他人的关爱,所以表现出极强的自尊心和占有欲。但是,单亲家庭的孩子,无论在物质上还是精神上,所能获得的享受,一般来说不如健全家庭的孩子。由于得不到本应拥有的一切,孩子会感到心理不平衡,就容易从最初的羡慕演变成嫉妒、憎恨。①

3. 性格

通过与完整家庭子女性格的比较发现,无论是问题行为的发生率,还是同伴关系,在自我态度方面,离异家庭子女与完整家庭子女之间都存在着显著差异,离异家庭子女具有一些明显的容易产生的性格缺陷,主要表现为孤僻、怯懦、敏感、暴躁等。

(1)孤僻。单亲家庭子女由于自卑而引起自我评价较低,这使他们形成扭曲的自我形象,唯恐受到别人的轻视和排斥,所以不能正确对待自己和别人,造成对他人的冷漠,往往无友或少友。离异家庭的孩子在父母婚姻关系存续期间,长期感受着家庭矛盾、父母间冷战,更容易形成孤僻的性格。

(2)怯懦。表现为胆小怕事,容易屈从他人,在困难面前惊慌失措,经不起打击,这主要是孩子的不安全感和父母的不良教育方式造成的。

意志薄弱的离异家庭子女易形成怯懦性格。他们胆小怕事,容易屈从他人,无反抗精神,在困难面前惊惶失措,感情脆弱,经不住挫折和打击等。夫妻离异后,往往把希望寄托在子女身上,对孩子管教严格,使孩子

---

① 张桂敏,李群,李连英. 现代家庭教育导读[M]. 济南:山东教育出版社,2009:3-54.

望而生畏，总是担心自己使父亲或母亲失望，时时体验着恐惧的情绪。此外，同伴的讥笑和轻视，也会使离异家庭子女造成严重的心理创伤，表现出抑郁和退缩。

（3）敏感。一些单亲儿童由于家庭结构解体而变得自卑，常常在无形中贬低自己，觉得自己"低人一等"，疑心重，为人处世都非常敏感。总怀疑别人在议论自己，猜疑别人是不是在说自己的坏话，猜疑老师、同学是不是不信任自己了，有时还会把别人的善意曲解为恶意。

（4）暴躁。易冲动而又意志薄弱的孩子易造成暴躁的性格，其核心是冷酷无情，尤其是在离异家庭中，父母争吵、打闹极易使孩子产生冷酷、悲戚心情。家庭破损后，又易导致孩子的惊慌、恐惧、心绪不定的情绪，长此下去，就会形成粗暴的性格。

（二）单亲儿童家庭的智力困惑

单亲家庭孩子的身心健康容易受到严重影响，其智力发展也必然受阻。尤其是在孩子感受到完整家庭的温暖之后，由于家庭变故导致单亲状态，会严重影响孩子的情绪状态，情绪上的不良反应会影响到孩子的学习态度，无法集中精力学习，必然影响学习成绩。而且，当孩子在学习中遇到困难时，由于失去了良好的学习环境，父母无法适时地给予帮助和督促，会增加他们的学习无力感，从而导致成绩越来越差，影响其智力发育。因此，大部分单亲家庭子女在学习成绩上明显不如完整家庭子女。许多单亲家庭子女经常无故旷课，扰乱课堂秩序，做作业马马虎虎或抄袭别人，甚至不完成作业，所以，他们中的不少人逐渐成为班级里的差生。

总之，由于不良心理品质的影响，单亲家庭子女的非智力因素发展处于更加不利的状况。这类孩子即使智力天赋非常优异，但由于在非智力因素的发展上存在很大缺陷，对智力开发和全面发展都存在许多不利影响。

（三）单亲儿童家庭教育投入较少

这里讲的家庭教育的投入包括经济上的投入和精力上的投入。在经济投入方面，单亲家庭相较于完整家庭来说，由于经过家庭变故，经济上遭受损失也在所难免。在单亲家庭中，家庭经济收入由父母两份的收入减少到一份，由单亲家长一人承担家庭生活的重担，用在孩子学习和生活上的资金会相对减少。在教养精力方面，孩子长期随父母一方生活，家长要工作，还要独自处理家庭琐事，在孩子教育上所花费的精力会相对减少。而且对于单亲家庭的孩子来说，不仅是父母一方有所残缺，而且也很难享受完整的祖辈教育，无法受到足够的关爱。家庭教育投入较少的情况在单亲母亲家庭中更加明显，一般来说，之前父亲的收入通常是家庭的主要经济来源，而现在由母亲一人挑起了家庭的重担，经济收入相对减少。虽然离婚后夫妻双方都要履行抚养未成年子女的义务，但由于家庭成员阻挠或其他多种因素的影响，很多家庭的子女抚养费不能得到有效落实。单亲母亲每天除了工作还要做家务，照顾孩子，同时承受一定的社会舆论压力，使得对孩子的教育资金投入额、教育时间和精力投入量较之以前大大减少。

（四）单亲儿童家庭亲子关系失调

居里夫人曾说过："一家人能亲密合作，才是世界上唯一的真正幸福。"一家人相互关心、尊敬、理解、信任的和谐的家庭氛围是孩子健康成长的必要条件，而离异家庭的子女缺乏的正是这种氛围。

在经历家庭变故以后，由于父母无法快速调节自己的状态，孩子有可能继续生活在不良的家庭氛围之中。究其原因，从客观上讲，单亲家庭中，夫妻带孩子的一方想为孩子创造好的生活条件，为工作、生活而到处奔忙，对孩子的照料、教育不够。孩子放学后缺少家庭的陪伴，内心难免失落。从主观上讲，由于家长自身调节能力差，有的会把离异后自己的不良境遇归结到孩子身上，拿孩子发泄自己的不满，导致亲子关系紧张；有的家长缺乏必要的教育知识，对孩子教育方式不良，想弥补家庭残缺给孩子带来的伤害，从而过分地溺爱孩子；有的家长出于对伴侣的失望，把希望全放在孩子身上，对孩子期望过高，过于严厉，而造成不良的家庭气氛。

在亲子沟通中，一些单亲家庭的家长在亲子沟通的过程中，常常给子女一些负面的不恰当情感暗示。如有的家长习惯性地将家庭中出现的各种问题以及子女遇到的各种挫折归咎于家庭结构的不完整，并把这种情感意识传输给子女，导致孩子产生对自身以及家庭的错误认知。还有一些离异单亲家长，因为自己与原配偶的持续矛盾冲突关系，将自己对不在位家长的负面看法与情感强化给子女，并不惜加大人格上的贬低力度，以疏远子女与不在位家长的亲子关系。久而久之，不在位家长与单亲子女之间的隔阂甚至是矛盾将会升级，单亲子女性格也容易朝极端化方向发展。

三、提升单亲家庭教育效果的策略

单亲家庭因为失去了一个重要的家庭成员，特别是在孩子成长中占据重要位置的人，势必对孩子的成长有一定影响。相对于完整家庭，单亲家庭所面临的家庭主要问题使子女心理特征等方面都表现出一定的差异性。但是，这并不等于说单亲家庭的孩子一定是问题孩子。家庭教育的任务就是尽量减少或降低对孩子成长的负面影响，只要家长教养得法，孩子积极面对，单亲家庭同样可以造就成功之才，将这些负面影响转化为正面的激励，化腐朽为神奇。

单亲家庭中无论从数量构成还是从子女教育存在问题程度来看，都以离异家庭为甚。因此，我们对单亲家庭教育问题化解对策的探讨，将以离异式单亲家庭作为重点，同时兼顾其他单亲家庭类型的共性与典型特征进行。

（一）形成和谐的家庭氛围

较在正常家庭中成长的孩子而言，单亲子女因缺乏健全的爱而更容易产生一些心理或人格上的问题。家庭关系的和谐与否，教导孩子方式的正确与否，都和孩子的成长息息相关。也就是说，一个家庭的好坏要看组成这个家庭的成员，尤其是家长用什么样的态度来维系这个家庭，成员之间用什么方式进行沟通，是否相互接纳，用什么方式来共同解决问题，遇到难题如何相互慰藉，这些对生活在单亲家庭的孩子来说是最重要的。

在单亲家庭中，家长的心态尤为重要。压抑、沉闷的家庭氛围不仅摧残大人，更伤害孩子，乐观的家长才能培养出快乐的孩子。对单亲家长来说，由于遭遇各种不幸，调整好自己的心态确实不易。但是，为了孩子也为了自己，家长一定要振作，不能把不幸的阴影留给孩子。停止对对方的怨恨，擦干悲观的眼泪，特别是在孩子面前，要乐观从容地面对一切，这样才能让孩子有安全感。单亲家庭如果家庭关系和睦，亲子关系健全，子女也可以得到良性的发展，并且可能因为家庭"结构"的不完整性而变得更具独立性与责任感。因此，单亲家庭的父母要注意提高对子女的情感维度，为孩子营造一个相对和谐的家庭氛围。

父母对子女的情感投入决定着子女对父母的情感体验，这种情感体验影响到孩子智力发展、人格完善以及社会化进展。在单亲家庭中，离婚对离异家庭气氛带来的消极作用是十分明显的，远远大于父母一方离世。由于离异而产生的单亲家庭，其家庭氛围是比较消极的，这种消极影响从离异前一直会持续到离异后的家庭生活，对离异者以及孩子都有着严重的消极影响，而家庭气氛紧张的主要根源在于离异的家长。由于离婚者在行为、健康、情绪等方面受到严重的消极影响，就必然会导致他们对家庭对子女的情感、态度和方法上出现明显偏差，比如无暇整理家庭环境，生活无规律，对孩子照顾不周。这种影响在离异女性身上表现得比离异男性更为强烈，而大多数单亲家庭都是以母亲为核心的家庭。

为此，家长就必须克服自身的消极情绪，改善与其子女的亲子关系，提高情感维度，营造良好的家庭氛围。对于离异家庭来说，家长自己应对离婚有一个正确的认识，离婚并不代表着某个人生活的终结或道德上的败坏。离婚后还是同样有美好的生活，使自己的子女得到良好教育。对于丧偶家庭，家长要尽快从痛苦中走出来，振作精神，积极生活，关心爱护子女，让孩子感受到即使缺失了父母一方，但家庭温暖依旧存在。所以营造和谐的家庭氛围的关键在于家长自己应树立生活的信心和对孩子的责任心，应有正常的生活习惯和规律，为孩子创造一个相对平稳的家庭环境，给孩子以热情和慈爱，并帮助其克服生活上、学习上的种种困难。同时，父亲或母亲要满足孩子的基本物质生活要求，虽然家庭经济条件可能会因为离异而变差，但是，父亲或母亲要合理安排家庭生活，保证孩子生长发育时期的基本生活需求，包括基本的文化学习用品，参加社会实践活动及文体娱乐活动所必需的费用等。有机会、有条件可带子女外出旅游，经常与孩子一起做有意义的事，如看电影、散步、谈心、一起做手工等，加大对子女的关注和情感投入。这样才能使孩子从家庭破裂所带来的创伤中得以治疗，使他们能重新树立生活的勇气，感到家庭的温暖，只要家长自己能以正确的态度对待离异，与子女相依为命的客观条件会更增进亲情，依旧能够创建一个和谐的家庭气氛。

(二)通过亲子沟通祛除孩子消极心理

亲子关系是心理与行为问题的中介，尤其是父母与子女的关系是否融洽对其子女的影响会更大。单亲家庭，尤其是离异或丧偶家庭，由于家庭的突然变故，会给孩子心理造成很大的不良影响，孩子容易出现消极情绪。良好的亲子关系有助于单亲家庭子女克服恐惧、自卑等不良心理，让他们感觉到无论家庭是否完整，父母仍然会给予他们照顾，仍然会像以往一样爱他们。如果子女担心被父母抛弃，他们的适应性问题就多，这种恐惧感越强烈，就越阻碍单亲家庭子女的适应。因此，单亲家庭的父母要重视对子女的照顾，在生活中注意与子女进行经常性的沟通与交流，对孩子进行适时的情感疏导，让子女感觉到父母对他们的爱与关怀，帮助他们顺利平稳地应对各种心理焦虑。

首先，直面现实，引导孩子正确认识单亲家庭的存在。孩子由于年龄小，心理承受能力脆弱，所以在这种家庭结构的剧变前，表现出的惊慌绝望和痛苦是可以理解的。社会舆论对他的压力，小伙伴的嘲笑也会使其背上沉重的心理包袱。所以，家长除了以自身的正确态度为孩子作榜样外，还应努力去帮助孩子自视现实，提高认识，重新树立生活的信心。

对于离异单亲家庭的孩子来说，无论父母如何深思熟虑，离婚的决定对孩子来说都是被动地承受，孩子的接受需要一定的过程，因此，一方面家长要向孩子说清离婚的原因，这有助于孩子体谅、理解父母的行为。要让孩子明白父母离婚并不是因为他，引导孩子理解父母离婚的决定，并接受父母离婚的事实。父母可以告诉孩子，尽管父母离异，但并不是不要孩子，还是会像以前那样关心爱护他的。另一方面，家长帮助孩子树立离婚并不是一件丢脸的事的观念，减轻其心理上的压力。要注意帮助孩子克服被拒绝感、羞耻感、无能感，让孩子能够正视它、面对它，尽量减少家庭变故对孩子的负面影响。

其二，让孩子与离异的另一方保持良好的联系与交流。定期安排孩子与父亲/母亲见面交流，不要因为自己的感情问题影响到孩子的情感。保持孩子对爱和忠诚的理想，不要强迫孩子做出跟谁的选择，不要设法使孩子去憎恨某一方，也不要向孩子撒谎说对方"死了"之类的话，要尽量保持孩子的亲情观。

其三，在亲子沟通的方式上，应以表扬为主，增强子女的自信心。比起完整家庭的子女，单亲家庭子女更需要关心和爱护。过分的责备只会伤害他们的自尊和自信，造成他们提防、戒备和疏远他人与社会的心理。家长要注意从孩子的优点和长处入手，多给鼓励和关怀，帮助孩子克服自卑感，唤起孩子的自信心，增强孩子与单亲家长交流的愿望。在生活中关注孩子的感受，当孩子遇到挫折与困难时，及时予以引导与帮助；利用假期和孩子一起进行家庭活动，如购物、外出旅游等，增进亲子感情。

(三)创设孩子的人际交往环境

人的发展不能脱离社会而进行，单亲家长应当鼓励孩子积极参与社会活动，增强交往意识。一方面，鼓励孩子积极参加集体活动，主动与人交往，养成开朗、乐观的性格；另一方面，单亲家长要认识到"以孩子教育孩子，以孩子影响孩子"是促进孩子社会性发展有效的措施。有意创设条件，鼓励孩子进行同伴交往活动，在同伴互动中学会如何处理与他人的关系，体味合作、共享带来的快乐，培养尊重自己、尊重他人、助人为乐等良好品质，不断提高子女的交往能力，促进其社会化进程。

1. 强化交往意识

离异家庭子女心理调适的效果如何，可以从他们的交往行为上得到反映。离异家庭子女由于家庭突然变故（也可包括父母某一方的丧失），亲子交往受到遏止，因此交往意识也会自觉不自觉地发生自我压抑，这种自我压抑必定产生自我疏离，即不仅会对已经熟悉的父母突然产生陌生感，认为父母的举动与自己所熟悉的父母形象相距甚远，从而产生回避心理反应，甚至认为自己成为家中的多余者，与父母或同伴的交往意愿下降。但事实上，离异家庭子女在孤独、寂寞、焦急、沮丧、悲哀的心境和无助感中，非常需要他人的同情、理解、支持和帮助，最好的支持和帮助往往来自亲人。① 因此父母或亲属必须主动与孩子交往，强化孩子的交往意识，并创造条件让孩子同同伴交往，让孩子在与亲人共同的游戏学习交往中逐渐忘却不幸的家庭背景，使亲子关系、同伴关系得以改善，社会性得到良好发展。

当然，对于丧失父（母）的家庭来说，外力的影响不可抗拒，一般情况下，子女及父母都能从痛苦中站起来，很好地生存、发展下去。虽然其家庭教育存在一定弱势，但孩子仍具有一定的自我教育能力，仍然有发展成才的机遇。

2. 家校协作

学校对单亲子女的影响是多方面的，其中同学和教师，特别是教师是最重要的因素，教师对于学生特别是低年级学生往往会有明显的影响。这些学生对于教师的信任往往大于自己的父母，他们会把老师的思想和行为方式，待人接物的态度作为自己学习的榜样，处处效仿。

教师对待学生的态度对单亲家庭子女的成长有非常重要的影响。面对单亲家庭孩子的孤僻、自卑、敏感等不良心理，教师如果能够重点关注，并给予及时的关爱与帮助，有利于他们尽快从家庭破裂阴影中走出来。单

---

① 彭德华. 家庭教育新概念[M]. 兰州：甘肃教育出版社，2001：160.

亲家庭子女在学校班级中由于精神打击过重而成绩不及格受到小伙伴的嘲讽时，教师如采取专制的态度与同学们一起批评他，不仅会使单亲家庭子女敏感的内心受到巨大的打击，易形成孤僻自卑的性格外，同学们也会纷纷模仿教师的态度，加剧单亲家庭子女的这种不良体验和个性。如果一名教师采取民主的态度，关心、尊重他，不仅可以使其情绪稳定、增强自信，而且还可以帮助其树立在同学中应有的地位。因此家长要与学校加强联系，让老师、同学参与到对孩子的关爱和教育中，使他（她）们不受歧视和冷落，加强同学、同伴之间的互助，消除其孤独感、自卑感。

3. 参加集体性社会活动

单亲家长在带着孩子生活时，切记不要将自己困在家中而减少与外界的联系，要让孩子多参加集体的社会活动，在集体活动中培养其积极情绪和优良性格。鼓励孩子参加社团，提升修养，通过参加社团将家庭推向社会，将孩子推向社会，促进孩子的社会发展。

（四）让孩子直面家庭变故

单亲家庭中由于缺少了父母一方的参与，会使得家庭生活负担加重，有的家长会担心家庭变故对孩子造成较大的心理伤害，故而过分地保护孩子，但这样并不利于孩子成长，而是应该让孩子勇敢地面对生活，正视家庭变故，培养独立性和坚强的意志，逐渐学会承担家庭责任。

1. 正视家庭现实

当家庭出现变故，有的家长出于保护孩子的心理，会用善意的谎言来隐瞒事实的真相，虽然父母的本意是好的，但谎言总有被揭穿的一天，到那时孩子所受到的打击会更大。因此，对于家庭变故，家长不能一直对孩子隐瞒，要适当让孩子了解事情的真相。只有孩子了解了真相，才可能理解家长，正视现实，分担责任，与家长一起克服困难，共同建构幸福家庭。告诉他你们要开始一种新的生活，这种生活和原来相比会有什么不同，需要做哪些调整来适应。要让孩子感受到，无论遇到什么困难，爸爸妈妈都会像以前一样爱她，这一点是永远不变的。当然，选择在什么时间、用什么方式告诉孩子，要根据孩子年龄大小、个性特征以及情感成熟程度来决定。

2. 在生活相依相伴中培养独立性

单亲家庭中的两代人由于家庭成员的缺失，相比完整家庭来说往往在情感上过于亲密，产生一种相依为命的心理，这是一种自然的情感联盟。但是亲子之间的过分依赖容易导致负面问题。单亲家长往往将孩子视为自己生活的唯一寄托，对孩子关注过多，一切以孩子为中心，对孩子的生活包办代替，使孩子从小就养成衣来伸手、饭来张口的习惯。而且，他们还常常采取种种办法限制孩子的活动，生怕孩子会出问题。孩子事事不能独立，没有机会亲自体验一些生活中必不可少的"风险"，这就会造成孩子缺乏独立意识，一旦离开了父母，便不知如何面对生活中的困难和挫折，过于依赖家长。因此，单亲家长要明确认识到孩子虽然重要，但不应该成为父母生活的全部。家长应该有自己的生活安排和独立支配的时间，有自己的生活和工作追求，家长给自己时间的同时也就给了孩子成熟的机会。家长要以积极的生活态度为孩子带来良好的示范，给孩子一定的自由，放手让孩子做事，培养孩子独立生活的意识和能力，让孩子学会为自己负责，学着承担家庭责任。

3. 训练孩子的抗挫折能力

单亲家庭对孩子的个性发展会产生种种不利影响，但也为孩子提供了接受困难挫折和艰苦锻炼的机会。父亲或母亲要利用这一教育优势，磨炼孩子坚强的意志、吃苦耐劳的精神。无论是父母失败的婚姻还是亲人的骤然离世，对孩子来说都是人生道路上的一次重大挫折，一时之间很难接受。父母要对孩子进行积极引导，让他们以坚强的意志去面对今后人生道路上的大小挫折，培养积极向上的生活态度，鼓励孩子在逆境中成才。

4. 安排孩子力所能及的家务劳动

单亲家庭由原来两个人承担的家庭经济、劳动，变为一个人承担，无论是精力上、时间上都会加倍付出。建议单亲家庭的家长与孩子沟通，对家务事进行合理分工。根据孩子年龄及能力的大小，指定具体任务，让孩子作为家庭主人，增强责任心，承担家务劳动，这对日后培养孩子的集体荣誉感和社会责任心，也十分有益。如对于低年级的孩子，可以要求他（她）收拾玩具，清理自己的书包；对于高年级的男生，可以要求他买米买油、拖地，清理自己的房间；对于高年级的女生，可以要求她洗衣、整理房间等。缴纳水电费、煤气费等，都可以交给孩子做。这样，家长就可以省下精力与时间，与孩子休闲购物、看电影等，以增进亲情、享受生活。

（五）发展孩子的健全人格

由于个人情感受挫，积蓄了消极情绪，家长有时会无意识地将受挫感通过一些方式施加给子女。比如离异的父母，出于对对方的不满和怨恨，不让孩子亲近对方，甚至对孩子说一些对方的坏话，在孩子心中过早地投下阴影，严重的会在孩子纯洁的心灵中播下仇恨的种子。有的父母想独占孩子的情感世界，不让对方探望孩子，殊不知在孩子心目中，父母是他们的真爱，幼小的心灵既需要父爱来灌溉，也需要母爱去滋润。这样一来，孩子在成长过程中，得到的爱是不完整的，压抑了孩子正常的情感需求，易形成烦躁、郁闷、孤僻的性格，扭曲了正常的心理。还有的家长为了将来组成新家庭，把孩子像皮球似的踢来踢去，容易使孩子心灰意冷，变得冷酷无情。① 这些都不利于子女健全人格的形成。因此，在单亲家庭中，家长要高度重视子女的心理健康情况，通过一系列举措培养子女健全人格。

1. 自尊自信

首先，要给孩子安全感。单亲家庭的家长由于离异或丧偶处在极度的痛苦之中，心情低落，很容易把怨气迁移到孩子身上。在生活中，父母评价子女的行为时，常常以心情为标准，高兴的时候即使孩子犯点错误也不批评，心情不好的时候时候即使孩子取得成绩也不奖励，常常致使孩子无

---

① 汪伯英，皇甫鸿昌. 家庭教育新趋势和对策［M］. 济南：山东教育出版社，2001：81.

所适从，处于恐惧和焦虑之中。其次，让孩子正确地认识人生。告诉孩子父母离婚并不是可耻的事情，不要让孩子认为自己的父母不如别人的父母而产生自卑感。丧偶的父母更应该告诉孩子人生要经历许多痛苦和不幸，面对不幸不要恐惧和害怕，要勇敢地面对人生，鼓励孩子自立、自强、自尊。

2. 性别角色教育

在孩子心理成长过程中，性别角色的获得不是与生俱来的，而是需要在后天社会环境中逐渐习得的。单亲家庭的儿童多数长期和父母单方生活在一起，缺少父母一方的陪伴，甚至缺少父爱或缺少母爱。然而，父母双方在儿童社会化过程中的角色功能是不可相互替代的。特别是在儿童性别角色社会化的过程中，儿童是通过与自己性别相同的一方父/母的认同来完成的。一方父/母角色的长期缺失，可能会对孩子的双性化人格的平衡，各种不同兴趣、能力与思维方式的发展产生不良影响。

对于单亲家庭的父母来说，要特别注意弥补孩子由于缺少父爱或母爱所带来的消极影响。比如对缺少父爱的子女，母亲要加强他们在独立、自主、勇敢、果断等方面的人格教育，让他们多看看有关表现男性优秀品质的影视片与书籍，并有意识地带他们多接触一些成熟的、自信的、有责任心的成年男子，以免形成上面所说的偏阴人格，对于缺少母爱的子女亦要采取对应的措施。

3. 忌讳用金钱补偿孩子

单亲家庭的家长由于不能给孩子一个健全的家，往往会对孩子有一种负疚感，于是就想用金钱弥补孩子受伤的心灵。尤其是离异父母在探望孩子时会经常给孩子钱，对孩子提的物质需求都尽量满足。其他亲人也觉得孩子可怜，有时也给孩子钱。甚至有的家长为了增加自己在孩子心中的重要性，双方争着给钱，看谁给得多。这样的行为无疑会使孩子产生错误的消费观念和习惯。单亲家庭家长给孩子钱要把握好一个"度"，千万不可无遏制地给孩子钱，并要加强对孩子消费的指导，以免孩子形成大手大脚花钱的习惯，甚至挥霍无度，最终走入歧途。

总之，作为单亲家庭的父母，要善于调整自己的情绪，保持理智，面对现实，为了子女健康成长，认真严肃地做好家庭教育工作。

第五节　留守儿童的家庭教育

根据全国妇联 2013 年发布的《全国农村留守儿童城乡流动儿童状况研究报告》的样本数据推算，全国有农村留守儿童 610255 万，占农村儿童的37.7%，占全国儿童的 21.88%。且学龄前留守儿童规模迅速膨胀，学龄前农村留守儿童(0~5 岁)2342 万，占农村留守儿童的 38.37%，比 2005 年增加了 757 万。留守儿童作为一个日益庞大的社会群体，必须引起社会和国家的广泛关注与重视。由于留守儿童的父母长期不在身边，大多数留守儿童的监护人又难以全部承担起教育和监管孩子的重任，由此容易给成长中的孩子带来生活失保、心理失衡、安全失护、学习失效、行为失范等各种负面影响，有的甚至直接影响了孩子的身心发育和健康成长。留守儿童的家庭教育需要我们做进一步探讨。

一、留守儿童概述

"留守儿童"一词最早是在 1994 年提出来的，当时是指父母在国外工作、学习而被留在国内的孩子。进入 21 世纪，随着我国经济社会的发展，工业化、城市化进程的加快，以及我国工业和服务性行业的迅猛发展，农村劳动力大量流向城市，形成庞大的农村留守儿童群体。[①]

留守儿童是在大规模人口流动的背景下产生的，指因父母一方或双方外出务工而被滞留在家的未成年孩子。但是，由于劳动力配置的多样化，留守儿童的范围不能仅局限于农村，现在县城的私立学校也存在大量留守儿童。那些虽然和父母生活在同一城市却很少见面的孩子，也属于留守儿

① 万慧颖.学前儿童家庭教育[M].南京：东南大学出版社，2016：117.

379

童。父母一方外出，一方陪伴在家的孩子，只能称得上是"父爱"或者"母爱"的缺失，称不上"留守儿童"。① 综上所述，笔者认为，我国对留守儿童概念的界定应该是，"留守儿童"即失去父母双方监护，家庭中父母双方外出务工或一方外出务工另一方无监护能力，孩子不能与父母共同生活的不满十六周岁未成年人。

(一)城市留守儿童

城市留守儿童是指在留守儿童的范围内，户籍在城市的那一部分儿童。城市留守儿童的产生一般是因为父母一方或双方较长时间((持续至少半年))外出经商、学习、务工、出差而造成一段时期内的亲子分离现象。城市留守儿童家庭相对农村留守儿童家庭来说经济条件相对富裕，但现实中的亲情缺失让他们感到空虚，他们渴望得到父母的情感。

一般核心家庭是一个稳定的三角形状态存在，爸爸妈妈孩子各站一方，彼此联系而又互相影响。就算祖辈与其生活在一起，也不影响这个家庭三角的稳定存在，子女家庭教育仍然主要由父母负责。但在城市留守儿童家庭中，由于父母一方或双方长期失位，打破了这个家庭三角的稳定存在，孩子的成长过程缺乏父母的管教，那么教育效果会大打折扣。

(二)农村留守儿童

所谓农村留守儿童，通俗而言，就是农民外出务工或经商而留在农村家中的儿童。以下从若干关键指标维度描述该特殊群体的状况：

1. 规模

2018 年农村留守儿童数量为 697 万余人，与 2016 年全国摸底排查数据 902 万余人相比，总体数量下降 22.7%。其中山西、辽宁、吉林、福建、海南、陕西、甘肃下降比例在 40% 以上；江西、山东、重庆、贵州下降比

---

① 王洋洋."留守儿童"德育缺失问题成因及对策研究[D].洛阳：洛阳师范学院，2015：3-4.

例在 35% 以上；浙江、广西、青海下降比例在 20% 以上；黑龙江、江苏、安徽、河南、湖南、广东、四川、云南下降比例在 12% 以上。

2. 区域分布

四川省农村留守儿童规模最大，总人数为 76.5 万，占全国农村留守儿童总数的 10.98%；安徽省农村留守儿童总人数为 73.6 万，占全国农村留守儿童总数的 10.6%；湖南省农村留守儿童总人数为 70 万，占全国农村留守儿童总数的 10.1%；河南省农村留守儿童总人数为 69.9 万，占全国农村留守儿童总数的 10.1%；江西省农村留守儿童总人数为 69.1 万，占全国农村留守儿童总数的 9.9%；湖北省农村留守儿童总人数为 69 万，占全国农村留守儿童总数的 9.9%；贵州省农村留守儿童总人数为 56.3 万，占全国农村留守儿童总数的 8.1%；上述 7 省的农村留守儿童总人数占全国总数的 69.7%，排在前七位的省份与 2016 年相同，相互间排名有所变化，四川省上升为第一位，江西省则从 2016 年的第一位下降到第五位。

3. 监护

96% 的农村留守儿童由祖父母或外祖父母照顾，4% 的农村留守儿童由其他亲戚朋友监护。

4. 性别

男孩占 54.5%，女孩占 45.5%。男女性别比为 129.9；0~5 周岁、6~13 周岁、14~16 周岁男女性别比分别为 126.0、119.0 和 113.8。①

5. 年龄

0~5 周岁的农村留守儿童占农村留守儿童总人数的比例为 21.7%，6~13 周岁的农村留守儿童占农村留守儿童总人数的比例为 67.4%，14~16 周岁的农村留守儿童占农村留守儿童总人数的比例为 10.9%。四川、安徽、湖南、河南、江西、湖北、贵州 7 省的 0~5 周岁、6~13 周岁、14~16 周岁年龄段农村留守儿童总数分别占全国农村留守儿童总数的 71.5%、69.2% 和 76.3%。各省份年龄结构与全国基本一致，表现为 6~13 岁的农

---

① https://www.mca.gov.cn/article/gk/tjtb/201809/20180900010882.shtml.

村留守儿童最大，均超 50%。①

6. 入学

义务教育阶段农村留守儿童比例从 2016 年的 65.3% 上升至 2018 年的 78.2%，在学段阶段呈现更为集中的趋势。未入园幼儿占比 7.1%，幼儿园在读幼儿占比 18.4%，小学在读人数占比 51.9%，初中在读人数占 19.5%，高中在读人数占比 2.2%，中职在读 0.1%，不在学儿童占比 0.8%。②

7. 健康

99.4% 的农村留守儿童身体健康，0.5% 的儿童残疾，0.1% 儿童患病，0.02% 的儿童及残疾有患病。残疾和患病的农村留守儿童达到 4.5 万人，较 2016 年减少 28.2%。③

留守儿童因为父母一方或双方长时间不在身边，即使有祖辈或亲戚作为监护人，也很难做到像父母那样将孩子的生活照顾得面面俱到，因此很多留守儿童从小自理能力较强，生活上比较独立。尤其是农村留守儿童，生活条件较为艰苦，加之在父母努力工作的影响之下，有利于培养其拼搏奋斗的精神。

农村留守儿童是农民外出务工或经商的伴随物。中国农村传统稳定的家庭正面临前所未有的冲击，数以万计的农民离开了农村的土地，进入城市寻求生存，他们囿于自身的社会条件、生活条件及城市内的政策性限制，大部分人只能将子女留在家乡，这种长期亲子分离的家庭模式造就了规模庞大的留守儿童群体。外出父母与留守儿童在时间和空间上的长期阻隔，改变了农村家庭面对面的初级群体交往模式，改变了原有的家庭教育模式。④ 这些儿童能否得到良好的家庭、学校及社会教育，是关系到未来农村人口素质的大事。

---

① https://www.mca.gov.cn/article/gk/tjtb/201809/20180900010882.shtml.

② https://www.mca.gov.cn/article/gk/tjtb/201809/20180900010882.shtml.

③ https://www.mca.gov.cn/article/gk/tjtb/201809/20180900010882.shtml.

④ 吴航. 家庭教育学基础[M]. 武汉：华中师范大学出版社，2010：186.

二、留守儿童家庭教育的问题

未成年人处于性格形成的关键时期，留守儿童在这一关键时期长期与父母分离，缺少完整有效的家庭教育。缺少父母的关爱和引导，会使留守儿童产生情感缺失和心理失衡的现象，对其道德观念形成、学习以及安全方面产生不良影响。但留守家庭的存在对于培养儿童独立、拼搏精神存在一定优势。

(一)留守儿童的道德问题

家庭对于个人的塑造力量远远超过我们的想象，尤其是在未成年时期的教育影响，将奠定孩子一生发展的基础。如果留守儿童从小与父母分离，将会使父母错失教育孩子的最佳时机，在日常生活中无法享受到健全家庭的教育影响，严重削弱家庭教育的作用，容易使孩子出现品行问题。

1. 价值导向偏差

青少年特别是留守儿童的价值观念的塑造受到家庭氛围的熏染、学校教育的培养和社会环境的影响，留守儿童因为年龄较小，个人价值体系尚未形成，如果长期缺乏父母教导，很容易导致价值导发生偏差。

(1)家庭成员的价值观导向对留守儿童的影响。农村留守儿童，因其父母一方或双方长期外出务工，父母影响长期缺失，使留守儿童在个人情感和价值塑造上缺乏学习榜样，容易产生孤寂无依的心理感受，在学习生活中遇到难题时无法得到及时积极的价值引导，容易发生较大的价值偏差，做出极端行为。

大多数父母外出务工的主要目的在于为子女的生活和教育提供更好的物质条件，他们认为让孩子吃好、穿好，由祖父母照顾，孩子就是幸福的，所以倾向于满足孩子的物质生活，误认为只要给孩子充足的物质保证，就是对孩子最大的爱。但很多留守儿童父母却忽视了对孩子的教育责任，对孩子心理和情感发展等其他方面关注较少，有的父母几年都不回来一次，而且很少与孩子进行交流，无法对其价值观进行良好的引导。由于长期在外，出于一种补偿心理，父母大多采取"物质(金钱)+放任的方式来对待与孩子的分离，很容易使孩子形成错误的思想观念。

（2）现代社会环境对留守儿童价值导向的冲击。价值多元化发展、网络信息技术的快速发展以及物质经济欲望的巨大冲击，造就了标榜个人价值、沉溺复杂网络和追求物质生活享受的现代浮躁的社会生活。在城乡一体化的飞速发展中，大量消极腐朽的价值观念通过网络信息技术的传播影响着农村留守儿童的心理和价值生活健康。我们可以细心发现，现在许多农村留守儿童沉溺于网络游戏带来的虚拟快感、片面追求自己的物质感官享受，并在心理状态上表现得更为早熟，价值观念更为偏激，已经失去了青少年该有的天真烂漫、理想真诚的性格特征，这是可悲的。①

2. 道德培养片面

伦理道德培养包括了家庭伦理道德培养和公共道德培养。在家庭中，对儿童进行必要的社会伦理道德教育是很重要的。不仅对儿童本人适应社会，成为合格的社会一员是必要的，对于社会走向进步也是必要的。

家庭教育中，家长对儿童进行的家庭伦理道德的教育一般说来包括夫妻和睦，抚养和教育子女，爱护弟妹，尊重家长，尊敬和赡养老人等。而在留守儿童家庭中，由于父母长期不在身边，维护家庭道德的关键因素缺失，家庭伦理道德维护落在了监护人的身上。留守儿童监护人在爱护儿童方面做得比较充分，但是儿童道德教育有所缺失。尤其是农村家庭监护人教育理念落后，儿童在家庭中没有独立的人格和权利，在类似兴趣爱好的事情上儿童没有自我选择的意见。这些同新时代下平等的教育和要求孩子的家庭伦理道德原则相违背。

公共道德是家庭伦理道德教育中被忽视的一部分。这里的忽视并不是不教育，而是在实施过程中没有得到良好的贯彻。例如监护人会教育孩子

---

① 张驰. 城乡一体化背景下农村留守儿童问题研究［D］. 舟山：浙江海洋大学，2020：28.

排队买东西，不要随地吐痰。但是在言传身教的过程中，他们自身并没有去贯彻这些原则，而儿童作为学习者，也会效仿他们的行为。除此之外，这种言行不一也造成家庭道德教育和学校道德教育的不一致，造成儿童道德培养的冲突，影响儿童正确道德规范的形成。

3. 道德行为失范

留守儿童大多是隔代监护，老人带孩子会容易出现无意识过度溺爱的特点。对于这些老人而言，照顾父母不在身边的留守儿童压力很大，尤其是在儿童 1~6 岁时。怕出事、怕没法向孩子的父母交代是他们沉重的一个心理负担，因此对孩子们的各种需求都尽量满足。加上隔代之间的感情、想要弥补孩子父母不在身边的缺失感等，老人们往往会格外地心疼孩子，对孩子在成长过程中的一些不良习惯也不及时加以制止，听之任之，认为孩子长大了就会好的。

由于长期的家庭教育引导的缺失，缺乏必要的道德约束教育，一些留守儿童没有养成良好的生活习惯和道德品行，容易出现行为偏差，并随着孩子们一天天长大，各方面问题也都逐渐暴露出来了，如辍学、痴迷网吧、打架斗殴、拉帮结派等不良行为，严重者甚至参与盗窃、抢劫，最后走上犯罪的道路。

(二) 留守儿童的学习问题

留守儿童的教育问题，主要表现学习教育不足、学习积极性不高，导致学习成绩不理想。

1. 学习教育不足

父母外出打工之后，长年在外忙碌，有的甚至一年都不能回一次家，不能长期陪伴孩子。长年缺少亲情的交流沟通，使得亲子关系断裂，亲子教育缺失或不足是这些留守家庭的明显特征。而且留在家里的人员，不得不承担更加繁重的农业劳动，没有更多的时间和精力照顾留守孩子的生活，特别是学习。大多数隔代监护人根本不识字，即使有部分监护人读过书，其文化程度偏低，知识面较窄，并且他们以前学习的知识与现在的知识完全脱轨，这导致了监护人根本无法提供给其子女良好的学习教育。

2. 学习积极性不高

农村留守儿童在学习上常表现为积极性不高。平时上课状态较差，很多孩子在课堂上比较爱开小差，回答问题也不积极，有时甚至会在课堂上睡觉。这些孩子平时在学习中遇到问题很少会向老师请教，这也导致了老师对其关注比较少，其心思都转移到了其他学习积极的同学身上；另外，由于家中监护人年纪比较大，务农工作繁重，很多时候没有时间做家务，所以，有些孩子放学回家后还得自己做饭和洗衣服。还有一部分孩子，虽然不需要回家做家务，但由于玩心比较重，所以一般放学后不会回家，取而代之的是去和朋友玩耍。总而言之，由于各种原因，大部分留守儿童的学习积极性并不高，且缺乏家长及时督促，导致学习成绩不甚理想。

（三）留守儿童的安全问题

留守儿童的安全问题主要表现在健康安全意识薄弱、人身安全难以得到保障等方面。

对于农村留守儿童而言，由于其成长环境的特殊性和脆弱性，他们在心理上和生理上尚未达到成熟，成长面临着很大的威胁。留守儿童具有较强的独立性和求知欲，对于一些未知的事物充满着好奇心，但是留守儿童由于其年龄小，对事物的认知有限，缺乏安全常识和自我保护能力，在出现紧急情况下，造成安全事故频发，这种由于自身安全意识不足导致的事故不在少数。

留守儿童的安全问题是农村留守儿童家庭教育内容中最被忽视的。大多数的监护人不仅要照顾留守儿童，还要忙于农活和家务，经常忽视对孩子进行安全常识教育。因此，在监护人不注意的时候，意想不到的伤害就会发生。在已知的留守儿童意外伤害原因中，车祸、溺水、中毒等都占有很高的比例。为了避免这类意外的发生，监护人应当主动消除意外，防患于未然。

留守儿童性侵频发。农村留守儿童的性教育缺失严重，性教育更无法保证准确及时。在以往陈旧的观念中，性被认为是污秽的、私密的、罪恶的。当孩子在日常生活中有意无意问起关于性方面的话题时，家长并不能科学地解答孩子的疑问，而是常用"路边捡来的"来回答孩子关于"我从哪里来"的这种问题。留守儿童监护以祖辈为主，思想更为传统，当孩子问起关于性的问题时，不仅不能很好地解答，还会对孩子进行斥责。长此以往，孩子对于性的相关知识更加好奇，在家长这里得不到解释，他们就会借助其他形式例如网络等来进行了解。而网络上的许多关于性的东西未经分级，儿童很容易接触到错误的性知识，形成错误的性观念。

性教育的羞耻化对于儿童的危害不只限于性知识的匮乏，在现实中，当儿童遭遇到性侵犯的时候，由于受到错误的性教育，他们在被侵害后选择沉默，纵容了犯罪分子的暴行。在近些年的报道中，我们不断地听闻留守儿童遭遇性侵犯的事实，很多儿童甚至被持续侵犯多年。而这背后的一切，除开犯罪分子的扭曲心理，更多的是留守儿童在性教育知识上的无知。一方面对性知识不了解或了解不够，不会主动规避危险；另一方面，在受到侵害后，由于感到羞耻而不敢寻求帮助，从而造成严重的心理问题。

因为留守儿童多由祖辈抚养，他们精力有限，身体素质较差，心有余而力不足，对儿童的关注少于父母。留守儿童在上、下学的路上，通常独行或与同学结伴而行，家人很少接送。由于年龄较小，安全意识淡薄，贪恋玩耍，因此，交通事故、水塘溺水、楼梯踩踏、被拐被卖等意外伤害常有发生。

(四)留守儿童的心理问题

父母长期不在身边，即使有监护人的关照与教育，儿童依然缺少父爱、母爱，这是任何人都无法替代的，长期下去会造成儿童情感缺失，对儿童心理发展造成不良影响。

在留守儿童家庭中，由于父母双方或一方的外出，导致父母教育角色的缺失或残缺，儿童与父母之间的关系相对疏远，父母对子女缺少关爱或几乎没有关爱，这对留守儿童心理的健康成长产生了诸多不良影响，势必导致其严重的情感饥渴和发展障碍，出现了所谓的"缺乏父爱综合征"或"缺乏母爱综合征"。有学者指出：农村留守儿童家庭内部亲子之间的交往具有时间上的长期间断性、空间上的远距离性、交往的非面对性以及互动频率极低的特点，致使亲子之间的交往几乎成了一种正式的次级群体交往模式，留守儿童的父母成为孩子学习、身心发展事实上的旁观者。①

父母自身及其对孩子的关爱是儿童成长的最佳环境。留守儿童需要与父母进行情感的交流，但是由于父母长时间在外务工，导致回家的频率和时间较少，长时间下去，父母与子女之间沟通较少，长期在缺少父母关爱的环境中成长，孩子缺少必要的家庭氛围，情感世界出现空白，感受不到父母的关爱，使他们的成长过程中出现了诸多"情感饥渴"的问题。看着别的孩子与父母亲密接触，自己更显孤独和失落，有一种被遗弃的感觉。长期的分离使得留守儿童的亲情观逐渐淡薄，在他们的内心深处强烈地渴望得不到的亲情，长此以往，他们把这种需求转化为"漠视"或"拒绝"，即使父母偶尔回到家中，也是交流较少，易导致其人格发展的不完善。由于"情感饥饿"而产生的不良心理将会在留守儿童的心灵上留下一道无法抹去的伤痕。部分孩子因为缺乏管教而放任自流，走进了游戏室而无法自制；部分孩子由于重物质追求而过早放弃学业，荒废了学习；甚至某些孩子由于自我控制能力较差，在受到不良影响时，会出现不良行为甚至出现违法犯罪行为。②

父母是孩子生活依靠的港湾，父母的关爱和保护是无人可以代替的。当孩子在生活、学习中遇到困难时，他们更多地希望从父母那里寻求解决的方法、安慰和帮助。但是留守儿童却得不到这本应该有的关爱。留守儿童的单亲教育、隔代教育方法简单，所给予他们的多为身体、物质上的照

---

① 蔡岳建. 家庭教育引论[M]. 合肥：安徽教育出版社，2010：237.
② 蔡岳建. 家庭教育引论[M]. 合肥：安徽教育出版社，2010：238-239.

顾，交流沟通与心理关爱的缺失，致使其学习成绩差，极易产生心理焦虑、心理自卑的情况，经常忧心忡忡，缺乏安全感和自我认同感，这使留守儿童的性格变得内向孤僻，许多留守儿童的内心长期属于封闭状态，害怕与人交往。许多留守儿童都不愿意让人知道自己的父母在外打工，也回避因为打工而引起的有关学习的话题，这种自卑心理影响着儿童个性发展的社会化，使得他们不能与人和谐相处，在人际关系上易产生多种不良心理。①

三、转变留守儿童家庭教育局限的策略

中国农村劳动力的区域流动将会成为一个长期的社会经济现象，此过程将与中国城镇化进程伴随始终，与此相对应的农村留守儿童相关问题也将会持续。如何构建一个良好的关爱留守儿童保障体系，尤其是由于家庭教育缺失这一层面所带来的诸多弊端，已经成为摆在社会发展进程中不容忽视的重要环节。针对家庭层面，提出以下改进举措。

(一)关注孩子成长

《三字经》里有句话："子不教，父之过。"父母在孩子的教育问题上，有着无法推卸的责任。在现实生活中，孩子的发展能力往往和父母有着莫大的关系。文化素质较高的家长，在很大比例上对子女的身心发展的引导是有好处的。留守儿童虽然是一个社会问题，但在留守儿童的教育问题上，父母需要明确的是，自己作为教育子女的第一责任人，教育子女效果的好与坏最终也是要反作用于原生家庭。所以作为父母，要有担当责任的意识，应主动担当起教育子女的责任。父母要积极努力更新教育理念和方法，提高文化知识水平，认识孩子在不同成长阶段的变化和规律，积极承担抚养子女的责任。使孩子们在良好的家庭氛围中成长、成人、成才，为社会为国家培养合格的接班人。

---

① 蔡岳建. 家庭教育引论[M]. 合肥：安徽教育出版社，2010：239.

1. 避免在儿童早期与其长期分离

父母作为孩子最亲近和最信任的人，对儿童身心的健康成长有着非常重要的作用，教育好孩子是父母义不容辞的责任，必须强化自身的责任意识。鉴于婴幼儿时期在人一生成长中的重要作用，建议父母在做出外出务工决定时，不要仅考量家庭经济方面的压力，也要把是否更有利于孩子健康成长的因素考虑在内，给孩子一个幸福快乐的童年。父母双方都外出时，有条件的父母要尽量把孩子带在身边，使孩子时刻能体验到父母的爱与关怀，这是最健康的家庭教育模式。

2. 合理安排外出方式

应尽量避免双亲同时外出务工。作为父母要充分认识到家庭结构的完整性对于儿童成长的重要性，努力协调好外出务工和照顾孩子两者之间的关系。父母双双外出，对子女影响较大，但如果有一个家长在家，则负面影响相对就要小得多。因此，父母在做出外出务工决定时，最好留一人在家，尤其是母亲的陪伴，对孩子更为重要。母亲无论在照顾孩子饮食起居，还是在孩子情感陪护方面都会更有优势，同时母亲在家会给孩子安全感，有倾诉对象。因此，父母不同时外出，或尽最大可能降低母亲外出率，可保持家庭教育的存在与完整，从而把对孩子的伤害减到最低。

父母应该选择就近务工。对于那些一定要外出务工的父母，首先应该尽量考虑居住地附近的地区作为务工地点。农民工返乡就业，在收入方面可能会少一点，但是能够保证家庭结构的完整性，给孩子一个相对完整的家庭环境。孩子是一个家庭未来生活的希望，孩子的教育和发展在家庭中有着重中之重的地位。解决农村留守儿童家庭教育缺失的问题，归根到底的解决方法就是父母返乡，结束留守儿童的留守生活。

父母携带子女去务工地一起生活。如果父母双方都选择外出务工，最好是将孩子带在身边，让孩子到务工地就读，这样孩子在父母的看护下，饮食起居有人照顾，在情感上也有利于交流，能够很好地保证家庭的完整性。从而使孩子的健康、学习成长有父母的关心，在日常生活中遇到问题和困难都能得到父母的关注和帮助，使得孩子的身心发展处在一个和谐、健康、稳步发展的状态中。

3. 注意孩子的情绪疏导

虽然父母选择外出务工是迫于生计，想要给孩子更好的物质生活，但是站在孩子的角度来说，他们非常不愿意与父母分离，尤其是在年幼时，并不能理解父母背井离乡去外地打拼的无奈与对他们的不舍。父母常年不在家，孩子心里会觉得父母不爱他们，一次次与父母分离，无疑给孩子幼小的心灵带来创伤。所以父母外出务工前，要给即将留守的孩子做好充分的心理疏导工作和其他细节上的安排。父母要和留守儿童进行充分的沟通，引导孩子正确看待父母外出打工这一现象，帮助孩子建立一种积极向上、健康乐观的心态，从而帮助孩子在生活和学习上顺利成长。引导孩子学会自我调节，为孩子设想可能在生活和学习中遇到的问题和困难，教导孩子如何面对和解决这些困难和问题。让孩子对于可能面对的生活，提前有心理准备，教导孩子学会自强自立，勇于面对困难和挫折，增强心理承受能力。

4. 密切父母与孩子间的心理沟通

父母同儿童之间的联系是自然而且亲密的，这种亲情关系对于儿童健康心理的发展以及健全人格的形成都有利。解决农村留守儿童的家庭教育问题，目前最首要、最现实的是家长尽可能给孩子更多的关爱。亲情的抚慰与关怀对孩子的成长至关重要。而留守儿童成长期缺乏的恰恰是亲情的抚慰与关怀。因此，要改善留守儿童家庭教育不仅得提高父母和其监护人的家庭教育意识，还要从源头上改善子女与父母之间的关系并创造更多亲子沟通见面的机会。

父母应坚持定期、不间断地保持与孩子各方面的联系。父母常年在外打工奔波，无法时刻照顾到子女。但是，父母应在条件允许的情况下，坚持定期与孩子电话、视频沟通，对于沟通内容，父母不要仅仅关心孩子的学习情况，更应关注孩子的情绪波动与心理发展，同时还要通过沟通交流培养孩子的法律意识与安全意识，关注他们的全面发展，这种间接的教育方式方法对于孩子的教育也是非常有效的。留守儿童父母千万不要认为给孩子交纳了学费，供孩子吃、穿，就已尽到了父母的教育责任。在成长过程中，留守儿童要比其他同龄人承担得更多，更期望父母的教育和关爱。父母不仅要和儿童沟通，还要创造机会和儿童沟通，比如每年给孩子过生日，在工作空闲回家时带着孩子旅游等，来促进儿童的发展和彼此之间的亲情。外出打工的父母要尽量发挥家庭教育的作用和影响力，保持亲子之间的沟通与交流，让子女切实感受到父母对自己的关爱，尽可能保证家庭教育效果。

父母要积极创造团聚机会。因为父母的外出，亲子教育是孩子最缺失的一部分，与家庭教育相比，亲子教育是任何其他教育都无法替代的。父母只有面对面与孩子沟通交流，才能切实了解到孩子身心发展的需求，及时解决孩子的心理问题与行为问题。所以父母应尽力在节假日回家陪伴子女成长，或在寒暑假把子女接到自己工作生活所在的城市，让孩子充分了解自己的工作内容和生活环境，加强亲子之间的互动交流，这样才能更好地弥补孩子的缺失。同时让孩子体谅自己不陪在身边实属无奈，让他清楚父母即使不在身边，对他的爱依旧不变。只有这样才能使农村留守儿童真切地体会到家庭的温暖。

5. 科学实施家庭教育

留守儿童家庭教育出现问题，有很大一部分原因在于外出务工的父母缺乏家庭教育知识。许多留守儿童的监护人年纪偏大，这些人一辈子务农，在对儿童的家庭教育上，凭借的是多年来的经验，而不是科学的教育方法。父母在外务工能够接触科学的家庭教育指导，应主动地将这种科学的家庭教育内容传达给留守儿童的监护人，明确监护人在儿童的现有发展阶段应当教授哪些内容，同时根据监护人的反馈情况来进行调整，以保证留守儿童家庭教育内容的及时性和完整性。只有父母主动同监护人沟通，留守儿童的家庭教育才能落到实处，家庭教育内容的选择才能符合儿童的发展。①

---

① 徐鸣. 6—12岁农村留守儿童家庭教育内容的现状调查[D]. 重庆：重庆师范大学，2018：35-36.

(二)选择素质较高的监护人

当父母都要外出务工且没有办法带孩子一起外出时，必须先做好孩子的生活和学习安排。父母要考虑孩子的衣食住行、安全问题是否能够得到妥善的解决，慎重选择孩子的监护人，要保证监护人能照顾好孩子的日常生活，能引导、监督、管理孩子养成良好的学习和生活习惯，并能经常与孩子交流沟通，了解孩子的思想心理状况，及时与父母联系沟通，满足孩子身心健康成长的需求。

直接监护人是履行对留守未成年人的监督与保护职责的人。直接监护人的优劣直接关系到留守儿童的人身安全、生活质量与学习环境。

在选择监护人时，家长要尽可能地寻找那些水平高、教育能力强、责任心强、有保护能力和精力的人来充当孩子的临时监护人。留守儿童的临时监护人也需要具备强烈的教育责任感，能够及时地发现孩子的不良行为，给予适当的教育与引导，能够对留守儿童进行细心的观察与沟通，能够及时与孩子的父母进行交流沟通等。

被委托监护人作为农村留守儿童的代理家长，应认真履行家长的义务，对孩子做到认真负责，要意识到自己身上背负的责任及信任。做到不仅照顾好留守儿童的生活起居等方面，还要在思想上多与留守儿童沟通，留心留守儿童的思想动向并及时给予指导，在学业上要配合学校做好留守儿童课后的监管工作。

(三)加强与学校的沟通交流

孩子的健康成长离不开家庭与学校、社会的共同努力、配合。外出务工的父母在外出前应协调好学校、监护人和孩子之间的关系，让监护人与学校积极配合，协助学校教育，督促孩子的学习。家长要经常与学校保持联系，及时了解孩子的成长动向，配合学校教育的开展。

积极与老师沟通交流。父母或监护人要坚持每学期开学或学期末放假时到学校就子女学习、生活等问题及时询问老师，并相互告知其情况，让老师对孩子的情况有更多的了解，以便学校、教师在平时的教育教学中有针对性地实施教育，双方共同承担起教育孩子的责任。家长在平时要多向老师询问孩子在学校的表现，向直接监护人询问孩子在家的表现，多方位地了解孩子，同时向老师反馈孩子在家里面的表现状况，以便于老师及时掌握学生的学习和生活动态。这样才能有效帮助孩子安然度过人生发展最特殊的时期，促进孩子更加健康快乐地成长。

第六节 随迁儿童的家庭教育

在当前中国社会快速转型期内，随着工业化、城市化进程的日益加快和市场对劳动力资源需求的不断增加，出现了大规模的人口流动，流动人口以家庭形式进入大中城市的人数越来越多。本节所述的随迁子女是指户籍不在流入地城市，但跟随父母自户籍地流入，居住超过半年的中小学儿童群体。

一、随迁儿童家庭的形成

进入 20 世纪 80 年代中后期以后，我国流动人口规模不断扩大，随着户籍管理制度的逐步松动，流动人口家庭化出现扩大的趋势，随迁儿童的规模越来越大。随迁儿童产生的背景主要是由于父母工作调动和父母进城务工两大方面。

（一）父母工作调动

随迁儿童中有一部分是由于父母双方或一方工作调动，父母需到外地工作，为使孩子不与父母分离，父母将孩子带到工作调入地抚养，这部分儿童即为随迁儿童的一种。

随父母工作调动而产生的随迁家庭，一般来说父母文化水平较高，家庭经济条件相对富有，儿童随迁后一般能享受流入地的教育政策，因此与父母进城务工随迁儿童相比，家庭教育环境与资源相对较好，所存在的家庭教育问题也相对较少。

（二）父母进城务工

改革开放以来，国内生产总值（GDP）实现了持续高速增长的态势，中国进入了快速城镇化和工业化的阶段，表现为第一产业产值和吸纳就业人员都呈现迅速下降的趋势；而第二、第三产业产值在 GDP 中的比重迅速上升，不仅吸纳了绝大多数的劳动力，而且吸纳了第一产业转移出来的剩余劳动力，其中农民工占了很大比例。随着社会经济的飞速发展，其对农村劳动力资源的需求不断增加，农村劳动力的转移规模将进一步扩大。

目前，我国城乡发展不均衡的情况依然存在。尽管改革开放 30 多年来城乡发展保持良好的态势，增长速度飞快，城乡居民收入也有较大增长，但是城乡居民在居民收入、教育发展、公共服务等方面还是存在较大的差距，特别是农村义务教育水平的相当落后，导致越来越多的农民工家庭化流动，且流动趋势持续增长。从城乡居民收入的绝对差额来看，2000 年全年全国城镇居民人均可支配收入 6280 元，全年农民人均纯收入 2253 元，收入差为 4027 元；乡居民收入的绝对差距达 7 倍之多，目前农村居民收入水平仅相当 2022 年城镇居民人均可支配收入 49283 元，农村居民人均可支配收入 20133 元，收入差为 29150 元。① 2022 年农村居民可支配收入相当于城镇居民在 2010 年至 2011 年的水平，比城镇落后 10 余年。

从城乡教育差距分析，由于长期以来形成的城乡二元结构，城乡之间的教育资源差距显而易见，国家在教育经费上对基础较好的城市学校或重点中小学校投入较多，农村学校相对薄弱，城乡基础教育相距甚远，不管是硬件还是软件，都无法相提并论。从国民人均受教育年限来看，教育部公布的《中国教育与人力资源问题报告——从人口大国迈向人力资

---

① 　http://www.stats.gov.cn/tjsj/tjgb/ndtjgb/index_1.html.

源强国》数据分析显示：1982年至2000年，农村15岁及以上人口人均受教育年限从4.70年上升到6.85年，城镇15岁及以上人口人均受教育年限从7.57年上升到9.80年，农村比城市低2.95年；而且2000年我国15岁以上文盲人口有四分之三分布在农村。第十四届中国人力资本指数发布暨人力资本国际研讨会上发布的《中国人力资本报告2022》显示，我国2001—2020年，全国劳动力人口的平均受教育年限从8.4年上升到了10.7年，其中城镇从9.8年上升到了11.6年，乡村从7.5年上升到了9.2年。2001—2020年，全国劳动力人口中高中及以上受教育程度人口占比从19.4%上升到了43.1%，其中城镇从36.1%上升到了56.5%，乡村从8.2%上升到了22.0%。2001—2020年，全国劳动力人口中大专及以上受教育程度人口占比从4.9%上升到了21.8%，其中城镇从11.0%上升到了32.0%，乡村从0.8%上升到了5.7%。由此可见，城乡教育差距还是相当大的。①

二、随迁儿童家庭教育的优势

进入城市，获得城市体验是农民接触现代、培养个人现代性最便捷、最直接的途径。正如美国社会学家沃思所说：城市已形成自身特有的城市心理，与乡村心理迥然不同。城市人的思维方式是因果的，理性的；而农村人的思想方法则是自然主义的，幻想式的。城市与乡村在当代文明中代表着对立的两极。城与乡各有其特有的利益、兴趣，特有的社会组织和特有的人生。它们形成一个既相互对立，又互为补充的世界……随着城市的影响不断地向广大农村渗入，农村人在被改造的过程中与城市人之间的差异最终是会逐渐消失的。城市改造着人性……城市生活特有的劳动分工和细密的职业划分也带来了全新的思想方法和全新的习俗姿态，这些变化在不多几代人的时间内就使人们产生了巨大改变。城市生活让流动者感到了文化的差异与弥补或消除差异的重要性，他们决意让自己的子女做城市

---

① https://finance.sina.com.cn/jjxw/2022-12-28/doc-imxyfutf2638918.shtml.

人，而一个重要的途径就是通过教育重新选择自己的身份，故不少流动者在挣得金钱后首先要做的事就是教育子女。①

孩子跟随父母来到城市，虽然在生活、学习上一时之间无法享受到优质的城市资源，但相较于农村生活来说，现代化水平要高很多。父母常常将在城市中获得的都市文明的信息带给孩子，感受城市生活的衣食住行，享受城市教育资源，使孩子不断开阔视野，增长见识，掌握现代化的生活方式以及思维方式。

为了生活的教育，在生活中进行教育对于流动人口的家庭来说是感悟最深的，不少子女目睹父母为生计奔波的艰辛，自小懂得了金钱与劳动的关系，生活的困难增强了他们不屈的意志和敢于挑战命运的勇气，父母强烈的奋斗意识给他们树立了良好的榜样，他们慢慢懂得了社会地位绝非先赋的而是自致的，独立不拘、自强不息乃现代人应具的品质。此外生活、生产、劳动、教育的一体化也使得流动人口的子女直接从生活中受到了教育，他们更懂得劳动的意义，且心理上受挫折的耐受力较强，他们身上往往会生成一种强忍的人格之光。

三、随迁儿童家庭教育的问题

如上文所述，随迁儿童的家庭中有一些积极的教育因素，如随着迁移和流动，父母认识到知识的重要性，他们比以前更重视对子女的教育，他们开始关心子女综合素质的提高。当他们能立足于城市，经济情况得到改善时，往往出于让孩子能接受更好教育的目的，把孩子带在身边。相比留守儿童而言，流动儿童有个"完整"的家。他们用自己的勤奋，努力地给子女树立了积极向上的榜样。但也存在着令人担忧的一面，儿童跟随父母来到城市这个陌生的环境，客观条件的改变给他们的交往、学习、心理等方面造成了很多的困难，使流动儿童的教育面临很多挑战。

---

① 缪建东. 家庭教育社会学[M]. 南京：南京师范大学出版社，1999：206-207.

（一）儿童正常学业供给力缺乏

随迁儿童家庭教育压力和挑战概括起来就是家庭教育的供不应求，主要是随迁子女学校教育的匮乏加大了家庭教育需求。另外，随迁儿童家庭存在的各种困难加大了家庭教育的难度。尤其是农民工举家从农村来到城市，多数家庭是为子女能够接受城市优质的教育，有良好的学习环境。这种选择无疑是非常正确合理的，但很多家庭流入城市之后，却发现在子女教育问题上存在诸多现实和棘手的问题，面临着巨大的压力和挑战。

1. 家庭教育需求加大

在下一代的教育问题上，绝大多数外出务工家长表现出传统的望子成龙的心态，城市的教学条件和教学质量是他们追求和向往的，他们想让孩子享受到城市的优质教育资源，但实际情况并不理想。一方面，城区优质学校学位普遍较为紧张，在这种情况下，学校一般会优先安排本地户籍的学生入学，而随迁子女即使租住地属于优质学校片区，但也可能被调剂到其他学校。另一方面，由于随迁子女一般是中途转入学校，且之后转出的可能性与本地户籍学生相比相对较大，可能会因此造成学校教师对随迁子女教育上的不重视，甚至可能由于地区差异、家庭情况等原因使随迁子女受到歧视。种种原因造成农民工随迁子女在公立学校很难享受与城市孩子同等质量的教育。

义务教育的匮乏无疑是农民工家庭教育面临的最大的压力和挑战，也因此对农民工随迁子女的家庭教育提出更高的要求。一旦随迁子女接受到大打折扣的学校教育，或者在应该接受文化教育的时候失去接受教育的机会，他们在城市极其复杂的环境中，很容易受某些不健康因素的影响，误入歧途，引发许多社会问题。因此，作为随迁家庭家长必须充分认识到家庭教育对子女健康成长的重要性，采取科学的家庭教育方法，为随迁子女的健康成长提供一定的保障。

2. 家庭教育总量不足

一般来说，家庭教育总量的衡量指标包括这样几个方面：家长的关爱程度、教育方法的有效度以及时间和教育费用的充足与否。

　　流动儿童家庭教育总量不足主要体现在：在城市生活的流动人口，一般通过出卖劳动力获得满足温饱的收入。他们通常上有老下有小，并且要应对城市生活的各项开支，在生活上必须精打细算。虽然许多流动人口家庭都是在经济许可的情况下，才把孩子带入城市抚养，但是城市教育壁垒对流动儿童的排斥令他们伤透了脑筋。流动人口必须付出两倍甚至多倍的代价，才能让孩子正常入学。在孩子教育支出费用中，有大半是用于交纳学费和昂贵的赞助费，尤其是多子女家庭，更是负担沉重。他们的经济状况致使他们不得不将更多的精力和时间投入生存中，虽然他们对子女教育的重视度有所提高，但是不得不"为未来做好打算"，这在一定程度上使他们没有能力为子女创设良好的教育环境，和子女待在一起的时间缩短，实施教育和亲子互动的机会变少，从而导致家庭教育的总量不足。① 流动家庭的父母为生活奔波操劳，没有更多的时间与精力辅导孩子的学业。流动儿童从父母那里获得的学业指导很少，学习主要靠自觉，大多在学业上落后于城市儿童。

　　3. 父母教育能力缺乏

　　流动家庭以农民工群体最具代表性，他们虽然来到城市参与社会劳动，体验城市的发展与进步，享受到城市生活的便捷，其家庭教育或多或少地浸润了城市文化的影响，但由于本身文化水平比较低，教育理念落后，教育行为往往还保留传统模式。主要表现为教育观念的淡漠，对孩子的教育期望值往往较低，还可能会向孩子灌输"读书无用论"，在对待子女的教育问题上，往往只依赖于学校教育，忽视了家庭教育的重要性。

　　流动家庭的家庭教育模式相对较为传统，体现在实施家庭教育时家长多以简单的说教为主，常把"智力教育"当成教育的全部。教育方法简单化，用唠叨的说教代替对孩子的引导，当孩子不服管教时会采取简单粗暴的打骂方式。只关注孩子的学习成绩，而不关注其课外兴趣的发展，不能为子女提供

---

① 吴航. 家庭教育学基础［M］. 武汉：华中师范大学出版社，2010：203.

学习和心理上的支持等。过于单调的教育方法无法激发孩子的认同感，很难收到好的效果。如果流动家庭父母不能充分认识到简单教育的危害性，使流动儿童产生不良心理和行为的倾向，这对孩子的成长是极为不利的。

(二) 随迁儿童的心理问题

流动儿童大多处境艰苦，许多孩子很早就参与家庭生产劳动，用自己稚嫩的双肩与父母一起承担生活的压力，与本地儿童相比，他们更懂得人情世故，感情更脆弱细腻，同时由于社会身份上的差别更容易使其敏感、抑郁和自卑。

流动儿童缺乏城市儿童由于出身地和家庭的稳定带来的安全感，这使他们显得敏感、心事重，不愿意向别人吐露心事。对于户籍制度和人为因素造成的对自己不利社会地位的处境非常敏感，多数流动儿童不愿意让别人知道自己是流动儿童。

在城市生活中，随迁儿童也明显地感受到来自城市主流社会的歧视：城市同学的排斥、疏远、冷淡以及某些教师不公正的态度，一些学校和教师不愿意或是迫于压力接受随迁儿童，常流露出不情愿和不耐烦的情绪；城市学生家长的偏见，有的学生家长会对自己孩子和随迁儿童一起共同学习表现出不悦。这些不免加重了流动儿童的自卑感，同时也使他们变得更加敏感而脆弱。在现实生活中不得不处处都显得谨慎保守、胆怯和害羞。①由于自卑，随迁儿童不能主动地去融入同学群体。持续的挫折感和不公正对待很容易产生厌学心理，伴随随迁儿童在城市求学过程中遇到的困境和学业上的障碍，他们更容易丧失学习动机。

随迁儿童会更多地将自己现在的生活状况和遭遇与城市里的同龄儿童相比，流动人口子女要进入公立学校就读还存在一些障碍，这容易给这些孩子幼小的心灵上埋下"社会不公""农村的孩子比城里的孩子低人一等"的阴影。部分农民工子弟学校办学条件差、师资水平参差不齐等问题，使流

①　蔡岳建. 家庭教育引论［M］. 合肥：安徽教育出版社，2010：246.

动儿童难以享受与城市儿童同等的优质教育资源，也易使流动儿童产生强烈的不平等感、对立感。

"被歧视、受压抑"是许多刚来城市生活的随迁儿童共同的感受，他们虽然身处城市，却很难融入其中，人际关系紧张。他们大多性格内向，行为拘谨，自卑心理较重，自我保护、封闭意识过强，存在相对孤僻性，以至于不敢、不愿与人交往。

（三）儿童缺乏应有的归依感

社会化过程的中断是流动儿童家庭教育问题的重要起因。子女随父母一起流入城市，其正常社会化进程被迫中断，这是社会化的初次中断。流入城市后，由于流动人口职业上的不稳定性或职业要求，大多数家庭的流动性较大，子女往往刚刚熟悉和适应了一个地方的生活后，又不得不随家长搬走，曾经建立的同学和朋友关系网络突然中断，这就是社会化过程的再次中断。

儿童的健康成长离不开良好的社会生活环境，孩子只有在与他人的良性交往互动中才能不断积累知识经验，使自己的人格逐渐完善，形成积极向上的价值观、人生观。随迁儿童随父母外出生活，远离了熟悉的家乡，离开了与童年伙伴和其他亲人。来到城市以后，需要适应新的环境，开始新的人际交往。但在城市中，流动人口处于城市的边缘地带，他们的工作环境、居住环境相对封闭、独立，与本地人交往不紧密。而这一现实处境容易使随迁儿童处于一种游离于流入地社会主流之外的状态，其结果就是随迁儿童的学习、娱乐空间仅限于学校或家周围，玩伴较少，且经常一般也是随迁儿童，缺乏与外界，特别是与流入地本地儿童之间的相互交流。这种相对闭塞的生活环境不仅会造成随迁儿童视野狭窄、友情观念淡漠的现象，也会对流动儿童的成长产生负面影响。

随迁儿童不同程度地认同城市生活，认为城市具有更多的学习和发展机会，也愿意继续留在城市学习、生活。但他们没有城市户籍，被城市居民视作"外来人口""乡下人"，使他们找不到身份的归属感。随迁儿童社会适应不良突出表现在学校适应上，因经济原因，多数随迁儿童就读于办学条件简陋的打工子弟学校，因父母流动而不得不时常辍学或在各打工子弟学校间转学，教育环境的转变对流动儿童适应学校生活造成很大的负面影响，不利于他们身心的健康发展。

四、解决随迁儿童家庭教育困惑的策略

对于随迁子女们来说，他们跟随父母离开从小生活的地方而来到一个陌生的环境，新的住所、新的朋友、新的学校让他们的生活、学习习惯发生了明显的变化。忙于生计的父母没有太多时间照顾他们，将教育的重担压在了学校和老师身上，但是家庭教育对儿童的健康成长是不可或缺的。针对随迁儿童家庭教育存在的问题，为了保障家庭教育的有效实施，有必要从以下几个方面着手，提升其家庭教育水平。

（一）定期对随迁儿童进行心理辅导

随迁儿童心理发展不成熟，自我调节能力和适应能力较弱，在适应新环境的过程中往往会存在一些这样或那样的困难，因此，在家庭教育中，要格外关注随迁儿童的心理变化，适时进行心理辅导。

1. 提升家庭心理支持力度

家长应尝试慢慢转变教育方式，学会聆听孩子的心声。父母是孩子的第一位老师，其言行、习惯对孩子的性格、行为方式和价值观等方面会产生深远的影响。随迁子女父母的文化水平普遍不高，许多父母只关注其子女的成绩，并以学习成绩的高低来评判教育质量的高低，往往忽视了其他方面的培养，甚至部分权威型父母采用责骂、体罚等方式教育子女。在教育过程中，父母尽量少用命令的语气，而是去引导孩子，给孩子更多的尊重；主动关爱子女，倾听孩子内心最为真实的想法，了解孩子最为迫切的需要，有助于建立亲密的亲子关系。父母在态度上应采取温暖、积极的方式鼓励孩子与自己更好地沟通。在进入新学校之后，孩子肯定会遇到多方面的不适应，比如语言听不懂、成绩跟不上、与同学之间不会沟通交往等，作为家长更应该倾听孩子的想法，共同找出出现这些问题的原因，并寻求解决方法。①

2. 关注子女的心理健康

心理健康问题不仅是学校需要关注的内容，家长更加需要从根源上来解决子女的心理健康问题，以此来保证农民工随迁子女的健康成长，其策略主要体现在以下几个方面：

第一，家长在日常生活中关注孩子的表现。孩子的性格问题会体现在日常生活中的各个细节。家长是与孩子生活联系最为紧密的人员，在日常生活中，要注重观察孩子的细节表现，了解孩子是否存在心理问题，如孩子存在脾气暴躁或者自卑等心理时，要及时发现并加强与孩子的沟通，以找到孩子出现心理问题的根源。②

第二，家长应学习有针对性的心理引导知识，促进孩子心理的健康发展。家长虽然对心理引导方式的知识掌握不足，但是应该具有学习的理念，积极向学校的老师请教，了解心理问题引导的方法，结合孩子的实际特征建立长期的引导计划，并在下班之余积极落实心理引导计划，以便可以及时纠正孩子的心理问题，保证孩子的健康成长。

(二)学校引领指导家庭教育

农民工家庭往往生活在城市边缘或城中村，这样会导致其信息闭塞，较少与外界沟通交流。③ 流动儿童的父母要能够走出狭小的居留地，主动与老师、社区等联系沟通，交流儿童的学习、生活状况，找出行之有效的教育措施。学校要加强和流动儿童父母的联系，帮助他们学会与儿童之间进行有效沟通。

1. 指导家长树立科学的家庭教育观念

① 聂静茹. 公立初中外来务工人员随迁子女学校适应的个案研究[D]. 石河子：石河子大学，2020：44.

② 赖立湖. 农民工随迁子女教育问题及对策研究[D]. 广州：仲恺农业工程学院，2019：34.

③ 蔡岳建. 家庭教育引论[M]. 合肥：安徽教育出版社，2010：248.

流动家庭的家长应通过大众媒体以及与学校的沟通和交流掌握先进的教育理念，形成科学的家庭教育观念，并将其内化到自身的观念体系之中，从而指导自己的行为。家长应该为儿童营造宽松、民主、和谐的家庭氛围，认识到儿童是具有主体意识的独立个体，他们是国家、社会和家庭中的平等成员，应充分尊重儿童的权利和合理的需要，形成对子女教育的合理期望，帮助他们形成正确的自我认识、学习动机和学习态度。同时，与孩子进行心灵上的沟通和对话，深刻洞察孩子的内心世界，引导其心理健康发展，促进其个体的社会化进程。

2. 密切家校合作

针对流动儿童家庭教育和学校教育缺乏有效的配合，甚至是脱节的现象，家庭应当主动与学校保持经常性联系，了解孩子在学校的表现，掌握他们在学校的成长经历和在学校教育中遇到的学习、生活和交往的问题和困难，从而有针对性地对孩子进行家庭教育和心理上的引导。家长应该积极参加学校开展的各种家长活动，抽出时间和精力真正关心和理解孩子的内心世界，以帮助他们健康成长。

学校可以通过"家访"使教师了解流动儿童的家庭情况，了解孩子在家里的状况，针对孩子的实际情况因材施教，同时也能增进教师与家长的交流。学校还可以通过建立学校与家庭联系卡，让家长了解儿童每天在学校的情况，包括思想、学习、生活表现等，并且提醒家长鼓励、表扬儿童点点滴滴的进步。

3. 提高随迁子女的自我认同感

由于生活背景、方式及习惯的差异，使得流动人口子女在进入陌生的新环境时，特别是融入校园生活时，深刻地感受到与本地学生的差距。在自我认知方面，他们将自己定义为外来人口，加之在新学校难免会感受到不愉快的经历和不公平的待遇，使得他们缺乏归属感和安全感，进而产生一系列负面情绪，最终导致学习成绩的不稳定。有鉴于此，学校应设立相应的心理辅导岗位，做好心理辅导工作。同时，积极良好的班级文化和氛围对于学生的成长也至关重要。学校可以开设心理健康选修课，进行心理健康知识的学习和调节，便于学生能够了解更多的心理健康知识，更好地利用心理调试的方法，在遇到心理问题时能够及时自我开解和疏导负面情绪。把心理健康教育贯穿在学校教育教学活动之中，寓教于乐地创设适宜学生健康成长的物质环境、人际环境和心理环境，促进流动人口子女健康成长。①

（三）加强亲子沟通交流

亲子关系是家庭中最基本、最重要的纵向家庭关系。亲子关系在孩子发展过程有着举足轻重的作用，影响着孩子心理的成熟、对事物的看法以及恒心和耐心等品质的培养。在随迁儿童家庭中，由于父母长时间工作，可能会忽略与孩子的沟通交流，造成亲子关系疏远。根据依恋理论，依恋对于孩子和父母之间建立良好的关系十分重要，父母在孩子早年的付出使孩子对他们有了依恋，这样就能随时牵动孩子的心理。父母掌握的心理资本是教育中的一剂灵药，孩子更认可父母的教育，更加自觉地执行父母的安排。流动家庭受限于经济条件，可能无法为随迁子女提供丰富的学习资源，但可以通过亲子交流建立依恋情感，传递自己的教育期望，增强其学习动机和自信心。

---

① 孙晴晴. 义务教育阶段流动人口子女学校融入问题研究[D]. 青岛：青岛大学，2019：40-41.

后　记

　　家庭教育在造就人才，特别是启蒙教育阶段和终身教育过程中，具有无可替代的独特作用。重视和优化家庭教育，不仅是促进社会繁荣，加速现代化强国建设的需要，也是促进青少年个性良好发展，身心健康的诉求。随着社会的发展，教育改革不断深入，家庭教育在取得显著进步的同时，教育"内卷"现象越发突出，且波及家庭教育，家长在孩子教育方面面临着越来越多的焦虑。这就迫切需要适应时代特点的家庭教育理论和实践的指导。而截至目前，家庭教育研究虽然取得了丰硕成果，为我国的家庭教育充实了科学育人的内涵，但作为教育科学重要组成部分的家庭教育学，尚未建立具有中国特色的理论体系。换言之，现有的家庭教育学理论尚不能满足数以亿计的家庭对家庭教育科学指导的迫切需要。

　　有鉴于此，我们合作撰写了《家庭现代教育学》，旨在面对我国家庭教育实际，分析、总结家庭教育的历史经验，借鉴国内外家庭教育有价值的科研成果，从理论与实践结合的角度，对家庭教育作比较全面和深入的探讨，从而构建我国家庭教育的理论框架，指导家庭教育的实践，提高家庭教育科学育人的水平。

　　本书是河北民族师范学院重大合作项目"以家庭教育个案为导向的学习管理师型师范生人才培养模式研究（项目编号：20201214）"最终研究成果之一。家庭教育学的专题研究至此告一段落，但不并不意味着此项课题的探索终止步伐。专题研究总是逗号没有句号，这是常理。但对于个体而言，平添了几分负荷和压力。在教育减负的年代似乎应该更为淡定和释然，希望我以后还有机会以论文的方式进行细致的探讨。最后需要说明的是，由于本人年过花甲，在疲精劳神的读书、教学和科研生涯中过了大半辈子，已经无力独立完成著作，于是，我约请了几位博士、硕士参加探讨和协作。具体情况如下：赵颖霞(保定学院管理学院教授)、海兆达(河北大学教育学院教育学原理专业硕士研究生)撰写第一章。吴洪成(河北大学教育学院教授、博士生导师)、张珍珍(现任北京社会管理职业大学儿童教育与发展学院讲师)撰写第二章。吴洪成、杨磊(雄安新区幼儿园教师)撰写第三、第四章。张珍珍、吴洪成撰写第五章。王雪迪(雄安新区容城县四级主任科员)、吴洪成撰写第六、第七章。他们在学业上努力勤勉、兢兢业业完成了相关的任务，又结合专业学习及研究，配合我的科研，真是很不容易。因此，本著作是由河北大学教育学院吴洪成教授与上述各位合作攻关，共同撰写完成的。在此，对他们的辛劳付出和精诚合作表达我深深的谢意。

武汉大学出版社支持本人的学术研究，为我校教育学术发展给予扶持，我是其中的受益者，尤其是责任编辑郭静女士在本书编辑过程中付出的诸多辛劳和汗水。她严谨扎实、耐心细致的品格让我感动，将激励我及我的学生未来的人生征程和工作生涯，回报社会，感恩国家，为中国式教育现代化的图景发挥力量和担当。同时，我还应感谢河北民族师范学院党委书记苏国安教授将本研究成果列入学校横向重大项目的支持。对于上述种种，我会以感激之心将人生的余热充分发挥，教书育人，为祖国的辉煌明天贡献绵薄之力，以不辜负各方面的厚爱和支持。

吴洪成笔于

河北大学校史研究室

2023 年 10 月 9 日